Max Mohl · einmal Afrika und zurück, bitte

D1984759

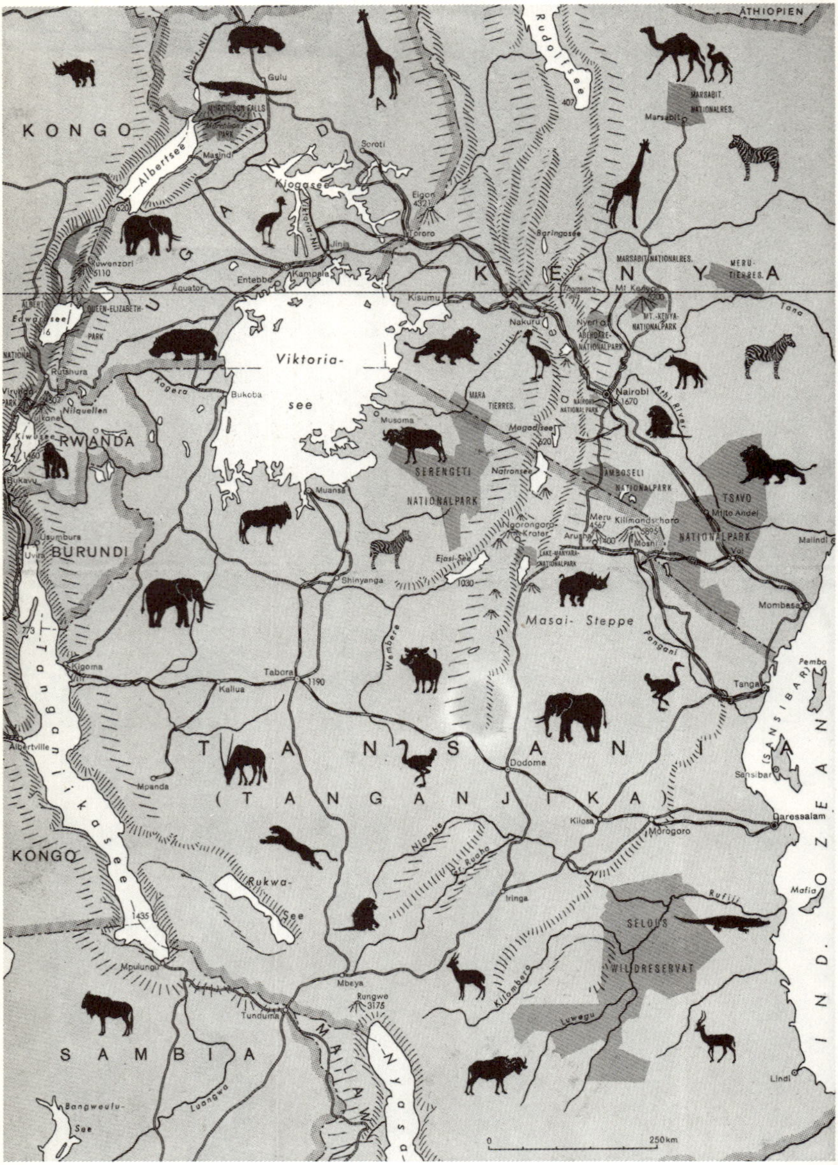

ÄTHIOPIEN
KONGO
Albertsee
Murchison Falls
Gulu
Masindi
Soroti
Kiogasee
Eigon
4321
Tororo
Jinja
Kampala
Entebbe
Ruwenzori
5110
Äquator
Edwardsee
Queen-Elizabeth-Park
Rutshura
Kagera
Bukoba
Nilquellen
Kiwusee
RWANDA
Bukavu
Usumbura
Uvira
BURUNDI
Viktoria-see
Rudolfsee
407
Marsabit
MARSABIT NATIONALRES.
Baringosee
KENYA
MERU TIERRES.
Tana
Kisumu
Nakuru
Mt Kenya
MT.-KENYA NATIONALPARK
ABERDARE-NATIONALPARK
Nairobi
1670
NAIROBI NATIONALPARK
Athi River
MARA TIERRES.
Musoma
SERENGETI NATIONALPARK
Magadisee
Natronsee
AMBOSELI NATIONALPARK
TSAVO NATIONALPARK
Mtito Andei
Malindi
Voi
Ngorongoro Krater
Meru
4567
Kilimandscharo
5895
Arusha
Moshi
Muansa
Ejasi-See
1030
LAKE-MANYARA-NATIONALPARK
Shinyanga
Masai-Steppe
Mombasa
Pangani
Pemba
Tanga
SANSIBAR
Sansibar
Wembere
Kigoma
Kallua
Tabora
1190
773
Tanganjikasee
Albertville
Mpanda
TANSANIA
(TANGANJIKA)
Dodoma
Kilosa
Morogoro
Daressalam
IND. OZEAN
Njombe
Gr. Ruaha
Iringa
KONGO
Rukwa-See
1435
Mafia
Rufiji
SELOUS WILDRESERVAT
Mpulungu
Mbeya
Rungwe
3175
Tunduma
Kilombero
Luwegu
SAMBIA
MALAWI
Nyassasee
Luangwa
Bangweulu-See
Lindi
0
250 km

Max Mohl

einmal Afrika und zurück bitte

Von Kenya zum Kap

Die Originalausgabe von »Einmal Afrika und zurück, bitte« ist im
C. Bertelsmann Verlag, Gütersloh, erschienen.
Erste Taschenbuchausgabe: 1986. Zweite Taschenbuchausgabe 1990.
Verlag: Afrika-Museum Dr. Max Mohl, Postf. 103925, 6900 Heidelberg;
Verkehrs-Nummer (Börsenverein Frankfurt): 14347
Fotos: W. Spiegel, Heidelberg (Titel +2); Kenya Inform. Service; South African Tourist Corp., Pretoria; Dr. Max Mohl, 6919 Bammental.
Umschlaggestaltung: Friedrich Fischer, Augsburg.
Druck: Presse-Druck- und Verlags-GmbH, Augsburg
Printed in Germany 1990 – Alle Rechte vorbehalten.
ISBN 3-925761-10-1 (KNO/KV und LIBRI) DM 20,–

Inhalt

To the little one

Vorwort

Es ist eine komische Sache im Leben: wenn man sich mit nichts als dem Besten zufrieden gibt, bekommt man es sehr oft. (Somerset Maugham)

Das Reisen in ferne Länder ist etwas »vom Besten«, und geht die Reise nach Ostafrika, ist man nicht weit vom »Non plus ultra«. Ostafrika ist nicht nur ein Land mit wundervollem Klima und liebenswerten, interessanten Menschen, es ist auch das Paradies der Tiere (das letzte auf dieser Welt) und ein Land mit faszinierenden Kontrasten:

an seinen palmenbestandenen Küsten brechen sich die warmen Wellen des Indischen Ozeans,

von den Gipfeln des Kilimandscharo, des Mt. Kenya und des Ruwenzori-Massivs leuchten Firnschnee und ewiges Eis,

in Steppe, Busch und tropischem Urwald tummeln sich – zu Tausenden, zu Hunderttausenden – Gazellen, Büffel, Nashörner und Elefanten.

Auch das Leben der Menschen in Ostafrika ist voller Kontraste: aller Luxus dieser Erde, in Nairobi ist er zu haben; alle Armut dieser Welt, in den Lehmhütten der Eingeborenen ist sie zu Hause. Kälte und Hitze, Orgien und Missionsschulen, Hyänen, Hochhäuser und Vielweiberei – all das ist Afrika, aber es ist nur ein Teil dessen, was den Besucher erwartet. Tausend Erlebnisse sind im Fahrpreis nach Ost- und Südafrika mit inbegriffen. Von ihnen ist in diesem Buch die Rede.

Im ersten Teil erleben wir die Tierwelt Afrikas: die großen Elefantenherden, die übermütigen Gazellen, die alles mordenden Hyänen. Wir gehen auf Safari, aber es fließt kein Blut dabei. Die Tiere in ihrer natürlichen Umwelt zu beobachten, ist »eines der aufregendsten und rührendsten Erlebnisse, das diese Welt zu bieten hat«; es ist dem Anhören einer großen Symphonie vergleichbar (J. Huxley).

Das Studium der Eingeborenen ist noch faszinierender. Und wir betreiben es mit Hingabe. Wir gehen in die Reservate der Kikuyus, der Samburu und der Masai. Wir werfen einen Blick auf ihre Stammes-Riten und ihre Sex-Praktiken. Wir lernen ihre Sitten und Gebräuche kennen, und wir lernen sie verstehen. Es wird uns deutlich, wie sich die Afrikaner ihre Zukunft vorstellen und was sie von uns Europäern erwarten.

Im zweiten Teil des Buches geht die Reise von Mombasa bis Kapstadt. Die

Szenerie wechselt. In Südafrika »herrscht Ordnung wie in der Schweiz, da gibt es Autobahnen wie in Deutschland, Golfplätze wie in Schottland und eine Cuisine wie in Frankreich« (Satour). Das alles ist eine Reise wert, aber wir suchen anderes, Neues, Einmaliges. Wir interessieren uns für das, wodurch sich das Land von allen übrigen afrikanischen Ländern unterscheidet: die Apartheidspolitik, die südafrikanische »Kerk« und die Zivilisationserscheinungen bei den Bantu. Hier ein wenig auf den Busch zu klopfen, lohnt sich. Oft führt es zu völlig neuen Perspektiven und zur Korrektur von Vorurteilen.

Obwohl in diesem Buch viele Aspekte ausgeleuchtet und die meisten Probleme zumindest angedeutet wurden, mußte doch manches unberücksichtigt bleiben. Afrika auf dreihundert Seiten gerecht zu werden, ist nicht möglich. Wer ins Detail gehen will, kommt an der Fachliteratur nicht vorbei. Der Verfasser hat dem Rechnung getragen; er hat ein umfassendes Literaturverzeichnis zusammengestellt, in dem die neuesten Werke über Politik und Wirtschaft, über religiöse und ethnologische Details aufgeführt werden. Auch viele Reiseberichte wurden berücksichtigt. Den Bücherwürmern, die davon Gebrauch machen werden, zuvor aber noch ein Wort ins Brevier:

Afrika ist keine graue Theorie, es ist ein farbiger, lebensstrotzender Kontinent; es ist das Land der Tiere, das Land der Naturwunder. Viele seiner Steppen, Wüsten und Wälder sind so unberührt wie am ersten Schöpfungstag. Die Weite des Horizonts, »the blue haze«, die Sonnenuntergänge – man kann sie nicht beschreiben. Wer das Land von dieser, seiner besten Seite kennenlernen will, muß hinfahren. Auf Suaheli hört sich das so an:

»Maji usiyoyafika hujui wingi wake« oder, etwas prosaischer, »Kitanda usichokilala, hujui kunguni wake! – Die Ausdehnung der Wasser, an denen du nicht gewesen bist – die Wanzen eines Bettes, auf dem du nicht gelegen hast – kannst du nicht kennen!«

Da es nicht ganz einfach ist, eine Afrikareise im Detail zu planen, werden im Text einige nützliche Tips gegeben. Zunächst jedoch eine Warnung: Der »Bacillus Africanus« wird sich festsetzen, sowie man Landkarten, Prospekte und Fahrpläne erst einmal vorliegen hat. Diese Seuche ist völlig unheilbar und – wie mancher entdecken wird – sehr oft mit Rückfallfieber verbunden.

Oxford, Trinity-Term

M. M.

1. »Einmal Afrika und zurück, bitte!«

Wir sitzen im Dirty Dick, einer alten Spelunke gegenüber dem Liverpool-Street-Bahnhof in London und feiern Abschied, Abschied vom Michaelmas-Term (1), von Cambridge.

Es geht recht lautstark zu. Wir trinken und scherzen und verabschieden uns schließlich mit großen Sprüchen:

»Adieu, Madeleine, halt das Girton College in Ehren – aber stricke nicht gar zuviel über Weihnachten!«

»So long, Phil, sei brav, und wenn du nicht brav sein kannst – sei wenigstens vorsichtig!«

»Good-bye, Doc, komm den Kochtöpfen der Eingeborenen nicht zu nahe – überlasse die Entwicklungshilfe den Missionaren!«

Dieser Ratschlag gilt mir. Meine Reise geht weiter als bis zur nächsten Grafschaft oder zum Kontinent. Afrika ist mein Ziel, das Afrika südlich des Äquators. Der Sonderzug zum Kai steht schon bereit. Ich warte noch ab, bis die Freunde in Bussen und Taxis verstaut sind, dann schlendere ich hinüber zum Bahnhof und löse mein Gepäck ein.

Auf dem Bahnsteig herrscht Hochbetrieb. Verbeulte Pappkoffer, uralte Ledertaschen, wurmstichige Truhen stapeln sich zu Bergen. Engländer bevorzugen Antiquitäten. Wegen einer Reise nach Afrika oder Indien macht man keine Umstände, so ein *Trip* ist doch nichts Besonderes, und man gibt sich auch so: In aller Ruhe werden die Koffer und Kisten in die Coupés und Gepäckabteile dirigiert, dann kauft man noch einige Zeitungen, und schließlich vertieft man sich – wie täglich – hingebungsvoll in die Kleinanzeigen der Times.

Ich habe längere Zeit unter Engländern gelebt, aber es verblüfft mich immer wieder, wie gelassen sie das Leben meistern – und wie reibungslos.

Die Formalitäten im Dock – Zoll, Reederei, Emigrationsbehörde – nehmen nicht viel Zeit in Anspruch. Ich erhalte noch ein paar Stempel in den ohnehin schon dokumentenschweren Paß und werde von einem adrett gekleideten Steward an Bord und in die Kabine geleitet. Es ist geschafft! Ich sinke in den nächstbesten Sessel und gebe mich einem Gefühl der Erleichterung hin. Jetzt erst bin ich ganz sicher, daß ich Paß und Fahrscheine nicht vergessen habe.

Die Wochen vor der Reise waren mit allerlei Papierkrieg ausgefüllt:

Visa mußten besorgt werden (»Kommen Sie wieder, wenn Sie die Weiter- beziehungsweise Rückfahrt gebucht haben«),
Touristenpässe für Kenia, Uganda und Sansibar waren zu beantragen (»schriftlich, bitte, und in dreifacher Ausfertigung«), und
die Passagen mußten (mit Besuchen und einigen Dutzend Briefen) geradezu erkämpft werden.

»Einmal Afrika und zurück, bitte!« So einfach ging es nicht. Ich stellte mit Staunen fest, daß manche Routen auf Monate, ja auf ein Jahr im vorhinein ausverkauft waren, daß es fast ohne Ausnahme keine Schiffe gibt, die rund um Afrika fahren, und daß es Wochen in Anspruch nimmt, bis eine Schifffahrtsgesellschaft herausgefunden hat, ob eine bestimmte Teilstrecke schon ausverkauft ist oder nicht.

Die ersten Auskünfte waren entmutigend. Ich war offensichtlich nicht der einzige, der den Winter jenseits des Äquators verbringen wollte. Fünf oder sechs Reedereien hatten nicht einen einzigen Platz mehr frei; auch alle Frachter waren ausgebucht. Als ich schließlich die Passagen zum Kap und die Rückreise bis Mombasa beisammen hatte, fehlte es am Anschluß Richtung Aden – Suez.

Auch so recht, dachte ich, auf diese Weise lerne ich wenigstens den Nil kennen.

Es gibt eine kombinierte Bahn-, Schiffs- und Busverbindung von Nairobi über Nimule, Juba nach Khartum, Kairo (2), die ich vor Jahren schon einmal für einen Urlaub vorgesehen hatte und die noch verlockender wurde, als ich die einschlägige Reise- und Fachliteratur studierte. Besonders die Shilluks hatten es mir angetan. Dieses interessante Völkchen wohnt im südlichen Sudan; es hat noch einen König und hält große Stücke auf ihn, aber ansonsten wird er ziemlich strapaziert: Er muß täglich aufs neue seine Kraft beweisen. Man erwartet von ihm, daß er drei Bullen mit der linken Hand zu töten vermag und daß einige seiner einhundertundsechs Frauen – Töchter seiner Häuptlinge – stets guter Hoffnung sind. Vom körperlichen Wohlbefinden des Königs hängt die Fruchtbarkeit des Landes und die Häufigkeit des Regens ab. Wird der Herrscher von Krankheit oder von den Schwächen des Alters befallen, ist es um ihn geschehen: Er wird von seinen Haremsdamen vergiftet oder nach einem vorgeschriebenen Ritus erwürgt.

Für den Fremdenverkehr hat das kriegerische Völkchen nicht viel übrig – nur Zeit. Alle paar Wochen einmal, wenn der Nildampfer am Überseekai der Shilluks anlegt, steht der ganze Stamm am Ufer und bewundert das Schiff, das mit großen Rädern – wie die Mississippidampfer zu Mark Twains Zeiten – das Wasser aufwirbelt. Die Motive, die sich bei der Gelegenheit dem Fotofreund bieten, sind nicht nur attraktiv, sie sind einmalig.

Der Entschluß, den Nil abwärts zu reisen, fiel mir nicht schwer. Ich machte mich umgehend daran, die erforderlichen Visa zu besorgen. Das Konsulat des Sudan meldete sich per Telefon: »Es tut uns leid, niemand darf zur Zeit durchreisen. Im südlichen Teil des Landes sind Unruhen.«
Auch die East Africa Tourist Travel Association und die Ostafrikanische Eisenbahngesellschaft schickten Absagen: »The service from Kampala to Nimule has been discontinued.« Nun war guter Rat teuer. Es sah ganz danach aus, als müßte ich in Mombasa ansässig werden.
Die Schiffahrtslinien erklärten den Ausverkauf ihrer Passagen mit den Ferien- und Urlaubszeiten in Südafrika und der bevorstehenden Unabhängigkeit Kenias. »Viele Inder und Engländer sind dabei, Ostafrika zu verlassen. In den Wäldern Kenias werden wieder geheime Eide geschworen. Man muß damit rechnen, daß – wie im Kongo – manches nicht nach Wunsch verläuft, daß es für Weiße unmöglich wird, im Lande zu bleiben. Alles drängt nach England.«
In umgekehrter Richtung, die afrikanische Ostküste hinunter und über die Westküste zurück, so spekulierte ich, müßte es dann eigentlich leichter gehen. Erneut wälzte ich Prospekte und Handbücher (3), telefonierte mit den Agenturen in London und lag auf der Lauer, was wohl die Post aus Süd- und Ostafrika Neues brächte. Es ging alles nach Wunsch. Eine Zusage kam nach der anderen, und binnen kurzem war die Reise rund um Afrika komplett. Daß sie nun in anderer Richtung ging, als ursprünglich vorgesehen, war zu verschmerzen. Jede Route hat ihre Vor- und ihre Nachteile.
Nun sitze ich in meiner Kabine, genieße ein Täßchen Kaffee und schaue hinaus in den nebelverhangenen Dezembertag. Es ist schön zu wissen, daß der Winter – zumal der englische – in drei oder vier Tagen vorüber sein wird, daß man der Sonne entgegenfährt.

2. *Engländer sind auch Menschen*

Als einziger Deutscher unter lauter Engländern, beziehungsweise in Afrika ansässigen Angelsachsen, bin ich darauf gefaßt, daß einige Klippen zu umschiffen sind. Jeder Engländer ist eine Insel für sich, hat Novalis einmal behauptet. Damit hat er die Wahrheit zwar ein wenig romantisch verbrämt, aber so ganz unrecht hat er nicht; ein wenig Steifheit und Zurückhaltung sind dem Inselvolk ohne Zweifel eigen.
Die ersten Mahlzeiten verlaufen recht etepetete. Die Tischgespräche sind

genormt: Man erkundigt sich, was der andere vom Wetter hält, hört andächtig zu und gibt ihm dann vorbehaltlos recht. Über das Wetter ist man immer gleicher Meinung. Es ist das der fürnehmste Gesprächsstoff und – wie alle sakralen Dinge – jenseits aller Argumentation.

Auch die Frage nach dem Woher und Wohin ist aktuell. Man kommt nicht aus England oder Schottland, sondern aus Lancashire, Staffordshire, Argyllshire. Die Reiseziele sind, für mich wenigstens, oft nur schwer zu lokalisieren. Du lieber Himmel, wer weiß schon, wo Betschuana-, Swasi- oder Basutoland liegen! In Afrika natürlich. Soviel weiß ich auch. Aber liegen sie nördlich oder südlich des Limpopo? Wie heißen ihre Hauptstädte, und von wo aus muß man mangels Eisenbahn zu Fuß gehen? Zu meinem Glück gibt es einige Atlanten an Bord.

Die Damen stehen noch ganz im Banne der vorweihnachtlichen Einkäufe. Sie erzählen sich, daß Harrods seine Buchabteilung *surprisingly* erweitert hat und daß die Chanel-Kostümchen in den Fenstern der Couturegeschäfte wirklich *nice* und eigentlich unwiderstehlich sind. Ich bin angenehm überrascht. Von dieser Seite kenne ich die Engländerinnen noch gar nicht. Unwillkürlich halte ich Ausschau nach den bordürenverzierten Kreationen. Vergeblich. Auch auf einem Luxusdampfer kommt nichts, absolut nichts gegen die Nationalschwäche der Engländerinnen für Marks & Spencer an. Was darüber hinausgeht, hat nichts mit Mode zu tun, das sind bloße Dokumentationen des Reichtums.

Apropos: Reichtum. Die Damen sind natürlich von der ersten Stunde an vollauf damit beschäftigt, ihre sozialen Positionen abzustecken. Voll Zurückhaltung und wirklich nur, weil man nichts Einfacheres im Gepäck greifbar hat, präsentiert man seine Nerzstolen. Einen Mantel nonchalant anzubringen, ist schon etwas schwieriger. Die Räume sind wohltemperiert, man muß, will man nicht auffallen, den eisigen Fahrtwind auf dem Oberdeck in Kauf nehmen. Aber was tut man nicht alles, wenn's ums Renommee geht. Das Chinchilla-, Nerz- und Leoparden-Turnier ist in vollem Gange, noch bevor wir Ramsgate hinter uns haben.

Beim zweiten und dritten Dinner ist noch alles offen. Der Kampf geht über mehrere Runden. Das Xylophon, das zu den Mahlzeiten ruft, hat die Funktion eines Gongs. Man geht nicht zum Essen, man geht in den Ring. Die Ehemänner sekundieren. Kolliers, Ringe und Pelze wirken wie Uppercuts, Haken und Schwinger. Die Getroffenen zucken zusammen; manch eine wird ausgezählt, andere werfen rechtzeitig das Handtuch: »In Kenia ist man ja nicht mehr sicher; man hat mir abgeraten, mein Diadem mitzunehmen.«

Die Herren haben es leichter. Abends, wenn man unter sich ist und der Whisky in großen Gläsern ausgeschenkt wird, gibt man sich gesellig. Seine

Lordschaft besteht darauf, daß er außerhalb der Dreimeilenzone schlicht und einfach Henry heißt. Sein Beispiel macht Schule. Man trinkt sich zu und erzählt von früheren Reisen. Die ganze Welt tut sich auf. Walter, der zweiundsiebzigjährige Globetrotter, schwärmt von Tahiti und Fidschi, Dick, der Polizeioffizier, berichtet vom Mau-Mau-Aufstand der Kikuyus, und John preist die Vorzüge Tangers und die Delikatessen des Negresco und Eden Roc, die ihn immer wieder an die Riviera locken. Man fachsimpelt über den Lachsfang und die besten Forellenköder, diskutiert die Tücken der Golfplätze von Port Elizabeth und Darjeeling, und schließlich kommt das Gespräch – wie kann es anders sein, wenn man nach Afrika fährt – auch auf die Abenteuer, die man in Busch und Steppe bestanden hat. Da man inzwischen beim ich-weiß-nicht-mehr-wievielten Drink angelangt ist, wird das Jägerlatein zur Lingua franca:

»... Der Gepard fiel so plötzlich über meinen Hunter her, daß der sich nur noch mit bloßen Händen zur Wehr setzen konnte. Er packte die Bestie an der Kehle und drückte sie ins Gras. Erst als ich ihr den Lauf ins Ohr schob, wurde sie friedlich ...«

Die Herren schmunzeln. Old Benny, der Wallstreetmann, zieht vom Leder: »Ich bin in gleicher Situation einmal einem Löwen begegnet. Es war eine rechte Balgerei. Einmal war ich unten, dann war er wieder oben. Schließlich wurde die Sache langweilig; ich mußte gähnen. Da war es um den Löwen geschehen: Er riß sein Maul so weit auf, daß ich ihm mühelos in den Rachen greifen konnte. Ich griff tief, ganz tief hinunter, und ich hatte Glück. Bevor ich niesen mußte – die Barthaare der Bestie kitzelten mich im Gesicht –, fand meine Hand den Schwanz. Ich packte zu, zog aus Leibeskräften und stülpte den Löwen um!«

Die Diskussion kommt schließlich wieder in etwas gesetztere Bahnen: Wie schießt man einen Elefanten?

»Es gibt drei verwundbare Stellen«, erläutert Henry, der Lord aus Schottland. »Hat man seine Breitseite vor sich, zielt man am besten auf ...« – »Man kann auch ...« – »Ich habe immer ...« Jeder der Herren möchte zu Wort kommen. Die Elefanten werden gejagt bis lange nach Mitternacht.

Am nächsten Morgen dreht sich die Kabine um mich. Die Handtücher und die Kleider am Haken hängen nicht mehr senkrecht. Sie pendeln zur Seite, verharren ein Weilchen so und schwingen dann in die andere Richtung. Die Zahnbürste im Glas tanzt ein Solo. Du liebe Zeit, mich hat's ganz schön erwischt. Ich versuche weiterzuschlafen. Lautes Gepolter schreckt mich hoch. Der Koffer ist unter dem Bett hervorgerutscht und hat die gegenüberliegende Wand gerammt; die Schuhe sind noch unterwegs; schrittchenweise marschieren sie hinter dem Koffer her.

Nun sind mir meine Symptome klar: Das Schiff rollt in den Wogen der Biscaya. Vorsichtig turne ich aus dem Bett, warte, bis der Fußboden den richtigen Neigungswinkel hat – bergauf geht es nur schlecht – und schlittere dann zur Kabinenwand. Der Blick durchs Bullauge macht mich vollends munter: Sieben bis fünfzehn Meter hohe Wellen mit vom Wind zerfetzten Gischtkronen donnern die Bordwand entlang. Mein Magen krümmt sich fühlbar.

Im Speisesaal geht es recht sportlich zu. Ein Dutzend Seile wurde quer durch den Raum gespannt, damit sich die Passagiere zu ihren festgeschraubten Tischen hangeln können. Das ist nicht einfach. Bei vierzig Grad Neigungswinkel ist der Speisesaal nicht mehr zwanzig Meter lang, sondern zwanzig Meter hoch. Es empfiehlt sich, ihn nicht von oben zu betreten. Wer nicht achtgibt, nicht eine Minute wartet, bis das Schiff auf die andere Seite schwingt, kann die Gesetze des freien Falls am eigenen Leib studieren: Eigengewicht mal Fallhöhe ergeben ganz bestimmte Flecken – meist sind sie blau.

»Nothing makes a man or woman look so saintly as seasickness«, schmunzelt Walter mit einem Blick in die Runde. Er läßt sich Eier und Schinken schmecken, aber viele kämpfen vergeblich gegen die Rebellion des Magens an. Sie müssen klein beigeben und sich schleunigst in ihre Kabinen verziehen. Ich bin auch einer von ihnen, kann es mir leisten. Bin kein Familienmitglied des meerebeherrschenden Albion. Das Neckarwasser, mit dem ich getauft wurde, verpflichtet zu vielem, aber nicht zu Standfestigkeit bei Windstärke zwölf.

Wie wir Cap de Roca erreichen, ist das Schlimmste überstanden. Wir ergehen uns auf dem Oberdeck, halten nach Delphinen Ausschau und tun unser möglichstes, um wieder zu Kräften zu kommen. Die Küche trägt dazu bei, was in ihrer Macht steht. Es wird viel und Vorzügliches geboten. Daß das Gemüse so fad wie überall auf der Insel serviert wird, kann man dem Koch nicht übelnehmen, auch nicht, daß das Hammelfleisch ein fixer Bestandteil der Speisekarte ist. Meine Reisegefährten haben gegen *lamb* nichts einzuwenden. Sie essen es tagtäglich; mal mit Pfefferminzsoße, mal mit Meerrettich, aber immer mit Begeisterung. Es gibt Dinge, die bekommt ein Engländer nie über; Eggs and Bacon gehören auch dazu.

»The French cook, we open tins – die Franzosen kochen, wir machen nur Büchsen auf«, erklärte man mir in England einmal. Hier an Bord könnte man sagen: Auf dem Kontinent hat man ein gutes Essen, die Engländer haben gute Tischsitten. Das ist ein schlechter Trost. Für meinen Geschmack sind die meisten Speisen einfach nicht würzig genug.

Auch der Sonntag, der erste an Bord, ist mir etwas zu fade. Es ist für einen Nichtengländer oft recht schwierig, sich mit der englischen Sonntagsstille abzufinden. Wer jemals in England war, weiß um dieses Problem: Zum Spazierengehen ist es zu regnerisch, aus dem Radio tönt Kirchenmusik, Restaurants und Kinos sind bis zum Spätnachmittag geschlossen, und in den eigenen vier Wänden gähnt einen, wenn man im Hotel wohnen muß, die Langeweile an. Hier, auf dem Schiff, hat sie selbst das Gähnen aufgegeben. Sie sitzt apathisch in der Ecke. Die meisten Passagiere schlummern und dösen still vor sich hin; sie wissen nicht, was sie mit sich anfangen sollen.

»Schauen Sie sich das an«, brummt McGuire, der Pflanzer aus Sumatra, mit einem mißbilligenden Blick in die Runde.

»Heute morgen, während des Gottesdienstes, haben sie ihrem Wunsch nach Unsterblichkeit Ausdruck gegeben, und jetzt wissen sie nicht einmal, wie sie einen Nachmittag hinbringen sollen.«

Er winkt den Steward – eine feierliche Einmannprozession – herbei und bestellt grollend eine Tasse Kaffee. Wie das Getränk duftend vor ihm steht, zollt er ihm höchstes Lob: »Marvellous! So muß Kaffee sein – wie eine Frau: black and hot!« Die Ladies in der Nachbarschaft schrecken hoch. McGuire, der Schalk, blinzelt verträumt ins Leere und widmet sich dann andächtig seiner Tasse.

Die vielen Jahrzehnte, die McGuire in den Tropen verbracht hat, sind nicht spurlos an ihm vorübergegangen. Er hat eine ausgeprägte Neigung zum Schweigen, aber das macht die Unterhaltung mit ihm recht angenehm. Ansonsten sagt er von sich: »Ich habe immer gesunde Grundsätze gehabt: Ich war selbstsüchtig mein Leben lang, aber nur in der Praxis, nie im Prinzip.«

Er ist nicht nur ehrlich, er ist schon ein wenig zynisch. Er ist einer von jenen Menschen, die sich, wenn sie Blumen sehen, umschauen, ob nicht ein Sarg in der Nähe ist. Seine *stories* – er hat einen unerschöpflichen Vorrat davon – sind Variationen seiner alles verneinenden Philosophie. Mit ihnen untermauert er seine Weltanschauung.

»Es gibt Augenblicke«, so beteuert er, »wo Ehrlichkeit fehl am Platze ist.«

Pause. Nach zwei Minuten fährt er fort:

»Als Seekadett ging ich einmal von Bord, um ein Kohlenbergwerk zu besichtigen. Auf dem Weg zurück habe ich unseren Zweiten Offizier getroffen, der vom Golfspielen kam. Der ›Zweite‹ gab mir seine Schläger; ich sollte sie an Bord zurückbringen. Als ich mit dem Golfgerät über die Gangway marschierte, lief ich dem Kapitän in den Weg.

›Haben Sie Golf gespielt, McGuire?‹ fragt der Alte im Vorbeigehen. Ich Narr sagte: ›O nein, Sir, ich war in einem Kohlenbergwerk.‹ Das hat mir eine Woche Ausgangssperre eingebracht.«

Um fünf Uhr, zum Tee, kommt etwas Leben ins Schiff. Die meisten haben ihr Nickerchen beendet; man lauscht nun der Kapelle oder macht artig Konversation. Es ist recht unterhaltsam, die Leute zu beobachten.

Da ist zunächst einmal Miss G. Sie lacht über alles, was man ihr sagt. Sie hat prachtvolle Zähne, und sie weiß, wie hübsch ihr Lachen ist.
Sir Frederic hat sich wie gewöhnlich in einem bequemen Sessel in der Nähe seiner Frau niedergelassen und verharrt dort in Stillschweigen. Das ist seine Art der normalen, ja angeregten Konversation. Sir Frederic tut nicht viel, eigentlich gar nichts, aber er tut es sehr distinguiert.
In seiner Nähe sitzt Mr. Webson. Er ist nicht mehr der jüngste. Sein Gebiß, sein Hörgerät und seine verschiedenen Brillen halten ihn ständig beschäftigt. Seine ganze Liebe gilt einem kleinen Hund. Er führt ihn täglich mehrere Stunden spazieren. »In den Augen seines Hundes ist jedermann ein Napoleon – deshalb sind Hunde so beliebt«, spottet McGuire.
Auch Mr. Dobson ist ein geplagter Mann. Von morgens bis abends ist er seiner Frau zu Diensten (»Karl-Heinz, hol mir mal...« – »Ach, bitte, mir fehlt mein...«). Er hat vor vierzig Jahren eine gute Partie gemacht und erst später entdeckt, daß niemand für sein Geld so hart arbeitet wie der, der es erheiratet.
Oberst Johnson ist als Kolonialbeamter im Dienst für die Krone ergraut. In Oxford wurde er zu jener Gelassenheit rebus in arduis herangebildet, welche die Briten auch heute noch dazu befähigt, so aufzutreten, als stünde noch immer Glanz und Macht des viktorianischen Imperiums hinter ihnen.
Missis Brown hat dreißig Jahre in Indonesien gelebt. Sie ist eine jener legendären Damen, die sich auch durch langjährigen Auslandsaufenthalt nicht von ihren englischen Gewohnheiten abbringen lassen. Sie züchtete *daffodils* (Narzissen) im Dschungel, trank ihren Nachmittagstee ungerührt inmitten von Revolutionen, und ihre Sonntagsschule hält sie seit vierzig Jahren mit stets gleicher Begeisterung.
Mr. Querry hat das Temperament eines Quirls: rosig, rund und immer aktiv. Er organisiert Deckspiele und Schachpartien, er kennt jeden und macht jeden mit jedem bekannt. »Er ist eine Dampfmaschine in Hosen«, sagen die einen. »Quatsch«, sagt McGuire, »he is the tin can on his own tail – er ist die Blechbüchse an seinem eigenen Schwanz.«

3. Mittelmeer

Montagmorgen. Die Passagiere drängen sich erwartungsvoll um den Zahlmeister, der die letzten Anweisungen für den Landgang gibt. Jedermann freut sich darauf, wieder festen Boden unter die Füße zu bekommen. Manchen Gesichtern sieht man die Tücken der Biscaya noch an.

Gibraltar, der sagenumwobene, geschichtsschwangere Felsen hat noch nichts von seiner Romantik eingebüßt. Hoch über der Stadt weht der Union-Jack, vor den Verwaltungsgebäuden marschieren Wachen in blau-roten Uniformen auf und ab. Ihre ruckartigen, betont eckigen Bewegungen erinnern an das Exerzierreglement der viktorianischen Zeit.
Die strategische Bedeutung, die die Briten auch heute noch Gibraltar beimessen, ist augenfällig: Kriegsschiffe liegen im Hafen, Befestigungswälle durchziehen die Stadt, die in den Fels eingehauenen Sammelbecken enthalten gewaltige Wasservorräte, die Landebahn des Flughafens wurde für Düsenmaschinen verlängert und weit ins Meer hinausgebaut, und jene harmlosen, weißgetünchten Einfamilienhäuschen mit undurchsichtigen Fenstern, dünnen Wänden und dem Vermerk »Crown property, trespassers will be prosecuted« sind leicht zu identifizieren. Wer den Westwall vor dem Krieg gesehen hat, weiß, wie man Bunker tarnt.
Trotz der einhundertfünfzigjährigen britischen Okkupation hat das Städtchen seinen südländischen Reiz nicht verloren. Wenn die Bewohner unter sich sind, sprechen sie Spanisch. Englisch gebraucht man nur im Umgang mit den Behörden und den Touristen. Die Fremden, die kaufkraftstrotzenden Bummelanten aus aller Welt, sind ohne Zweifel die am meisten geschätzten Leute hier. Ihnen ist jeder Winkel gewidmet. Jedes Lädchen quillt über mit Souvenirs und zollfreien Waren. Wer mit Verstand und Überlegung einkauft, kann mühelos einen Teil seiner Reisekosten amortisieren. So mancher Schotte wundert sich, wie billig sein heimischer Whisky hier ist, und die Preise der Kameras, Fotos und so weiter lassen die Herzen der Briten und Amerikaner, die zu Hause viel Zoll auf diese Artikel bezahlen müssen, höher schlagen. Mir selbst haben es einige Schnitzerein aus Hongkong angetan – kleine Meisterwerke, oftmals voll feinen allegorischen Sinngehalts; sie können zu Spottpreisen erstanden werden.
Ein Blick in die Fischerei- und Zunftgassen abseits der Hauptstraße läßt ahnen, daß es außer dem Handel mit den Touristen noch andere Einkommensquellen geben muß. Tanger, die Schmuggler- und Schwarzhandelszentrale, liegt nur wenige Meilen entfernt am anderen Ufer der Meeresenge. Sie muß irgendwo auf dem europäischen Kontinent ihren Gegenpart haben. Edelmetalle, Flüchtlinge, Rauschgifte und Frauen – sie haben seit eh und je illegal die Meerenge von Gibraltar passiert. Nicht zu vergessen die Waffen: Waffen für Terrororganisationen, für Beduinen, für die Widerstandskämpfer von Algerien bis Angola, von Casablanca bis nach Kairo.
Schon zu frühester Zeit war Gibraltar im Zentrum der politischen Ereignisse, eine Festung, um die Blut vergossen wurde. 711 n. Chr. stürmten die Araber den Südzipfel der Iberischen Halbinsel. Siebenhundert Jahre blieb der Gibel

Tarik, wie sie den Felsen tauften, in ihrer Hand, dann wurde er von den Spaniern zurückerobert. Im Spanischen Erbfolgekrieg (1704) erschien ein englischer Vizeadmiral mit 1800 Briten und Holländern vor der Festung und zwang die Verteidiger des Städtchens zur Übergabe. Im Frieden zu Utrecht erhielten die Eroberer Brief und Siegel für ihre neue Besitzung. Heute wird sie ihnen wieder streitig gemacht, aber die Einwohner Gibraltars sind mit den Ansprüchen Franco-Spaniens keineswegs einverstanden. Sie möchten nicht von Madrid aus regiert werden. Sie möchten leben und leben lassen und nicht ins Mittelalter zurückversetzt werden. Die Zahl der Fernsehantennen auf jedem Dach macht deutlich, wie weit man den Spaniern voraus ist. Das vorzügliche Essen im Sombrero würde nur noch halb so gut schmekken, wären die Getränke mit Zoll und Steuern belastet.

Am Nachmittag tut sich das Mittelmeer vor uns auf. Es hält, was es seinem guten Ruf schuldig ist: Die Sonne lacht vom blauen Himmel. Das ist der Augenblick, auf den jedermann gewartet hat. Die Frauen und Mädchen beleben wie Schmetterlinge das Deck: farbenfroh, duftig und voll Übermut. In Shorts und leuchtenden Blusen promenieren sie zwischen Reling und Aufbauten. Jedermann ist entschlossen, auf Sommer umzustellen. Die Matrosen schmunzeln. Sie wissen, daß sich der bunte Schwarm ebenso schnell wieder verziehen wird, wie er aufgetaucht ist. Bei siebzehn Knoten Fahrtwind und kühler Luft nützen auch die wärmsten Sonnenstrahlen nicht viel. Der heißersehnte Sonnenbrand wird noch einige Tage auf sich warten lassen.

Auch die Füllung des Schwimmbassins kann noch keinen Sommer vortäuschen. Das hochgepumpte grüne Salzwasser ist empfindlich kalt. Nur ein Naturbursche mit Vollbart stürzt sich in das Becken. Er prustet wie ein Polarbär, der durch das Eis gebrochen ist. Vermutlich weiß er selbst nicht mehr: War das nun gewollt oder nicht? Er produziert sich instinktiv. Wie er, sich schüttelnd, schließlich herausturnt und beim Abtrocknen nochmals alle Register seines rotbehaarten Body-building-Musterkörpers zieht, reagieren die Damen recht unterschiedlich: Die einen wenden sich ab, die anderen genießen das Schauspiel. Auch in England ist nicht jede Dame eine Lady.

Da die Tage wärmer werden und die Passagiere die meiste Zeit auf Deck zubringen, kommt man nun mehr mit der Mannschaft in Kontakt. Mit Ausnahme der Offiziere, Zahlmeister und einiger Chefstewards besteht die ganze Crew aus Indern, aus braunen Gesellen mit blitzenden Zähnen. Sie wurden in Goa angeheuert, als die englische Seemannsgewerkschaft eines Tages mit ihren Forderungen zu weit ging. Man ist nicht schlecht gefahren dabei. Die Inder sind die fleißigsten und höflichsten Stewards, die man sich wünschen kann. Und die Decksmatrosen, die ständig mit Pinsel und Farbtopf unterwegs sind, geben dem Schiff einen exotischen Anstrich. In ihren

blauen Kasacks und roten Schärpen sehen die Männer recht adrett aus; ihre weißen Käppis stehen in hübschem Kontrast zu den braunen Gesichtern und den schwarzen Haaren.
Wie wir Eritrea passieren, lerne ich einige der Burschen, die meist recht scheu über das Deck huschen, etwas besser kennen. Der Anlaß dazu ist nicht gerade erfreulich. Ich vermisse ein Teleobjektiv, das ich am Vortage nach einem Tischtennisspiel auf Deck liegen ließ. Ich weiß, daß es nicht verlorengegangen sein kann; die See war ruhig, und das Objektiv lag an einem Platz, wo es nicht wegrollen konnte. Aber war es für einen Mann der Crew nicht ein ideales Fundobjektiv: brandneu und made in Germany?
Ich mache mich daran, einige der Inder, die regelmäßig auf Deck arbeiten, zu interviewen. Das ist nicht ganz einfach. Die meisten sprechen nur gebrochen oder gar nicht Englisch. Ich habe sie schon im Verdacht, daß sie sich bloß dumm stellen, als schließlich zwei Mitpassagiere, englische Kolonialoffiziere, einspringen und mit Marathi, Kannada und Portugiesisch aushelfen. Sie sprechen in ruhiger, fast beruhigender Weise mit den schwarzen Gesellen. Hilflose Angst schaut aus deren Augen. Diese armen Burschen fürchten so sehr um ihren Arbeitsplatz, daß schon das bloße Fragen nach etwas Abhandengekommenem sie wie Espenlaub erzittern läßt. Sie heben die Hände und gestikulieren; es sind Gesten der Hilflosigkeit, Beteuerungen ihrer Unschuld. Ich habe das Gefühl, daß mein Ton von vorhin vielleicht doch ein wenig zu inquisitorisch war.
Die beiden Kolonialoffiziere, zu Psychotherapeuten geläuterte »Imperialisten«, sind ihrer Sache absolut sicher. Erstens: Inder sind keine italienischen Straßenhändler. Zweitens: Auf einem englischen Schiff kommt nichts weg. Sie haben recht; das Objektiv liegt schon seit Stunden beim Zahlmeister zur Abholung bereit.
Am 20. Dezember ist der Winter für uns endgültig vorbei. Strahlendes Wetter lockt die Passagiere frühzeitig aus den Federn. Selbst der Sechsuhrtee, eine recht angenehme englische Sitte, kann uns nicht in der Kabine zurückhalten. Milde Maienluft weht um das Schiff; man möchte den Morgen mit einigen Rundgängen genießen, aber das läßt sich nur schlecht bewerkstelligen. Die Mannschaft macht um diese Zeit rein Schiff. Das Wasser fließt zentimeterhoch zwischen Reling und Aufbauten. Die Inder lassen sich Zeit. Sie genießen es, daß sie zu so früher Stunde die alleinigen Herren auf Deck sind. Ihr morgendliches Großreinemachen ist mehr eine verspielte Bummelei als ernsthafte Arbeit. Meist dauert es bis kurz vor acht Uhr.
Nach dem Frühstück ist das Schiff eine einzige Farbenpalette. Liegestühle, Sonnenschirme und Strandkombinationen leuchten von allen Decks. Jedermann ist in Ferienstimmung. Man aalt sich und man erzählt Geschichten.

Missis K., eine der charmantesten Damen an Bord, entpuppt sich als Deutsche. Sie ist mit einem Engländer verheiratet, der bis vor einem Jahr in Kenia tätig war, aber dann, als die Zukunft der Weißen zu undurchsichtig wurde, nach England umzog. Jetzt kehren beide mit ihren Kindern zurück. Sie sind zuviel Freiheit und Sonne gewohnt, um jemals wieder im alten Europa heimisch zu werden. Die Enge, der Verkehr, der Nebel und kleinstädtisches Spießbürgertum – das ist nichts für Leute aus Kenia.

»Und die Kälte in den englischen Wohnungen...«, Mrs. K. schüttelt es noch nachträglich, wenn sie nur daran denkt. »Diese Engländer – man wird sie nie dazu bringen, moderne Heizanlagen in ihre Wohnungen einzubauen.«

Da Missis K. viele Jahre in Kenia ansässig war und das Land kennt, weiß sie viel Interessantes zu berichten. »Die Masai, wissen Sie, das sind schon tolle Burschen. Die gehen die Löwen noch mit Spießen an.«

Und dann erzählt sie eine Geschichte, die sich erst kürzlich zugetragen haben soll: Ein Löwe ist in den von einer Dornenhecke umfriedeten Kral einer Masaisippe eingedrungen und hat eine Kuh gerissen. Wie er sich mit ihr »über den Zaun« davonmachen wollte, wird er von einem der Wächter gestellt und mit der Keule angegangen. Der Schlag war gewaltig, aber der Löwe hatte noch genügend Kraft, um sich auf den Masai zu stürzen. »Ein einziger Prankenhieb – und der Masaikrieger war mitten durchgerissen...«

Andächtige Stille.

Ich beschließe, in Mombasa »Löwenpulver« zu kaufen und stets rechtzeitig auszustreuen.

Viel Gutes weiß Missis K. von ihrem DKW zu berichten. Der Frontantrieb hat es ihr angetan. Sie hat schon manchen bewundernden Blick eingeheimst, wenn sie während der Regenzeit auf morastigen Straßen sorglos an steckengebliebenen Straßenkreuzern vorbeikutschierte.

Überhaupt – die Straßen. Ein Thema, das unter »Afrikanern« immer aktuell ist. Soviel ich bis jetzt feststellen konnte, empfiehlt es sich, mit allem zu rechnen. Ein Farmer aus Rhodesien berichtet, daß er sehr stolz auf seinen VW ist, weil das der einzige Wagen sei, mit dem er zehntausend Meilen fahren könne, ohne die Federn erneuern zu müssen. Es gibt zwar schon viele Tarmac Roads (Teerstraßen), aber die Natur des Landes bringt es mit sich, daß man nicht immer ganz in den Genuß dieser technischen Neuerungen kommt. Es gibt Elefanten, die wissen, daß sie *right of way* haben, und es gibt ganze Heerscharen von Zebras und Giraffen, die mit Vorliebe die Zufahrtsstraßen zu den Städten blockieren. Vor zwei Jahren, während der großen Trockenheit, mußte Missis K. in der Nähe von Nairobi einige Stunden Rast einlegen, weil die Mombasa Road von zahllosen Tieren bevölkert war.

Mombasa Road. Das ist keine Straße, das ist eine Legende. Sie führt von

Nairobi zur Küste und ist mit unzähligen Erlebnissen gepflastert. Mit Erlebnissen und nichts anderem. Sie ist staubig und heiß während der Trockenzeit und ein Schlammbad mit Fallgruben während der Regensaison. Es werden mir so viele Tips hinsichtlich der Ersatzteile, die man auf der fünfhundert Kilometer langen Mombasa Road vorsichtshalber mitführen sollte, gegeben, daß mir Zweifel kommen, ob ein VW oder Landrover zweckmäßig ist. Wenn ich alle diese Federn, Ventilatorriemen, Ölschläuche etc. kaufe, brauche ich einen Dreitonner-Lkw.
Langsam senkt sich die Sonne dem Horizont zu. Morgen wird es für uns die Sonne Afrikas sein. Der Gedanke, daß in vier Tagen Weihnachten sein soll, mutet uns irgendwie komisch an. Obwohl die Christbäume im Schatten des Schornsteines schon bereitstehen, kommt nicht die geringste Weihnachtsstimmung auf. Dieses Vertauschen der Jahreszeiten, das Hinübergleiten vom Winter in den Sommer, ist mehr als ein gewöhnliches Hoch auf dem Gute-Laune-Barometer, dem alle vom Wetter abhängigen Leute unterworfen sind. Es ist ein Hinübergleiten in ein gelösteres Verhältnis zur Umwelt, zur Natur. Man braucht nicht mehr beim ersten morgendlichen Blick in die Runde den Kopf fröstelnd zwischen die Schultern zu ziehen, und es wird selbst für Engländer relativ uninteressant, das Wetter zu diskutieren. Man weiß, es wird nun schön sein; man weiß schon heute, was man morgen in Port Said anziehen wird, und es steht außer Zweifel, daß man in Aden den Regenschirm zu Hause lassen kann. Was den Naturkindern zwischen Suez und Tahiti fester Bestandteil ihres viel unbeschwerteren Lebens ist, wird auch von uns langsam akzeptiert: Es war ein schöner Tag heute, und auch morgen wird die Sonne scheinen.

4. Von Port Said bis Suez

... Und sie scheint. Sie scheint vom wolkenlosen Himmel, sie flimmert im Gefieder der Möwen, und sie läßt die geschmeidigen Körper der Delphine, die vor Übermut hoch aus dem Wasser springen, wie Silber erglänzen.
Die Skyline von Port Said kommt an Steuerbordseite aus dem Dunst des Horizonts. Hochhäuser, Kräne, Mietblocks. Wir passieren ankernde Schiffe, nehmen den Lotsen an Bord und gleiten zur vorgeschriebenen Stunde in den Hafen an den für uns reservierten Kai.
Rudelweise kommen die Händlerboote längsseits. Bunte Barkassen mit noch bunterer Ware vollgestapelt: Ledertaschen, Kamelsättel, Mokassins. Die

Händler rufen und schreien aus Leibeskräften, aber nur wenige Passagiere sind an der Reling; die meisten haben Wichtigeres zu tun: sie stehen im Ballraum Schlange, um den für den Landgang erforderlichen Stempel in den Paß gedrückt zu bekommen. Die Stimmung ist heiter und erregt. Man weiß, man wird heute noch viel erleben.

Nun, es ist nicht so einfach, afrikanischen Boden zu betreten. Heerscharen von fliegenden Händlern stürmen uns entgegen. Man wird am Ärmel gezupft oder irgendwo festgehalten, Empfehlungsschreiben werden präsentiert, man wird auf englisch, deutsch und französisch angesprochen, und es gibt nur eine vernünftige Reaktion: alle Taschen zu- und die Kamera festhalten.

Es ist ein babylonisches Sprachgewirr, ein undurchsichtiges Gewimmel von gestikulierenden Händen, schwitzenden Gesichtern und mehr oder weniger hilflosen, aber allmählich böse werdenden Passagieren. Einige handfeste Ordnungsrufe wehren schließlich das Schlimmste ab. Die Händler stürmen nicht mehr en masse und ziellos an, sie geben sich zu viert oder fünft mit einem Passagier zufrieden. Sieger bleiben die Taxichauffeure. Ihr Argument ist einleuchtend: »Steigen Sie ein, und Sie sind diese aufdringlichen Burschen los.« Das stimmt zwar nicht ganz, aber man hat es jetzt nur noch mit einem zu tun.

Da ich in Begleitung von Frau K. und ihren beiden Töchterchen bin, sehe ich mich nach einem etwas romantischeren Gefährt als einem Taxi um. Da drüben steht ein Fiaker, das ist genau das Richtige – ein Fiaker mit schwarzbedachtem Fond, messingblitzenden Karbidlampen und einem etwas müde blickenden Pferdchen an der Deichsel. Nach einem kurzen Handel mit dem Kutscher (von dreißig auf zehn Schillinge) traben wir los.

Zuerst passieren wir einige Hotels; ehemals große Klasse und von internationalem Ruf, aber heute völlig heruntergewirtschaftet. Bröckelnder Verputz, mit Schlagzeilen und Nasser-Plakaten überklebte Marmoremporen und so weiter. Die frühere Pracht der Gärten und Wandellauben ist dahin; wild wuchern Bougainvilleae und Schlingpflanzen. Hinter vorhanglosen, meist offenen Fenstern geht es recht ungezwungen zu: Man hat einen Verwaltungs- oder Bürojob und absolviert ihn mit den Beinen auf dem Tisch, oder man geht irgendeinem Handel nach und füllt die ehemals repräsentativen Räume mit Waren und Schachteln bis zur Decke.

Nördlich der Rue el Gomhoria liegt der während der Suezkrise von den Engländern und Franzosen bombardierte Stadtteil. Er wurde eingeebnet und neu bebaut; heute ist er das Aushängeschild des neuen Ägypten. Große Wohnblocks, repräsentative Kasernen, breit angelegte Plätze und Straßen künden eine verheißungsvolle Zukunft an.

Um das Kriegerdenkmal stehen zwanzig oder dreißig Panzer; russische Typen, zum Teil mit zwei Kanonen bestückt. Sie sind khakifarben gestrichen, offensichtlich für den Kampf in der Wüste bestimmt. Raketenattrappen ragen silberglänzend in den Himmel. Morgen ist Parade. Präsident Nasser hat seinen Besuch zur Feier irgendeines Jahrestages angesagt. Schon heute säumen Truppen die Straßen: kleine, dunkelhäutige Burschen in Khakiuniformen und roten Mützen und zahllose schwarzgekleidete Polizisten. Man übt die Paradeaufstellung ein.

In Anbetracht des hohen Besuches wurde die Stadt mit unzähligen Triumphbogen dekoriert: mit Papier überspannte Lattengestelle, Großporträts und Girlanden. Bunte Plakate künden von den ruhmreichen Siegen der Armee. Die von ungeübter Hand gemalten Motive sind handfest: am Boden liegende, mit Davidsstern verzierte Israelis, denen von Arabern das Bajonett in den Bauch gestoßen wird.

Dem Handel tut das alles keinen Abbruch. Im Marktviertel, durch das wir jetzt kutschieren, herrscht orientalische Geschäftigkeit. Es riecht nach Gewürzen, nach Zwiebeln, nach verdorbenem Fleisch, nach Fisch und nach dem in der Sonne verdunstenden Urin der zahlreichen kleinen Lasttiere.

Dunkelgekleidete Frauen eilen mit ihren Einkäufen nach Hause; nicht mehr verschleiert wie vor der Revolution, aber doch noch traditionell verhüllt; nur die Knöchel sind zu sehen. Zahllose Kinder spielen zwischen den Verkaufsständen oder winken – auf ein Bakschisch hoffend – den Touristen zu. Die Kulleraugen der kleinen Charmeure sind schwarz wie Tinte, und ihr strahlendes Lächeln verlieren sie auch dann nicht, wenn sie in der ärmlichsten Kleidung stecken.

Es ist unwahrscheinlich, in welchen Fetzen man hierzulande auf die Straße geht. Im Marktviertel ist nicht ein nach unseren Begriffen ordentlich gekleidetes Kind zu sehen, und die Erwachsenen sind zur Zeit dabei, die Resttextilien des vorigen Jahrhunderts aufzubrauchen. Individualisten entwickeln dabei eine eigene Note: Ein gestreifter Schlafanzug gilt als chic, ein Nachthemd als nonchalant und ein bunter Schal – kombiniert mit einem Gehrock aus Charlie Chaplins bester Zeit – als das Nonplusultra. Auf den Köpfen sieht man Turbane, Feze, die wallenden, von Kordeln festgehaltenen Tücher der Wüstenbewohner oder auch ganz schlichte, runde Käppis.

Wir haben schon einige Moscheen passiert, vor der nächsten halten wir an. Rein äußerlich ist sie nicht besonders attraktiv, aber das tut unserer Neugierde keinen Abbruch. Unser Kutscher macht den Führer. Mit einem etwas unguten Gefühl legen wir am Eingang unsere Schuhe ab und spazieren auf Strümpfen unter Allahs Dach. Weiche Teppiche machen den Gang geräuschlos. Ich komme mir etwas unbeholfen vor. Schuhe sind ein Stückchen Zivilisation, ohne sie sind wir nur noch halbe Europäer. Und wenn man – einem Junggesellen sei es nachgesehen – während des Gehens eine der großen Zehen einziehen muß, ist der sichere Gang vollends dahin. Frau K. schmunzelt, Allah nimmt keine Notiz, und ich weiß jetzt wenigstens, warum die Moslems nicht nur ihre Schuhe, sondern auch ihre Strümpfe ausziehen.

Die Räume der Moschee sind alle sehr nüchtern gehalten. Nur einige Koransprüche auf grünem Grund beleben die getünchten Wände. In der hohen Kuppelhalle hängt ein überdimensionaler Kronleuchter. Einige Gläubige, ältere Männer in abgerissenen Jacken, verrichten ihre Andacht. Sie sitzen mit hochgekrempelten Hosenbeinen und nackten, frisch gewaschenen Füßen in der Mitte der Halle, erheben ihre Arme hin und wieder beschwörend zum Himmel, murmeln ihre Gebete und lassen sich dann demütig aufs Gesicht fallen. Man kommt sich, wie in unseren Kathedralen, wenn andächtig gebetet wird, als Tourist fehl am Platze vor, und wir wollen uns dementsprechend etwas im Hintergrund halten. Aber unser Führer läßt eine Abkürzung des Besichtigungsprogramms nicht zu. Er zeigt uns schließlich auch noch die in Vorräumen untergebrachten Waschstände. Alles gekachelt und blitzsauber. Für die Frauen der Moslems ist ein besonderer Andachtsraum vorhanden, sie dürfen nicht mit ihren Männern zusammen vor Allah niederknien.

Nach kurzem Disput mit einem etwas erpresserischen Schuhputzer vor dem Portal – er hatte sich unserer Schuhe bemächtigt und sie (pro Stück für zwei Schillinge!) kurzerhand auf Hochglanz poliert – nimmt uns wieder die Straße mit ihrem Lärm und ihren unbeschreiblichen Gerüchen auf. Wir kommen nur gemächlich voran. Trotz Peitschenzündung bleibt unser 1-PS-Hafermotorchen immer wieder mal stehen.

Orientalisches Leben ist immer farbenprächtig, aber heute, einen Tag vor dem Besuch Präsident Nassers, überbietet man sich selbst. Fähnchen und Wimpel, Girlanden und Plakate verzieren (oder verunzieren) jedes Haus. Dazwischen baumeln an zahllosen Drähten und Seilen die Wäschestücke und Bettlaken dieses munteren Völkchens.

Wären die Gassen nicht so schnurgerade und eben, könnte man Neapel zum Vergleich heranziehen. Aber auch sonst bestehen grundlegende Unterschiede zu den südländischen Touristenzentren des Kontinents: Viele, fast die meisten Häuser hier haben Holzaufbauten und -veranden, und das Kolorit dieser ungestrichenen, langsam zerfallenden Mietblocks kann nicht mit den blumendekorierten Fassaden der süditalienischen Städte mithalten.

Port Said, das Tor zum Orient, ist nicht schön. Es ist schmutzig und stellenweise unsagbar häßlich, aber es ist voll Leben. Ich weiß nicht, wie viele Einwohner es hat, es mögen heute dreihunderttausend sein, aber ich bin ziemlich sicher, daß ich fast jedem begegnet bin. Die Menschen treffen sich hier nicht einzeln. Sie schieben und drängen sich zu Hunderten, zu Tausenden vorbei; sie schreien und feilschen und machen das Zentrum der Stadt zu einem brodelnden Kessel.

Das Hupkonzert der Autos ist unbeschreiblich. Man hupt, wenn man geradeaus fährt, man hupt, wenn man einbiegt, und man hupt auch dann, wenn man auf breiter Straße freie Fahrt hat. Man wartet nicht, bis jemand gefährdet ist – das wäre einerseits zu umständlich, andererseits käme es auf das gleiche hinaus –, man macht es wie die Feuerwehr, man hupt im voraus, man hupt immer.

Seit neuestem hat Port Said auch einige Verkehrsampeln. Aber die Bedeutung von Grün und Rot ist noch nicht ganz 'raus. Die Autos sausen auch bei Rot über die Kreuzung. Die Polizisten (schwarze Uniformen mit weißen Tropenhelmen) nehmen wegen solcher Kleinigkeiten nicht die Hände aus den Hosentaschen. Allah wird schon wissen, wessen Stündchen geschlagen hat. Dem armen Tropf ist dann ohnehin nicht mehr zu helfen.

Da Port Said dank der antiwestlichen Propaganda eine der Sieh-dich-vorbei-Nacht-Städte geworden ist, hat man sich für die Touristen einige Sicherheitsmaßnahmen einfallen lassen: Die Taxis und Droschken müssen ihre Fahrgäste über die Rue el Gomhoria zurückbringen. Man will keine Scherereien mit den Konsulaten haben. Bei den pedantischen Zählmethoden der Europäer ist damit zu rechnen, daß es auffällt, wenn mehr Touristen ausgeschifft wurden, als sich nachher wieder einfinden.

Wir können unseren kleinen Fiaker also nicht, wie ursprünglich vorgesehen, in der Altstadt abhängen. Wir fahren weiter, an Würstchen-, Krabben- und Früchteständen vorbei. Der Kutscher zeigt uns die Schriftkundigen hinter ihren primitiven Trottoir-Schreibtischen und die Märchenerzähler an den Ecken. Wir traben an unzähligen Handwerkern vorbei, die unter Torbogen und in Hofeinfahrten hämmern und feilen. Die Händler rufen uns ihre Preise zu, halten uns ihre Stoffe, Schuhe, Halsketten und Schnitzereien entgegen. Ganze Hundertschaften verbummelter Gesellen, die offensichtlich nichts zu verwalten haben, stehen gaffend an Kreuzungen und Ecken. Manchmal, wenn ich allzu auffällig fotografiere, droht eine Faust, und Verwünschungen werden laut, aber wenn's brenzlig wird – schon manche Kamera wurde entrissen –, ist unser Kutscher nicht wortfaul. Seine Rhetorik muß gewaltig sein. Wenn er sich mit einem anderen Kutscher in die Wolle kriegt, wenn die Gespanne nicht aneinander vorbeikommen, und das geschieht alle paar hundert Meter, ist es jedesmal der andere, der zu rangieren beginnt.

Wir hatten vor, zum Mittagessen in der Stadt zu bleiben, können aber beim besten Willen kein vertrauenerweckendes Lokal ausfindig machen, auch nicht in der Sharia el Nahda oder am Quai Sultan Hussein. Es hat sich viel verändert in Port Said, seit die Engländer abgezogen sind, und so bleibt uns nichts anderes übrig, als zum Lunch zum Schiff zurückzufahren.

Nach dem Abendessen ergehen sich die Passagiere an Deck. Es ist bekanntgegeben worden, daß wir in etwa einer Stunde ablegen und in den Kanal einlaufen werden. Jedermann ist gespannt darauf. Mit Hilfe des Bordlautsprechers polieren die Herren auf der Brücke unsere Schulkenntnisse etwas auf. Der Kanal ist 161 Kilometer lang, er ist schleusenlos, 12 Meter tief und liegt auf ägyptischem Gebiet. Er verkürzt den Seeweg nach Ceylon um 7 150 Kilometer, nach Australien um rund 1 000 Kilometer. Der Schiffsverkehr durch den Kanal erfolgt in Konvois. Höchstgeschwindigkeit: Zehn bis fünfzehn Stundenkilometer.

Vorläufig gehört noch alles Interesse den Händlerbooten, die zu Dutzenden das Schiff umgeben. Schlußverkaufspreise werden angesetzt. Alles ist verblüffend billig. Man könnte nicht widerstehen, hätte man mehr Gelegenheit, die Dinge zu verstauen. Die Preise fallen von Minute zu Minute. Die Händler sind nicht mehr auf einen Gewinn an der Ware aus, sie wollen nur noch englisches Geld eintauschen; denn es besteht eine erhebliche Diskrepanz zwischen dem offiziellen und dem Schwarzmarkt-Wechselkurs. Kamelsättel mit Messingbeschlägen und vorzüglich tätowiertem Leder sind für fünfundzwanzig Schillinge (etwa fünfzehn Mark) zu haben. Die bunten Sandalen kosten nicht einmal mehr eine Mark. Das alles spielt sich vor sehr dekorativem Hintergrund ab. Die Häuser am Kai sind festlich illuminiert. Die Fassaden sind durch Lichterketten nachgezeichnet, und selbst die Verladeeinrichtungen, Kräne, Hebebühnen und so weiter, werden auf diese Weise aus dem nächtlichen Dunkel herausgehoben. Man protzt ein wenig mit seinen technischen Neuerungen. Man will sichergehen, daß niemand übersieht, welche Fortschritte man zu verzeichnen hat. Dem gleichen Zweck dienen auch die Lautsprecher, die ununterbrochen orientalische Musik und Parolen durch die Nacht grölen: »Ägypten ist reicher, Ägypten ist schöner geworden, und alles gehört einer großen Nation.«

Gegen dreiundzwanzig Uhr haben wir freie Fahrt. Langsam schiebt sich der große Schiffsrumpf in die Fahrtrinne. Im Schrittempo geht es zum Kanal, vorbei an zahlreichen Frachtern, die sich im Laufe des Tages zum Konvoi eingefunden haben. Es ist die große Stunde der jüngeren Schiffsoffiziere, die heute zum ersten Male ihre weißen Uniformen anhaben, sich unter die Damen an der Reling mischen und ein faustdickes Garn spinnen.

Wie der Morgen dämmert, erreichen wir den Großen Bittersee. In diesem »Rangierbahnhof« heißt es nun abwarten, bis das restliche Kanalstück, die Strecke bis Suez, frei ist. Die Sonne steigt als riesiger Feuerball aus der Wüste, glutrot, den Himmel mit Flammenstrahlen überspannend. Nichts rührt sich. Die Passagiere schlafen noch; der See ist zu Blei erstarrt. Weit und breit keine Spur von Leben; es ist, als wäre die Erde in blitzemdem Licht erstorben.

Die Ufer des Sees lösen sich wie eine Fata Morgana aus dem Dunst. Palmen zeichnen sich ab, armselige Hütten und einige Wasserbehälter auf hohen Pfählen. Der Grünstreifen am Seeufer ist nur fünfzig bis hundert Meter breit. Dahinter erstreckt sich die Sahara: sandbedeckte Hügel, felsige Abhänge und am Horizont eine kahle, von unzähligen Sandstürmen zerfurchte Gebirgskette. Vergeblich suche ich durch das Glas nach irgendeinem Zeichen von Leben. Kein Strauch, nicht ein Schimmer von Gras ist zu sehen. Sand, nichts als gelber, gleißender Sand. Die Kämme der Dünen, die Bergsattel sind von abstrakter Schönheit: Runde Formen, weiche, geschwungene Linien. Skulpturen des Windes, Skizzen aus der Urzeit für die Ewigkeit.

Das Küchenpersonal ist inzwischen munter geworden. Abfälle werden über Bord geworfen. Die Möwen kommen: zu Hunderten, zu Tausenden. Sie balgen sich um Brot- und Orangenreste und veranstalten ein Gezeter, daß die Luft erzittert. Die Mannschaft kommt mit Eimern und Besen angerückt. Aus dicken Schläuchen ergießt sich Wasser über Decks und Aufbauten – die ungemütlichste Stunde des Tages ist angebrochen. Dagegen gibt es nur ein probates Mittel: ein ausgiebiges, anderthalbstündiges Frühstück mit wenigstens acht Gängen.

Den ganzen Tag über liegen wir in der glühenden Sonne. Das Schiff röstet. Kein Lüftchen ist zu spüren. Die Schwimmbecken sind zwar gefüllt, aber das Wasser ist von einem so schmutzigen Dunkelgrün, daß niemanden die Lust zu einem Bad ankommt. Man hält sich an die Duschen und Wannen unter Deck, und im übrigen sorgen die Stewards für Abkühlung. Früchte und eisgekühlte Drinks bewahren die Passagiere vor dem Aus- und Eintrocknen. Einige fangen schon an, vom kalten englischen Wetter zu schwärmen.

Das Schiff und seine Belegschaft werden von Stunde zu Stunde träger. Selbst die hübschesten Mädchen holen sich eine Abfuhr, wenn sie sich nach Tennispartnern umsehen.

»Decktennis? Bei dieser Hitze? Meine liebe Barbara, du bist nicht recht bei Trost. Dergleichen überlasse ich heute dir und den anderen Mädchen. Das hält euch Kummer vom Leibe. Als ehrbarer Seemann werde ich den Nachmittag in bester Navytradition verbringen: Ich werde die Nieten und Rohre an der Decke meiner Koje zählen.«

Er sprach's, der Dick, und weg war er. Fünf Minuten später schleppten zwei Stewards einen Kasten Bier nach unten.

Gegen vier Uhr nachmittags kommt Leben ins Schiff. Die Strecke nach Suez ist für unseren Konvoi freigegeben worden. Ein leichtes Zittern geht durch den Schiffsrumpf – die Maschinen laufen an. Langsam schieben wir uns an die Spitze des Geleits. Als Passagier- und Postdampfer steht uns dieses Recht zu. Die übrigen Schiffe reihen sich hinter uns ein. Viele davon sind Tanker. Sie liegen sehr hoch über dem Wasser. Ihre Tanks sind leer. Sie sind auf der Fahrt zum Persischen Golf.

Wie wir die Kanaleinfahrt erreichen, steht die Sonne schon über dem Horizont. Wir passieren einen ägyptischen Flughafen, auf dem etwa fünfzig Düsenjäger und kleinere Bomber dekorativ zur Schau gestellt sind. Sie sollen die Macht und Stärke der jungen Republik repräsentieren. Die Wachmannschaften rufen uns Unverständliches zu, wir rufen zurück und winken. Alle Passagiere sind auf dem Bug versammelt. Keine Maschine, kein Ventilator ist zu hören – geräuschlos gleitet das Schiff in den Kanal. Wir fahren langsam, sehr, sehr langsam. Die Schrauben dürfen den Grund nicht aufrühren.

Die Sonne versinkt als riesiger Feuerball. Sie verglüht in der Wüste. Das ganze Spektrum des Himmelslichtes ergießt sich über den Horizont. Dunkel heben sich die Silhouetten der Palmen vom Purpur des Firmaments ab. Ein kleiner See spiegelt das Abendrot wider. Die Passagiere sind verstummt. Sie sind trunken von der Farbenpracht. Geräuschlos, wie von magischer Hand gezogen, gleiten wir in die flammendurchzuckte Dämmerung. Nur langsam verglühen die Strahlen. Aus dem Orange wird ein dunkles Grün, ein violettes Blau. Minuten später umfängt uns die Nacht.

Afrika, der urweltliche Kontinent, das Land der Naturwunder, hat sich uns vorgestellt.

Über die Reling gelehnt, wird noch manche Story erzählt – von Trockenheit und Dürre, von unermeßlichem Regen, von glimmenden Lagerfeuern, von Tieren und Menschen, von Gold und Diamanten.

5. Dort drüben liegt Mekka

Wir schwimmen im Roten Meer. Es ist keineswegs rot, es ist von einem tiefen Blau. Mein alter Geographielehrer hat pure Bücherweisheit von sich gegeben, als er uns vom Mare Rubrum erzählte und von einer Blutalge (genauer: einer rot erscheinenden Blaualge), der das Meer seinen Namen verdankt. Nicht ein Schimmer Rot ist im Wasser zu entdecken. Die schulmeisterlichen Behauptungen über den Salzgehalt dieses Gewässers, die stimmen allerdings. Das Rote Meer ist, bedingt durch die geringe Süßwasserzufuhr und die starke Verdunstung, eine Salzlösung von fünfunddreißig bis dreiundvierzig Pro-

Will man die Afrikaner verstehen, muß man sich ein wenig mit ihren Stammessitten vertraut machen, mit ihrem Sippensystem, der Art ihrer Erziehung, ihren Heirats- und Liebesbräuchen und ihren religiösen Praktiken. Afrika besteht nicht nur aus Elefanten, Giraffen und Nashörnern – die Menschen Afrikas geben dem Land sein Kolorit. Noch kann man sie in vielen Gebieten so antreffen, wie es ihrer Art und ihrer Tradition entspricht. Aber wie lange noch?

Die Masai sind das »Herrenvolk der Erde«; die Weißen nachzuahmen, ist unter ihrer Würde. Sie verzichten auf europäische Kleidung, auf bessere Wohnungen und auf alle Hilfsmittel der Technik. Sie leben wie vor 100 Jahren, als noch niemand von den »Wazungu« und ihrer Zivilisation gehört hatte, und sie wünschen, daß das so bleibt. Die Diät der Masai macht Feinkostgeschäfte überflüssig. Der ganze Stamm lebt von Milch, Blut und Fleisch. Das Fleisch liefern die eigenen Herden. Wildbret, Fische und Vögel werden verachtet. Das Blut, das die Masai ihren Rindern an einer Halsvene abzapfen, wird mit Milch und etwas Kuhurin gemixt. Dieser Cocktail gibt Kraft und einen wundervollen Teint.

mille. Nach jedem Bad bildet sich eine weiße Kruste auf der Haut. Das hochgepumpte Meerwasser hat dreiunddreißig Grad Celsius.
Gegen Abend überholen wir einen alten Frachtdampfer, auf dessen Deck sich zahllose Passagiere drängen. Moslems auf dem Weg nach Mekka.
»Sie werden morgen in Dschidda sein«, meint der junge Pakistani, der neben mir an der Reling steht. »Hören Sie, was sie rufen?«
»La Illaha Illa Allah: Mohammed ar Rasul Allah – Es gibt keinen Gott außer Allah, und Mohammed ist sein Prophet!«
Es klingt beschwörend zu uns herüber.
Es klingt nicht wie ein Lied oder wie ein Choral – beides ließe sich mit den strengen Bestimmungen des Moslemkultes nicht vereinbaren –, es ist mehr ein Schrei, ein Schrei voller Hoffnung, voller Gewißheit.
»Dieses Glaubensbekenntnis – La Illaha Illa Allah – ist der erste Pfeiler des Islams«, erläutert mein Nachbar. »Mit diesem Ruf wird jedes Moslembaby auf der Welt willkommen geheißen, mit diesen Worten beginnt das Gebet der Gläubigen, und noch nie ist von einer Moschee zum Gebet gerufen worden ohne das La Illaha Illa Allah... Es ist der Schlachtruf der Araber, der Afghanen und der Türken, es ist der Wappenspruch des Hauses Saud.
La Illaha Illa Allah umschließt die Welt des Islams, es ist das Alpha und das Omega für die Lebenden, es sind die letzten Worte auf den Lippen der Sterbenden...«
Mein Nachbar an der Reling ist Kaufmann aus Karatschi. Er hat die London School of Economics und vor drei Jahren die Pilgerfahrt (Hadsch) nach Mekka absolviert.
»Die Hadsch«, so erläutert er, »ist einer der fünf Pfeiler unseres Glaubens. Sie ist so obligatorisch für jeden Gläubigen wie die vier übrigen *pillars:* das Gebet, das Almosengeben, das Fasten während des Ramadanmonats und das Zeugnisablegen vom Glauben an den alleinigen Gott Allah und die Prophetenschaft Mohammeds.«
Der Pakistani kommt ins Erzählen. Er erzählt von Dschidda, dem Pilgerhafen, und von den Gläubigen, die während der Wallfahrtszeit täglich zu Tausenden kommen. Sie kommen auf brüchigen Kähnen den Nil herab, sie kommen mit Dhows und Dschunken, sie segeln mit dem Monsun und dem Passat, sie bevölkern die Touristendecks der Passagierdampfer, und sie kreuzen unter eigener Flagge mit Privatjachten in den Hafen. In Dschidda trifft sich die Welt des Islams. Spruchbänder und Plakattafeln grüßen die Ankömmlinge schon von weitem.
»Pilger, Saudi-Arabien heißt euch willkommen.« Auf arabisch, englisch, indonesisch und einem Dutzend anderer Sprachen werden die Pilger (Hadschi) angesprochen. Sie werden bewirtet, registriert und gruppenweise erfahrenen

Führern zugeteilt. Der Aufenthalt in Dschidda ist nur kurz. Die meisten Wallfahrer werden unverzüglich in Busse oder auf Kamele, Esel und Mulis verladen und weitergeschickt: durch baumlose Wüste nach dem etwa fünfundsiebzig Kilometer entfernten Mekka. Viele gehen auch zu Fuß. Sie wollen, wie Mohammed vor annähernd eintausendvierhundert Jahren, als Wanderer in die Stadt einziehen.

Der Augenblick, in dem die Pilger der Stadt ansichtig werden, reißt sie zur Ekstase, zur Verzückung, hin. Der Ruf »Labbayk, Allahumma, Labbayk! Wir sind hier, o Gott, wir sind hier!« schallt zum Himmel. Jeder Gläubige wird ihn noch tausendmal während seiner Pilgerfahrt wiederholen. »Wir sind hier, o Gott, wir sind hier ...«

Glückseligkeit, Verklärtheit leuchtet aus den Augen der Hadschi. Der bis zu den Zähnen bewaffnete Beduine aus der Wüste, der Bankier aus der Stadt, der Ingenieur aus den Ölfeldern, der Händler aus Dacca, der Fellache aus Ägypten – sie alle sind Brüder, einig in ihrem Glauben, klassenlos. Alle tragen sie eine einfache Kutte, einen weißen, taschenlosen Burnus. Der König geht so gekleidet und der letzte Bettler.

Die Araber sind sich einer großen Tradition, einer jahrtausendealten Geschichte bewußt. Die Wiege der Menschheit stand hier auf der arabischen Halbinsel. Hier, so geht die Legende, war der Garten Eden. Das Grab Evas soll nicht weit von Dschidda sein. Die Kaaba, das Allerheiligste, wurde von Adam nach einem Modell errichtet, dessen er sich aus dem Paradies entsann, nach einem Heiligtum, das die Engel – den Herrn lobpreisend – seit Anbeginn der Welt umkreisen.

Abraham, auf den die Araber ihr Geschlecht zurückführen, hat die heilige Kaaba neu erbaut, als Zeichen der Reue für die Verstoßung Hagars in die Wildnis. Die Quelle, die Gott für Hagar aus dem Sand der Wüste emporsprudeln ließ, fließt noch heute; es ist die Zam-Zam-Quelle, die das Heiligtum der Moslems mit Wasser speist.

Juden und Araber, beide haben Abraham zum Stammvater, ihre Sprachen gehen auf die gleichen Anfänge zurück, beide gehören sie der semitischen Rasse an. Heute sind sie Todfeinde. In vorgeschichtlicher Zeit hatten sie den gleichen Gott, die gleiche Religion. Aber während die Juden ihren Monotheismus beibehielten, schufen sich die Araber, die Nomaden der Wüste, eine vielgestaltige Götterwelt. Die Selbständigkeit der einzelnen Volksgruppen, der mangelnde Kontakt zwischen den Stämmen und das Leben unter freiem Himmel ließen eine Götterwelt entstehen, in der es recht demokratisch zuging: Jeder durfte mitregieren. Das Heiligtum in Mekka, seit Urzeiten Anbetungsstätte, wurde zum Sitz von mehr als dreihundert Gottheiten.

Bis ins siebente Jahrhundert nach Christus dauerte dieser Götzendienst der

arabischen Stämme. Mohammed, dem Propheten, blieb es vorbehalten, diese Entwicklung zu stoppen. Er schuf keine neue Religion, er baute auf den Lehren von Moses, Christus und Zarathustra auf, er predigte die Rückkehr zum Monotheismus. Eigenhändig zerstörte er die Symbole der dreihundert Gottheiten in Mekka. Jahrhunderte der Unwissenheit und Verblendung mündeten in den Islam (wörtlich: Unterwerfung unter den Willen Gottes).
Die arabische Welt folgte dem Ruf und der Rhetorik des Propheten. Zum ersten Male in ihrer Geschichte waren die Stämme geeinigt. Die Kraft, die in ihnen pulste, suchte nach Bewährung. Mit dem Schwert wurde der Islam in die Welt getragen: Nordafrika und ein großer Teil Spaniens fielen dem Halbmond zu, Afghanistan, die Türkei und Persien wurden Provinzen Allahs. Indien wurde überrannt, Rußland und China zitterten vor den Heerscharen des Propheten. Die Moslems waren die Herren der Welt. Ihre Städte wurden zu Zentren der Wissenschaft, zu Hochburgen der Kultur.
Was blieb davon in späteren Jahrhunderten? Der Besitz des Korans und das Bewußtsein, daß es Araber und Moslems waren, die von China bis Spanien die Welt regierten. Was danach kam, berührte die Wüstenbewohner wenig. Sie lebten in der Tradition, in ihrem Glauben. Noch in den dreißiger Jahren des zwanzigsten Jahrhunderts war Arabien ein Land ohne Straßen, ohne Fabriken und Banken, ohne Währung, ohne elektrisches Licht, ohne Hygiene. Es gab keine staatlichen Schulen. Die Jugend lernte den Koran auswendig, damit war der Bildung Genüge getan.
Dann – 1938 – flossen die ersten *royalties* aus den Verträgen mit den amerikanischen Ölgesellschaften in die Kasse des Königs. Was tun damit? Wo anfangen?
Ibn Saud war kein Mann des Zauderns. Er kaufte ein. Er holte sich die Experten, die Talente aus aller Welt. Er kaufte sich die Zukunft. Niemand hatte mehr Verständnis dafür als die Amerikaner. Sie stampften Schulen aus dem Boden, sie bauten Kauf- und Krankenhäuser, und sie förderten Wasser zutage, wo noch nie ein Halm wuchs. Sie bauten Moscheen. Sie schufen den Reichtum, sie schufen den Ruhm des Landes.
Heute ist in Saudi-Arabien jedermann der Überzeugung, daß man auf der Höhe der Zeit ist, daß man mitreden kann. Die Regierung greift nach allem, was nützlich und fortschrittlich ist, sie versucht, das Gute vom Schlechten zu sondern und alle Neuerungen in das Glaubensgefüge des Islams einzubauen.
Die Ausstrahlungskraft des neuen Arabien ist groß. Die unzähligen Pilger, die jährlich aus aller Welt kommen, nehmen viele Anregungen mit. Insbesondere die Moslems aus Asien und Afrika, aus Ländern, die zur Zeit selbst bemüht sind, sich der Technisierung – dem Westen – anzupassen, greifen die Botschaft auf und tragen sie hinaus nach Indonesien, nach Malaya, nach

Pakistan, an die Küsten Afrikas. Ein Fünftel der Erdbevölkerung wird durch Arabien religiös inspiriert und entwicklungsmäßig beeinflußt. Die Haltung, die Einstellung Saudi-Arabiens ist für viele der jungen Staaten richtunggebend.

Erhebliche Beträge aus den Ölgeldern wurden in Mekka investiert. Wo früher nur ein einziger, als Wunder angestaunter Baum wuchs, wird heute genügend Wasser gefördert, um eine Oase zu speisen. Hygiene-Spezialisten befreiten die Stadt von Epidemien, elektrisches Licht erleichtert den Pilgern die Wallfahrt, die Wanderung um das Heiligtum.

Die große Moschee und die heilige Kaaba stehen im Herzen der Stadt. Eine schwarze, kunstvoll bestickte Decke (Kiswa) umhüllt den Granit der Kaaba. Nur an einer Stelle – an der Süd-Ost-Ecke – ist das Tuch offen, dort, wo der »Schwarze Stein«, die von Mohammed geweihte Reliquie, in den Granit eingelassen ist. Jeder Gläubige küßt diesen Stein, nachdem er den kubischen Würfel siebenmal umwandert hat. Die Mutawwifin, die Führer, die den einzelnen Landsmannschaften zugeteilt werden, achten auf das Ritual. Es fehlt des öfteren an der detaillierten Kenntnis der Gebete. Die Führer gehen mit gutem Beispiel voran.

In der Nähe der Kaaba ist der »Platz Abrahams«. Hier hat der Patriach seine Gebete verrichtet. Nicht weit davon ist die Zam-Zam, die heilige Quelle, wo Hagar ihren Durst stillte. Keiner der Pilger geht hier vorüber, ohne wenigstens seine Lippen zu netzen. Viele tauchen ein Stück ihres Pilgergewandes in das Wasser. Das Kleid wird dadurch zur Kostbarkeit – als geweihtes Leichentuch nimmt es der Gläubige mit ins Grab.

Wir stehen an der Reling und schauen hinüber zur Küste. Dort, nicht weit hinter dem Horizont, liegt der Ort, dem sich alle Moslems – einige hundert Millionen – fünfmal täglich in Anbetung zuwenden.

6. Weihnachten im Roten Meer

Ein heißer, sonnendurchglühter Tag geht zu Ende. Hinter dunklen Wolken sinkt der Feuerball ins Meer. Purpurstrahlen schießen empor; ein grünes Leuchten zuckt über den Horizont. Der Tag verglüht; schon nach Minuten blitzt der erste Stern aus dem Dunkel des Firmaments. Warm und voll Verheißung entsteigt die Tropennacht dem Meer.

Zu Hause, in Deutschland, senkt sich jetzt Frost über Dörfer und Städte. In vielen Teilen des Landes liegt Schnee. Festlich gestimmte Menschen treffen die letzten Vorbereitungen für den Heiligen Abend, und erwartungsvolle Kinderaugen hängen an Vater und Mutter. Die Glocken läuten die Christnacht ein. Kerzen werden entzündet – der festlichste Augenblick des Jahres ist gekommen.

Ich bin weit weg mit meinen Gedanken.

Die Bordkapelle setzt mit einem Saxophonsolo ein. Sie bringt mich zurück ins Rote Meer, auf ein englisches Schiff, unter fremde Leute. Lauter Trubel herrscht an Deck. Der 24. Dezember ist für die Angelsachsen ein bedeutungsloser Tag, ein Tag wie jeder andere. Man liegt an Deck, scherzt, tanzt oder trinkt. Für heute abend ist ein Krimi im Kino vorgesehen, und die Vorbereitungen für morgen lassen auf ein Karnevalsfest schließen, nicht auf Weihnachten.

Über der Treppe zum Speisesaal ist ein Mistelzweig angebracht worden, der nach englischer Tradition einige Abweichungen vom sonst ziemlich geradlinigen Kurs der angelsächsischen Moral zuläßt. Viele nehmen die Möglichkeit wahr, manche bis zum vollen Bereich von einhundertundachtzig Grad. Um Mitternacht – man bleibt nach dem Kino an Deck – küßt jede jeden, und der Tanz währt bis in den frühen Morgen.

Am ersten Feiertag um zehn Uhr früh ist alles wieder auf den Beinen. Jetzt hat auch für die Engländer Weihnachten begonnen. Man wünscht sich Happy Christmas, schüttelt sich die Hände oder ergattert sich noch ein Küßchen.

Auch die Mannschaft hat Weihnachten. Die braunen Gesellen formieren sich um elf Uhr zu einem kleinen Festzug und marschieren mit Pauken und Trompeten über das Promenadendeck. In ihren bunten Kostümen und weißen Tropenanzügen sehen die Männer recht attraktiv aus. Bei den Passagieren setzt ein Run nach den Kameras ein. So hübsche Motive will sich keiner entgehen lassen. Die Inder lächeln gutmütig, lassen ihre weißen Zähne blitzen und trotten als Touristen-Attraktionen über die verschiedenen Decks. Ihr Dienst ist damit für heute zu Ende. Bald hört man sie fröhlich auf dem Achterdeck lärmen; nicht laut und störend, es ist mehr das fröhliche Lachen unbeschwerter Naturburschen. Sie tollen in Shorts und Trikots umher und bereiten sich ihr Mittagessen in großen Kesseln. Durch die Türen kann man ihr Leben und Treiben ein wenig beobachten. Am meisten verblüfft, daß die Schiffsleitung – so scheint es wenigstens – keinen Einfluß auf das private Leben der Matrosen, auf die Tischsitten und so weiter nimmt. Die Männer hocken sich, wie zu Hause in Indien, auf den Boden und schieben sich den Reis mit den Fingern in den Mund. Ihre Mahlzeiten sind von orientalischem Zuschnitt: Fisch und Curry, Curry und Fisch.

Nach dem Lunch wird die Weihnachtsansprache der Königin übertragen. Queen Elizabeth wünscht ihren Untertanen ein schönes Fest und viel Glück

im neuen Jahr. Ihre Landeskinder heben die Gläser, machen eine artige Verbeugung und revanchieren sich. Das anschließende Schmunzeln bezieht sich auf einige inoffizielle Anmerkungen, das noch inoffizielle Baby betreffend.
Mit Galadinner und Kostümball steuert der Tag seinem Höhepunkt zu. Der Einzug der Damen in den Speisesaal ist ein Ereignis für sich. Musik liegt in der Luft. Walter, der zweiundsiebzigjährige, spitzt die Lippen. Er ist nicht musikalisch, aber was er jetzt leise vor sich hinträllert, hört sich an wie der Triumphmarsch aus Aida. Dann beugt sich der alte Charmeur zu mir herüber und flüstert: »Mäx, the trouble with life is that there are so many beautiful women and so little time.«
Die Garderoben der Damen sind Variationen des ewigen Widerstreits zwischen dem zugegebenen Bedürfnis, sich reizvoll anzuziehen, und dem nicht eingestandenen Bedürfnis, sich ebenso reizvoll auszuziehen. Manche der Kleider sind schon jenseits des Äquators; sie beginnen sehr weit südlich. Die Herren schmunzeln (»In der Antarktis müßt' man sein!«), die Ladies konversieren und betrachten sich gegenseitig mit mikroskopischer Gleichgültigkeit. Dann – wie der Sekt entkorkt wird – schäumt überall die Festesfreude über.
Spät in der Nacht unterbricht ein Naturphänomen den Tanz auf dem Oberdeck: Der Vollmond braust in weitem Bogen rund um das Schiff. Ist die Welt aus den Angeln?
Das Kielwasser verrät den Trick: wir drehen uns um dreihundertundsechzig Grad auf der Stelle, wir fahren Karussel. Es ist ein reizendes Spiel. Ein Gefühl der Schwerelosigkeit, des Losgelöstseins überkommt uns alle. Die Positionsmeldung des Kapitäns lautet:
If you are ever in doubt as to whether or not you should
kiss a pretty girl, always give her the benefit of the doubt.

7. Aden – Zankapfel zwischen den Kontinenten

Um halb fünf Uhr morgens schreckt uns das Pfeifen und Tuten der Hafenbarkassen und Schleppdampfer aus dem Schlaf. Wir werden an eine der zahlreichen Anlegebojen bugsiert, die Ladeluken werden frei- und die Reling stellenweise umgelegt. Das Löschen der Ladung soll beginnen, sowie der Morgen dämmert. Es fällt nicht ganz leicht, sich nach durchtanzter Nacht den Schlaf aus den Augen zu reiben, aber ein Blick aus dem Bullauge läßt mich vollends munter werden; die Schauerleute kommen schon an Bord.
Ich habe keine Ahnung, wo der Ausdruck Schauerleute etymologisch seinen

Ursprung hat, aber es wäre durchaus denkbar, daß das Wort hierzulande entstanden ist, denn was jetzt durch die Bordluken und mit Strickleitern über die Reling turnt, gleicht einer Pirateninvasion. Ich schaue zweimal hin, um mich zu vergewissern, daß die Kerle keine Messer im Mund haben. Im Zwielicht des Morgens und in ihren Ali-Baba-Kostümen sehen die Männer geradezu furchterregend aus.

Geschrei erfüllt das Deck, Schandeckel fliegen, nackte Füße klatschen über Planken – die Arbeit beginnt.

Das Hafenbecken ist in weitem Rund von kahlen, felsigen Bergen umgeben. Kein Baum, kein Strauch. Die Stadt, soweit sie von hieraus einzusehen ist, sieht sehr klein aus. Im Vordergrund ragt das Rockhotel in die Höhe, umgeben von ausgesprochen modernen, vielstöckigen Gebäuden. Alle neu und eher zweckmäßig als schön. Das Ganze macht durchaus keinen orientalischen Eindruck. Diese Hochhäuser könnten in jeder europäischen oder amerikanischen Großstadt stehen. Dahinter allerdings, eng an den Berg geschmiegt, werden nun bei zunehmend besserem Licht kleine Hütten sichtbar – die primitiven Unterkünfte der ärmeren Bevölkerungsschichten.

Aden ist eine relativ reiche Stadt, und es ist stolz auf seinen Wohlstand. Die Engländer (und die englischen Ölgesellschaften) haben ihre Schuldigkeit getan. Aus dem Araberdorf ist einer der bedeutendsten Warenumschlagplätze des Nahen Ostens geworden. Aber von Dank ist nicht die Rede. Die Briten, die Weißen schlechthin, sind unerwünscht geworden. Ihre Zeit ist abgelaufen. Vor wenigen Tagen erst wurde auf dem Flughafen ein Bombenanschlag verübt, und Präsident Nasser fordert recht lautstark und bei jeder Gelegenheit die Unabhängigkeit Adens. Seit Januar 1963 gehört die frühere Kolonie zwar der Federation of South Arabia an, aber noch sind die Engländer als Schutzmacht im Lande – zum Glück für die Föderation. Die jahrhundertealten Fehden zwischen den Araberstämmen dieses Gebietes würden über Nacht wieder aufflammen, wenn die britische Armee nicht für Ruhe und Sicherheit sorgen würde. Man hofft, daß mit wachsendem Wohlstand und zunehmender wirtschaftlicher Integration die althergebrachten Aversionen und Stammeskriege verebben werden. Der gemeinsame Markt, der im April 1963 zwischen den vierzehn Mitgliedsstaaten der Föderation gebildet wurde, ist ein guter Anfang dazu.

Von der Steuerbordseite kommt penetranter Ölgeruch. Neuer Kraftstoff wird aus schwimmenden BP-Stationen in den Schiffsleib gepumpt. Die Rohre und Gerätschaften sind brandneu. Alles blitzt und funkelt.

Das Geschrei in den Ladeluken wird immer martialischer. Man ist auf vollen Touren, was aber keineswegs heißt, daß die Arbeit flott vonstatten geht. Die Leute hier haben ihre eigenen Methoden – orientalische. In jeder Luke sitzen, stehen oder hocken etwa zwanzig Mann. Jeder ist fleißig, aber jeder auf seine Weise. Man zerrt, zieht und reißt in eigener Regie. Dort schreit einer seinen Nachbarn an, weil der mit dem Fuß auf der zu hebenden Kiste steht, hier verliert einer das Gleichgewicht, weil sich der Kumpel hinter ihm auch bückte und die exponierten Körperteile kollidierten. Man entdeckt zu spät, daß dort, wo man die Kisten herausgeholt und ein Loch geschaffen hat, eigentlich keines sein sollte, weil das Ladenetz eine Unterlage braucht. Es ist zum Weinen.

Die Passagiere amüsieren sich natürlich. Merkwürdigerweise beteiligt sich kein Mann der Crew und auch kein Ladeoffizier an dieser Löscharbeit. Selbst die Flaschenzüge und Hebebäume werden von den Hafenarbeitern bedient. Ein europäisch gekleideter Inder, der Boß der Entlademannschaft, rennt gestikulierend von einer Gruppe zur anderen; er übergibt den Vorarbeitern Listen, die abgehakt werden müssen, und läßt den Dingen ihren Lauf.

Auf dem Oberdeck ist jetzt auch die große Luke geöffnet worden. Zwei Personenwagen müssen herausgehievt werden. Der helle Wagen, dessen man sich zuerst annimmt, ist schon über und über mit Händeabdrücken verschmiert. Er wird etwas vorgerollt, damit Gurte unter seine Räder gelegt werden können. Von oben kommt der Kranhaken angeschwebt. Er wird von flinken Händen kurz über dem Wagendach abgefangen, aber die Drahtseile scheuern über die Kotflügel. Viel Geschrei. Man beeilt sich, die Gurte einzuhaken – es gelingt nicht. Da turnt einer der Arbeiter über die Motorhaube auf das Dach des Wagens. Er spaziert mit seinen Holzschuhen über den Lack und hantiert an Haken und Seilen herum. Der Besitzer des Wagen ist zum Glück nicht an Bord. Er würde einen Weinkrampf bekommen.

Der Kran zieht wieder an. Vorsichtig wird gehievt, aber das Fahrzeug kommt ins Pendeln. Durch das Hin- und Herfahren stand es nicht mehr senkrecht unter dem Geschirr. Man sieht das Unglück geradezu kommen: Der vordere Querbalken der Luke wird die Kotflügel eindrücken. Vielleicht noch einiges mehr, denn zwischen der Stoßstange des Wagens und dem Lukenrand ist soeben ein Kopf erschienen. Ein runder schwarzer Schädel mit vor Angst geweiteten Augen. Wo steht der Kerl nur, wie kommt er da 'rauf? Helfende Hände packen zu. Kopf und Kotflügel werden gerettet, aber das Fahrzeug pendelt jetzt zur anderen Seite und bumst gegen seinen roten Stallgefährten, einen Morris.

Dem Vorarbeiter, der gestikulierend über der Luke steht, schlägt langsam das Gewissen. Eine Suada ergießt sich über die Männer. Sie ziehen die Köpfe ein und sind für einen Augenblick schweigsam. Der Kapo rückt zufrieden seinen türkisfarbenen Turban zurecht und schaut selbstbewußt in die Runde. Er scheint eitel zu sein. Schon die Farbenpracht seiner Kleider läßt diesen

Schluß zu: Über der Schulter des Mannes hängt ein grün-weiß gestreifter Pyjamakittel, und seine Hüften umspannt ein rot-weißes Röckchen, kleinkariert, à la Brigitte Bardot. Seine Füße stehen in bunten Holzgaloschen.
Es ist höchst eigenartig, daß die meisten der Männer karierte Röckchen tragen. Vermutlich war einmal ein schottisches Regiment hier stationiert, das große Mode machte. Die Muster entsprechen zwar nicht gerade den klassischen Regimentsfarben, aber sie sind nicht weniger farbenfroh. Der Verdacht liegt nahe, daß einige gewitzte Restverkäufer hier einen permanenten Sommerschlußverkauf abhalten. Drei Tücher für einen Schilling, und der Herr von Welt ist wieder von Kopf bis Fuß ausstaffiert. Die bunten Fetzen werden einfach zwei- oder dreimal um die Hüfte geschlungen und mit einem Gürtel festgehalten. Daß sie bei der Arbeit hindern, ist offensichtlich.
Die beiden Wagen stehen nun auf dem Oberdeck. Sie müssen etwas vorgeschoben werden. Sechs der Arbeiter genießen diese Fünfmeterfahrt von innen. Sie sitzen mit ihren vor Schmutz starrenden Kleidern feixend in den Polstern und tapsen alles, aber auch alles mit ihren Fingern ab. Der ahnungslose Besitzer wird sich später wundern, wenn er sich mit Bakterien herumschlagen muß, einen Hautausschlag oder noch Schlimmeres bekommt.
»Schauen Sie sich das an«, brummt ein Familienvater neben mir, »da steigen nachher vielleicht kleine Kinder ein, greifen mit ihren Händchen an die Polster, essen einen Apfel dabei... Wenn der Wagen mein wäre, ich würde ihn vorher desinfizieren lassen.«
Der Hafen liegt jetzt im vollen Licht der Sonne. Ein großartiges Bild. Auf allen Schiffen, die uns umgeben – es sind etwa fünfzehn Stück – wird lärmend gearbeitet. Aden ist, trotz der Bummelei, die wir um uns herum beobachten können, einer der schnellsten Häfen jenseits von Suez. Seine Kapazität ist beachtlich. In 16 *first class berths* werden jährlich etwa sechstausend Schiffe be- und entladen. Der Umschlag an Bunkeröl ist einmalig. Man ist aber auch bestens ausgerüstet: Mitten im Hafen stehen riesige Mobilölbehälter, und die BP hat seit 1950 in Little Aden, einem kleinen Fischerdorf vor der Stadt, eine Großraffinerie gebaut. Heute ist Little Aden eine Stadt für sich, eine Stadt mit Moscheen, Kirchen, Klubs und Kinos.
Um halb zehn Uhr liegen die Boote für den Landgang der Passagiere bereit. Grob gezimmerte Kähne, auf denen drei bis vier Dutzend Rettungsringe bereitliegen. Man braucht nicht zweimal hinzuschauen, um diese Vorsichtsmaßnahme gutzuheißen.
Am Kai erwarten uns einige Dutzend Taxis, fast ausschließlich neue Mercedeswagen. Dorothee, eine der jungen Damen vom Schiff, schüttelt ihr Köpfchen; sie möchte nicht fahren. Auch Brigitte geht lieber zu Fuß. Mir soll es recht sein, man sieht mehr auf diese Weise.

Wir schlendern die Hauptstraße entlang, am großen, attraktiven Verwaltungsgebäude von P & O und einigen anderen Reedereien vorbei. Zunächst sind nur moderne Bauten zu sehen, vier- bis sechsstöckig, mit glas- und chromblitzenden Ladenfronten im Erdgeschoß. Wir hatten damit gerechnet, armselige arabische Hütten anzutreffen, statt dessen tun sich technische Kleinmessen mit etwas bombastischen Namen vor uns auf: »United Kingdom Store«, »Brittania-Stores« und so weiter.
Die Händler sprechen uns in englisch und französisch an. Staunend sehen wir uns um. Manche europäische Metropole kann sich hier, was die Reichhaltigkeit des Angebots anbetrifft, noch ein Stückchen abschneiden. Alles, aber auch alles, was die moderne Technik an Konsumgütern produziert, ist hier zu haben. Kameras aus Deutschland und Japan, Uhren aus der Schweiz, Radios in einer unüberblickbaren Menge, Projektoren, Nähmaschinen, technisches Spielzeug. Man steht und staunt. Und die Händler sind sich ihrer Sache sicher. Sie wissen: Auf der ganzen Welt gibt es keinen zweiten Platz, wo – Hongkong ausgenommen – so preiswert eingekauft werden kann.
Ein indischer Fotohändler spricht mich an: »Was fehlt Ihnen noch an Zubehör für Ihre Kamera?« Nach einem Blick auf meinen Apparat holt er aus einem Regal alle zu dem Modell gehörigen Teleobjektive. Ich besitze sie leider schon. Hier hätte ich sie zum halben Preis bekommen.
Für Engländer, die viel Zoll auf deutsche Kameras zahlen müssen, wäre der Gewinn noch größer. Dazu ein Beispiel: Eine Kamera, die in Stuttgart etwa fünfundsechzig englische Pfund (siebenhundertachtzig Mark) kostet, steht in London für hundertzwanzig Pfund im Fenster; hier wird sie für sechsunddreißig offeriert. Ähnlich ist der Preisunterschied für die verschiedenen Objektive. Ich bin natürlich neugierig und versuche herauszufinden, wie es möglich ist, daß selbst der deutsche Preis so erheblich unterboten wird. Die Auskunft kommt prompt und mit verblüffenden Details. Der Händler rechnet mir vor, was das deutsche Werk an Exportvergütung bekommt, wie hoch seine Handelsspanne und wie sein Umsatz ist, und daß er es nicht nötig hat, vierzig Prozent Bruttogewinn einzukalkulieren. Sein Preis ist, von der Exportsubvention abgesehen, eine kaufmännische Leistung. Man steht und staunt und wünscht sich, daß auch zu Hause die Listenpreise mit der Zeit etwas mehr ins Wanken kommen (zumindest für die Waren, die man nicht selbst fabriziert).
Faszinierend sind auch die Spielwarenläden. Alles hüpft und krabbelt und quiekt. Dorothee ist hingerissen von einem pausbäckigen Gummikoch, der auf roter Flamme Eierkuchen backt. Das Männchen ist nur dreißig Zentimeter hoch, aber wenn es seinen Schmarrn in die Höhe wirft, dann landet der unter Garantie nach einmaliger Umdrehung wieder in der Pfanne. Großar-

tig. Der Superkoch rollt dazu mit den Augen und verzieht sein Gummigesicht zu einem breiten Grinsen. Für ihren verfressenen kleinen Neffen sei das genau das Richtige, meint Dorothee und kauft das Spielzeug für fünfzehn Schillinge, nachdem der Handel bei dreißig Schillingen begann. Während wir uns mit dem Bratpfannenakrobaten abgaben, hat der kleine Junge, der uns bedient, etwa zwanzig weitere Roboter in Bewegung gesetzt. Er weiß, daß man normalerweise als Vater oder Onkel nicht widerstehen kann. Aber wenn man ganz Afrika noch vor sich hat, muß man hart bleiben. Schade.

Hinter den modernen Hochhäusern beginnt nun das richtige, das arabische Aden. Auch hier sind die Basare mit technischen Wundern vollgestopft, aber ich bin nicht so sicher, ob diese Leute, die zum Teil weder lesen noch schreiben können, auch wissen, was sie da im einzelnen verkaufen.

Wenn man genauer hinhört, erfährt man verblüffende Details: Ein alter *dragoman* versucht mir eine vierzehnkarätige Nähmaschine und einen Projektor mit Transistoren anzudrehen. Es macht ihm offensichtlich Schwierigkeiten, die Gütemerkmale der einzelnen Waren auseinanderzuhalten. Belustigend sind auch die Kommentare der Armbanduhrenhändler. Sie verkaufen Chronometer aus aller Herren Ländern und wissen doch nicht, was Zeit ist. Genauer gesagt, sie haben kein Verhältnis zur Zeit, denn was Zeit ist, wissen auch wir schlauen Europäer noch nicht.

Die Araberbehausungen sind denkbar primitiv: einstöckig und stallähnlich und gegen die Straße offen, so daß sich der Handel zur Hälfte im Freien abspielt. Zum Schutz der oft recht wertvollen Waren sind Glasverschalungen und Vitrinen nicht selten. Der Verdienst kann nicht schlecht sein. Man fährt sein eigenes Auto und kann sich zwischendurch im Straßencafé einen Mokka zu Gemüte führen.

Die Gassen werden nun immer enger, die Läden immer armseliger und die Ziegen, die überall herumliegen, immer zahlreicher. Am Fuße des Felsens wohnen die Armen. Schuster und Schneider, die auf der Straße arbeiten, Friseure, deren Kapital eine einzige Schere und ein Kamm sind. Verkrüppelte Kinder betteln um ein Bakschisch. Unter einem Wellblechdach am Straßenrand wird Leseunterricht erteilt.

Ein Lehrer hat etwa fünfundzwanzig Buben um sich versammelt und studiert mit ihnen den Koran. Ich frage ihn, ob ich ihn und seine Schüler knipsen dürfe. Er schüttelt den Kopf: »No, Sir.«

»Gib ihm ein Bakschisch«, rät mir ein bärtiger Alter, der gerade vorbeikommt, »und er heißt dich willkommen.« Das leuchtet ein. Ich ziehe mein Portemonnaie und fange bei dem Alten an; ein Bub bringt dem Lehrer seinen Anteil. Der strahlt jetzt wie Hans im Glück, das Motiv ist jedoch verdorben. Die ganze Schule setzt sich in Positur und grinst, so breit sie nur kann, in die Kamera. Das ist zwar keine Klasse beim Unterricht mehr, aber doch noch eine liebenswerte Gruppe arabischer Lausbuben. Ich drückte zweimal aufs Knöpfchen.

Die Blechhütten am Berghang bleiben uns verwehrt. Man mustert uns finster und faucht uns schließlich an: »Forbidden for you!«

Was sich in die Höhlen und Abstufungen des Felsens eingenistet hat und auf dürftigste Weise sein Leben fristet, will nicht fotografiert werden. Man muß überhaupt vorsichtig sein. Die politische Situation ist zu gespannt. Ich vermeide geflissentlich, daß sich Gruppen in unserer Nähe bilden oder hinter uns hergehen. Wenn man rasch und zielbewußt dahinschreitet, ist das relativ leicht zu bewerkstelligen. Bleibt man stehen, verständigen sich die herumlungernden Burschen durch Zeichen und kommen näher.

Eine besondere Attraktion Adens ist der Kamelmarkt außerhalb der Stadt. »Nur fünfzehn Meilen durch die Wüste und statt zwei Schillingen für die Meile nur anderthalb«, locken und betteln die Taxichauffeure.

Zwei Stunden lang konnte ich der Versuchung widerstehen, dann ging's nicht länger. Und Dorothee und Brigitte sind viel zu couragiert, um auch ihrerseits Bedenken zu äußern. Sie kommen aus Kenia und sind solche Situationen gewohnt. Das nächste Taxi, ein hellblauer Mercedes, wird angeheuert. Der Fahrer hat einen ordentlichen Ausweis, macht einen relativ vertrauenerweckenden Eindruck und läßt mit sich handeln. Es ist anzunehmen, daß er weder Job noch Wagen riskieren möchte. Ich notiere mir seine Nummer und gehe einige hundert Meter stadteinwärts, um – wie ich sagte – einem Bekannten Bescheid zu geben. Diese kleine Absicherung bin ich den Mädchen schuldig. Der Fahrer wartet geduldig, und als es schließlich abgeht, ist er die Höflichkeit selbst. Er hält, sooft ich fotografieren will, und erläutert alles Sehenswerte bis ins Detail.

Zunächst sausen wir auf breit angelegter Straße in Richtung Little Aden. Im alten Hafen zur Linken liegen arabische Dhows vertäut, die demnächst mit dem Monsun Richtung Afrika segeln werden. Ein Stück weiter passieren wir einen der modernen Flugplätze Adens. Transportmaschinen aller Größen stehen vor den Hangars. Zur Rechten erstrecken sich meilenweit die berühmten Salzaufbereitungsanlagen Adens: große, quadratische Becken, in die das Seewasser eingepumpt wird. Die Sonne sorgt für das übrige. Durch Verdunstung wird das Wasser kondensiert, und die Salzkristalle setzen sich ab.

Vor Little Aden biegen wir in eine Kraftverkehrsstraße ein: Forbidden for animals. Wir fahren an Klubs, Kinos, Moscheen und hochmodernen Wohnblocks vorbei. Die BP-Raffinerie hat eine neue Stadt ins Leben gerufen.

Weiter geht es – hinaus in die Wüste. Sand, glitzernder, gleißender gelber Sand, nichts als Sand umgibt uns. Kein Baum, kein Strauch, kein Grashalm.

Nur das graue Band der Straße. Wir überholen zweirädrige Kamelfahrzeuge, passieren Ziegenherden, die in die Stadt getrieben werden und stehen schließlich vor dem Grenzhäuschen zum Jemen.
»He, Freund, da wollen wir nicht hin.« Ich tippe dem Fahrer auf die Schulter. Er grinst. »Nur zeigen.«
Dann biegt er nach links ein, holpert einige hundert Meter querfeldein und zeigt auf einige Hütten, die in der Ferne sichtbar werden: »Araberdorf, Kamelmarkt.«
»O.K. let's go!« Wir wirbeln eine Staubfahne auf, die die Sonne verdunkelt. Vor uns, im Glast der Mittagshitze, liegt unser Dorf. Es entspricht genau dem, was ich mir erhofft hatte: einige hundert Kamele, baufällige Hütten, Vollblutbeduinen. Die Frauen wenden sich entsetzt ab, wenn ich die Kamera in Fensterhöhe hebe, die Kinder folgen uns johlend. Ich bin mir nicht ganz sicher, ob Aussteigen zweckmäßig ist. Die Gesichter der Mädchen sind gespannt, aber nicht ängstlich. Wir blinzeln uns zu: Allah wird schon nichts dagegen haben.
Ich klopfe den Kindern, die die halb geöffneten Fenster nach unten ziehen wollen, auf die Finger und drücke die Tür auf. Die Kinderschar weicht zurück, aber zahllose Hände strecken sich uns entgegen. Unsere Schuhe versinken in Staub und trockenem Kamelmist. Die Optik der Kamera ist bereits undurchsichtig. Das Geschubse und Gedränge der Kinder wirbelt noch mehr Staub auf. Es läßt sich nicht vermeiden, die Horde barsch anzufahren: »Stop! Shut up! Get lost!«
Es gibt etwas Luft. Wir stapfen durch den Sand zu den nächsten Kamelen und drücken auf die Auslöser. Das Blickfeld ist bald verstellt. Schwarze, mit Lumpen umwickelte Gesichter und emporgereckte Hände nehmen uns die Sicht. Der Menschenauflauf wird immer größer; die Jungen werden jetzt von Fünfzehn- bis Zwanzigjährigen verdrängt, auch die Alten kommen.
Um das ganze Rudel loszuwerden, greife ich zum Portemonnaie. Das war so etwa das Dümmste, was ich machen konnte. Die Burschen fangen an, miteinander zu kämpfen, jeder will näher sein als der andere. Ich bin hoffnungslos eingekeilt. Dorothee und Brigitte sind schlau genug, um sich in Richtung Auto abzusetzen. Der Fahrer winkt. Mein Blick in die Runde ist den Burschen nicht entgangen. Sie grabschen nach dem Geldbeutel, sie ziehen am Jackett. Ich muß ein wenig um mich boxen, um Bewegungsfreiheit zu bekommen. Dann bin ich mit einigen Sprüngen beim Wagen. Der Fahrer hält von innen die Tür auf, die Mädchen sind schon verstaut. Noch bevor ich sitze, ruckt das Fahrzeug an, die Räder drehen im losen Sand durch, eine Staubfontäne wirbelt hoch. Geschrei umgibt uns, noch einige Schläge gegen den Kofferraum des Wagens und die Fenster – wir sind 'raus.

Nach einigen Minuten Fahrt durch die Wüste tut sich ein kleines Paradies vor uns auf: eine Oase mit Palmen, Brunnen und zahllosen Blumen. Es ist die Wasserversorgungsanlage der Stadt Aden. Man ist heute nicht mehr allein auf die in den Fels gehauenen Auffangrinnen und Becken angewiesen. Tiefe Brunnen wurden gebohrt. Frauen mit malerischen Tonkrügen auf den Schultern schreiten an uns vorbei. Die braunen, erdfarbenen Behälter sind recht hübsch, aber einfach. Das Töpferhandwerk ist hier noch äußerst primitiv. Wie diffizil das Abstrakte sein kann – die Töpferei ist ja nicht nur die elementarste, sondern auch die am meisten abstrakte Kunst – läßt sich nur ahnen, nur andeutungsweise erkennen. Diese Vasen hier sind nicht klassisch wie die griechischen, sie sind nicht auf geometrische Gesetze abgestimmt, aber sie sind dafür auch nicht von kalter und lebloser Perfektion, sie sind voll Vitalität und Lebensfreude.
Im Hundertkilometertempo geht's zurück zur Stadt, auf Straßen, die im Schnellverfahren aus dem Boden gestampft wurden. Ich kenne die Technik aus Amerika. Die Neubauviertel auf Long Island werden auf diese Weise erschlossen. Der Teerbelag ist ohne jede Unterlage. Er wird von modernen Maschinen täglich hundertmeterweise ausgestoßen. Nach zwei, drei Schichten kann der Verkehr anrollen.
Wir fahren an der Wasserpipeline entlang, an Windmühlen à la Rhodos vorbei, wir überholen Landrover und Kamele, die aus der Wüste kommen, und haben unseren Spaß am Golfplatz Adens: nicht ein Grashalm ist zu sehen. Einige ältere Gentlemen stapfen durch den Sand. Ihre Burschen laufen voraus, um die Löcher freizubuddeln.
Kleine Moscheen fliegen vorbei (weiß mit grünen Türen), auch ein sehr hübsches College für junge Europäer (Stacheldraht ringsum), und am Stadtrand passieren wir das repräsentative Shellhaus mit seiner Wabenverkleidung. Die Opel- und VW-Vertretungen sind unmittelbar daneben.
Die vorgesehene Meilenzahl ist weit überschritten worden. Aber wir sind es zufrieden. Der Ausflug war ein paar Pfundnoten wert.

8. Wo die Sonne am höchsten steht

Nun schwimmen wir im Arabischen Meer. Zunächst geht es in östlicher Richtung, bis wir um die Mittagszeit Cap Guardafui erreichen. Das »Horn Afrikas« ist ein imposanter Berg, etwa zweihundert Meter hoch, kahl, von Sandstürmen geformt. An seinen Flanken reichen die Dünen bis hinunter

zur See, wo sie abrupt abbrechen. Vermutlich kalben sie ab und zu wie die Gletscher der Arktis. Der Mann im Leuchtturm, hoch oben auf dem Felsen, ist so einsam wie seine Kollegen auf den Feuerschiffen vor der Küste. Statt Wasser umgibt ihn Sand, nichts als Sand.
Den Rest des Nachmittags verbringe ich mit einigen Herren auf der Brücke. Sie ist, wie wir eintreten, menschenleer. Da ist kein Kapitän zu sehen und auch kein bärtiger Steuermann, der kraftvoll in die Sprossen des Rades greift. Wo hat man nur seine Vorstellungen immer her? Aus Büchern und Filmen? Vermutlich. Sie sind meistens falsch, aber sie sind ohne Zweifel viel romantischer. Es geht doch nichts über eine Schiffsbrücke, auf der der Kapitän mit dem Glas den Horizont absucht, auf der messingblitzende Hebel mal 'rauf-, mal 'runterbewegt werden und die Matrosen mit einem schneidigen »Aye, aye, Sir« Befehle entgegennehmen.
Nichts dergleichen tut sich hier. Der Raum ist leer, er ist – so scheint es – die meiste Zeit leer. Das Schiff steuert sich automatisch. Es achtet von selbst darauf, daß es nicht vom Kurs abkommt und daß es keine Kollision gibt.
Der I. O. zeigt uns den Verlauf der Küste auf der Karte, dann führt er uns zum Radarschirm. Hier sehen wir die gleichen Konturen, haarscharf die gleichen. Die modernen Geräte arbeiten mit unwahrscheinlicher Präzision.
Interessant ist auch die Warnanlage für »Feuer im Schiff«. Jeder Passagier- und Laderaum kann von der Brücke aus kontrolliert werden. Die Geräte melden es sofort, falls sich irgendwo Rauch entwickelt. »Schau dir das an, McGuire, und sei vorsichtig, wenn du das nächste Mal dein Pfeifchen in der Kabine ansteckst – es könnte Großalarm geben!«
MacDonald, der Ire, möchte gern wissen, ob sich die automatische Sprinkleranlage auch dann auslöst, wenn dicke Luft in der Kabine ist. »Was das geschickt wäre, wenn meine Missus – automatisch und mehrmals täglich – auf Zimmertemperatur abgekühlt würde.«
Die komplizierten und kostspieligen Feuerschutzapparaturen erscheinen dem Laien oft als ein wenig des Guten zuviel. Auf einem bewohnten, mit Menschen vollgestopften Schiff ist es doch kaum möglich, daß ein Brand oder auch nur eine Rauchentwicklung für länger als einige Minuten unentdeckt bleiben. So meint man. Aber die Vorgänge auf der Lakonia, die in diesen Tagen brennend im Atlantik treibt, rechtfertigen die kostspieligen Installationen.
Die Lakonia ist schon mehrmals Gesprächsgegenstand gewesen. Das Brandunglück hat deutlich gemacht, welche Risiken auch heute noch mit der christlichen Seefahrt verbunden sind. Sie gehen der Freizeichnungsklauseln wegen alle zu Lasten der Passagiere. 128 der Lakoniapassagiere haben ihr Leben verloren, 804 sind um ihr Hab und Gut gekommen, aber allen Verlautbarungen nach soll nicht ein Pfennig Schadenersatz bezahlt werden. Jegliche Haf-

tung war ausgeschlossen. Ähnliches steht auch in unseren Bedingungen. Nach eingehendem Studium der Klauseln stellt Missis Brown mit Beruhigung fest, daß uns, da Mombasa der nächste Hafen ist, zumindest Paragraph 23 nicht mehr viel anhaben kann: »Die Gesellschaft behält sich das Recht vor, das Abfahrtsdatum beliebig zu ändern oder die Reise zu stornieren.«

Der Gesprächsstoff des Abends ist die Malaria-Warnung des Schiffsarztes, die kurz vor dem Essen am Schwarzen Brett angeschlagen wurde:

Die Passagiere werden darauf aufmerksam gemacht, daß Mombasa in einer Malariazone liegt. Es empfiehlt sich, mit dem Einnehmen von Anti-Malaria-Arzneien zu beginnen.

Mombasa liegt also in einem Malariagebiet. Was bedeutet das? Zunächst: Es ist halb so schlimm, wie es sich anhört. Ein Drittel der Menschheit lebt in malariaverseuchten Gebieten. Die Eingeborenen sind ziemlich immun gegen die Krankheit. Sie werden schon in frühester Jugend infiziert. Überstehen sie die Erkrankung, dann nimmt, bedingt durch häufige Infektionen, mit fortschreitendem Alter ihre Widerstandskraft ständig zu, bis der Körper überhaupt nicht mehr auf die Erreger reagiert. Für den Europäer, dessen Körper nicht darauf eingestellt ist, ist der Malariabazillus entschieden gefährlicher. Wer nicht rechtzeitig vorbeugt, kann schwer oder tödlich erkranken. In früheren Zeiten schluckten die Tropenreisenden pfundweise Chinin. Davon wird heute abgeraten; Chinin kann unter Umständen zur Entstehung von Schwarzwasserfieber beitragen. Es wird Resochin, das im Ausland auch unter anderen Namen verkauft wird, empfohlen. Zwei Tabletten einmal wöchentlich gewähren ausreichenden Schutz.

Der *surgeon,* der Schiffsarzt, doziert:

Es gibt drei Malariaarten: die Tropica, die Tertiana und die Quartana. Sie werden in gleicher Weise übertragen, sind aber von unterschiedlicher Wirkung auf die Gesundheit. Am gefährlichsten ist die Tropica. Wenn sie unbehandelt bleibt, kann sie in wenigen Tagen zum Tod führen.

Jede der drei Malariakrankheiten macht sich durch Fieberanfälle bemerkbar. Der Patient bekommt einen Schüttelfrost, der schließlich in extremen Schweißausbruch übergeht. Die Anfälle treten in bestimmten Abständen auf. Ursache hierfür sind die Zellteilungen der in den roten Blutkörperchen befindlichen Malariaparasiten. Die Blutkörperchen werden zerstört. Es kommt zur Blutarmut. Die Erreger der Tropica setzen sich überdies gerne in kleinsten Blutgefäßen fest und verursachen Verstopfungen. Im Gehirn sind solche Schädigungen besonders gefährlich, oft tödlich.

Heute hat die Malaria, wenn man die Prophylaxe betreibt, ihre Schrecken verloren. Man bleibt fast ungeschoren oder kommt mit heiler Haut davon.

Wir möchten natürlich auch einiges über die Anopheles wissen, die Stech-

mücke, die die Malaria überträgt. »Diese Biester sind leicht zu erkennen«, behauptet der Doktor, »sie sitzen nicht wie die normalen Schnaken in gekrümmter Haltung an der Wand, sondern wie kleine Pfeile. Stechrüssel und Körper bilden eine gerade Linie. Und ganz nebenbei, meine Herren, nur die weiblichen Anophelen stechen. Die Männchen bevorzugen Blütensäfte ...«
Die Hitze wird täglich drückender, die Kleidung immer legerer. Einige der älteren Damen haben kein Verständnis für Shorts und Buschhemden. Sie finden es *shocking*, daß sich jung und alt so zwanglos gibt.
»Weißt du, Amalie, als ich vor dreißig Jahren mit meinem Mann auf dieser Strecke fuhr, da hat er dreimal am Abend den Kragen gewechselt. Heute sind die Herren nicht mehr so würdevoll wie früher. Was ist die Folge? Die Schwarzen haben keinen Respekt, und wir haben keine Kolonien mehr.«
Wer weiß, sie hat vielleicht nicht so ganz unrecht, die alte Dame.
Am 29.12.63 stehen wir um zwölf Uhr auf folgender Position:

Breite:	00°	16′	N
Länge:	43°	27′	O

Eine Stunde danach, um ein Uhr, passieren wir den Äquator. Die Sonne ist immer noch etwas südlich. Nur zweimal im Jahr steht sie direkt über der Linie: am 21. März und am 23. September. An diesen beiden Tagen ist Tag- und Nachtgleiche am Äquator, es ist 12 Stunden Tag und 12 Stunden Nacht. Aber auch sonst, das ganze Jahr über, weichen Sonnenaufgang und -untergang erheblich von dem ab, was man in nördlichen oder südlichen Breiten gewohnt ist. Die Sonne steigt schnell, sehr schnell in die Höhe, umwandert in rund zwölf Stunden das Firmament, um dann, kurz nach sechs Uhr, ohne Umschweife hinterm Horizont zu versinken. Eine Dämmerung im eigentlichen Sinne gibt es nicht. Das Tageslicht fällt nach Sonnenuntergang zusehends in sich zusammen, und in Minutenschnelle schiebt sich die schwarzsamtne Tropennacht über den Himmel.

9. Mombasa – Stadt unter Palmen

Mit Beginn der Dämmerung bin ich aus den Federn – sofern man sein Bett hierzulande noch so bezeichnen kann. Schon einige Breitengrade nördlich vom Äquator haben die Stewards alle Decken verstaut. Man deckt sich, wenn überhaupt, nur noch mit einem Laken zu. Die Schlafanzüge wurden durch Sporthosen und die Kabinentüren durch Vorhänge ersetzt. Jeder Luftzug muß ausgenützt werden.

Da für das Gros der Passagiere Mombasa der Zielhafen ist, wird schon seit Tagen gepackt. Berge von Koffern liegen auf dem Oberdeck bereit; die Ausschiffung soll so rasch wie möglich vonstatten gehen. Die Abschiedsparties – jeder gab jedem seine Adresse – währten bis spät in die Nacht. Man bemühte sich, an der Wahrheit vorbeizusehen, an dem Umstand, daß man sich mit aller Wahrscheinlichkeit nie wieder zu Gesicht bekommt. Burundi, Bunyoro, Kalamba Falls – wer kommt da schon hin? Aber man tut so, als ob. Man weiß, daß man sich nur im Vorbeigehen getroffen hat, daß es ein wirkliches Abschiednehmen ist, aber man gibt es natürlich nicht zu. Man klopft einander auf die Schulter, macht große Sprüche und trinkt, zum Trost, ein bißchen mehr als gewöhnlich.

Die Einfahrt nach Mombasa – um sieben Uhr nehmen wir den Lotsen an Bord – ist *thrilling*. Langsam gleiten wir das letzte Stück der Küste entlang, Villen säumen den Strand, einige Sisalpflanzungen werden passiert, das Nyali-Beach-Hotel grüßt herüber, davor – aber hinter dem Korallenriff – tummeln sich kleine Segelboote.

Die Mädchen aus Mombasa juchzen vor Glück. »Schau, dort hinter der Palmengruppe, das weiße Haus, das ist unseres« – »Mami ist bestimmt schon auf« – »Ob Robert (der Bräutigam) wohl schlau genug ist, uns bis zum English Point entgegenzufahren?«

Gespannt warten wir, bis das Schiff das Riff passiert. Und da stehen sie auch schon: die Väter, die Freunde, die Frauen. Sie sind dem Schiff entgegengekommen und winken herüber.

Mombasa liegt jetzt direkt vor uns. Das alte Gemäuer von Fort Jesus nimmt sich im Fernglas recht dekorativ aus; das Oceanic Hotel steht etwas einsam abseits. An Steuerbord öffnet sich der Creek zum alten Hafen. Wir halten uns links, unser Dock liegt im Kilindini Harbour.

In Rufweite gleiten wir an malerischen Häuschen und Villen vorbei, Schulkinder winken uns zu, Palmenwäldchen säumen den Strand. Die ganze Szenerie gleicht mehr einem tropischen Ferienparadies als einem Handelshafen. Erst kurz vor den Docks erinnern die Kräne und Hallen an die kommerzielle Bedeutung Mombasas. Es ist der Haupthandelshafen Ostafrikas.

Wir werden an den Kai bugsiert. Mit armdicken Tauen werden die letzten Meter bewältigt. Der Ozeanriese wird gefesselt. Die Verwandten und Freunde haben sich an der Kaimauer eingefunden. Man freut sich, man winkt und ruft sich einige Worte zu. In knapp einer Stunde, wenn alle Formalitäten erledigt sind, wird man sich in den Armen liegen.

Die Hafenbehörden arbeiten rasch. Die meisten der Beamten sind Afrikaner; die Briten haben nur noch Beratungsfunktionen. Auf gute Kleidung legt man offensichtlich großen Wert. Die Uniformen sind blendend weiß. Die

Polizisten tragen Khaki und rote Askarifeze. Auch die zahlreichen Hafenarbeiter machen einen ordentlichen Eindruck. Sie sind nicht in Lumpen gewickelt wie die Leute in Port Said oder Aden. Man trägt zwar Arbeitskleidung, aber es ist auf den ersten Blick zu erkennen, daß die Leute ein menschenwürdigeres Dasein haben; sie sind wohlgenährt, freundlich und lachen gerne. Man muß lange um sich blicken, bis man einem gehässigen Auge begegnet. Entweder sind diese Menschen von Natur aus liebenswürdiger, oder sie sind nicht so verhetzt wie die Araber in den vorangegangenen Häfen.

Der Firearms Officer (Waffenkontrolleur) macht mir ein wenig Kummer. Er beschlagnahmt meinen Revolver und hält mir einen Vortrag über Land und Leute. Man braucht keine Schußwaffen mehr. Kenia ist ein zivilisiertes Land. »Sie werden ja sicher im Hotel wohnen?«

Ich erzähle ihm, daß ich einen Wagen mieten und kreuz und quer durch das Land fahren möchte. Mit Stirnrunzeln nimmt er davon Kenntnis. Vom Übernachten im Wagen oder im Zelt rät er ab: »Sie werden frieren.«

Wir verstehen uns glänzend, aber wir reden drum herum. »Mau-Mau«, »Uhuru-Übermut« und »räuberische Überfälle« sind sehr delikate Themen. Eine junge Nation, gerade erst aus der Taufe gehoben, hat ihren Stolz. Manche Dinge muß man einfach übersehen.

Ich bekomme die Versicherung mit auf den Weg, daß ich meine Waffe in Nairobi wieder abholen kann und daß man dort auch die benötigte Lizenz ausstellen werde.

Per Telefon quartiere ich mich in einem kleinen Hotel ein, das von den Pflanzern gerne aufgesucht wird, wenn sie nach Mombasa kommen. Hier trifft man sich, tauscht seine Erfahrungen aus, erzählt sich seine Jagderlebnisse. »Wenn Sie Afrika erleben wollen«, so riet man mir, »dürfen Sie nicht ins Luxushotel gehen; dort ist die Atmosphäre steril, amerikanisch.«

Nach dem Lunch ist es schließlich soweit. Ein letztes Händeschütteln, ein freundlicher Wink, und Afrika tut sich für jeden von uns in anderer Weise auf: Die Farmer werden von ihren Boys in großen Wagen landeinwärts chauffiert, die aus dem Internat heimkehrenden Töchter werden von Mutti in Empfang genommen, und die Emigranten und Neubürger verstauen ihr Gepäck im Nachtschnellzug nach Nairobi.

Ich spaziere zu Fuß die Kilindini Road entlang. Die Taxifahrer können das zwar nicht verstehen (alle zwei Minuten hält einer an), aber in einer Stadt wie Mombasa scheint es mir die richtige Methode zu sein, um mit ihrem Odeur rasch vertraut zu werden.

Bei Smith & Mackinson – der jedem Afrikafahrer bekannten Schiffs- und Frachtagentur, die zahlreiche Filialen in anderen Häfen unterhält – lege ich eine kleine Pause ein. Die erhoffte Post ist ausgeblieben, aber die kühlen

Räume laden zum Verweilen ein. Ich habe eine Menge Zeit. Fünf volle Ferienwochen liegen vor mir. Fünf Wochen, die ich einteilen und verbringen kann, wie ich Lust habe. Ich habe wirklich Grund, gehobener Stimmung zu sein, und ich bin froh, daß ich der Versuchung widerstanden habe, im vorhinein Termine festzulegen.

Organisiertes Reisen nimmt einem zwar manche Arbeit und sicher auch manchen Kummer ab, aber wenn man so hin und wieder beobachtet, wie die geplagten Touristen von Sehenswürdigkeit zu Sehenswürdigkeit, von Termin zu Termin bugsiert werden, kommt einen das Mitleid an. Was nützt die ganze Organisation, wenn man dem Gusto anderer Leute ausgeliefert ist. Man möchte verweilen, aber der Chauffeur wartet schon, man hat Lust auf ein Gläschen im Schatten alter Bäume, aber der Tee ist schon im Hotel bestellt. Man hat kein Privatleben als organisierter Tourist. Man war zwar da, aber die Stadt, das Land – oder was immer das Ziel der Reise ist – wird einem fremd bleiben. Man hat einfach nicht die Zeit, sich in das Milieu einzuleben.

Die Kilindini Road ist eine der Hauptstraßen. Auf ihr kommen die Fremden in die Stadt; hier lauern die Händler. Laden reiht sich an Laden, Buden und Stände schieben sich dazwischen. Die Regale biegen sich unter der Last der Waren. Je mehr, je besser. Das Auge hat es nicht leicht. Es ist schwer, aus der Vielzahl das Besondere herauszusuchen, die Rarität. Der Kitsch dominiert. Aber die Faszination bleibt nicht aus. Es ist zu vieles hier, was man noch nie gesehen hat, was zu Hause mit Gold aufgewogen würde. Wundervolle Skulpturen aus dem Kongo, Ebonyschnitzereien der Wakamba, Muschelketten, meisterhafte Arbeiten in Gold, Silber und Elfenbein, Saris aus Indien, Teppiche aus Persien, Trommeln aus dem Urwald. Man steht und staunt und fängt zu rechnen an. Es ist alles erstaunlich billig. Ich muß mich wirklich zusammennehmen, um nicht schon am ersten Tag beladen im Hotel anzukommen. Ich mache mir einige Notizen und beschließe, an einem der nächsten Tage wohlausgeruht und mit den nötigen Travellerschecks versehen, die Basare systematisch durchzukämmen.

Das Hotel ist eine kleine Oase, ein Glanzsstück maurischer Architektur. Springbrunnen plätschern, Palmen, Bougainvilleae und rote Flamboyantbäume heben sich kontrastreich vom weißen Gemäuer ab. Die Abendbrise streicht durch die glaslosen, mit Jalousien versehenen Fenster. Leise surren die Ventilatoren.

Ich dusche, ziehe mich um und verbringe die halbe Stunde bis zum Dinner bei einem Martini an der Bar. Der Wirt ist Südtiroler. Wir schwärmen vom Terlaner, von Bozen und von Brixen. Wir kennen beide die Weinstube hinter dem Schwarzen Adler, wo ich voriges Jahr meine Braut, die im Auto das

Resultat meiner Zimmersuche abwartete, fast vergessen habe. Auch heute werden aus dem einen Gläschen mehrere.
Spät in der Nacht nach ausgiebigem Dinner und kleinem Tabakskollegium ziehen wir uns zurück – unter die Moskitonetze. Es ist das erste Mal, daß ich so ein Ding über dem Bett habe. Ich lasse die Vorhänge herunter und schlage die Enden vorschriftsmäßig unter die Matratze. Voll Spannung warte ich auf die erste Anopheles. Ich werde ihr Surren genießen – von innen. Ich liege und warte. Zahllose Nachtvögel gurren und huhuen in den benachbarten Bäumen, aber im Zimmer ist absolute Stille. Ich bin enttäuscht. Ist nicht wenigstens eine kleine, winzige, ganz ordinäre Schnake hier?
Jetzt, da ich zum ersten Male wohlbehütet unter einem Netz liege und mich für einige Nächte aus vergangenen Sommern rächen könnte (ich hoffe, meine 75 Kilo duften verheißungsvoll durch die Maschen), bleiben die Biester aus. Es sind wirklich kleine Teufel.

10. »Take it easy, that's Africa«

Eine halbe Stunde nach Sonnenaufgang ist es bereits unerträglich warm. Ich beeile mich, um wenigstens noch etwas morgendliche Kühle auf meinem vorgesehenen Stadtbummel mitzubekommen. Welch einfältiger Wunsch. Die Stadt schmort bereits. Und sie ist schon zu früher Stunde voller Leben. Die Obst- und Gemüse-, Fleisch- und Fischmärkte sind ein einziges Gewimmel.
Vor dem Busbahnhof in der Sir Mbarak Road drängeln sich die Menschen. Um diese Zeit gehen die Überlandbusse nach Nairobi, Kampala, Moshi und Arusha ab. Man kann erster, zweiter oder dritter Klasse fahren. Als Europäer nur erster – wenn man überhaupt fährt. Der Bus ist das Arme-Leute-Fahrzeug in Ostafrika. Er ist für Afrikaner. Von einem Weißen nimmt man an, daß er einen Wagen hat. Mit zunehmendem Tourismus wird diese Regel jedoch mehr und mehr durchbrochen. Der Nachtschnellzug nach Nairobi ist zur Zeit auf vierzehn Tage im voraus ausverkauft; Mietwagen sind ebenfalls rar geworden, und so kommt es immer öfter vor, daß auch verwöhnte Europäer oder Amerikaner mit dem Bus vorliebnehmen müssen.
Zwei junge Eheleute aus England sind im Augenblick die einzigen Weißen, die hier etwas abseits auf eine Transportgelegenheit warten. Die junge Frau, frisch von der Insel importiert, ist sichtlich schockiert. Ihr Mann nimmt das Treiben rundum mit der Gelassenheit englischer Kolonialbeamter hin. Er liest eine Zeitung und schmaucht seine Pfeife.

»Bitte, laß uns umkehren«, bettelt sie, »schau!« – Sie zeigt auf einen in der Nähe stehenden Schwarzen, der mit seiner Nase hingebungsvoll Jo-Jo spielt und aus einer schmierigen Tasse irgendeine Brühe schlürft. Seine Gliedmaßen zucken rhythmisch, sie sind irgendwie verkrampft. »Schrecklich«, die junge Frau schüttelt sich.

Wir – ich habe inzwischen einige Worte mit dem jungen Engländer gewechselt – beruhigen sie. Wir machen ihr klar: Erstens ist das ein Pumbavu, ein Idiot, zweitens gehört der hier zur Umgebung und fährt deshalb nicht mit, und schließlich kann man auch woandershin schauen. Ein paar liebreizende Inderinnen in leuchtenden Saris wären keineswegs schlechte Nachbarinnen.

Babs, so heißt die junge Frau, ist nicht so leicht zu beruhigen. Sie starrt auf einige Marktweiber, die ihre Stammesnarben auf Gesicht und Brust eingeschnitten haben, und auf einige verlumpte Gestalten, die roten Betelsaft zwischen ihren Zahnlücken hindurch auf den Randstein spucken, das heißt mehr spritzen als spucken.

»Guck nicht so entsetzt, mein Schatz«, grollt der junge Ehemann, »das ist doch alles halb so schlimm. Die Betelnuß – man nennt sie auch Areca oder Hundenuß – ist hierzulande unentbehrlich: man füttert sie den Hunden, wenn sie an Würmern leiden, und beim Menschen leistet sie prophylaktische Dienste. Die Leute würden, da die Nahrungsmittel voller Bakterien und Wurmeier sind, von innen her aufgefressen, würden sie nicht etwas dagegen unternehmen.« Auf die junge Frau wirkt diese Erklärung nicht gerade beruhigend.

»Zum Glück kommt jetzt der Bus um die Ecke. »Come on, my dear, and take it easy, that's Africa.«

Wir helfen dem Mädel in den Wagen; beide finden auf der ersten Bank Platz. Der Fahrer ist sehr hilfsbereit und höflich. Was sich im hinteren Wagenteil zusammendrängt, wird ihnen erspart bleiben; den Geruch werden sie in Kauf nehmen müssen.

Ich gehe die Sir Mbarak Road weiter. Sie ist nun von malerischen, strohgedeckten Verkaufsständen gesäumt. Inderinnen und Palmen geben der Szenerie etwas Märchenhaftes. In den Seitengassen tollen Buben und Mädchen. Unmittelbar hinter den Verkaufsständen ist ein Fruchtmarkt für Wiederverkäufer. Kokosnüsse, Mangos, Zitronen, Grapefruits, Melonen sind zu Bergen aufgestapelt. Die Käufer kommen mit zweirädrigen Karren an. Man feilscht, man gestikuliert. Niemand wird ärgerlich, wenn der Partner hartnäckig ist. Man genießt das Wortgefecht, die gegenseitigen Bankrott-Erklärungen, die phantastischen Übertreibungen. Kommt der Handel schließlich zustande, können sich beide Parteien ein Feixen nicht verkneifen. Es ist offensichtlich niemand zu kurz gekommen.

Der Staub, der hier aufgewirbelt wird, steht dem vom Kamelmarkt in Aden nicht viel nach. Einige alte Omnibusse, die über den Platz rollen, um mit Früchten gefüllt zu werden, gebärden sich wie Panzer in der Wüste; sie nebeln Freund und Feind ein.

Die Staubschwaden reichen bis hinüber zur Gesundheitszentrale, dem schmucken grauen Gebäude auf der anderen Seite des Platzes. Dort wird man über mangelnden Arbeitsanfall nicht klagen können, obwohl die Maßstäbe sicher ganz andere sind als in Europa. Man muß sich wirklich wundern, daß es bei den oft mehr als unhygienischen Verhältnissen nicht mehr Krankheiten und Seuchen gibt. Die Leute hier sind irgendwie immun dagegen. Sie schöpfen Wasser aus Brunnen und Teichen, sie trinken aus Pfützen und schmutzigen Behältern und gedeihen prächtig dabei. Die wenigsten verstehen, warum die Europäer mit dem Wasser solche Umstände machen: Es ist doch, wenn ein Mann heute krank wird, absurd, sich zu überlegen, was er gestern getrunken hat. Das Wasser ist doch längst wieder passé, wie kann es da etwas mit der Krankheit zu tun haben?

Obwohl Mombasa über reichlich und vorzügliches Wasser verfügt – es wird von den Mzingaquellen über hundertfünfzig Meilen hergeleitet –, ist in den Stadtteilen der Eingeborenen doch arger Wassermangel. In den Hütten sind keine sanitären Installationen. Man geht mit Blechkanistern zur Zapfstelle und trägt das Wasser auf den Schultern oder dem Kopf nach Hause.

Für Europäer ist das Wasser in den Tropen ein Problem für sich. Man kocht es in der Regel ab oder geht zur eigenen Chlorbehandlung über. Schon das bloße Zähneputzen mit nicht entkeimtem Wasser kann recht verhängnisvoll sein. Typhus, Parathyphus und Ruhr werden u. a. durch das Wasser übertragen. Auch die Krankheitserreger der Cholera und die Larven des Medinawurmes (4) kommen gelegentlich durch die Wasserleitung.

Die Altstadt von Mombasa, die Viertel der Inder, der Araber, der unbegüterten Afrikaner sind das nächste Ziel meines morgendlichen Spazierganges. Es ist eine Exkursion zu den Anfängen der Zivilisation. Die Menschen, die aus der Steppe, aus dem Busch kamen, um hier seßhaft zu werden, haben einen harten Start. Sie tauschen ihre Lehmhütten gegen Blechbaracken, patriarchalische Stammesordnung gegen asoziale Arbeitgeber ein. Geschäftstüchtige Inder und Araber nehmen sich des schwarzen Proletariats an, schlagen Kapital aus den unerfahrenen Ankömmlingen. Es ist schwer, sich vom absoluten Nullpunkt hochzuarbeiten, aber der Wille dazu ist unverkennbar vorhanden, von Bettlern und notorischen Bummelanten, die es überall gibt, abgesehen. Es fehlt hier der Fatalismus, die stumpfe Gleichgültigkeit, denen sich der Besucher in den Südstaaten der USA gegenübersieht. Dort zieht die schwarze Bevölkerung in das Zentrum der Städte, in Häuser, die

langsam verfallen. Hier ist sie ein aktives Element, das der Stadt zwar keinen Glanz verleiht, aber sie doch mit Leben füllt, ihr neue Aufgaben gibt.
Die Eingeborenen, die nach Mombasa oder in eine der anderen Städte Ostafrikas ziehen, begeben sich in eine ihnen völlig neue Welt. In ihrer Stammesgemeinschaft war das Leben statisch. Man wurde geboren und beschnitten, man heiratete, zeugte Kinder, trank »Pombe« und starb. Es gab Trockenzeiten, Hungersnöte und räuberische Überfälle, aber auch Zeiten des Überflusses, wenn der Regen kam und eine gute Ernte eingebracht werden konnte. All das nahm man, wie es der Himmel schickte. Man lebte, wie die Väter gelebt hatten, wie es seit undenklicher Zeit Usus war. Niemand kam auf den Gedanken, daß man sein Leben verändern, verbessern könnte.
Aber dann kamen die Weißen und mit ihnen eine Arbeitsmoral, die alles in Bewegung brachte. Eine neue Wertskala trat an die Stelle althergebrachter Ordnungen. Das war verwirrend, oft angsteinflößend, aber gleichzeitig auch aufregend und faszinierend. Viele Eingeborene packten ihr Bündel und zogen in die neue Welt, in die Städte. Aber mit dem Umzug allein war es nicht getan. Harte, äußerst harte Lehrjahre sind der Anfang aller Zivilisation. Nicht jeder ist den Anforderungen gewachsen. Was durchfällt, was gewogen und zu leicht befunden wird, vegetiert am Rande der Städte, in Unterkünften und Verhältnissen, die weniger anklagend als mitleidheischend sind.
Vor dem Makinnonfleischmarkt geht es besonders lebhaft zu. Einige Dutzend Männer sitzen grüppchenweise auf der Straße und dem Bürgersteig. Sie kauen gerösteten Mais, schlürfen Kaffee, der aus Kanistern ausgeschenkt wird, und rauchen zu zweit oder zu dritt aus einer Wasserpfeife. Jeder Kopf ist hier ein Charakterkopf, und die Kleidung ist absolut individuell.
Im Markt selbst, einer überdachten Halle, ist es zu dunkel, als daß man fotografieren könnte. Schade! Orientalische Fleisch- und Fischmärkte sind in der Regel das Nonplusultra des Exotischen. Es wird einem Europäer stets unbegreiflich bleiben, wie man diese Fleischstücke und in Verwesung übergegangenen Knochen noch essen kann. Klumpenweise krabbeln die Schmeißfliegen über die Auslagen; an den Tischkanten hängen wochenalte Fell- und Fleischreste. Maden, die sich zu weit hervorwagen, werden mit dem Daumen zerdrückt.
Zu den Gerüchen des Fleisches und der Verwesung kommen hier noch die Ausdünstungen, der Kot- und Urindampf der in Käfigen gehaltenen Tiere, die auf ihren Käufer und ihr letztes Stündchen warten. Das Gegacker und Gemecker der Hühner und Ziegen, das Geschrei und Gefeilsche der Händler und die wirklich unbeschreiblichen Gerüche sind mehr, als ich ertragen kann. Ich gehe um ein Viereck weiter.
Die Seitenstraßen starren vor Schmutz. Niemand stößt sich daran. Jung

und alt patscht barfüßig durch Staub und Kot. Die Hakenwurmkrankheit (5), vor der die Europäer alle ein wenig bange sind, verursacht den Eingeborenen kein Kopfzerbrechen.
Ich komme durch ein bis zwei Meter breite Gassen, auf denen schmutziges Abwasser fließt, unbeschreibliche Hinterhöfe tun sich auf, Kinderhände strecken sich mir entgegen, Krüppel kriechen auf allen vieren aus dunklen Ecken hervor, zum Teil sind es Leprakranke mit abgefaulten Händen und Füßen. Einige leiden an Elefantiasis (6). Es ist schrecklich. Ich gehe etwas rascher, um möglichst schnell hier herauszukommen. Auf diesen Schock war ich nicht gefaßt.
Es ist grauenvoll, wie Krankheit und Armut Menschen zugrunde richten können. Warum müssen diese armen Kreaturen auf solche Weise ihr Dasein fristen? Warum läßt man sie als Krüppel zur Welt kommen? Warum beugt man nicht vor? Ist hier wirklich nur der liebe Gott zuständig?
Eine Straße mit vielen Handwerksbetrieben tut sich vor mir auf. Schuster und Schneider, Schreiner und Kesselflicker sind an der Arbeit. Es ist interessant, ihnen zuzusehen. Sie rackern sich redlich ab, bei schlechtem Licht und mit primitivem Handwerkszeug. In unseren mittelalterlichen Zunftgassen wird es ähnlich zugegangen sein; nur die Not saß nicht so sichtbar auf der Fensterbank. Sie haben keine Chance mehr, diese ehrbaren Meister hier; die Konkurrenz der Massenfertigung ist zu erdrückend.
Einige Spezialbetriebe, wie die Elfenbeinwerkstatt, in der so eifrig gesägt und geschabt wird, haben bessere Aussichten. Ich erkundige mich, wie es mit dem Nachschub steht, ob immer genügend Elfenbein, das heißt Stoßzähne, nachgeliefert wird. Der Meister winkt ab. Das ist kein Problem. Tausende von Elefanten werden in Ostafrika jährlich geschossen; alles Elfenbein kommt nach Mombasa. Die Werkstatt kauft ihr Material von der zentralen Sammelstelle und zerlegt die Zähne in handelsfähige Stücke, zwanzig oder dreißig Zentimeter lang. Mit den Dhows wird das Elfenbein nach Indien und China verschifft. Dort werden dann in mühevoller Kleinarbeit kunstvolle Schnitzereien gefertigt.
Für Touristen und Pseudojäger hält die Werkstatt ein paar besonders attraktive Stoßzähne bereit. Das größte Paar (jeder Zahn wiegt etwa sechzig Kilo) kostet fünfhundert Pfund Sterling (sechstausend Mark). Ein kleineres Paar ist mit hundert Pfund ausgezeichnet (7).
Am Ende der Vasco-da-Gama-Straße liegt Fort Jesus, die von den Portugiesen erbaute Festung. Sie ist rund vierhundert Jahre alt und hat eine bewegte Geschichte.
Am 7. April 1498, dem ersten exakten Datum in der Chronik Kenias, ging das Schiff Vasco da Gamas in Mombasa vor Anker. Die Herren der Stadt,

die Araber, empfingen die Portugiesen nicht gerade freundlich. Da Gama war gezwungen, weiter nach Norden, nach Malindi, zu segeln. Dort wurde er willkommen geheißen. Der Sultan hoffte mit Hilfe der Portugiesen seine etwas selbstherrlichen Stammesbrüder in Mombasa unterwerfen zu können. Man tauschte Geschenke aus, und die Portugiesen machten Malindi zu einem wichtigen Stützpunkt für die Unterwerfung und Beherrschung des Küstenstreifens von Brava bis nach Sofala in der Nähe Beiras. Schließlich kontrollierten sie die ostafrikanische Küste auf eine Länge von eintausendachthundert Meilen, aber Mombasa war noch immer unbezwungen und Malindi der einzige Verbündete. So konnte das nicht weitergehen. Man beschloß, den Stier bei den Hörnern zu packen. Schiffsladungen voller Steine wurden herbeigeschafft und die Hafeneinfahrt von Mombasa mit einem Fort blockiert.
Die Leute von Mombasa sahen sich nach Hilfe um. Die Zimba, ein kannibalischer Negerstamm, der südlich des Sambesi beheimatet war und auf seiner Wanderung nach Norden soeben die Küste von Kenia erreicht hatte, kamen ihnen wie gerufen. Die Araber luden die Zimba ein, auf die Insel von Mombasa überzusetzen und Hilfestellung gegen die Portugiesen zu leisten. Die Kannibalen überlegten sich den Vorschlag. Sie taxierten mit Kennerblicken die wohlgenährten Kaufleute von Mombasa und erwogen den Kaloriengehalt der Portugiesen. Sie fanden, daß die Mauern des Forts einem Diätwechsel etwas im Wege standen, und so steckten sie kurzerhand die Araber in den Topf und machten sich mit vollen Bäuchen davon.
Das Festmahl und der Abzug der Zimba brachte den Portugiesen kaum eine Verschnaufpause. Der Sultan von Malindi, seiner Feinde in Mombasa ledig, fand Fort Jesus nun höchst attraktiv. Er ließ sich bei den gastfreundlichen Portugiesen so häuslich nieder, daß man bald nicht mehr wußte, wer nun eigentlich Herr im Hause war. Schließlich riß den Portugiesen die Geduld. Sie setzten seine Hoheit an die frische Luft und waren nicht einmal böse, als die einheimische Bevölkerung, um gut Wetter zu machen, kurz darauf den Kopf des Sultans in einem Korb daherbrachte.
In Lissabon war man schockiert. Es wurde beschlossen, des Sultans Sohn, Yussuf von Namen und damals sieben Jahre alt, christlich zu erziehen und ihm zur gegebenen Zeit das Amt und die Würden seines Vaters zu übertragen. Und so geschah es. Der wohlerzogene junge Mann kam 1630 in Mombasa an, selbstsicher, in europäischer Kleidung und von einer weißen Frau begleitet; er arrangierte ein Festmahl und zum Nachtisch ein Massaker. Alle Christen verloren ihre Köpfe.
Das Fort konnte Yussuf nicht halten. Die Portugiesen schickten neue Söldner, brachten die Festung wieder unter ihre Kontrolle und verteidigten sie in den nächsten Jahrzehnten erfolgreich. Schließlich – 1698 – fiel sie nach

dreijähriger Belagerung an die Araber von Oman. Elf Männer und zwei Frauen waren die einzigen Überlebenden, die einzigen von zweitausendfünfhundert. Ein portugiesisches Schiff, das von Goa aus mit Soldaten und Waffen zum Entsatz der Festung unterwegs war, kam um einen Tag zu spät. Es mußte wenden, Fort Jesus war gefallen. Die Araber waren wieder die Herren im Lande. Portugal zog sich im Laufe der nächsten drei Jahrzehnte nach Mozambique zurück, wo es sich bis heute halten konnte.
Die Mauern von Fort Jesus, die keinem Negerfürsten, sondern immer nur Ausländern zu Diensten waren, sind inzwischen sehr brüchig geworden. Eidechsen huschen über die Wälle, und in verfallenen Innenhöfen wuchern farbenfrohe Bougainvilleae und tropische Schlingpflanzen. Der Blick hinaus zum Indischen Ozean ist großartig. Eine palmenbestandene Landzunge mit schönen, flach gebauten Villen ragt in die Bucht hinein.
Die Einfahrt in den alten Hafen ist nur schmal. Der Gedanke, daß das Schiff Vasco da Gamas hier vor Anker lag, vielleicht nur fünfzig oder achtzig Meter entfernt, ist faszinierend. Man möchte das Rad der Geschichte zurückdrehen und einen Blick in die Vergangenheit tun. Mombasa ist ja immer noch eine exotische Stadt, eine Stadt voll abenteuerlicher Menschen. Aber die heutigen Bewohner sind bestimmt Musterexemplare der Zivilisation im Vergleich zu den Männern, die sich um Fort Jesus geschlagen haben.

11. Jahre und Völker – sie kommen und gehen

Für den Europäer, der mit Land und Leuten noch nicht vertraut ist, ist es immer ein wenig verblüffend, wenn er bei seiner Ankunft außer Negern auch eine recht stattliche, in den Hafenstädten oft überwiegende Zahl von Arabern und Indern antrifft. Afrika ist nicht nur schwarz. In vielen Gebieten sind die heutigen Bewohner allesamt Zugewanderte.
In Kenia haben nur die Dorobo, steinzeitliche Jäger mit Pfeil und Bogen, seit Jahrtausenden Heimatrecht. Sie sind entfernte Verwandte der Buschmänner Südafrikas. In den Legenden der anderen Stämme und Rassen wird das Primat der Dorobo anerkannt. Die Masai glauben, daß es ein Dorobo war, der am Anfang der Welt einen Jungen und ein Mädchen zeugte (nach der Fabel formte er sie aus einem Schienbein), die dann die Ahnen der ganzen Menschheit wurden.
Die anderen Stämme Ostafrikas – Bantu, Hamiten, Niloten und Nilo-Hamiten – sind allesamt Einwanderer. Sie kamen später als die Araber, die

schon seit Jahrtausenden die Küste besuchten und später auch besiedelten. Schon vor Christi Geburt gab es arabische Niederlassungen in Lamu, Mombasa, Sansibar, Malindi und so weiter. Den Geschichtsforschern liegen Log- und Kontorbücher aus dieser Zeit vor. Im ersten Jahrhundert unserer Zeitrechnung wurde in griechischer Sprache ein richtiggehender »Navigationsführer für die Schiffahrt an den Küsten des Indischen Ozeans« verfaßt. In ihm wird das Landesinnere Afrikas als »Barbaria«, das Land der Berber, das heißt der Hamiten, bezeichnet.

Die Hamiten – die Boran, Galla und Rendille (und vor ihnen schon die Nilo-Hamiten) – kamen von Norden und Nordosten. Sie waren Hirten und züchteten Rinder, Schafe und Ziegen. Sie wußten, wie man Eisen gewinnt, und gaben ihre Kenntnisse, die sie im Norden erworben hatten, später an die Bantuvölker weiter.

Die Bantu (Kikuyu, Kamba, Embu, Meru, Kisii, Teita etc.) sind erst um 1300 nach Chr. in Kenia eingewandert. Bantu ist der Sammelname für einige hundert Stämme, deren Sprache und Gebräuche auf einen gemeinsamen Ursprung schließen lassen. Das Heimatland der Bantu liegt zwischen dem südlichen Uganda und dem Ostufer des Tanganjikasees. Die Vermehrung der Bantu, ihr Bevölkerungsdruck, war so stark, daß sie sich schließlich bis nach Kenia und Südafrika ausbreiteten. Die Digo, Duruma und Giriama – alles Bantustämme – wanderten am weitesten nach Osten. Sie waren es, die auf die arabischen Städte und Pflanzungen an der Küste stießen.

Die Küste Afrikas war seit Menschengedenken arabisch, Mombasa eines der wichtigsten arabischen Zentren. Malindi und Sansibar (von Zinj = schwarz und bar = Küste) waren schon Handelsstädte, als noch niemand von den Bantu gehört hatte, und in Lamu, an der Mündung des Tana-Flusses, wurden schon vor zweitausend Jahren arabische Dhows gezimmert.

Im Laufe der Jahrhunderte entwickelte sich eine neue, eine Mischrasse an der Küste. Man nannte sie die Waswahili, die Küstenbewohner (von dem arabischen sawahil = Küste). Sie waren eine Mischung aus arabischem und afrikanischem Blut. Es bildete sich auch eine eigene Sprache heraus, das Kisuaheli, das schließlich zur Lingua franca für ganz Ostafrika wurde. Ohne diese gemeinsame afro-arabische Sprache hätte das Land heute mit babylonischen Schwierigkeiten zu kämpfen.

Das Kisuaheli (oder Suaheli) ist eine unkomplizierte Sprache. An der Küste hat seine Grammatik einige Tücken, im Landesinnern wird es zu einem Mischmasch aus Englisch, Arabisch und verschiedenen Eingeborenen-Dialekten. Satzbau und Ausdrucksmöglichkeiten erinnern an das Gestammel von Kindern.

Da die Eingeborenen keine Schrift hatten, blieb es den Missionaren vor-

behalten, die ersten Aufzeichnungen zu machen. Was dabei herauskam, war oft recht unterschiedlich. Engländer, Schotten, Iren, Holländer, Deutsche, Italiener und Norweger haben nicht die gleiche Phonetik. Die Wörterbücher, die sie schufen, mußten zwangsläufig differieren. Sie waren oft so unterschiedlich wie die Glaubensbekenntnisse, die sie lehrten.
In neuerer Zeit schleift sich das alles ein wenig ab. Die verkehrsmäßige Erschließung des Landes, zentrale Schulbehörden und überregionale Zeitungen sorgen für eine gewisse Vereinheitlichung. Auch als Tourist mit nur wenig Kenntnissen kann man sich heute ohne weiteres zurechtfinden. An Übungsgelegenheit fehlt es nicht. Man kann in die Schule gehen, solange man einkauft. Als ich mich vor einer halben Stunde dazu aufmachte, war der Wirt nicht ganz so euphemistisch; er wollte wissen, ob ich schon wieder »vorhabe, den Leuten ihre Landessprache zu verleiden«.
Mein Einkaufsbummel führt mich zu den Schnitzereien der Eingeborenen. Sie sind nicht hohe Kunst, aber äußerst attraktiv: Nashörner und Elefanten in schwarzem Ebonyholz, Masaikrieger von unnachahmlicher Arroganz und Elendsgestalten in allen Variationen. Auch ganz vorzügliche Arbeiten aus China und Indien werden angeboten, Rosenholz- und Elfenbeinschnitzereien.
Man denkt an sein Heim zu Hause und fängt an zu überlegen: Diese Negerbüste aus dem Kongo würde sich auf einem Bücherregal gut ausnehmen, der ein Meter große Samburu-Moran ist wie geschaffen für das Podest im Flur, und die schwarzen Kikuyu-Dorfschönheiten machen sich überall nett. Ich notiere Preise, vergleiche, gehe von Laden zu Laden, handle noch etwas herunter und kaufe schließlich. Bei Kaffee und Coca-Cola wird die Verschiffung ausgehandelt. Die Ware wird gewogen und auf Kisten und Schachteln verteilt; mit dem nächsten Dampfer geht sie nach Deutschland.
Natürlich wird auch viel Schund angeboten, und vor Betrügereien aller Art muß man auf der Hut sein. Um Ebenholz vorzutäuschen, greift mancher (Lebens-)Künstler nach dem Farbtopf oder nach schwarzer Schuhwichse. Manches Elfenbein ist Kunstharz, und alle Masai-Artikel, Speere und Schilde, sind billige Imitationen. Ein Masai ist viel zu faul, beziehungsweise zu vornehm, sich mit der Produktion von gewerblichen oder Handelsgütern zu befassen. Was er hat, braucht er selbst; verkauft wird nichts.
Zum Silvesterabend bin ich bei einer Bankiersfamilie eingeladen. Man trauert bei Bier und Whisky der guten alten Zeit nach, als Kenia noch das Land aristokratischer Farmer war, als man sich – neben der Rinderzucht und dem Kaffeeanbau – auch noch dem Golf- und Polospiel und den exklusiven Klubs widmete.
»Leben und leben lassen, war unser Motto; und unsere Gretchenfrage« –.

der Bankier haut sich lachend auf die Schenkel –, »sie lautete: Are you married or are you living in Kenya?«
Nicht jeder Weiße in Kenia war wohlhabend, und manch einer mußte nach einem Dürrejahr den Rest seiner Habe zusammenpacken und seine Farm dem Auktionator überlassen. Aber im großen und ganzen war der Lebensstil doch recht feudal. Niemand nahm daran Anstoß, bis schließlich nach dem Krieg Leute mit gewerkschaftlicher Ausbildung einige Mißstände anprangerten. Schwarz und Weiß lebten in verschiedenen Welten, und die Diskrepanz zwischen dem Einkommen eines Farmers und dem Einkommen seiner Squatter ging mitunter über das hinaus, was auch nach Ansicht von billig und gerecht Denkenden noch gutgeheißen werden konnte.
Die Behauptung, daß es an sozialem Verantwortungsbewußtsein fehlt, wenn Reichtum und extreme Armut in Nachbarschaft zueinander leben, läßt sich nicht ganz entkräften, aber man kann nicht so weit gehen, daß man jede Art von Reichtum anfeindet, wie es in den Entwicklungsländern mitunter der Fall ist. Störtebekersche Gleichebeuterei führt auf keinen grünen Zweig. »It's wrong to be rich« (8) ist weder im allgemeinen noch in bezug auf die Entwicklungsländer eine vertretbare These.
Wir zerpflücken die *motion* ein wenig (die *bankers* sind in ihrem Element) und schließen uns dann der Ansicht des Herzogs von Bedford an, der in der Cambridger Union – nach einigen freimütigen Worten (»my family started off in the smuggel business, married local rich girls etc.«) – den Standpunkt vertrat, daß viel Schönes im Leben nicht existieren würde, gäbe es nicht reiche Leute, die die Kunst und die Künstler, die Museen und die Forschungsinstitute und so weiter finanzierten.
Auch auf ökonomischem Gebiet ist ein Zusammenhalten der Mittel besser als eine zu weitgehende Streuung. Es wäre falsch, zwei oder fünf Millionen Pfund Sterling unter zehn Millionen arme Schwarze zu verteilen. Das Geld würde ohne jeden Nutzeffekt absorbiert werden. Mehr als das, die Eingeborenen würden feiern, sie würden die Arbeit niederlegen. Es gibt Beispiele dafür. Eine weltumspannende englische Wohlfahrtsorganisation hat ihre Milchlieferungen nach einigen Gebieten Ugandas einstellen müssen, weil die Schwarzen nicht mehr hinters Haus gehen, um ihre Ziegen und Kühe zu melken, wenn sie das Milchpulver frei *manyatta* geliefert bekommen.
Auch im bettelarmen Afrika, ja gerade hier, ist es vernünftiger, wenn das Kapital nicht unter die Leute gebracht, sondern konstruktiv angelegt wird, wenn Kraftwerke, Schulen und Krankenhäuser gebaut werden. Offen bleibt nur die Frage, ob das kapitalistische System (Kapitalakkumulation in privater Hand) oder das sozialistische System (Kapitalakkumulation durch den Staat) in Afrika erfolgversprechender ist. Ersteres hat einen schlechten

Leumund: einmal, weil das Kapital oft nicht im Lande bleibt, und zum anderen, weil es in den letzten Jahrzehnten nicht gelungen ist, der Bevölkerung Arbeit und Brot zu verschaffen.
Die Schiffssirenen – im Kilindinihafen liegt eine Armada vor Anker – erinnern uns daran, daß Silvester ist.
Wir treten auf die Veranda und hören uns das faszinierende Konzert an. Wie die Stimmen urweltlicher Saurier schwingen die Baßlaute durch die warme Tropennacht. Die Sterne funkeln im samtschwarzen Himmel. Wie weit sind sie wohl weg? Tausend, hunderttausend Lichtjahre? Vielleicht sind sie schon längst verbrannt, explodiert...
Wir sind still und schauen und lauschen. Die Zeit, ihr Kommen und Vergehen, ist fast zu spüren. Vor wenigen Minuten noch war die mitternächtliche Stunde über Bombay, jetzt huscht sie über uns hinweg, in zwei Stunden ist sie über Deutschland. Man zählt das Jahr 1964.
Es ist beglückend, daß kein billiges Feuerwerk abgebrannt wird. Das dunkle Tuten der Schiffe – diese urigen Dissonanzen sind Afrika angemessen.

12. Heute – wie vor 1 000 Jahren

Es ist Feiertag, aber die Stadt ruht nicht. Nur die Läden der Europäer haben geschlossen. Die Dukas der Inder, die *curios-shops* und Früchtestände der Afrikaner sind geöffnet; sie kennen keinen Feiertag; vor allen Dingen dann nicht, wenn mehrere Schiffe mit kauflustigen Passagieren im Hafen liegen.
In Anbetracht des Sonntags sind die Eingeborenen – auch die Ärmsten – heute besser gekleidet als sonst. Die Inderinnen, grazil wie Gazellen, sind eine Augenweide. Sie führen heute ihre farbenprächtigsten Saris aus. Es ist unwahrscheinlich, wie feminin diese dunkelhäutigen Frauen sind; die meisten Europäerinnen verblassen neben ihnen. Die Kleidung spielt eine nicht unwesentliche Rolle dabei. Die weißen Frauen tragen der Hitze wegen billige Konfektionsfähnchen. Material, Schnitt und Farbe dieser Hochsommerkleider können mit den leichten, fließenden Gewändern der Inderinnen nicht mithalten. Die Saris sind Träume aus Tüll und Seide; sie sind die Orchideen im Reich der Couture. Möge der Himmel geben, daß die Inderinnen nie auf die Idee kommen werden, ihre weißen Geschlechtsgenossinnen nachzuahmen.
Bei der afrikanischen Bevölkerung ist der Drang, sich unter allen Umständen den Weißen anzupassen, sehr ausgeprägt. Wer immer es sich leisten kann,

greift zu europäischen Kleidungsstücken. Bei den Männern mag das angehen, sie können nicht gut in ihrer Stammestracht über die Boulevards der modernen afrikanischen Städte spazieren, bei den Frauen ist es sehr bedauerlich, daß sie nicht wie die Ashanti in Ghana oder die Chagga in Tanganjika einen eigenen Stil entwickeln. Nur hin und wieder sieht man jene farbenprächtigen, togaähnlichen Gewänder, die so großartig zu den schwarzen Trägerinnen passen und es ganz natürlich erscheinen lassen, wenn die Babies auf dem Rücken transportiert werden.

Diese Huckepackbabies – ich bin verliebt in sie. Es ist allerliebst, wie sich die kleinen Köpfchen an die Rücken der Mütter anschmiegen. Es ist so viel Harmonie in dieser Zweisamkeit, daß ein Kinderwagen daneben direkt widernatürlich wirkt. Der enge Kontakt zwischen Mutter und Kind ist psychologisch recht bedeutsam für die Entwicklung der Kleinen. Sie fühlen sich äußerst geborgen; fast nie sieht man sie weinen. Das Suaheli-Sprichwort »Nimekula asali udogoni, utamu ungali gegoni – Ich aß Honig in meiner Jugend, und noch immer habe ich den süßen Geschmack auf der Zunge« enthält einiges, wovon die Psychologen bis vor kurzem nur verschwommene Vorstellungen hatten.

Den Sonntagnachmittag verbringt man hier wie anderswo in Gottes schöner Natur. An Erholungsstätten fehlt es nicht. Großartige Strandhotels oder einfache Bungalows stehen zur Verfügung. Die Küste Kenias ist ein Ferienparadies, ein Dorado für »Big Game Fishing«. In Mombasa, Shanzu, Malindi und Lamu können seetüchtige Boote gemietet werden. Rochen, Schwertfische und Haie balgen sich um die Köder. Jeder will zuerst ins Boot gezogen werden.

Hinter den Korallenriffen, die die Raubfische abhalten, kann man sich Tauchvergnügungen und der Unterwasserjagd hingeben. In tausend Farben blüht das Meer unter der silberglänzenden Oberfläche. Das Wasser ist warm, unwahrscheinlich warm, und die Brandung kommt meterhoch an; außerdem kann man sicher sein, daß sie nicht, wie in Biarritz, Brighton oder Fire Island, zu einem Drittel aus Wasser und zu zwei Dritteln aus Menschen besteht.

Neben Sonne, Sand und *surf* ziehen insbesondere auch die malerischen Eingeborenensiedlungen die Touristen an. In Takaungu bei Kilifi leben die Araber noch wie vor tausend Jahren. Die nördlich von Mombasa ansässigen Eingeborenenstämme – die Ribe, Kaume, Kambe, Rabai und Jibana – stekken ebenfalls noch im tiefsten Mittelalter. Die weißberockten Giriamafrauen sind besonders fotogen. Ihr Nationalkostüm – *hando* wird es genannt – besteht aus Bast oder einem zehn Meter langen weißen Tuch, das um die Hüfte geschlungen wird. Den Oberkörper tragen sie meist frei.

Die Giriama kamen von Norden. Früher besaßen sie große Viehherden, aber

Wenn Nashörner angreifen, tun sie es mit dem Temperament einer Dampfmaschine (Seite 182).

Gefährlich sind Flußpferde nicht, aber wenn sie im Wasser gejagt werden, machen sie kurzen Prozeß. (Seite 123)

Wenn sich die Schatten der westlichen Kraterwand über die Talebene schieben, muß sich der Besucher anschicken, das Amphitheater zu verlassen. Die Nebelschwaden der Nacht steigen aus der Tiefe. Der Krater sinkt für einige Stunden zurück in die Ewigkeit, in eine Welt ohne Maschinen, ohne Unrast, ohne Zeitmaß. Es kann so bleiben, für immer, wenn die Menschen Verstand genug haben, dieses Wunder zu respektieren und zu schützen. *(S. 114)*

die wurden ihnen von den Masai abgenommen. Jetzt bauen sie brav und bieder Baumwolle, Cashewnüsse, Reis, Hirse, Sorghum und süße Kartoffeln. Den im Hinterland lebenden Stämmen liefern sie ein tödliches Gift, das für die Jagd verwendet wird.

Landschaftlich hält dieser Küstenstrich einen Vergleich mit Florida ohne weiteres aus, aber ansonsten kann er mit dem »Sunshine state« nicht konkurrieren; es fehlen die schnellen Straßen und die mit allen Raffinessen ausgestatteten Motels und Bungalows. Eisschränke und Fernsehapparate sind in Florida fast überall eine Selbstverständlichkeit. Auch supermoderne Küchenapparaturen sind nicht selten. In meinem Cottage bei Daytona Beach schaltete sich der Grill um halb zwölf Uhr automatisch ein; das Hähnchen war knusprig, wenn ich vom Strand kam. Hier gibt es das alles nicht.

Den Sonntagabend verbringen wir im Nyali Beach, einem Luxushotel, fünfzehn Autominuten von Mombasa. Es ist ein kleines Paradies. Dunkle Palmen, vom Mondlicht übergossen, gedämpfte Musik, elegante Frauen, festliche Kleider. Man tanzt, erzählt sich aus vergangenen Tagen (der Gedanke an die Zukunft bereitet jedem Kenianer Unbehagen) oder sitzt zufrieden hinter einem eisgekühlten Drink, den Strand und den Indischen Ozean vor sich.

Am anderen Morgen mache ich unserem Schiff, das bis Durban weiterfahren wird und noch immer im Hafen liegt, einen Abschiedsbesuch. Walter, der an Bord blieb, sitzt um neun Uhr noch beim Frühstück. Dick findet sich um halb zehn ein. Eine Herrenpartie ist fällig.

Wir fahren hinaus zum Oceanic Hotel. Bougainvilleae, rote Flamboyant- und schattige Mangobäume säumen die Straße. Am Strand stehen skurrile Baobabs. Diese Baumriesen sind mehr als exzentrisch, sie haben Charakter. Jeder seinen eigenen. Regellosigkeit ist die Regel, nach der sie wachsen. Nur etwas haben sie alle gemein: unwahrscheinlich dicke Stämme und lächerliche Kronen. Dem Umfang nach können sie es mit jeder California Sequoia gigantea aufnehmen. Livingstone berichtete von einem Baobab, in dessen hohlem Stamm dreißig Mann Platz hatten. Die Zweige des Baumes erinnern an Kinderzeichnungen, an die Malversuche von Abc-Schützen; sie sind eckig, dick und plump. An vielen der geschwollenen, verkrampften Gichtfinger hängen wurstähnliche Früchte. Der ganze Baum ist eine Karikatur – aber er hat seine Liebhaber. Die Eingeborenen und die Elefanten wissen es in Trokkenjahren zu schätzen, daß sich in den gewaltigen, teilweise hohlen Stämmen Regenwasser und Feuchtigkeit sehr lange halten.

Das Oceanic steht auf einem Hügel. Von allen Zimmern geht der Blick hinaus auf den Indischen Ozean. Aber die ganze Anlage ist noch zu neu, um behaglich zu sein. Es fehlen die Bäume und schattenspendendes Gesträuch. Der

Swimming-pool des Hotels kann über vieles, aber nicht über alles hinwegtrösten. Dick ist das Oceanic zu luxuriös, zu farblos. Es ist ein Hotel für Leute, die auch im fremden Land alles wie zu Hause haben möchten und deren einziger Sport darin besteht, dreimal am Tag die Manschettenknöpfe zu wechseln.

Weiter geht es auf der Strandstraße: an der langsam zerfallenden Ferienvilla von Rita Hayworth und am ehemaligen Sitz des Gouverneurs vorbei. Wir umfahren Fort Jesus und den Mombasa Beach Club; der alte Hafen ist unser Ziel. Er liegt auf der Ostseite von Mombasa und ist wie vor tausend, wie vor zweitausend Jahren der Ankerplatz für die Dhows, die aus Arabien, Persien und Indien kommen.

Sie kommen mit dem Kaskasi, dem Nordostmonsun. Die ersten finden sich schon Ende Dezember ein. Mitte Januar ist der Hafen vollgepackt mit hochkieligen *booms* und *bagalas* – Glanzstücken maurischer Zimmermannsarbeit. Mit ihren riesigen Dreieckssegeln, ihren geschnitzten Galionsfiguren und den bunten Zierplanken verkörpern diese Boote eine Epoche der Seefahrt, die man längst vergangen wähnte.

Während der *Dhowseason* wird der alte Hafen Mombasas zu einer Szene aus Tausendundeiner Nacht. Bärtige Kapitäne in phantastischen Roben, diamantenbesetzte Schwerter um die Hüften gegürtet, schreiten an Land. Sie sind Seefahrer alten Stils. Ihre hundertfünfzig Tonnen großen Dhows steuern sie ohne Navigationshilfen über den Indischen Ozean. Sie brauchen kein Radargerät. Sie haben einen feinen Instinkt dafür, woher der Wind weht.

Der Nahoda, der Kapitän einer Dhow, ist zugleich ihr Eigentümer. Er kommandiert nicht nur, er herrscht. Seine Kabine – meist die einzige im Boot – ist weder mit Klimaanlage noch mit fließendem Wasser versehen, aber sie ist eine Stätte muselmanischer Behaglichkeit: Teppiche, wundervolle Teppiche und Kissen schmücken den Raum. Es duftet nach Kaffee. Das Logbuch und ein überdimensionaler Koran, in Leder gebunden, liegen griffbereit neben dem Bett. Man spürt, daß hier andere Maße gelten. Auch das Zeitmaß ist ein anderes. Es gibt keine Hast, weder im Geschäft noch beim Vergnügen.

Bis Mai/Juni, das heißt, bis die Schiffe mit dem Gegenmonsun, dem Kuzi, wieder zurücksegeln können, sind die schmalen Straßen der Altstadt von abenteuerlichen Fahrensleuten aus dem Orient bevölkert. Es herrscht ein babylonisches Sprachengewirr. Den Tag über wird auf den Schiffen oder Verladerampen gearbeitet. Die Matrosen schleppen Datteln und Gewürze, Baumwoll- und Stoffballen an Land, und zwischendurch, wenn das Auge des Gesetzes gerade abwesend ist, verscheuern sie, was die Hosentaschen halten. Meist ist es Haschisch.

»Und was tun sie abends?« – »They chase the little black prostitutes!«

Am vorderen Kai werden im Augenblick große Baumwollballen gelöscht. Drei Dhows liegen nebeneinander; Planken führen von Deck zu Deck. Schwarze, fast nackte Arbeiter nehmen die Ballen, die von primitivem Geschirr hochgehievt werden, auf ihre muskulösen Schultern und trotten damit im Gleichschritt die Böschung zum Lagerschuppen hinauf. Mit einem monotonen Singsang erleichtern sie sich die Arbeit: na-ta-na, na-ta-na. Die schwarzen Körper glänzen im gleißenden Licht der Sonne; die einfache Melodie entringt sich keuchend den Lungen.

»Oh, how nice, isn't it wonderful?« Amerikanische Touristen haben sich zu uns gesellt. Sie bauen sich vor den Schwarzen auf und knipsen die Männer so ungeniert, als wären es Affen im Zoo. »Excuse me, Sir, wissen Sie, wo diese Schiffe herkommen – das große dort, das etwas abseits liegt, mit dem schwarzen Korb am Mast?«

»Oh, Madam«, Dick verzieht keine Miene, »das ist kein Nationalitätskennzeichen, das bedeutet – well, die haben die Pest an Bord.« Madame schnappt nach Luft. Sie weiß nicht, was sie sagen soll, aber was sie jetzt zu riechen bekommt, schlägt sie vollends in die Flucht. Der Wind hat sich etwas gedreht, ein warmer Hauch weht die wenigen Meter von den Schiffen herüber, ein Dunst von Schweiß und Schmutz, von Gewürzen, Teer, Tang und Schlick und den in der Sonne schmorenden Außenbordtoiletten der Dhows.

Gehobener Stimmung gehen wir drei weiter.

»Möchte gerne dabeisein, wenn die globetrottende Lady ihre Erlebnisse zum besten gibt.«

»Der ehrbare Frauenklub im Mittelwesten wird einen Fond zur Bekämpfung von Seuchen ins Leben rufen.«

»Dick, du wirst Ehrenpräsident! Schau mal ganz würdevoll drein und denk dir eine schöne Antrittsrede aus!«

Direkt neben dem alten Hafen befindet sich eine Fischhalle für die Eingeborenen. Ich bin schon vor zwei Tagen hier vorbeigekommen, habe mich aber nicht hineingetraut. Das Ganze war mir ein bißchen zu schmutzig, zu unheimlich. Dick ist Polizeioffizier, er hat schon Schlimmeres gesehen. Wir marschieren hinein. Der Boden ist schlüpfrig. Abgeschabte Schuppen und Teile von Eingeweiden bedecken ihn. Zur Rechten ist ein langgestreckter Verkaufsstand. Zahlreiche Fische, die unterschiedlichsten Arten, liegen aufgeschlitzt oder zerschnitten zum Verkauf bereit. Eingeborenenfrauen drängen sich um die Händler. Man feilscht um die Preise. Es gibt kein Eis. Es gibt auch keine Waage. Die Stücke werden nach Wunsch abgeschnitten, und der Preis ist Vereinbarungssache.

Die größeren Fische liegen auf dem Boden, u. a. ein etwa zweieinhalb Meter langer Hai, dem eben der Bauch aufgeschlitzt wird. Eingeweide quellen

heraus, dazwischen zwei kleine, ungeborene Haifischbabies. Es stinkt penetrant. In der Ecke daneben ist allerlei Meeresgewürm auf einen Haufen geschüttet worden. Der Verkäufer hat seine liebe Not, die Krabben und Krebse beisammen zu halten. Ausreißer werden mit Besen und Schaufel zurückbefördert. Der Gedanke, hier auszurutschen und 'reinzufallen, gibt mir einen kalten Schauer über den Rücken.
»Let's go, mein Bedarf ist gedeckt.«

13. Weißes und schwarzes Elfenbein

Für den Nachmittag habe ich mich mit einem Großwildjäger in der Salad-Bowl verabredet. Wir haben uns am Silvesterabend bei der Bankiersfamilie kennengelernt. Frank ist etwa vierzig Jahre alt, braungebrannt und in allen Sätteln gerecht. Er leitet Safaris, schreibt Artikel für Jägerzeitungen, und manchmal filmt er auch. In einer der letzten Hollywoodkritiken hieß es über ihn: »He is handsome, sunburnt, and with an air of being able to cope with cannibals and charging elephants before breakfast.«
Wenn Frank ins Erzählen kommt, tut sich das ganze Land vor seinen Zuhörern auf. Er kennt Weg und Steg – im naheliegenden Tsavopark so gut wie am Ruwenzori oder am Rudolfsee. Ich habe ihn gebeten, einige Tage mit mir auf Safari zu gehen, aber im Augenblick hat er keine Termine frei. Wir verabredeten uns für später. Es ist vorgesehen, daß wir uns in etwa zehn Tagen in Moshi treffen und von dort Richtung Laitokitok-Amboseli fahren.
Die paar Stunden, die uns heute zur Verfügung stehen, wollen wir in Mombasa verbringen. Zwei Sehenswürdigkeiten stehen auf dem Programm: die staatliche Elfenbeinsammelstelle und »das Steckenpferd eines Sklavenhändlers«.
Das staatliche Elfenbeindepot befindet sich in einer Seitenstraße, nicht weit von Fort Jesus entfernt. Es ist ein großer Raum, eine Halle, in der einige hundert Stoßzähne fein säuberlich sortiert und numeriert auf dem Boden ausgelegt sind. Die Zähne sind alles andere als elfenbeinfarben. Sie sind von einem schmutzigen Braun und mitunter sehr rissig. Nur die Spitze der Zähne ist massiv, der Rest ist hohl. Da Elfenbein nach Gewicht gehandelt wird, muß beim Ankauf darauf geachtet werden, daß der Zahn nicht mit Blei ausgegossen wurde. Es gibt unter den Schwarzen genug Schlauberger, die das schon versucht haben. Der Preis für das Pfund *ivory* liegt zur Zeit bei sechzehn bis zwanzig Schillingen (etwa zwölf Mark). Ein Pfund Rhino-

zeroshorn, auch damit befaßt sich die Sammelstelle, ist fünfundfünfzig Schillinge wert.

Wir lassen uns einiges über das Geschäft erzählen und über die *poachers*, die Wilderer, denen man mit dieser zentralen Sammelstelle das Leben schwermachen möchte. Wer keine Abschußlizenz besitzt, kann keinen Stoßzahn regulär verkaufen, er ist noch mehr als früher auf Schleichwege und Schmuggel angewiesen. Frank ist bestens im Bilde; der Kampf gegen die Wilderer gehört mit zu seinem Beruf.

Nach einer knappen Stunde im Ivorydepot fahren wir zu einem von Franks Bekannten, einem alten Herrn, der sich der Sammelleidenschaft ergab und sich nichts entgehen läßt, was irgendwie mit Sklavenhandel zu tun hat. In zwei Räumen sind Bücher und Bilder, Ketten, Peitschen, Urkunden und Miniaturmodelle von Dhows aufgestapelt. Der alte Herr lebt sichtlich auf, als er seine Schätze erläutert.

Sein Hobby ist zu seinem Lebensinhalt geworden. Er kennt alle Zahlen und Daten, er kennt den Negerverschleiß an den Höfen der Sultane und die »Usancen« auf den Sklavenmärkten. Er weiß, was das schwarze Elfenbein kostete und wie es gefangen und verschickt wurde. Wir haben längst vergessen, daß wir nur mal 'reinschauen wollten. Um ein Uhr nachts – es haben sich inzwischen noch zwei Experten eingefunden – sitzen wir noch immer beisammen. Ich bin nicht sicher, ob ich heute nacht gut schlafen werde, denn es geht grauslich zu – bei Sklavenhandel und Wilderei.

Der Handel mit Sklaven ist ein sehr altes Gewerbe. Fast überall in der Welt, nicht nur in Afrika, ging man ihm nach. Daß er in Afrika in großem Stil betrieben wurde, hatte natürlich seine Gründe. Hier, im Schwarzen Kontinent, waren die Menschen primitiver und hilfloser als anderswo. Sie waren von sich aus nicht in der Lage, dem Menschenraub ein Ende zu setzen. Es fehlte an einer kraftvollen staatlichen Organisation, an einer planvollen Abwehr. Schlimmer noch, die Negerhäuptlinge waren vielfach selbst die Menschenfuggerer, die das »schwarze Elfenbein« in Richtung Küste in Marsch setzten. Die Araber brauchten nur noch danke zu sagen und den Preis zu bezahlen. Auch die Gefangenen aus Stammeskriegen wurden häufig verschachert – vorausgesetzt, daß die Chiefs nicht andere Gelüste hatten.

Als der Bedarf im achtzehnten und neunzehnten Jahrhundert immer größer wurde, mußten sich die Araber, die bislang nur Aufkäufer waren, dazu bequemen, selbst landeinwärts zu ziehen und auf Fang zu gehen. Ihre Safaris waren wohlorganisiert. Elfenbein- und Menschenhandel wurden kombiniert. Die Häscher fielen mit unsagbarer Brutalität über die Eingeborenen her, ketteten sie aneinander, beluden sie mit erbeuteten oder eingehandelten Stoßzähnen und trieben sie zur Küste. Was hier halbwegs lebend ankam – die

Hälfte der Gefangenen starb unterwegs –, wurde in Dhows verstaut und, gedrängt wie Sardinen, in alle Welt verschifft.
Hauptumschlagplatz war Sansibar. Die Sprache der Sklavenhändler, das Suaheli, breitete sich entlang den Karawanenpfaden aus. Wenn sie heute die *lingua franca* für ganz Ostafrika ist, ist das der Kopfjagd zu verdanken.
Gegen Ende des achtzehnten Jahrhunderts war in Europa die Zivilisation so weit fortgeschritten, daß man den Menschenhandel auf den Index setzte; er wurde moralisch verworfen. England ging noch einen Schritt weiter. Die Regierung ordnete an, daß kein Untertan der Krone in diesem Gewerbe mehr tätig sein dürfe. 1833 wurde es jedem Briten verboten, Sklaven zu besitzen, gleichgültig in welchem Teil der Welt. Der Status eines Sklaven wurde in allen Gebieten des Britischen Empires abgeschafft.
Die Engländer haben sich damit viel Ärger auf den Hals geladen. Die Feudalherren an den Küsten des Indischen Ozeans hatten kein Verständnis für die Degenerationserscheinungen des Inselvolkes. Sie wollten nach wie vor schwarze Arbeitskräfte und dunkelhäutigen Haremsnachschub.
Schließlich schwenkte der Sultan von Oman, Seyyid Said, der 1832 von Muscat nach Sansibar umzog, auf die Linie Großbritanniens ein. Nun erhielt die Navy das Recht, jedes arabische Schiff, das mit Sklaven außer Landes wollte, zu kapern. Die Briten führten einen Privatkrieg im Namen der Menschlichkeit. Die Leute mit den großen Schlagworten gegen die Kolonialisten – Amerika eingeschlossen – sollten hin und wieder ein wenig in Geschichtsbüchern blättern.
Die Bemühungen Englands waren aller Ehren wert, aber den Eingeborenen nur begrenzt von Nutzen. Als man gegen Ende des neunzehnten Jahrhunderts daran ging, Ostafrika in Besitz zu nehmen, wurde offenkundig, daß im Innern des Landes der Sklavenhandel noch immer florierte. Händler aus Ägypten und dem Sudan zogen mit Waffengewalt bis nach Uganda, andere kamen von Mozambique nordwärts. Die britischen und deutschen Kolonialverwaltungen hatten alle Hände voll zu tun, dem Treiben Einhalt zu gebieten. Völlig ausgerottet ist es noch heute nicht. So mancher Schwarze wandert noch in Ketten über die Nordgrenze Kenias.

14. Mit Giftpfeilen und Vorderladern

Wer in Ostafrika an Land geht und sich auch nur ein wenig umsieht, wird bald entdecken, daß die *natives*, die Eingeborenen, einen ganz speziellen Nationalsport haben: Sie schweifen gern durch Busch und Wald und geben ihrer Naturverbundenheit durch meisterhaftes Schlingenlegen Ausdruck. Man nennt diesen Sport *poaching*, auf deutsch: Wildern.

Viele der Tiere werden natürlich um ihres Fleisches willen getötet. Es gibt Stämme, die auch heute noch vorwiegend von der Jagd leben. Darüber hinaus ist der Proteinhunger allen Afrikanern eigen, auch denen, die sich der Viehzucht widmen und Rinder und Schafe besitzen. Wildbret schmeckt den Afrikanern, die Masai und einige andere Stämme ausgenommen, am besten. Ihre eigenen Tiere schlachten sie nur ungern oder überhaupt nicht. Rinder und Schafe sind Statussymbole, Zeichen des Reichtums und der sozialen Stellung innerhalb der Stammeshierarchie, äußerstenfalls Kurantwährung. Daß man die Tiere auch essen könnte, *der* Gedanke liegt oft recht fern.

Wenn von Wilderei gesprochen wird, ist nur selten die Jagd nach Fleisch gemeint. Schon deshalb nicht, weil die Eingeborenen vielfach von der Regierung bestätigte Jagdrechte und amtlich zugelassene Waffen haben. In einem 1958 veröffentlichten Bericht der Kenya Wild Life Society wird erwähnt, daß die Eingeborenen Tanganjikas im Besitz von schätzungsweise siebzigtausend lizenzierten Vorderladern und zehntausend Schrotflinten sind. Die Zahl der illegalen Waffen, die zusätzlich benützt werden, »must be very great«.

Es gibt Gegenden, in denen praktisch jedes Tier eine Wunde hat, eine Hautverletzung, ein Geschwür. Die Vorderlader werden ja oft nicht mit Kugeln geladen, sondern mit Steinchen, mit Nägeln, mit Glasperlen, mit allem, was sich in den Lauf stopfen läßt.

Die nicht weidgerechten Jagdgepflogenheiten der Eingeborenen lassen die Grenze zwischen legal und illegal zerfließen. Eindeutige Wilderei liegt dort vor, wo das Tier ohne Lizenz und nicht um seines Fleisches willen gejagt wird, wo es um Profit geht. Der Anreiz dafür ist recht groß. Bei den Elefanten ist es das Elfenbein, das die Wilderer lockt. Die Stoßzähne werden den getöteten Tieren mit Äxten aus den Schädelknochen herausgetrennt. Das ist kein leichter Job. Oft dauert es zwei Stunden, bis die *tusks*, die tief in den Knochen verankert sind, geschultert und abtransportiert werden können.

Die goldenen Jahre der Elfenbein-Wilderei waren die Jahre nach dem Krieg: 1945–1955. Die Tiere wurden in erschreckendem Maße dezimiert.

1957 wurde in Voi eine Kontrollstation errichtet, die den Mißständen zu Leibe gehen sollte. In einem Bericht vom Oktober 1957, der sich auf ein Gebiet von etwa zwanzig mal fündundzwanzig Meilen an den Ufern des Tanaflusses bezog, ist von rund eintausenddreihundert Elefantenkadavern die Rede, die von Patrouillen im Laufe von neun Wochen aufgefunden wurden. Die meisten der Kadaver und Skelette waren nicht älter als zwei Jahre. Da sich der Bericht nur auf ein sehr kleines Gebiet bezieht, kann man sich mit

Schaudern ausrechnen, welche Zahlen zusammenkommen, wenn man das gesamte riesige Areal, das von den Dickhäutern durchstreift wird, der Kalkulation zugrunde legt.

Wo bleibt all das Elfenbein, wo wandert es hin?

In früheren Jahrhunderten wurde es fast ausnahmslos auf den Schultern von Sklaven zur Küste transportiert. In neuerer Zeit sorgen weitverzweigte Schmugglerorganisationen für seinen Abtransport. Arabische und asiatische Händler senden von der Küste aus Fahrzeuge ins Landesinnere, die an abgelegenen Treffpunkten die Ware von Zwischenhändlern übernehmen.

Die Rentabilität des Geschäfts ist für die Beteiligten recht unterschiedlich. Die Wilderer, die armen Teufel, die hinter den Tieren herjagen, mitunter von ihnen zertrampelt werden und tausend anderen Gefahren ausgesetzt sind, erhalten etwa zwei Schillinge für ein Pfund Elfenbein, der Zwischenhändler bekommt das gleiche oder ein wenig mehr. Wenn aber die Ware schließlich auf Fischerbooten oder in Dhows verstaut ist, wohlgetarnt in Baumwoll- und Stoffballen, in Butter- und Bienenwachskanistern, ist sie zwanzig bis fünfundzwanzig Schillinge wert. Es gibt wenige Handelssparten, die mit gleicher Rentabilität arbeiten, es gibt aber auch wenige Branchen, in denen mit gleicher Brutalität zu Werke gegangen wird. Nur der Profit zählt. Es gibt kein Mitleid, keine Skrupel. Unbarmherzig werden die Tiere getötet, und ebenso unbarmherzig werden die Wilderer ausgebeutet und erpreßt.

Seit es die staatliche Erfassungsstelle in Mombasa gibt, seit alles Elfenbein, auch das aus dem benachbarten Hinterland, nur noch hier verkauft werden darf, ist der Schleichhandel wesentlich komplizierter, wesentlich härter geworden. Die Wilderer fühlen sich in die Enge getrieben. In fast jeder Zeitung Ostafrikas findet man Artikelüberschriften wie »Suppression of Poaching«, »Battle to Halt Poachers' Carnage« und so weiter.

»Bleiben Sie weg«, so riet man mir, »wenn Sie irgendwo, draußen im Busch, einen Lkw entdecken, der offensichtlich etwas abseits gefahren ist. Die Kerle sind brutaler als je zuvor.«

Die Länder des Ostens, die seit undenklichen Zeiten Hauptabnehmer des Elfenbeins sind, haben noch eine andere Tiergattung fast zum Aussterben gebracht: die Nashörner.

In China und einigen anderen Ländern mit grotesken Bevölkerungsziffern gibt es zahllose Greise, die ihre jugendlichen Gespielinnen nicht enttäuschen wollen und deshalb nach pulverisiertem Rhinohorn (9), dem jahrtausendealten Liebesmittel, verlangen. Es wird mit Gold aufgewogen: in Kalkutta im Verhältnis zwei zu eins (1935), in Siam sogar eins zu eins (1937). In Saigon sind schon Preise bis zu achttausend Mark für ein großes Horn erzielt worden.

Alles, was mit einem Rhinozeros zu tun hat, ist Stimulans: sein Blut, seine Haare, seine Haut, seine Eingeweide. Selbst sein Urin wird in Indien in kleinen Bambusampullen verkauft: ein Fingerhut voll für eine halbe Rupie.

Außer Elfenbein und Rhinohorn gibt es natürlich noch manches, was der Nachstellung wert ist, das heißt, dem Wilderer einen guten Ertrag bringt.

Die Mähne des Löwen gibt einen stattlichen Kopfputz für rituelle Tänze, seine Klauen eignen sich für Broschen und Halsketten, und für sein Fett ist der Medizinmann dankbar. Löwenfett, gekocht, gemixt und eingerieben, verschafft magische Kräfte.

Das Fell des Leoparden hat auf dem Kurfürstendamm, den Champs-Elysées und der Fünften Avenue den höchsten Kurswert. Die Nachfrage war in den letzten Jahren so groß, daß die Tiere beinahe ein Opfer der Mode geworden wären.

Die Flußpferde werden ihrer Zähne und Häute wegen begehrt. Mit ihrem Fett werden die Dhows wasserdicht gemacht. Auch der »Kiboko«, eine stahlharte Peitsche, stammt von ihnen.

Die Knochen der Giraffen werden zu Messern und Dolchen verarbeitet, ihre Gedärme zu Bogensehnen. Oft ist es auch nur der Schwanz, weswegen eine Giraffe erlegt wird. Er ist zwanzig Schillinge wert und gibt einen vorzüglichen Fliegenwedel ab. Der Rest des Tieres verbleibt den Hyänen.

Auch den Gnus werden ihre Schwänze oft zum Verhängnis. Ein Fliegenwedel ist in Afrika nicht nur zweckmäßig, er ist auch ein Zeichen der Würde. Als Mr. Kenyatta zum Premierminister vereidigt wurde und zum Schwur die Hand hob, baumelte an seinem Handgelenk ein Fliegenwedel.

Die Häute der Zebras sind ein recht dekorativer Raumschmuck. Die Füße der Tiere haben es den Amerikanern angetan. Die abgehackten Gliedmaßen werden in chromglänzendes Blech gefaßt und in den Souvenirläden Nairobis als Aschenbecher oder Feuerzeuge verkauft.

Die Hörner von Buschbock und Duiker werden zu Schnupfdosen verarbeitet; viele Eingeborenen sind leidenschaftliche Schnupfer. Die Felle der Kolobusaffen und die Häute der Krokodile und Schlangen werden in die Modezentren der ganzen Welt verschickt.

Auch die Geier bleiben nicht ungerupft. Ihre Federn eignen sich vorzüglich für Pfeile, und im übrigen ist jeder tote Geier ein Segen fürs Geschäft; er kann nicht mehr Wegweiser für die Game-Wardens, die staatlichen Tierschutzbeauftragten, sein. Geier kreisen über den Kadavern und verraten den Jägern die Lager der Wilderer.

Wie geht die Wilderei im einzelnen vor sich?

Nun, sie wird »en gros und en detail« betrieben. Es gibt sehr erfolgreiche »Poacher«. Der 1955 aufgegriffene Wambua war einer von ihnen. Er hatte

– ein Mann aus nur einem Stamm – dreihundert Elefanten, dreißig Büffel, zweihundert Nashörner, sechzehn Löwen und eine stattliche Zahl Giraffen auf dem Gewissen. Er war sozusagen gut eingearbeitet. Viele seiner Kollegen sind nicht weniger tüchtig. Sie konstruieren und montieren Schlingen in absoluter Perfektion. Es hat nichts genützt, daß der Import von Stahlschlingen unterbunden wurde. Die hausgemachten waren und sind noch besser.
Nicht nur der Wilderer, auch der biedere Familienvater, der für die hungrigen Mäuler seiner Frauen und Kinder zu sorgen hat, bedient sich ihrer. Will er einen Sonntagsbraten haben, legt er ein halbes Dutzend Schlingen aus, die er täglich einmal nachsieht. Hat sich eine Antilope gefangen, ist die Freude groß. Der Jäger eilt mit der Beute nach Hause und kümmert sich oft nicht mehr um die anderen Schlingen. Was sich darin fängt, bleibt – man kann nicht zwei Tiere auf einmal essen und in der Hitze auch nichts aufbewahren – den Hyänen.
Wir leben im Zeitalter der Rationalisierung. Auch in Afrika ist man »up to date«. Man wildert »vollautomatisch«. Es werden kilometerlange Dornenhecken gebaut, Material gibt es genug, halb Afrika besteht aus Dornen, in denen nur zwei oder drei Dutzend Lücken offengelassen werden. In diesen Schlupflöchern werden Schlingen in allen Höhen angebracht – die Serienschlächterei kann beginnen. Sie wird sehr ergiebig sein, wenn die Hecke einen der Wanderwege sperrt, auf denen die Tiere zu Tausenden von einem Weidegebiet ins andere hinüberwechseln. Was nicht sofort verwertet werden kann, wird gelähmt. Ein Schnitt durch die Fessel sorgt dafür, daß das Tier nicht davonläuft und sich auch ohne Eisschrank einige Tage hält.
Großwild läßt sich nicht in Schlingen fangen. Wie kommen die Eingeborenen den Elefanten und Büffeln bei? Nichts einfacher als das. Ein kleiner, ein lächerlich kleiner Pfeil genügt. Ein bißchen Gift um die Spitze, und auch der größte Dickhäuter streckt binnen kurzem alle viere von sich.
Zwei Giftarten sind in Ostafrika gängig. Eines der Gifte wird aus den Samen der Strophanthuspflanze zubereitet, das andere aus einem einheimischen Baum, dem Acocanthera frisorium. Dieser Baum ist bei einer Fahrt über Land leicht ausfindig zu machen; er hat Ähnlichkeit mit einem Olivenbaum, und unter seinen Zweigen liegen tote Insekten, manchmal auch kleine Nagetiere.
Das Giftküchenrezept ist höchst einfach: Zweige und Blätter des Acocanthera frisorium werden gekocht – tagelang und ununterbrochen –, bis die sirupartige Masse wie Pech aussieht und einen süßlichen Geruch ausströmt. Dann wird der Medizinmann gerufen, der allerlei Beschwörungen vornimmt, einige Eidechsen, Schlangen und Spitzmäuse in den Sud wirft und mitunter auch etwas Menschenblut in den übelriechenden Brei träufelt. Nach

Fertigstellung der Mixtur wird das Gift fein säuberlich und in handelsüblichen Mengen abgepackt. Kälte und jegliche Berührung mit der Luft verschlechtern die Qualität. Vergiftete Pfeilspitzen werden deshalb sorgfältig mit einem Faserband umwickelt. Erst kurz vor Gebrauch des Pfeiles wird die Spitze wieder freigelegt.

Das Gift kann ohne Gefahr angefaßt werden. Es wirkt nur, wenn es durch eine Wunde in den Blutkreislauf gelangt; aber dann wirkt es sehr rasch. Es lähmt die Herzmuskeln und führt den Tod innerhalb von Minuten herbei. Es soll schon vorgekommen sein, daß Antilopen, wenn sie der Giftpfeil traf, hoch in die Luft sprangen und tot niederfielen; in der Regel wird das Tier aber noch hundert oder zweihundert Meter flüchten, bevor es zitternd zusammenbricht. Das Fleisch der auf diese Weise getöteten Tiere ist ohne weiteres eßbar, nur rund um die Einschußwunde ist es verdorben.

Ein einwandfreies Gegengift ist bis heute unbekannt. Die Eingeborenen haben aber einige Hausmittel, die sie im Notfall anwenden: Die Wandorobo helfen sich mit der Kikurowurzel, die Masai mit ihrem Allround-Mittel: Sie urinieren auf die Wunde.

Der Handelswert des Giftes ist gering. Wer eine Elefantenherde ausrotten möchte, braucht nicht mehr als fünf bis zwanzig Schillinge zu investieren.

Die Frage, warum die Jagd mit den Giftpfeilen nicht durch Gesetz verboten wird, liegt natürlich nahe. Aber so einfach lassen sich die Dinge nicht handhaben. Viele Eingeborenenstämme verwenden seit Urzeiten vergiftete Pfeile zur Jagd, sie bestreiten ihren Lebensunterhalt mit Pfeil und Bogen. Nicht alle sind Wilderer. Wenn sie außerhalb der Nationalparks jagen, ist das höchst legal und ihr gutes Recht. Mit Gewalt herbeigeführte Änderungen würden zu Aufruhr, zu Mord und Totschlag führen.

Um der Wilderei Herr zu werden, wird man noch lange kämpfen und viele Taktiken anwenden müssen. Man muß versuchen, bei den Eingeborenen das Verständnis für die Wildschutzmaßnahmen zu fördern. Das ist nicht leicht. Immaterielle Werte, die Wunder der Natur, bedeuten ihnen nichts. Auch Mitleid ist ihnen vielfach völlig unbekannt. Eine Antilope, eine Giraffe, die in der Schlinge zappelt, mit verdrehten Augen nach Luft japst und sich dabei den Hals in grauenvoller Weise verletzt, läßt einen Eingeborenen vollkommen kalt. Grausame Schauspiele findet er höchstens faszinierend, meist nur lustig.

Der Hinweis auf die Zukunft, auf die Erhaltung des Wildes für spätere Nutzung, verfängt auch nicht. Sparsamkeit und Mäßigung ist den Schwarzen, zumindest den völlig unzivilisierten unter ihnen, fremd. Wenn sie sich den Bauch vollschlagen können, heute und sofort, dann tun sie es, auch wenn für morgen nichts übrigbleibt. Sie können gewaltige Mengen verdrücken –

zehn Pfund an einem Tag ist nichts Außergewöhnliches. Die Leibschmerzen nehmen sie in Kauf, und dann hungern sie wieder.

Man könnte natürlich auch mit rigorosen Strafen der Wilderei Einhalt gebieten. Man hat es versucht. Das Ergebnis hat nicht befriedigt. Die einen zahlen ihre Strafe, ohne mit der Wimper zu zucken (um sich hinterher mit einem doppelten Quantum an Giftpfeilen schadlos zu halten), die anderen marschieren gelassen ins Gefängnis, lassen sich herausfüttern und gehen dann frisch gestärkt wieder ans Werk. Mit der Justiz, darüber ist man sich einig, kann man das Problem nicht lösen, zumindest nicht mit der Justiz, wie sie heute ausgeübt wird. Als Diebstahl noch mit einer abgeschlagenen Hand bestraft wurde, war das etwas anderes.

Es darf auch nicht vergessen werden, daß die Wilderer nur schwer zu packen sind. Es sind Wilde in einem wilden Land, und ihre Operationsgebiete liegen etwas abseits. Bis zum nächsten Polizeiposten oder zur nächsten Ortschaft sind es oft einige hundert Kilometer. Außerdem sind die Wilderer nie um eine Ausrede verlegen: Ein Nashorn, fünf Kilometer abseits des Krals gesichtet und gejagt, ist, wenn die Behörde eingreift, natürlich der Notwehr zum Opfer gefallen.

Man gibt sich amtlicherseits redlich Mühe, der Situation Herr zu werden. Aufklärungsflugzeuge und Patrouillen mit Funkgeräten werden eingesetzt, zahllose kleine Scharmützel ausgefochten. Aber was nutzt das alles! Mit einer Handvoll Wildhüter kann man nicht hunderttausend Jagdlustige in Schach halten.

Die Frage liegt nahe, ob man die Eingeborenen mit der Einschränkung der Jagd nicht einfach überfordert, ob man ihnen nicht zuviel abverlangt. Was nützt ihnen das Argument, daß das Wild Ostafrikas als eines der letzten Naturwunder der Menschheit erhalten werden muß. Davon können sie nichts 'runterbeißen. Und wenn wir Europäer darüber empört sind, daß die Leute ihre Eigensucht über die höheren Interessen stellen, dann sollten wir, bevor wir allzu selbstgefällig werden, uns fragen, ob wir bei einer Sammlung bereit wären, auch nur fünfzig Mark für die Erhaltung des Wildes in Ostafrika zu opfern. Verlangen wir von den unzivilisierten, den oft völlig besitzlosen Afrikanern nicht ein Vielfaches?

15. Fünfhundert Kilometer querfeldein

Um halb sechs Uhr klopft es an meine Tür. »Hodi? – Kann ich hereinkommen?« – »Karibu!«

Der Boy bringt mir den Morgentee ans Bett; Zeit zum Aufstehen. Der Koffer muß noch gepackt werden. Da ich nur das Notwendigste mitnehme und mit dem Hotel die Aufbewahrung alles übrigen vereinbart habe, macht die Packerei nicht viel Kummer. Was nicht in den Koffer 'reingeht, ist überflüssig.

Der Bus nach Nairobi kommt mit zehn Minuten Verspätung. Er hat etwa dreißig Sitzplätze, aber gut hundert Personen warten auf ihn. Afrikaner, Inder, Araber. Ich bin der einzige Weiße. Ganz geheuer ist mir die Sache nicht. Wie soll ich zu einem guten Platz kommen, wenn ich mich nicht in das Gedränge mische, in die lärmende, schimpfende, gestikulierende Masse, die sich jetzt um die Tür des Busses drängt.

Einige der Inder haben bestimmt auch First Class Tickets, und mein Gepäckträger, den ich für zwei Schillinge engagiert habe, scheint nicht gerade der hellste zu sein. Er bugsiert den Koffer zwar nicht ungeschickt ins Wageninnere, wird vom Kondukteur aber wieder hinausgewiesen. Der Koffer ist zu groß, er muß aufs Dach. Ich gebe dem Burschen ein Zeichen, daß er mir wenigstens einen Platz belegt. Vergeblich. Er ist hingebungsvoll mit dem Koffer beschäftigt; er hat keine Zeit, sich um mich zu kümmern.

Das Gedränge an der Tür wird immer rabiater; es ist so abstoßend, daß ich entschlossen bin, kehrtzumachen. Ich gehe näher, um dem Boy Bescheid zu geben. Da ist plötzlich Platz. Die Leute sind zurückgetreten. Zwar fehlt es nicht an Tuchfühlung, aber man gibt mir die Tür frei. Einige Inderinnen, die schon auf der ersten und zweiten Stufe standen, raffen ihre Saris hoch und weichen zurück. Das ist schon ein bißchen mehr, als ich annehmen kann. Ich nicke ihnen zu: »Go ahead«, und klettere dann selbst in den Bus.

Er ist gedrängt voll, aber der Doppelsitz neben beziehungsweise im rechten Winkel zum Fahrer ist frei – er wurde stillschweigend für mich reserviert. Keiner der anderen Fahrgäste, die sich laut um die Plätze streiten, kam auf die Idee, sich hier niederzulassen. Man wußte, daß ich mitwollte, und hielt mir den Platz frei.

Ich lasse mich häuslich nieder und verfolge die Schlacht um die Sitze. Sie dauert eine weitere Viertelstunde, aber schließlich ist alles in bester Ordnung. Da nicht mehr Karten verkauft wurden, als Plätze vorhanden sind, kann sich jeder setzen. Das Gedränge war auf die Verwandten und Freunde der Reisenden zurückzuführen, die ihre Angehörigen im wahrsten Sinne des Wortes bis zu ihrem Platz begleiteten. Ich atme erleichtert auf. Auch der beste Platz hätte mir wenig genützt, wenn einige der Leute zu sehr auf Tuchfühlung gekommen wären.

Man sitzt sehr gedrängt. Neben mir aber ist noch genügend Platz. Ich hatte ihn schon für eine bildhübsche Inderin vorgesehen, die einige Minuten lang neben mir stand und gut Englisch sprach. Leider stieg sie wieder aus – ihre rundliche Tante ist der Fahrgast.

Ich nicke einem Greis zu, der irgendeinen Priesterberuf ausübt. Er trägt eine lange weiße Soutane mit Stehkragen, ein weißes Käppchen, und sein Kinn ziert ein äußerst dekorativer Bart. Seine Nase ist ausgesprochen semitisch. Mit überraschender Behendigkeit nimmt er neben mir Platz, aber meine Hoffnung, mit ihm ein wenig plaudern zu können, schlägt fehl. Er spricht kein Wort Englisch. Seine Worte klingen sehr guttural, und wenn er lächelt, hebt er – wie ein Pferd, das wiehert – die Lippen von den Zähnen. Sein gelbes Gebiß enthält noch die Reste der letzten Knoblauch-Mahlzeit. Zufrieden holt der Alte ein nicht mehr ganz weißes Taschentuch aus seiner Soutane, schneuzt sich und fächelt sich dann mit dem gleichen Tuch Kühlung zu. Ich überlege zum zweitenmal, ob ich nicht umkehren soll.

Es ist zu spät. Der Fahrer turnt schon über die Gepäckstücke und läßt sich neben mir nieder. Der Motor springt mit ohrenbetäubendem Lärm an. Das Geschrei im Wageninnern und vor den Fenstern ist nicht mehr zu hören. Wir fahren an. Die ganze Verwandtschaft läuft noch ein Stückchen mit, man winkt und ruft, dann ist es geschafft – wir sind auf freier Straße.

Ich schaue mich um. Die ersten Plätze sind von Inderinnen eingenommen. Hübsche Frauen, in farbigen Saris und zierlichen, goldgewirkten Sandaletten. Ihre schimmernd schwarzen Haare tragen sie in Zöpfen oder hochgesteckt, ihre kleinen nußbraunen Ohren sind mit zierlichem Goldschmuck behängt, und auf den Stirnen leuchten rote Kastenzeichen. Auch einige europäisch gekleidete Inder sind mit von der Partie. Offensichtlich die übrigen First-Class-Passagiere.

Dann folgen, in den Reihen weiter hinten, die Afrikaner. Durchweg arme Kerle mit zerschlissenen Hemden, unmöglichen Kopfbedeckungen und vielfach barfuß. Nett anzuschauen sind nur die Frauen, die ihre Babies jetzt nicht mehr auf dem Rücken tragen, sondern an die Brust drücken. Wenn der Bus nicht einen solchen Lärm veranstalten würde, könnte man die Kleinen schmatzen hören. Ein etwa einjähriger, ziemlich kräftiger Bub bearbeitet seine Mutter so sehr, daß das Publikum hell begeistert ist.

Wir donnern landeinwärts. Der Lärm würde einem Panzerregiment Ehre machen. Vermutlich fehlt der Auspuffdämpfer. Es fehlt noch einiges mehr, zum Beispiel der Riegel zu dem Werkzeugkasten über mir. Der Deckel kam schon nach der ersten Meile herab. Jetzt hängt er knapp über meinem Kopf – beim ersten Schlagloch ist eine Beule fällig. Der Fahrer grinst: »Sorry, Schraube ausgeleiert.«

Er ist ein netter Kerl, und wir können uns, wenn wir uns aus Leibeskräften anbrüllen, etwas verständigen. Ich mache ihm ein kleines Kompliment über seine Fahrweise. Er strahlt und gibt noch mehr Gas. In den Kurven empfiehlt es sich, die Augen zuzumachen, aber langsam gewöhne ich mich an das Tempo; die Sache macht Spaß. John, der Fahrer, feixt stolz zu mir herüber, sooft er ein Schlagloch geschickt ausmanövriert hat.

Links und rechts der Straße ist viel Betrieb. Gruppen und Grüppchen von Eingeborenen, die irgendwo aus dem Busch kommen und irgendwo in den Busch zurückkehren. Vielfach sind es Frauen, die Früchte, Behälter oder irgendwelche Materialien schleppen. Die Kleidung ist denkbar einfach: ein Tuch um die Hüfte. Die ganz jungen sind sehr anmutig, die Generation zwischen zwanzig und vierzig schleppt Babies mit sich, und die älteren sind erschreckend runzelig, fast zahnlos und gehen tief über Stöcke gebeugt.

Ab und zu passieren wir eine Siedlung. Noch nicht die hübschen Rundhäuschen, die sich so harmonisch in die Landschaft einfügen, sondern Wellblechbaracken und elende Hütten, deren Material sicherlich vom Schuttplatz in Mombasa stammt. Man ist der Natur entflohen, ohne einen Platz in der Stadt gefunden zu haben. In diesem Stadium sind die Menschen hier am bedauernswertesten.

Die Palmenwälder weichen dem wilden, unberührten Busch. Das wuchernde Grün ist nicht hoch, zwei, drei Meter nur (manche Büsche ragen heraus), aber es ist undurchdringlich. Bis zum Horizont sind die Hügel in gleicher Weise bewachsen. Keine Pflanzung, keine Farm, kein Dorf. Der Bus ist hoch genug, daß man über das Grün hinwegsehen kann. In einem niedrigen Pkw sieht man so gut wie nichts.

Nach zwei Stunden Fahrt kündigt eine Tafel das Ende der Teerstraße an. Ich warte darauf, daß der Fahrer mit der Geschwindigkeit heruntergeht. Der denkt nicht daran. Mit fünfzig Meilen nimmt er die ersten Schlaglöcher, mit dem gleichen Tempo saust er das nächste Gefälle hinunter und in jede Kurve. Jetzt bleibt mir wirklich die Luft weg.

Die Straße, wenn man sie noch so nennen darf, ist völlig ohne Grundlage. Wir fahren auf blanker Erde, auf rotem Sand, auf schlüpfrigem Grund. Es hat in der Nacht geregnet, was uns vor Staub bewahrt, aber die Fahrbahn ist äußerst gefährlich. Wenn der Wagen ins Schleudern kommt, kann ihn auch ein Jongleur, wie der Mann neben mir, nicht mehr abfangen. Wir haben zwar die ganze Straße für uns – nur alle Viertelstunde kommt ein anderes Fahrzeug –, aber das ist ein geringer Trost. Vermutlich wird man uns nicht einmal finden, wenn wir in hohem Bogen ins Gebüsch fliegen. Der Priester neben mir betet schon ein Weilchen. Der schwarze Fahrer lacht nur und tritt das Gaspedal genüßlich durch.

Ich weiß, er hat recht. Wir haben an Bord die Mombasa Road und ihre Tükken oft genug diskutiert. Man war einstimmig der Meinung: wer unter vier-

zig Meilen fährt, übersteht diese Schlaglöcher und Querwellen nicht und bleibt an den Steigungen hängen. Motto: Nichts wie drauf!
Ich wundere mich nicht mehr, daß die Straße zur Legende wurde, daß jeder Kenianer begeistert auf das Thema einschwenkt, wann immer die Rede auf die Mombasa Road kommt.
Um halb elf Uhr erreichen wir Voi, einen wichtigen Verkehrsknotenpunkt. Die Straße nach Moshi, Arusha zweigt hier ab. Ich hatte ein kleines Städtchen mit wenigstens einigen hübschen Häusern und Hotels erwartet. Weit gefehlt. Einige einstöckige, weißgekalkte Bazargebäude zieren das Zentrum, Zapfstellen werben mit grellen Plakaten um die Gunst der Automobilisten, und alle übrigen Behausungen sind primitivster Natur: wackeliges Gemäuer mit verrostetem Wellbech darauf.
Der Andrang auf den Bus ist groß. Das halbe Dorf hat sich eingefunden; man hat ja nichts Besseres zu tun. Wenigstens zwanzig oder dreißig Reiselustige stehen mit ihrem Gepäck parat. Sie werden vertröstet: »Kommt morgen wieder, der Bus ist voll.«
Sie nehmen es gelassen hin. Einige bleiben gleich sitzen. Sie rollen sich in eine Decke ein und warten auf den nächsten Bus, auf den von morgen oder übermorgen. Sie haben Zeit und eine grenzenlose Geduld.
»The best job you can give the average African is a waiting job.« – Wer acht Tage vergeblich gewartet hat, wird einsehen, daß die Reise nicht so dringend ist, und nach Hause gehen oder sich zu Fuß auf den Weg machen.
Etwa zwanzig Meilen nach Voi kommen wir in die Nähe von Mudanda Rocks. Schade, daß wir hier nicht einen kleinen Abstecher machen können. Frank hat mir so viel über diese Aussichtsfelsen erzählt, daß es mir jetzt unverzeihlich erscheint, vorbeizufahren.
Wir sind im Zentrum des Tsavoparks, des größten Wildreservats Ostafrikas. Von den rund zweitausendfünfhundert Nashörnern, die Kenia unsicher machen, sollen allein etwa sechshundert hier in der Umgebung des Athi- und Tsavoflusses anzutreffen sein. Die Größe des Parkes und der umfassende Schutz der Tiere haben dazu geführt, daß sich das Wild wieder zusehends vermehrt. Giraffen und Zebras, Eland-, Oryx- und Impalaantilopen ziehen in großen Herden durch den Park. Die Büffel haben sich von dem Morden vergangener Jahrzehnte auch etwas erholt, sie sind wieder im Kommen; desgleichen die Leoparden. Bei letzteren hat man tüchtig nachgeholfen. Eine der renommiertesten Safarifirmen Nairobis hat auf eigene Kosten Leoparden aus anderen Gebieten zu den Wasserstellen des Tsavoparks gebracht und ausgesetzt – sehr zum Mißfallen der Paviane.
Die Elefanten sind der Stolz des Parks. Einige tausend dieser mächtigen, mitunter recht temperamentvollen Tiere sind hier zu Hause. »Man müßte«,

so meinte Frank, »die Afrikaner allesamt einmal vor diese Herden führen; man müßte ihnen zum Bewußtsein bringen, in was für einem großartigen Land sie leben; man müßte ihren Stolz wecken. Es würde ihnen dann leichter fallen, ihre Minderwertigkeitskomplexe abzuschütteln. Wenn sie erst einmal begriffen haben, daß sie Werte besitzen, die einmalig sind auf dieser Welt, können sie manches damit kompensieren. Bis jetzt kennen sie nur ihre Passivposten: ihre Unkenntnis, ihre politische Unreife, ihren Mangel an kulturellen und materiellen Gütern. Wenn sie sich einmal daranmachen, ihre Aktivposten zu zählen: ihre Tiere, ihre Bodenschätze und nicht zuletzt die große, unverbrauchte Kraft, die der afrikanischen Seele innewohnt, dann wird ihnen das genügend Mumm geben, um mit Optimismus in die Zukunft zu schauen und alle Probleme mit beiden Fäusten anzupacken.«

Um halb ein Uhr erreichen wir Mtito Andei. Ich weiß, hier ist Mac's Inn, das legendäre Lokal, wo jeder, der auf dieser Straße entlangkam, schon einmal seinen Durst gestillt hat. Es liegt halbwegs zwischen Nairobi und Mombasa.

Wir biegen ein und halten an. Kondukteur und Fahrer wünschen mir einen guten Appetit und komplimentieren mich an die frische Luft. Ich klettere über Beine und Gepäck und bin ein wenig erstaunt über die Höflichkeit der Leute, die mich, obwohl das recht umständlich ist, unbedingt als ersten aussteigen lassen wollen. Aber kaum bin ich im Freien, fährt der Bus wieder an. »Eine halbe Stunde, Bwana«, ruft mir der Kondukteur noch zu, dann verschwindet das Gefährt in einer Staubwolke.

Ich sehe mich um. Ein bunter Wegweiser klärt die Sachlage: »Asian Hotel 500 yards«.

Bei Mac steigen nur Weiße ab. Mir soll es recht sein, aber ein bißchen merkwürdig kommt es mir doch vor. Da feiern die Leute Uhuru (10), aber die Rassentrennung praktizieren sie weiter. Die mitfahrenden Inder waren doch einwandfrei gekleidet und sahen auch recht wohlhabend aus. Warum sind sie nicht ausgestiegen? Daß die Preise bei Mac doppelt so hoch sind wie im Asian Hotel, kann kaum der Grund sein. Sie könnten es sich leisten. Sie wohl, aber nicht die Afrikaner. Und das ist des Pudels Kern.

Wenn man die Rassentrennung aufhebt und den Geldbeutel entscheiden läßt, wer wo ißt, dann tritt die Colour Bar, die Rassenschranke, noch deutlicher in Erscheinung: Die drittklassigen Lokale würden dann nur noch von Afrikanern frequentiert werden. Das geht natürlich nicht. Außer den Weißen wären dann auch die Inder plötzlich »etwas Besseres«. Den Weißen gesteht man eine Besserstellung zu, nicht aber den Indern. Deshalb fuhr der Bus geschlossen zum Asian Hotel.

Mac's Inn wird zur Zeit völlig umgebaut beziehungsweise neu erstellt. Ein Dutzend Maurer sind an der Arbeit. Im bereits fertiggestellten Teil erwartet den Reisenden einer der üblichen Hotelempfangsräume und ein Speisesaal, wie er auch sonstwo zu finden ist. Nicht schlecht angelegt, keineswegs; die runden, unverglasten Fenster und die kleinen, mit bunten Tüchern bedeckten Tische sind sogar ausgesprochen hübsch, aber es ist nicht das, was ich erwartet hatte. Mac's Inn – der Name verspricht mehr. Und er war einmal mehr. Hier trafen sich Jäger und Kolonialbeamte, Pflanzer und Kaufleute; hier strichen die »Menschenfresser von Tsavo« (11) ums Haus, hier wurden Safaris »mit Trägern und Askaris« zusammengestellt und gefangene Wilddiebe von Polizeikonvois abgeholt. Schmetterlingsjäger und Steppenläufer gaben sich ein Stelldichein; das Jägerlatein war die Umgangssprache.

Was ist davon geblieben?

Ich bekomme einen vorzüglichen Lunch für achteinhalb Schillinge serviert, habe drei Kellner um mich und brauche nicht eine Minute zu warten; die vier oder fünf anderen Gäste, die draußen ihre schmutzverkrusteten Wagen abgestellt haben, auch nicht. Man hat keine Zeit mehr, keine Zeit, eine kleine Geschichte zu erzählen. Man trifft auch keine Originale mehr. Man ißt, zahlt und steigt wieder ein. Noch hundertfünfzig Meilen bis Nairobi.

Ich hatte meine Fahrkarte ursprünglich nur bis Mtito Andei gelöst. Es wäre der ideale Ausgangspunkt zu Mziwa Springs und zum Kilanguni Lodge gewesen. Ich bin froh, daß ich umdisponiert habe. In diesem nüchternen Zweckbau ist man viel zu weit von Afrika weg, von dem Afrika, das ich suche.

Als der Bus angerumpelt kommt, steige ich gerne wieder ein. Dieses monströse Vehikel ist noch ein Teil des schwarzen Erdteils, seine Insassen geben dem Land noch Farbe und den Glanz des Abenteuerlichen. Man lacht mir freundlich entgegen und erkundigt sich in der blumenreichen Diktion des Landes, ob mein *belly*, mein Bauch, jetzt glücklich sei. Ich klopfe mir zufrieden auf die noch nicht vorhandene Rundung und klettere wieder über Beine und Gepäck.

Meine Sammlung lustiger Redewendungen ist um eine reicher geworden. Die Afrikaner gebrauchen gerne blumenreiche Ausdrücke oder Umschreibungen. »I have a foot without air – ich habe einen Fuß ohne Luft« heißt soviel wie: Ich habe einen platten Reifen. Wenn man die Wäsche über Nacht einweicht, dann »legt man die Wäsche schlafen«, und wenn man sich in den Finger geschnitten hat und ein Pflaster braucht, dann »spricht das Blut mit lauter Stimme«.

Wir donnern weiter. Was jetzt kommt, ist ohne Beispiel. Ich weiß jedenfalls keines, und ich habe auch noch keine solche Tortur mitgemacht. Ich bin zwar schon einmal in einem Bus gefoltert worden, vor ein paar Jahren, als ich die zweitausendzweihundert Kilometer von New York bis Florida in anderthalb Tagen im »Greyhound« zurücklegte, aber damals war es mehr das ruhige Sitzen, das monotone, makellose Band der Straße, das zur Qual wurde; heute ist es der Schüttelrost unter mir, der mich zermürbt. Wenn das ohne Bandscheibenschaden abgeht, bin ich für den Rest meines Lebens dagegen gefeit.

Die Straße ist keine Straße mehr, auch kein Feldweg. Sie ist ein schlammiges, zerfahrenes, verbeultes Stück Afrika. Wir sausen durch Furten, umfahren Äste und passieren Wagen, die umgestürzt sind. Nur den Fuß nicht vom Gaspedal nehmen, das scheint des Fahrers einziger Gedanke zu sein. Er fährt virtuos, er strahlt und läßt seine Zähne blitzen und hat noch genügend Zeit, um mir schnell einen Wink zu geben, wann immer jagdbares Wild auftaucht.

Ich sitze natürlich seit Stunden mit der Kamera auf der Lauer. Die ganze Mannschaft paßt mit auf. Man ist tief betrübt, wenn ich eine Giraffe zu spät entdecke oder ein Gazellen-Rudel erst kurz vor dem Wagen aufspringt, so daß ich nicht mehr rechtzeitig knipsen kann. Um enttäuschte Gesichter zu vermeiden, muß ich manchmal so tun als ob. Die Leute wissen natürlich nicht, daß eine Pavianherde vor dunklem Hintergrund und auf hundert Meter Distanz trotz Teleobjektiv kein gutes Bild abgeben kann. Es bleibt ohnehin abzuwarten, ob die 1/500 Sekunde Belichtungszeit ausreichte, die Sprünge und Erschütterungen des Wagens zu eliminieren. Auf jeden Fall habe ich mir alle Bilder sauer verdient, denn sooft ich beide Hände für die Kamera benötigte und mich nicht festhalten konnte, flog ich vom Sitz und mit dem Kopf gegen den Werkzeugkastendeckel. Meine Mütze habe ich vorsorglich gleich nach Mombasa gepolstert.

Die Teilnahme der Wageninsassen an meinem Jagdglück ist manchmal auch etwas hinderlich. Wir passierten schon zweimal kleine Weiher beziehungsweise größere Pfützen, in denen sich die Dorfschönheiten tummelten. Die Versuchung, zu fotografieren, war recht groß, aber ich wußte, der ganze Wagen beobachtet mich. Was macht man in einem solchen Fall? Ich hatte eine rettende Idee: Ich tat so, als wären wir Europäer zivilisiert, und ließ das Knipsen sein.

Am Kibwezi Corner, einer Straßenkreuzung mit schäbigen Wellblechhütten und bunten Coca-Cola-, 7-up- und Lyons-Ice-Cream-Plakaten, kommt es fast zu einer Rauferei zwischen einem bärtigen Sikh, der in der Mitte des Wagens sitzt, und dem Kondukteur. Die Sikhs sind zwar kriegerische Gesellen und sehen auch danach aus, aber dieser hier verfügt zum Glück auch noch über Verstand. Er gehört einer Rasse an, die es jetzt in Kenia schwer hat. Inder und Araber werden diejenigen sein, denen die Unabhängigkeit des Landes am meisten zu schaffen machen wird. Sie sind geschäftstüchtig und den Afrikanern in vielem überlegen; man wird an ihnen abreagieren, was

den Weißen gegenüber, die man dringend braucht und denen man sich trotz Uhuru noch lange nicht ebenbürtig fühlt, nicht möglich ist.
Der Kondukteur ist gerade dabei, ein Exempel zu statuieren. Wegen einer Kleinigkeit – er wollte nur den Platz wechseln – muß sich der Inder jetzt ein rüdes Donnerwetter gefallen lassen. Der Schaffner packt den Sikh sogar an der Nase und dreht ihm den Kopf etwas nach unten. Ich warte darauf, daß der Inder zuschlägt; jeder Sikh trägt seinen religiösen Verpflichtungen gemäß stets eine Waffe, meist einen Dolch, bei sich. Das kann nicht gut gehen. Der Sikh ist sich dessen bewußt: »What do you want me to do?« – »Entschuldigen sollst du dich!«
Ansonsten ist die handgreifliche Souveränität unseres Kondukteurs sehr zu begrüßen. Er versteht es meisterhaft, sein Publikum zu wählen. Wann immer ein Platz frei wird und ein neuer Fahrgast aufgenommen werden kann, liegt die Wahl bei ihm. Das ist oft nicht einfach. An den Haltestellen, oft auch auf freier Strecke, drängen sich halbe Hundertschaften um den Bus. Alles ist vertreten: Adam und Eva und Städter mit Stehkragen und Krawatte. Jeder schildert kurz Zweck und Dringlichkeit seiner Reise.
Die Wahl, die getroffen wird, scheint jeweils recht glücklich zu sein: Einmal ist es ein alter Opa, der zu seiner kranken Tochter muß, dann ist es eine Mutter mit ihrem Baby, und schließlich kommt auch einmal einer der zivilisierten Schlipsträger dran. Man kann nicht sagen, daß der Schaffner nach der Kleidung geht, aber wer ganz ohne kommt, hat nicht viel Chancen. Die Mitfahrer helfen ihm dabei: »He, Masai, geh nach Hause, hol dir eine Hose!«
Die dekorativsten der Landeskinder sind offensichtlich nicht die gesuchtesten Fahrgäste. Vielleicht hat's auch schon Ärger mit der Bezahlung gegeben. Man besteht darauf, daß der Fahrpreis in Schillingen und nicht in Kaurimuscheln beglichen wird.
In Sultan Hamud fahren wir ins Dorf, abseits der Straße. Wieder das übliche Gezeter um die Plätze und eine erneute Demütigung des Sikhs. Die Außenstehenden greifen ein. Wenn die jetzt Rassenhändel anfangen, bin ich nicht gerade auf Rosen gebettet. Erst kürzlich haben einige Uhuruübermütige einen Weißen gezwungen, ein Bananenbündel auf dem Kopf zu tragen. Die Mitfahrenden sind mir zwar freundlich gesinnt, aber was da durch die Scheiben stiert, was zurückbleiben muß, weil der Bus besetzt ist, schaut recht böse drein.
Die Fahrt geht schließlich reibungslos ihrem Ende zu. Zahllose Gazellen stehen in der Nähe der Straße, aber das Licht ist schon zu schlecht, um mit kurzer Belichtungszeit auszukommen. Gegen acht Uhr sind wir in Nairobi. Der Fahrer erbietet sich, meinen Koffer umgehend selbst vom Dach zu holen, und außerdem verkuppelt er mich an einen Freund, der angeblich ein

Taxi hat. In Wirklichkeit ist es ein Schwarzfahrer. Beide boxen mächtig um sich, um mir und dem Koffer einen Weg zu bahnen.
»Halt die Taschen zu, Bwana, die Nacht ist voller *pickpockets*« (Taschendiebe). Ich bin auf der Hut und fünf Minuten später im Hotel.

16. Nairobi – Großstadt unterm Äquator

Mein kleines Apartment im United Kenya Club ist mit allem Komfort ausgestattet. Das Bett war nach zwölfstündiger Busfahrt der Himmel auf Erden, aber mit Beginn der Dämmerung bin ich aus den Federn. Die Sonne klettert hinter Akazien und Mangobäumen ins Firmament, in den blauen, lichten Himmel des Hochlandes von Kenia. Der Äquator ist nur einen Breitengrad entfernt, aber die Luft ist so frisch wie in Davos. Ich frühstücke ausgiebig, hänge Kamera und Minifon um und mache mich auf, die Stadt zu erkunden.
Starker Verkehr brandet über breite Straßen. Vier und sechs Fahrbahnen nebeneinander sind keine Seltenheit. Der Princess Elizabeth Highway ist, wenn man von den *roundabouts*, den Verkehrsinseln an den Kreuzungen, absieht, ein Glanzstück modernen Straßenbaus. Getrennte Fahrbahnen, bequeme Fußwege und ein Meer von Blumen: links, rechts und in der Mitte. Die Wagen, die vorbeihuschen, kommen mir recht bekannt vor. Mercedes-Benz und VW dominieren, aber auch Opel, Ford und DKW sind auffallend stark vertreten. Die Zuverlässigkeit der deutschen Fahrzeuge ist in Afrika schon legendär. Auch andere Erzeugnisse erfreuen sich großer Beliebtheit: Kameras, Radios, Sekt, Lederwaren und so weiter. Man verspürt unweigerlich ein wenig Stolz, wenn man den Produkten der Heimat in fernen Landen begegnet.
Besonders interessant ist, wie die verschiednen Fabrikate angepriesen werden. Man sieht auf den ersten Blick, ob der Exportchef einer Firma sein Handwerk versteht oder nur ein avancierter Buchhalter ist. Die einen schikken Werbeplakate mit adretten Negerinnen hinter farbenprächtigen Nähmaschinen, die anderen wollen Afrika mit Blondinen und technischen Details erobern. Die einen sagen: »Rattert sie nicht wunderschön, die Maschine?« Die anderen versichern: »Sie arbeitet geräuschlos!« – Wer, zum Teufel, möchte etwas Geräuschloses haben, wenn er viel Geld dafür bezahlen muß?
Der Export hat seine Tücken. Eine Großschlächterei in Chicago bekam kürzlich ihre Dosen zurück, weil anstelle der sonst üblichen Abbildung eines Rin-

des das joviale Gesicht des jubiläumfeiernden Firmenchefs auf die Büchsen geklebt worden war. Die des Lesens unkundigen Afrikaner weigerten sich, die Büchsen zu kaufen – es sei Menschenfleisch in ihnen.
Auch den Marktforschern macht Afrika mitunter Kopfzerbrechen. Die einen berichten: »Es hat keinen Sinn, Schuhe nach Afrika zu exportieren – die Leute hier gehen barfuß.« Die anderen schicken Telgramme: »Expreßsendet Sandalen, die Ärmsten hier müssen immer noch barfuß gehen.«
Am Royal College und vor einigen anderen Neubauten bleibe ich staunend stehen. Das ist Architektur! Soviel avantgardistischen Schneid kennt man sonst nur in Südamerika. Man hat hier nicht nur gleichgezogen, man ist Europa um einen Schritt voraus. Ob dieser Stil vorbehaltlos gutzuheißen ist, darüber läßt sich natürlich streiten. Le Corbusier und Niemeyer in Ehren, aber sie passen mitunter nicht so gut in die afrikanische Landschaft wie der traditionsreiche muselmanische Baustil, wie ihn beispielsweise Beaumont am »Muslim Institute« in Mombasa demonstriert hat. Der verstorbene Aga Khan und der Sultan von Sansibar waren als Bauherren nicht schlecht beraten, als sie sich nicht für surrealistische Flächen und glatte Glasfronten entschieden, sondern für Kuppeln, Minarette, Arkaden und Zinnen, für weiße Mauern und blumenumstandene Teiche.
Bei der großen Mercedesvertretung biege ich in die Sadler Street ein. Hochhäuser säumen die Straße, lange Schaufensterfronten nehmen das Auge gefangen. In der Kenyatta Avenue (früher Delamare Ave) ist es nicht einfach, die sechs Fahrbahnen zu überqueren. Der Berufsverkehr brandet in die Stadt, die Wagen stauen sich. Man sucht nach Parkplätzen. Es ist kaum zu glauben: In dem Riesenkontinent Afrika gibt es schon heute einige Zentren, wo der Quadratmeter mit Gold aufgewogen wird und Parkplätze nur noch in Hochgaragen zu finden sind. Zum Glück hat man in Nairobi mit dem Bau der Garagen nicht gewartet. Die fünfzehnstöckige Agipgarage erinnert an das Monstrum in Venedig. Einige weitere Parkhochhäuser stehen in unmittelbarer Nähe.
Ich gehe weiter, den neuen Teil der Government Road entlang. Das ist nicht mehr Afrika, das ist die Traumstadt der Zukunft. Glas, Stahl, Beton und dazwischen Blumen, immer wieder Blumen. Die Auslagen der Geschäfte sind faszinierend. Alles ist zu haben: die neuesten Modelle aus Paris, Lederartikel aus Deutschland, Jagdausrüstungen aus England, Schuhe aus Italien, Seide aus Indien. Aller Luxus dieser Erde – hier wird er zur Schau gestellt, hier wird er gekauft. Nairobi ist das Dorado der Millionäre, der Magnaten, der Playboys. Kein Globetrotter, der etwas auf sich hält, kann die Hauptstadt Kenias aussparen.
Nach zwei Stunden Fußmarsch mache ich es mir unterm Thorntree, der ele-

ganten Caféterrasse des New-Stanley-Hotels bequem. Es sitzt sich nicht schlecht hier. Ich habe einige Dutzend Filmstars (in Naivasha wird zur Zeit ein amerikanischer Film gedreht) und Geschäftsleute und Bummelanten aus aller Welt um mich. Man spricht portugiesisch, englisch, japanisch, spanisch, französisch und – seit einer Viertelstunde auch schwäbisch. Der andere ist aus Sindelfingen. Mercedeswagen sind sein Ressort. Wir unterhalten uns über den Sechshunderter und die Wünsche von Mr. Kenyatta, der für die Uhurufeierlichkeiten gerne einen gehabt hätte, aber dann der Lieferzeit wegen mit einem Rolls Royce vorliebnehmen mußte. Nach einer halben Stunde entführt ein Taxi den Landsmann zum Flughafen. Zum Abendessen wird er in Stuttgart sein.

Der Flughafen von Nairobi hat den Hafen Mombasas ausgestochen. Die meisten Geschäftsleute und Touristen haben es eilig. Sie lassen sich in London, Paris oder Zürich für eine Nacht in den Foltersitz einer Düsenmaschine zwängen und kommen dann am anderen Morgen hier, im New Stanley, etwas kreuzlahm an. Busse und Taxis pendeln zwischen der Stadt und der Rollbahn hin und her. Der Menschenstrom reißt nicht ab. Die einen kommen aus New York, aus Tokio und Frankfurt, die anderen aus dem Urwald und der Steppe. Die schlammbespritzten Safarifahrzeuge gehören ebenso zum Stadtbild wie der Chrom der Luxuswagen.

Nairobi ist das Zentrum Ostafrikas, der Sammelplatz für Touristen, Jäger und Fotografen. Hier sind die großen Safarifirmen zu Hause, die Arrangeure des Abenteuers. Sie repräsentieren mit großen Büros und riesigen Wagenparks. Es gibt keine Improvisation mehr, nur noch Big Business.

Wie ich ein oder zwei Nächte für Treetops, ein berühmtes Urwaldhotel, buchen möchte, schaut mich die junge Dame am Schalter groß an. Wo kommt denn *der* her? denkt sie. Treetops bucht man in London, Paris oder Chicago, nicht in Nairobi; und man bucht es ein halbes Jahr im voraus. Zur Zeit ist es, trotz der Uhurubaisse, bis in den März hinein ausverkauft. Macht nichts, ich werde die Elefanten und Nashörner auf etwas sportlichere Art besichtigen.

Ich bummle um einige Straßenblocks weiter, durchstöbere einige Curio-shops und Andenkenläden. Alles ist zu haben, aber die Preise sind drei- bis viermal so hoch wie in Mombasa. Bei Zimmermann und bei Rowland Ward's, den berühmten Tierpräparatoren, steht die Fauna Afrikas ausgestopft im Fenster: Löwen, Antilopen, Nashörner. Der Absatz sei recht gut, versichert man mir. Es gibt eine Menge »Jäger«, die ihre Trophäen mit dem Geldbeutel und nicht mit der Büchse erlegen. Das geht schneller, und man bekommt keine staubigen Schuhe dabei.

Das Souvenirgeschäft floriert. Wenn man so zuschaut, was da in alle Welt verschickt wird, fragt man sich, wo die Wilden nun wirklich wohnen.

Besonders begehrt sind Zebrafüße, in Chrom gefaßt und mit Aschenbechern, Feuerzeugen und Zigarrenabschneidern kombiniert. Auch auf Hochglanz polierte Elefantenfüße (Schirmständer) gehen reißend weg. Die Gliedmaßen der kleinen Dik-Dik-Antilope eignen sich für Uhrenketten, Bierzipfel und Damenhüte, und der Herr von Welt trägt Schuhe aus Elefantenohrenhaut.

In der Coronation Avenue sind die Deutsche Botschaft und das Goethe-Institut in großen modernen Gebäuden untergebracht. Ich mache beiden einen Anstandsbesuch. Die Botschaft war bis vor kurzem noch Generalkonsulat; ihre Promotion hat sie der Unabhängigkeit Kenias zu verdanken. Die Räumlichkeiten sind ansprechend und hübsch, auf bloße Repräsentation legt man keinen Wert. Schon die Unterbringung in einem der oberen Stockwerke des Konsulatsgebäudes steht dem entgegen.

Das Goethe-Institut ist in dieser Hinsicht besser dran. Es befindet sich im Erdgeschoß eines hellgrünen Wolkenkratzers, ist sehr gut ausgestattet, und seine großen Schaufenster spiegeln den Fleiß und die Betriebsamkeit wider, die in deutschen Landen herrschen. Moderne Architektur wird gezeigt (Telefunkenhaus, Hansaviertel u. a.), die Bedeutung der chemischen Industrie wird an Hand von Bildern und Graphiken demonstriert, und in einem besonders hübschen Fenster stehen Trachtengruppen aus dem Frankenland, dem Gutachtal und so weiter.

Dem Leiter des Institutes macht die Dekoration der Fenster stets ein wenig Kummer. Es ist nicht einfach, immer wieder neues Material heranzuschaffen, neue Ideen zu verwirklichen. Er wäre dankbar, wenn ihm die Industrie und die Städte mehr Anschauungsmaterial zur Verfügung stellen würden.

Für die Afrikaner wäre es zum Beispiel interessant, einmal zu sehen, wie sich die Dörfer und Städte Europas langsam entwickelten, wie jahrhunderte- und jahrtausendelang gearbeitet und gespart werden mußte, um das heutige Lebensniveau zu erreichen. In Afrika hat man mitunter falsche Vorstellungen. Man glaubt, in Europa und Amerika fliegen einem die gebratenen Tauben in den Mund, und wird ungeduldig, wenn man nicht von heute auf morgen gleichziehen kann.

Die Bibliothek des Institutes lädt zum Verweilen ein. Von den Klassikern bis zu den letzten Neuerscheinungen ist man wohl sortiert. Es liegen auch die wichtigsten deutschen Zeitungen und Zeitschriften aus. Für Vorträge und Filmvorführungen steht ein besonderer Raum zur Verfügung. Er wird oft benötigt; das Institut ist äußerst aktiv. Man hält engen Kontakt mit den im Lande tätigen Deutschlehrern, und in zahlreichen Städten und Dörfern wird über Deutschland, seine Bevölkerung, seine Lebensweise, seine Kultur referiert. Die Public Relations der Goethe-Institute – es gibt etwa hundert in aller Welt – tragen reiche Früchte. Wer helfen kann, sollte es tun.

Am Nachmittag miete ich erst mal einen Volkswagen; die Stadt ist zu ausgedehnt und die Hitze zu groß, um alle Sehenswürdigkeiten per pedes erwandern zu können. Die Eingeborenenviertel der Stadt sind mein Ziel. Sie sind nicht so malerisch wie die Native Quarters in Mombasa, aber an Leben, Farben und Gerüchen fehlt es auch hier nicht.

Um den East African Road Service, den Bahnhof für die Überlandbusse, drängen sich die Menschen zu Tausenden: Kikuyu und Wakamba, Masai und Samburu, Somali und Inder. Die Leute, die von auswärts kommen, sind bei weitem nicht so städtisch wie die Nairobianer. Man sieht es an der Kleidung, am Gebaren, an der Art, wie sie in die Gegend spucken. Die Händler sitzen zu Hunderten am Straßenrand. Sie verkaufen Taschenlampen, Farben, Küchengeräte, Holzkämme, leere Kodak-Filmdosen und tausend andere Dinge mehr.

Zur Rechten der Busstation steht ein kleines graues Gebäude mit der Aufschrift »Salvation Army«. Vermutlich ist es das Übernachtungsheim der Heilsarmee. Davor ist ein Ananasfruchtstand. Die Preise sind sehr niedrig. Die Kundinnen kommen mit Karren und Netzen, mit Kind und Kegel. Sie setzen sich, raffen ihre bunten Röcke in die Höhe und feilschen nach Herzenslust.

Die Toiletten vor dem Busbahnhof verpesten den ganzen Platz. Niemand läßt sich dadurch vertreiben. Verlumpte Gestalten lehnen an den Wänden, hocken auf dem Boden. Ihre Anzüge – alte Zweireiher – glänzen vor Speck. Die Ohren der Leute hängen in langen Lappen herab. Es ist schwer, sich an diese Gesichtsverstümmelungen zu gewöhnen. Wenn die Afrikaner ihren Ohren-, Lippen- und Nasenschmuck angelegt haben und in ihren heimischen Trachten stecken, dann kann das recht malerisch aussehen, aber wenn sie europäische Kleidung tragen und die Ringe und Ketten zu Hause lassen, dann sind die Schönheitskorrekturen, die aufgeschlitzten Ohren und so weiter, äußerst abstoßend.

Am Anfang einer Seitengasse entdecke ich einige Masai, alte, graumelierte Gentlemen. Sie tragen ockerfarbene Decken und in den Fäusten knorrige Stöcke. Sie sind an irgend etwas sehr interessiert. Sie diskutieren und feilschen, zeigen sich gegenseitig irgendwelche Drucksachen und schütteln hin und wieder mißbilligend die Köpfe. Die Neugierde plagt mich. Was haben die drei auszuhandeln?

Ich trete näher, werfe einen Blick auf die Drucksachen, die sie in den Händen halten, und kann ihre Faszination verstehen. Für nur einen Schilling kann man fünfzigtausend haben – man muß nur das richtige Los ziehen. Sie möchten gerne wissen, welches das richtige Los ist. Der Verkäufer hat einen schweren Stand. Er versucht, die Steppenbewohner in die Geheimnisse einer Lotterie

einzuweihen. Die Masai machen skeptische Gesichter. Sie sind überzeugt, daß der Kerl sie nur übers Ohr hauen will. Für einen Schilling, so steht es hier, und so hat man es ihnen übersetzt, kann man mit BOAC nach Paris fliegen, nach Paris, wo es die vielen *manamoukis*, die vielen *bibis* (12) gibt. Sie möchten das gerne. Warum gibt er ihnen das Billett nicht? Ach, die Stadt ist voller Spitzbuben. Enttäuscht wenden sie sich ab, hocken sich an die nächste Hausecke und schlagen die Decken zurück.
In der River Road reiht sich Duka an Duka (indische Läden). Unbeschreibliche Düfte hängen in der Luft. Es riecht nach Gewürzen und billigem Tabak, nach fermentierten Früchten, nach ranzigem Fett, nach Haschisch und süßem Parfüm. Aus den Hinterhöfen tönt das Geschrei von Kindern und das Gemecker von Ziegen. Monströse Grammophone und Transistorradios auf Regalen, Fensterbänken und Ladentischen schaffen Verkaufsatmosphäre und seelisches Oberwasser. Wer hier nicht beschwingt zugreift und mithilft, den Umsatz zu steigern, ist entweder ein ausgemachter Hinterwäldler oder ein Saboteur an der Zukunft Afrikas. Wen wundert es, daß am Monatsende die *shilingi* immer in den Taschen der Inder und die Schwarzen die Gerupften sind?
Der Fußgängerverkehr ist beängstigend. Nicht anzuecken, ist eine Kunst. Viele Frauen tragen unwahrscheinliche Lasten auf dem Kopf. Eine schleppt einen kompletten Eisschrank auf dem Rücken. Das altertümliche Monstrum wird nur von einem Stirnband gehalten.
Die Frauen Afrikas tun, was ihnen ihre Männer auftragen. Das ist nicht die beste Methode, dem Leben etwas abzugewinnen.
Von der River Road biege ich in die Campos Ribeiro Avenue ein. Der Duft von geröstetem Mais weht mir entgegen. Das riecht nicht schlecht, und die braunen Kolben auf den glühenden Holzkohlen sehen auch recht appetitlich aus. Viele der schwarzen Passanten können der Versuchung nicht widerstehen und legen eine kleine Rast ein. Sie hocken sich zwischen die malerisch verstreuten Blätter und Strünke und lassen sich die gerösteten Körner schmecken.
Ein paar Meter weiter duftet es nach Fisch. Ein großes Schild verrät den Straßenpassanten, warum sie hier nicht vorbeigehen dürfen:

Eat more Fish,	Eßt mehr Fisch!
Fish makes Brains,	Fisch gibt Verstand,
Brain makes Money,	Verstand macht Geld,
Money buyes more Fish!	Geld kauft mehr Fisch!

Ich würde mich gerne ein wenig setzen und eine Tasse Kaffee trinken, aber darauf ist man in Nairobi – trotz des herrlichen Wetters – nicht eingerichtet. Die Thorn-Tree-Terrasse des New Stanley ist das einzige Boulevard-Café der Stadt. Schade. Es waren offensichtlich Engländer, die die Stadt erbauten und keine Franzosen oder Italiener.

Auch die schwarzlackierten Fahrräder der Eingeborenen zeugen von der gelegentlichen Einfallslosigkeit der Angelsachsen. Schwarze Farbe für die erste, mit Stolz erworbene Dokumentation des Wohlstandes – was für ein Widersinn. Aber die Besitzer der Stahlrösser wissen sich zu helfen. Sie montieren allerlei zusätzlichen Chrom an ihre Fahrzeuge, überziehen die Sättel mit buntem Tuch, und wenn das Geld dazu noch reicht, wird auch ein eigener Wimpel gehißt.

Mit dem Besitz des Fahrrades hat das Helotendasein ein Ende, das Maschinenzeitalter hat begonnen – und man meistert es: Aufrecht, mit weißem Hemd und gestärkten Leinenhosen steuert man sein Stahlroß nonchalant an den bedeutungsvollsten Leuten vorbei, an dem Polizisten auf der Verkehrsinsel und dem Metzgermeister, der im Schulausschuß ist. Mögen die Herren zusehen, wie sie jetzt mit ihren Minderwertigkeitskomplexen fertig werden. Man hat es geschafft! »The world, the dull humdrum world of everyday blazes with glory« (13). Sie strahlt, die Welt, sie strahlt – aber nur innerlich. In Wirklichkeit fährt man durch mitternächtliche Silhouetten, weil die großflächige Sonnenbrille so schwarz ist wie die Schuhe, die sich so kontrastreich von den weißen Hosen und bunten Socken abheben.

Afrika ist das Land der Sonne, warum soll es nicht auch das Land der Farbe sein? Nicht nur die Afrikaner, auch die Inder denken so. Ein Lastwagen kann noch so alt und rostig sein, wenn er erworben wird, er mausert sich unter Garantie zu einem Papagei, zu einem Paradiesvogel. Man muß die stolzen Besitzer gesehen haben, dann weiß man, daß jeder Vergleich, der farbloser ausfällt, unangebracht ist.

Die Geschäfte in den Eingeborenenvierteln führen neben den Landesprodukten (Lebensmittel) und den Erzeugnissen des Orients (Stoffe usw.) viel Schund. Der kommt meist aus dem Westen. Besonders ins Auge fallen die stapelweise offerierten Schallplatten mit den Konterfeis Gitarre spielender, langhaariger Gigolos und die zahlreichen Bilderkrimis, Liebesromane und Sexbroschüren.

Ich bin nicht sicher, ob man den Afrikanern mit solchen Exporterzeugnissen einen guten Dienst leistet. Für Leute, die gerade lesen und schreiben gelernt und im übrigen noch nicht das richtige Verhältnis zur Arbeit haben, wären kleine Geschichten von der Traktorenliesel und dem fleißigen Baggerführer (die es anderswo auf der Welt gibt) angemessener als die Playboystories des Westens.

17. Inmitten von Bambis und Löwen

Die größte Attraktion Nairobis ist sein Nationalpark, ein Wildreservat vor den Toren der Stadt. Löwen, Giraffen, Flußpferde, Gnus, Zebras und zahllose Antilopen tummeln sich gleich hinter den letzten Häusern. Das ist nicht übertrieben. Park und Stadt grenzen aneinander. Das New-Stanley-Hotel rühmt sich, »within a Lion's Roar« zu liegen, und auf dem Golfplatz von Nairobi mahnt ein Schild:

> *Im Bereich des 15., 16. und 17. Loches bitte auf Löwen achtgeben. Liegt ein Ball weniger als 10 Yard (neun Meter) von einem Löwen entfernt, braucht er nicht mehr gespielt zu werden.*

Die Stadt ist erst sechzig Jahre alt. Ihre Bewohner haben noch Pioniergeist. Wenn die Hyänen des Nachts die Mülleimer durchstöbern, dann findet man das zwar *noisy* (recht lärmend), aber gleichzeitig auch romantisch. Man steht mit den Tieren auf du und du. Manchmal sogar im Hotel, wie mir jemand erzählte, der sich für fünfzehn Schilling preiswert einquartiert hat.

Der Nationalpark von Nairobi ist ein Muß für jeden Besucher, selbst für Leute, die nur mit dem Flugzeug zwischenlanden. Man kann ihn mit eigenem Fahrzeug aufsuchen oder mit einem der VW-Busse, die zwischen Park und Stadt hin- und herpendeln. Per Bus kostet der nachmittägliche Ausflug zwanzig Schillinge (etwa zwölf Mark). Wer fotografieren möchte, fährt besser im eigenen Wagen hin. Das gibt mehr Bewegungsfreiheit. Aussteigen ist aber nicht ratsam. Der Park ist kein Zoo. Die Tiere sind auf freier Wildbahn. Sie können nach Belieben in das Parkgelände hinein- oder herauswechseln, und die Löwen füttern sich selbst.

Der Park umfaßt ein Gebiet von vierundvierzig Quadratmeilen; seine Grenzen wurden 1946 abgesteckt, als deutlich wurde, daß Nairobi durch den aufkommenden internationalen Flugverkehr eine große Zukunft bevorstand. Man wollte das Wild rechtzeitig schützen.

Landschaftlich hat der Park nichts Besonderes aufzuweisen; er ist nichts als ein Stück Busch und Steppe, das sich vom angrenzenden Gebiet nur dadurch unterscheidet, daß die Tiere nicht geschossen werden dürfen. Die Vierbeiner haben das irgendwie schon mitgekriegt, denn sie lassen sich nicht im geringsten durch den Lärm der Stadt oder des Flughafens aus der Ruhe bringen. Vielleicht sorgen auch die zahlreichen Quellen und Wasserstellen dafür, daß sie dem Park die Treue halten.

Um sicherzugehen, daß ich möglichst viel von den Tieren zu sehen bekomme und die Antilopen nicht mit den Buschböcken verwechsle, engagiere ich mir einen fachkundigen Führer. Er heißt Fred, ist äußerst redselig und mit dem Park bestens vertraut. Für unseren ersten Ausflug haben wir die späten Nachmittagsstunden abgewartet. Um diese Zeit liegen die Tiere nicht mehr faul und unsichtbar im Gebüsch. Gegen vier Uhr fahren wir los. Schon nach zehn Minuten sind wir am Parkeingang, wo ein kleiner Obolus zu entrichten ist.

Hundert Meter hinter der Barriere verstellt uns schon das erste Impalarudel den Weg. Die Tiere haben eine große Ähnlichkeit mit unseren heimischen Rehen. Aber springen können sie dreimal so hoch. Zwischen den Impalas hüpft etwas Kleines über den Weg.

»Das sind keine Kitze«, erläutert Fred, »das sind Dik-Diks, die kleinsten Gazellen Afrikas.« Die Tierchen sind allerliebst. Sie bleiben stehen und mustern uns mit großen schwarzen Augen. Dann keilen sie übermütig mit den Hinterbeinchen aus und hüpfen davon.

Wir fahren langsam weiter. Hinter einem Gebüsch – mir nimmt es fast den Atem – stehen plötzlich drei Giraffen. Sie sind nur vier oder fünf Meter entfernt. Durch das Auto lassen sie sich keineswegs aus der Ruhe bringen. Grazil drehen sie ihre schlanken Hälse und beäugen das Vehikel. Sie wissen, es droht ihnen keine Gefahr.

Fred erklärt mir, daß es vielerlei Giraffenarten gibt; die schönsten seien *reticulated*. Ich mache ihm klar, daß ich mir unter dem Wort nichts vorstellen kann. Er kramt Bleistift und Papier aus der Tasche und fertigt eine kleine Zeichnung an. Was da zustande kommt, sieht aus wie ein Leopard, der sich den Hals verrenkt hat. Fred meint, das liege nicht an der Zeichnung, das liege an mir – ich sei nicht naturverbunden genug. Wir lachen und lassen das Problem auf sich beruhen. Zu Hause liegt ein Lexikon, da kann ich nachsehen, was *reticulated* heißt. (14)

Die Tiere haben sich wieder ihrer Akazie zugewandt. Mit langer Zunge angeln sie sich kleine Blätter aus dem Gipfel des Baumes. Die Dornen halten sie mit ihrer behaarten, kräftigen Oberlippe ab. Fred behauptet, daß die Giraffen in erster Linie vom Laub der Dornakazien leben. Wie sie das bewerkstelligen, ist ihm selbst nicht klar. Diese großen, mächtigen Körper und diese kümmerlichen Blättchen? Vermutlich müssen die Tiere ununterbrochen hinter ihrem Futter her sein, und überdies – so meint Fred – müssen sie um fünf Uhr aufstehen, wenn sie das Frühstück um neun Uhr im Magen haben wollen.

Der lange Hals der Giraffen ist schon viel diskutiert worden. Für Charles Darwin war er die Bestätigung seiner Evolutionstheorie. Giraffen besitzen nämlich wie der Mensch und die meisten andern Säugetiere nur sieben Halswirbel. Daraus kann man schließen, daß sie keine Sonderkonstruktion, son-

dern ganz gewöhnliche Vierbeiner sind, die der Akazienblätter wegen nur hoch hinaus wollten.
Ein bißchen Extraausrüstung hat der Herrgott aber doch beigesteuert: Er hat mehrere Staustufen in die Halsarterien eingebaut, so daß die Giraffen-Köpfchen in ihren einsamen Höhen stets den richtigen Blutdruck haben. Es könnte nämlich zu Stauungen kommen, sooft die Tiere ihre Köpfe ruckartig bewegen, zum Beispiel beim Trinken oder wenn sie erschreckt nach etwas Ausschau halten.
Die Giraffen haben keinen Seltenheitswert in Ostafrika. Es gibt ihrer mehr, als den Farmern mitunter lieb ist. Auch der Postverwaltung haben sie schon Ärger gemacht. Verschiedene Telefonleitungen mußten höher gelegt werden. Ihre schlimmsten Feinde sind die Wilderer. Zügel, Peitschen und Sandalen werden aus der Haut der Tiere gefertigt, und aus den langen, dicken Schwanzhaaren machen die Eingeborenen Arm- und Fußringe. Auch die Löwen haben eine Vorliebe für Giraffen.
Ich knipse einige Male, dann fahren wir langsam weiter. Rechts des Weges ist Gebüsch und Wald, zur Linken erstreckt sich kilometerweit bis hinüber zur Mombasa Road ein Steppengelände. In ein, zwei Kilometer Entfernung sehen wir Gnus und Zebras weiden. Wir lenken den Wagen in diese Richtung und nehmen mit, was so am Wege steht.
Da sind zunächst einmal einige Strauße. Laut Fred erst seit einigen Jahren die größten Vögel der Erde. In Neuseeland gab es noch größere, aber die wurden von den Maoris ausgerottet. In puncto Familienleben haben sich die Strauße den Landessitten angepaßt. Sie leben im Gegensatz zu den meisten anderen Vögeln in Polygamie. Jedes schwarz-weiße Männchen hat drei oder vier erdfarbene Weibchen. Da die Männchen ihrer Federn wegen in früheren Jahrzehnten zu Tausenden abgeschossen wurden, ist die polygame Lebensweise recht naheliegend. Alle Weibchen wollten unter die Haube kommen. Für die Vermehrung der Art war das nicht unbedingt von Vorteil. Die Männchen, die am Ausbrüten der Eier teilnehmen, bekommen jetzt oft so viele Eier untergeschoben, daß das Brutergebnis mangels Wärme noch schlechter ist, als wenn sich nur zwei Vögel zusammengetan hätten.
Fünfzig Meter von den Straußen entfernt weidet ein Rudel Thomsons Gazellen. In der Umgangssprache heißen sie Tommies. Seltenheitswert haben sie nicht. Zu Millionen bevölkern sie die Ebenen Kenias und Tanganjikas. Überall, wo das Gras niedrig und überschaubar ist, sieht man diese Gazellen umhertollen. Ihre Schwänzchen sind ständig in Bewegung. Sie sind ein besonderes Charakteristikum dieser Tierchen, das Symbol ihres Übermuts. Tommies sind immer mobil. Sie spielen miteinander, sie hüpfen um des Hüpfens willen. Wenn sie sich gegenseitig jagen und einen Haken schla-

gen, dann nehmen sie die Kurve mit solcher Geschwindigkeit, daß ihre Körper fast den Boden berühren.

Ein paar Meter weiter stehen etwa fünfzig Grants Gazellen. Die »Granti«, so erklärt Fred, können auch in völlig wasserloser Gegend angetroffen werden, und wenn sie etwas Verdächtiges entdecken, schneuzen sie sich sehr vernehmlich durch die Nase, was auch von den anderen Tieren wohl verstanden wird. Uns scheinen sie für harmlos zu halten – keines der Männchen oder Weibchen gibt einen Ton von sich. Während der Brunftzeit legt sich ein Bock bis zu hundert Weibchen zu. Die Junggesellen, die das Nachsehen haben, gründen exklusive Klubs. »Auf diese Weise können sie ihren Groll besser nähren«, meint Fred.

Hinter den Grants stapft etwas Kompaktes, Rotbraunes aus dem Gebüsch: zwei Warthogs (Warzenschweine). Sie scheuchen grunzend ein paar Gazellen weg und traben mit kleinen, trippelnden Schritten zum nächsten Gesträuch. Uns gönnen sie – mit gerunzelter Stirn – nur einen flüchtigen Blick, dann drehen sie ihre fettnackigen Köpfe mit den stattlichen Hauern wieder geradeaus. Schön sind sie nicht, diese kleinen Specker, und glücklich scheinen sie auch nicht zu sein, sie sehen recht bekümmert drein. »Sie sind wie die Iren«, meint Fred, »wenn es ihnen gut geht, sind sie bekümmert darüber, daß es nichts gibt, worüber sie sich bekümmern könnten.«

Aus den Büschen fliegen ein paar Witwenvögel auf. Sie haben einen sehr unsicheren Flug. Ihre langen Schwänze, die sie wie Schleier hinter sich herziehen, sind nur schlecht auszubalancieren. Sie fliegen nicht gerade, sondern wellenförmig – auf, ab, auf, ab. Die Witwenvögel sind wie der Kuckuck Brutschmarotzer. Sie legen ihre weißen Eier in die frischbelegten Nester der Weberfinken. Das erleichtert den »lustigen Witwen« das Leben ungemein.

Zahlreiche andere Vögel stolzieren links und rechts des Weges: kastanienfarbige Rebhühner, Vulturine Guineafowls (sie haben eine entfernte Ähnlichkeit mit den Geiern; zumindest, was die Köpfe anbetrifft) und Kronenkraniche. Die Kraniche sind sehr hübsch. Das Deckgefieder ist dunkel, auf der Seite sind die Federn leuchtend weiß: die Schwänze schimmern rötlich. Die Köpfe tragen gelbe Häubchen. Wie wir näher kommen, nehmen die Tiere einen kleinen Anlauf und schwingen sich in die Luft. Hier sind sie in ihrem Element. Man sieht's an dem wundervollen Flug.

Wir haben uns den Gnus auf hundert Meter genähert. Fred hat einen anderen Namen für die Tiere: Wildebeest nennt man sie hier. Der Name Gnu kommt aus Südafrika. Die holländischen Siedler haben die »wilden Ochsen« so bezeichnet. Biologisch gehören die Gnus nicht zu den Rindern, sondern zu den Antilopen. Das Warum weiß Fred auch nicht. Ich werde wohl den nächstbesten Zoologen, der mir über den Weg läuft, ein wenig examinieren müssen. Rein äußerlich kann ein Gnu durchaus mit einem Rind verwechselt werden, mit einem Rind, das das Genick einzieht. Wenn die Tiere aufgescheucht werden und über die Steppe stürmen, die Köpfe am Boden, die Hörner *furiously* nach links und rechts schwingend und mit den Schwänzen um sich schlagend, kann man sie auf den ersten Blick – und als Laie – mit Büffeln verwechseln. Aber die dunklen Gesellen sehen gefährlicher aus, als sie sind. Es komme ihnen nie und nimmer in den Sinn, anzugreifen, nicht einmal, wenn sie verwundet sind.

Eines der größten Naturschauspiele Afrikas ist die jährliche Wanderung der Gnus von der Serengeti westwärts. Hunderttausende finden sich zu einem großen Zug zusammen. Sie kommen alle zur gleichen Zeit aus einem Gebiet, das sich über Hunderte von Kilometern erstreckt und durchaus nicht gleichen Wetterbedingungen unterliegt. In manchen Gebieten ist das Gras noch grün, in anderen schon hoffnungslos verdorrt; trotzdem brechen die Tiere alle zur gleichen Stunde auf. Es ist, als ob eine innere Stimme sie rufe.

Am Sammelplatz bleiben sie einige Tage, und dann geht es auf drei geländebedingten Routen westwärts. Das Land, das sie hinter sich lassen, ist bis auf den letzten Halm abgegrast, die Wasserstellen sind trocken und zertrampelt. In den neuen Weidegründen verteilen sich die Tiere wieder in viele Herden und auf viele hundert Quadratkilometer.

Bis vor kurzem waren die Wanderzüge der Gnus und der anderen, in der Serengeti lebenden Tiere rätselhaft und unerforscht. Daß man sich nun bemüht, die Grenzen der Serengeti entsprechend den natürlichen Wanderwegen der Tiere abzustecken beziehungsweise zu korrigieren, das ist in erster Linie Dr. Grzimek und seinem für die Tierwelt Afrikas gefallenen Sohn Michael zu verdanken.

Einige Schreie, dem Bellen eines kleinen Hundes ähnlich, hallen von der Zebraherde herüber. Zwei der Tiere sind sich über irgend etwas uneins. Es ist kein Kampf um Sein oder Nichtsein. Sie schlagen einige Male mit den Hufen gegeneinander aus und versuchen, sich mit vorgereckten Hälsen und abstehenden Oberlippen zu beißen.

Fred lacht: »Das wird nicht gut gehen, ihr seid viel zu drall.« Es ist erstaunlich, wie wohlgenährt die Tiere sind. Die kurze Regenzeit (Ende Dezember) und das frische Gras, so meine ich, werden das bewirkt haben. »Ach wo, *die* Dürre hat es noch nicht gegeben, die ein Zebra um seine Statur bringen könnte. Diese Gesellen sind immer fett und rund (15). Sie strotzen geradezu vor Gesundheit. Sie sind so gesund, daß sie mit einem Herzschuß noch fünfhundert Meter rennen können.«

Es gibt zwei Arten von Zebras: das gewöhnliche Zebra und das Grevy-Zebra. Letzteres ist in den Dürregebieten Nordkenias und in Somaliland anzutref-

Samburu-Mädchen sind anerkannte Schönheiten. »Sie haben Rundungen an Stellen, wo andere Mädchen nicht einmal Stellen haben«. (Seite 103)

Die Giraffen bewegen sich – trotz ihrer mächtigen Körper – äußerst grazil; sie haben etwas Jungmädchenhaftes an sich, etwas Wohlerzogenes, Sittsames. (Seite 151)

fen. Seine schwarz-weißen Streifen sind entschieden schmaler, und Kopf und Ohren sind größer als beim gewöhnlichen Zebra. Im Temperament sind beide Arten sehr unterschiedlich. Das Grevy kann als Zugtier abgerichtet und unter Umständen sogar geritten werden. Das gewöhnliche Zebra dagegen liebt seine Freiheit über alles. In der Gefangenschaft, selbst wenn es als Füllen in die Obhut der Menschen kommt, verliert es jeglichen Lebensmut. Es stirbt an gebrochenem Herzen.

Fred schaut ganz traurig drein. Für einen Augenblick bin ich nicht sicher, ist er so sentimental, oder ist das einfach im Preis mit inbegriffen. Ich frage ihn danach. Er lacht. »Oh, Macht der Gewohnheit. Ich führe oft amerikanische Ladies durch den Park, und die erwarten an dieser Stelle von mir – schon mit Rücksicht auf ihren seelenvollen Kommentar –, daß ich ein trauriges Gesicht mache.« Die Behauptung, daß die Tiere mitunter an gebrochenem Herzen sterben, hält er aber aufrecht.

Wo Zebras sind, gibt es auch Löwen. Wo sind sie? Fred reckt den Hals. Ich reiche ihm mein Glas. Er winkt ab. »Nicht nötig. Wenn man die Löwen sucht, braucht man nur nach den Autos Ausschau zu halten. Dort, wo einige beisammen stehen, ist ›Simba‹ (Suaheliwort für Löwe) mit Sicherheit nicht weit.«

Das ist einleuchtend. Wir schauen uns um. Dort hinten, im Rot der untergehenden Sonne, stehen zwei der schwarz-weiß gestreiften Safaribusse, dort werden die Tiere wohl sein. Wir geben Gas und holpern mit mächtiger Staubwolke und etwas schneller, als eigentlich erlaubt ist, zum Herrn des Parks.

Es sind sieben Tiere: ein Löwe, zwei Weibchen und vier halberwachsene Junge. Sie haben es sich unter einer Akazie gemütlich gemacht und offensichtlich den ganzen Nachmittag hier verbracht. Das Gras ist zerdrückt – unter dem Baum von den Löwen, im Umkreis von den Autos. Ich weiß nicht, was ich erwartet hatte, aber irgendwie bin ich enttäuscht. Die Sippschaft ist genauso träge wie zu Hause im Zoo. Wie wir langsam heranfahren, dreht uns der Löwe den Kopf zu und gähnt, was wohl so viel heißen soll wie: »Ach, du meine Güte, noch so ein paar Touristen!«

Fred hält mir einen Vortrag. Es gibt zwei Löwenarten in Kenia: den Felix massaica, er ist lederfarbig und hat eine gelbe Mähne, und den Felix leo somaliensis, der ist etwas kleiner, fleckiger, seine Ohren sind größer und sein Schwanz länger als beim Massaica. Eine Löwin wirft bis zu vier Junge, aber mehr als zwei bringt sie selten durch.

Die Löwenbabies sind allerlei Gefahren ausgesetzt. Die Hyänen, Schakale und Geier nehmen, was sie erwischen. Wenn die Löwin auf Jagd ist, müssen ihre Jungen dran glauben. Nur mit viel Glück können sie überleben. Von der Mutter werden sie dafür um so liebevoller umsorgt. Zwei Jahre lang sind sie unter ihrer Obhut. Die Nahrung wird ihnen gebracht und anfangs auch vorgekaut. Im zweiten Jahr dürfen sie an der Jagd teilnehmen, aber wehe, wenn sie nicht folgsam sind oder ihr Temperament mit ihnen durchgeht, dann kriegen sie eine Pranke ins Genick, daß ihnen Hören und Sehen vergeht.

Da die Löwen in den letzten Jahrzehnten erheblich dezimiert wurden, genießen sie jetzt einen sehr weitgehenden Schutz. Mit einer Speziallizenz dürfen höchstens noch zwei Tiere geschossen werden, aber nur Löwen, keine Löwinnen. Die Weibchen sind »Royal Game«, königliches Wild, und absolut geschützt.

Vor zwanzig bis fünfundzwanzig Jahren war das noch anders. Damals gab es noch riesige Gebiete in Afrika, die völlig unberührt und nichts als »Mmba«, »bloody Africa«, trockenes, heißes Land waren, in dem jeder drauflos schießen konnte, soviel er wollte. Es gab »Sportsmen«, die die Löwen zu Hunderten abknallten. Oft machten sie sich nicht einmal die Mühe, die Tiere abzuhäuten. Zum Nachweis der weidmännischen Leistung hackte man nur die Schwänze ab. Es hätte nicht viel gefehlt, und die Löwen wären so dezimiert worden wie in Asien. Dort gibt es noch ganze zweihundertfünfzig Stück, die alle in einem Schutzgebiet in Indien leben.

»Wie steht es mit den ›Man-eaters‹, den menschenfressenden Löwen?« erkundige ich mich bei Fred. Da macht der Kerl die Tür auf. Im Nu ist der Löwe auf den Beinen. Ein Grollen kommt aus seiner Kehle. Fred grinst und macht wieder dicht. Autos werden aus irgendwelchen Gründen von den Tieren der Wildnis nicht mit einem menschlichen Wesen in Verbindung gebracht; sie gelten als harmlose, nicht freßbare Dinge. Macht man aber nur einen Schritt ins Freie, dann ist die Immunität dahin, dann gilt das Recht der Steppe – und das ist stets auf seiten der Löwen.

Notorische »Man-eaters« sind selten, aber es gibt sie. Meist sind es alte, dreizehn- bis sechzehnjährige Löwen, deren Gebiß stumpf geworden ist und die nicht mehr die Kraft haben, in der üblichen Weise zu jagen. Sie halten nach leichter Beute Ausschau. Meist sind Frauen und Mädchen, die Holz oder Honig sammeln oder vom Markt des Nachbardorfes kommen, die Opfer.

In Mikindani, im südlichen Tanganjika, hat ein Löwe dreihundertachtzig Afrikaner getötet, bevor man seiner habhaft werden konnte. Die Man-eaters of Tsavo, die den Bau der Eisenbahn nach Uganda gefährdeten (achtundzwanzig Männer einschließlich ihres Inspektors wurden gefressen), sind in die Geschichte eingegangen. Im Norfolk-Hotel hängt das Bild eines österreichischen Berufsjägers, Fritz Schindler mit Namen, den ein Löwe vom Pferd geholt hat, und auf dem Friedhof von Nairobi zeugt mancher Grabstein von den Schattenseiten der Jagd.

Fred schlägt vor, daß wir umkehren. »Es ist bereits zu dunkel zum Fotogra-

fieren, und die Burschen hier« – er wirft einen Blick auf die Bäuche der Löwen – »werden heute nicht mehr viel unternehmen.« Auch andere Autos sind schon auf dem Weg zur Pforte. Nach Einbruch der Dunkelheit darf niemand mehr im Park sein.
Wir fahren nicht sofort in die Stadt zurück. Fred will mir noch den Stolz der Nairobianer zeigen: den Mt. Kenya und den Kilimandscharo. Wir haben Glück. Beide Berge heben sich klar aus dem Horizont. Der Mt. Kenya, zakkig und spitz, im Nordosten, der Kibo, rund und zuckerig wie ein Gugelhupf, im Südosten. Der eine Berg ist etwa hundertfünfzig, der andere dreihundert Kilometer entfernt.
»Spotting the mountains« ist eine Art Gesellschaftsspiel in Nairobi. Wer Gäste hat, ist immer bestrebt, die Berge zu präsentieren. Es gehört aber ein wenig Glück dazu. Nur frühmorgens und abends hat man eine Chance. Tagsüber sind beide Gipfel von Wolken umhüllt.
Nach einem »Sun-downer«, einem Trunk zum Sonnenuntergang, und einem vorzüglichen Dinner im Norfolk fahren wir zum United Kenya Club. Ein Dutzend Landkarten liegt bereit. Fred und einige der im Klub wohnenden Afrikaner wollen mich mit den wichtigsten Details der Wildreservate vertraut machen.

18. Tierparadies Ostafrika

Ostafrika ist das Dorado der Tiere. Nirgendwo in der Welt sind noch so große Herden anzutreffen, nirgendwo ist die Fauna so vielgestaltig. Auch landschaftlich ist Ostafrika einmalig. Wo sonst gibt es eine so wundervolle Szenerie, eine solche Vielfalt: palmenbestandene Küsten, riesige Steppen, Urwälder, Krater, schneebedeckte Fünf- und Sechstausender?
Um dem Ganzen die Krone aufzusetzen, hat der Herrgott dieses Paradies auch noch mit dem besten Wetter bedacht, das er am Schöpfungstage zu vergeben hatte.
Geographisch und klimatisch wird Ostafrika in vier Regionen aufgeteilt:
Das Land an der Küste ist ausgesprochen tropisch, aber der Monsun sorgt für Kühlung. Es kommt nur selten vor, daß das Thermometer über 35 Grad steigt. Die heißeste Zeit ist von Februar bis April.
Das Inlandplateau liegt 800 bis 1 400 Meter hoch und umfaßt einige sehr dürre und dünn bevölkerte Gebiete.
Das Land am Rande des Viktoriasees, des zweitgrößten Süßwassersees der

Erde, ist etwa 1 200 Meter hoch. Für gewöhnlich übersteigt das Thermometer die 30-Grad-Grenze nicht.

Das Hochland, das einen wesentlichen Teil Ostafrikas ausmacht, liegt 1 500 bis 3 000 Meter hoch. Hier ist das Klima absolut perfekt. Die Tage sind heiß und sonnig, die Nächte kalt.

Alle Regionen haben (wenn man etwas vereinfacht) zwei Regen- und zwei Trockenzeiten. Die Hauptregenzeit ist in der Regel von März bis Mai, der Winterregen fällt im Dezember. Aber auch während der Regenzeit ist die Sonne nicht außer Dienst gestellt. Sie lacht vom Himmel, sowie sich die Gewitterwolken etwas verzogen haben.

Die Wildreservate erstrecken sich auf alle klimatischen und geographischen Zonen Ostafrikas: von der Kaisutwüste bis zu den Wäldern Ugandas, vom ausgedörrten Buschgelände des Tsavoparks bis zum 2 400 Meter hohen Kraterrand des Ngorongoro-Kraters. 25 000 Quadratmeilen sind für das Wild als Nationalparks, National Reserves oder als Game Reserves abgesteckt und unter staatliche Protektion genommen worden (16).

Noch vor wenigen Jahren waren die heutigen Schutzgebiete unerschlossen und unzugänglich. Seit dem zweiten Weltkrieg werden Straßen gebaut, Furten angelegt und Safari Lodges erstellt. Fünfhundert Betten stehen schon heute für die Besucher der Parks zur Verfügung, verkünden die Fremdenverkehrsprospekte voll Stolz. Ein schöner Erfolg, ohne Zweifel, aber in Anbetracht des riesigen Areals auch ein Maßstab dafür, welchen touristischen Seltenheitswert eine Ostafrika-Safari noch immer hat.

Insgesamt sind siebzehn größere Tierschutzgebiete abgesteckt worden. Zehn davon sind in Kenia, vier in Tanganjika und drei in Uganda.

a) *Tsavo – Marsabit – Amboseli*

Tsavo ist nicht nur der größte Park in Kenia, er ist mit 8 070 Quadratmeilen der größte Nationalpark der Welt. Er erstreckt sich links und rechts des Mittelstücks der Mombasa Road. Der Haupteingang zum westlichen Teil ist in Mtito Andei, der Haupteingang für den östlichen Teil ist in Voi. In Tsavo-Ost liegt das bezaubernde Aruba Lodge (am Arubadamm; zwanzig Meilen östlich von Voi), in Tsavo-West das berühmte Kilaguni Lodge (siebzehn Meilen von Mtito Andei) und das Kitani Lodge (dreiunddreißig Meilen südwestlich von Mtito Andei).

Das Kilaguni Lodge ist ein modernes Hotel mit Swimming-pool und elektrischem Licht. Jedes Zimmer hat Bad oder Dusche. Die Attraktion des Hotels ist seine große, langgestreckte Veranda. Hier läßt man sich in bequemen Sesseln nieder, bestellt einen Martini, Whisky oder Kaffee und läßt die Fauna Afrikas Revue passieren. Unmittelbar vor der Veranda sind eine Tränke

und eine Salzlecke, die die Tiere aus weitem Umkreis anziehen. Um die Sicht während der Abendstunden zu erleichtern – erst bei Sonnenuntergang wird es an der Tränke lebendig – sorgt ein künstlicher Mond, das heißt eine starke elektrische Birne, für die nötige Illumination. So manches Bild, das später im Freundeskreis von ruhmreichen Taten kündet, wurde in aller Ruhe von der sicheren Terrasse des Kilaguni aus aufgenommen.
Wer im Wagen durch den Tsavopark fährt, ist überrascht von der Vielgestaltigkeit, dem ständigen Wechsel der Szenerie. Auch alte Befestigungen und verrostete Ausrüstungsgegenstände aus dem ersten Weltkrieg sind noch anzutreffen. Jeder ehemalige Frontabschnitt hat seine Stories. In Voi erzählt man noch heute von jenem Telegramm, das der Stationsvorsteher an das Hauptquartier in Nairobi sandte: »Just sighted 300 Germans. Please send one rifle and 300 rounds of ammunition. Very urgent.«
Eine andere Geschichte ist von geradezu anthropologischem Wert – sie gibt Einblick in die Gedankenwelt der Eingeborenen:
Die Bewohner eines Grenzdorfes wurden vor den Deutschen gewarnt. Es wurde ihnen gesagt, daß die Soldaten des Kaisers – wenn sie Gebiete erobert haben – die Frauen vergewaltigen. Das sollte den Afrikanern vor Augen führen, wie schlecht die Germans sind.
Die Reaktion der Schwarzen war anders, als man erwartete. Sie waren hingerissen: »Wie mächtig diese Deutschen sind. Sie sind wie Chiefs, wie Häuptlinge. Sie können den Frauen Gewalt antun, wann immer sie Lust haben. Was für Glückspilze!
Die britische Kolonialverwaltung war in arger Verlegenheit; aber man wußte sich zu helfen. Das Greuelmärchen wurde kurzerhand geändert. Jetzt waren es die Engländer, die den Frauen nachstellten.
Wie vor fünfzig Jahren, als das Buch ›The Man-Eaters of Tsavo‹ geschrieben wurde, sind auch heute noch die Löwen die Herren des Parks. Büffel und Elefanten stehen ihnen zur Seite und – wie kann es anders sein in einem solchen Gelände – natürlich auch zahlreiche Nashörner.
Es gibt viele Wasserstellen, an denen die Tiere beobachtet werden können. Hauptanziehungspunkte für die Touristen sind der Mudandafelsen und die Mzimaquellen. Auch künstliche Tränken gibt es schon in stattlicher Zahl. Die Parkverwaltung hat herausgefunden, daß es entschieden mehr Elefanten im Tsavogebiet gibt (sechzehntausend), als der Park und seine Umgebung verkraften können (zehntausend), und hat sich deshalb darangemacht, die Kapazität durch Wasser-Pipelines zu steigern.
Das Wasser wird vom Galanafluß in große, auf Hügel stehende Tanks gepumpt und dann mit Überlandrohren in die Steppe geleitet. Für Touristen sind diese künstlichen Tränken jedoch von geringem Interesse, da man den

Tieren nicht beikommt. Fotojäger ziehen die altbewährten Look-outs vor. Von Mudanda Rocks aus lassen sich das Land und die nahe liegende Tränke gut und in relativer Sicherheit überblicken, und von Mzima Springs bringt man in der Regel einmalige Aufnahmen von Flußpferden und Elefanten mit nach Hause. Der Fischreichtum der kristallklaren Quellseen ist ein Wunder für sich.

An einer der nördlichen Ecken des Parks, am Ufer des Athi Rivers, liegt das Bushwhackers Safari Camp. Es rühmt sich, für Leute mit und ohne Wagen gleichermaßen geeignet zu sein. Von den Hochsitzen, die in den Bäumen versteckt sind, kann man alle Tiere – vom Affen bis zum Büffel – ungeniert studieren.

Auch die benachbarten Wakamba sind eine kleine Expedition wert. Sie sind berühmt für ihre akrobatischen Tänze und ihr Geschick im Umgang mit Pfeil und Bogen. Viele Jahre waren die Wakamba das Rückgrat der Armee (sechzig Prozent aller Askari in Kenia waren Wakamba). Während der Mau-Mau-Unruhen haben sie sich im Kampf gegen die benachbarten Kikuyu besonders hervorgetan. Heute kann man das von ihnen nur noch in bezug auf die Wilderei sagen. Das Gros des Stammes hat sich jedoch seit Jahren schon der Landwirtschaft verschrieben. Auch im Holzschnitzen sind die Wakamba sehr geschickt.

Die etwas aus der Mode gekommene Tracht der Wakambamädchen hat, so behaupten die Einheimischen schmunzelnd, die Erfinder des Bikini inspiriert. Das »Katungi« ist ein sieben mal sieben Zentimeter großes Lendenschürzchen (Diminuitive Apron), ein Stückchen Leder, das mit Glasperlen bestickt und mit einigen Kettchen behängt ist. Sein einziger Zweck: die Fliegen zu verscheuchen.

Das Marsabit-Nationalreservat umfaßt achthundert Quadratmeilen. Es liegt im nördlichen Teil Kenias und ist seiner Abgelegenheit wegen noch unberührter, unzivilisierter als die anderen Reservate. Wer auf der Suche nach dem Grevy-Zebra oder der *reticulated* Giraffe ist, kommt hier auf seine Kosten. Auch das große Kudu ist hier mehr vertreten als anderswo. Die Elefanten dieses Gebiets sind besonders groß, und die Büffel wandern in stattlichen Herden über das Land.

Die Behörden stellen strenge Anforderungen an jeden, der hier sein Jagdglück versuchen möchte. Man muß einen Monat im voraus eine Genehmigung einholen und damit rechnen, daß Ausrüstung und Fahrzeuge kontrolliert werden. Die Route ist im vorhinein festzulegen, und wer nicht wenigstens zwei geländegängige Wagen und einen erfahrenen Führer nachweisen kann, hat keine Aussicht, das Permit zu bekommen. Die Behörde möchte nämlich verhindern, daß allzu viele Greenhorns in dieser Wildnis verlorengehen.

Auf dem Weg nach Marsabit kommt man durch Isiolo, wo Joy und George Adamson und Elsa, die berühmteste aller Löwinnen, zu Hause sind. Das Samburu-Tierreservat liegt am Uaso-Nyiro-Fluß (das Game Lodge ist zwölf Meilen westlich von Archer's Post). Neben dem üblichen Großwild gibt es hier zahlreiche Tauben und vielerlei Arten der Hornbill- und Webervögel.

Die Samburu, die das umliegende Gebiet bewohnen, haben eine besondere Anziehungskraft auf die Touristen. Sie nennen sich bescheiden »the world's top people«, und sie glauben es auch. An ihren alten Gebräuchen lassen sie nicht rütteln. Die Stammeshierarchie, die Gliederung in Altersgruppen, ist unerschüttert. Die Meilensteine im Leben eines jeden Samburu, insbesondere das Fest der Beschneidung, werden unbeirrt wie vor Hunderten von Jahren gefeiert.

Die Samburu sind nilo-hamitischen Ursprungs und deshalb – wie ihre Blutsbrüder, die Masai – von attraktivem Äußeren und recht kriegerisch. Während der Kolonialzeit legten die jungen Männer ihren Stolz darein, in den Askari-Regimentern, den »King's African Rifles«, zu dienen. Sie geben auch gute Polizisten ab. Ihre Ausdauer ist legendär. Ein Samburu-Moran (Krieger) verzieht keine Miene, wenn er ohne Wasser und Nahrung hundert Kilometer an einem Tag marschieren muß. Querfeldein, versteht sich! Er braucht nur drei Dinge zum Leben: sein Mädchen, seinen Speer und seine »Shuka«.

Der Speer – aus zwei Eisenteilen gefertigt, in der Mitte mit einem Holzgriff versehen – dient in erster Linie der Dekoration: Man kann sich malerisch auf die Waffe stützen. Die Shuka, ein rotes Tuch, ist ebenfalls nur Ornament. Man läßt es von der Schulter hängen. Es dient nicht der Sittsamkeit, es dient der Frisur: bei einem Gewitterregen wird es über den Kopf gelegt. Einen Moran kümmert es wenig, ob er nackt zum nächsten Unterschlupf rennen muß. Hauptsache ist, seine kunstvollen Zöpfchen bleiben intakt.

Die Samburu-Mädchen sind anerkannte Schönheiten: »They have curves in places where other girls don't even have places. – Sie haben Rundungen an Stellen, wo andere Mädchen nicht einmal Stellen haben.«

Auch das Gebiet der Boran und Orma liegt am Weg nach Marsabit. Diese Stämme sind vor Jahrhunderten aus Äthiopien eingewandert und später – unter dem Druck der Somali – teilweise bis zum Tanafluß gezogen. Sie sind Viehzüchter und dem Glauben nach Moslems.

Wer in Marsabit ist, wird der Versuchung nicht widerstehen können, auch dem Rudolfsee einen Besuch abzustatten. Die englische Redensart: »A fishing rod is a stick with a hook at one end and a fool at the other« ist hier außer

Kurs gesetzt beziehungsweise fürs andere Extrem gültig. Der See hat einen unwahrscheinlichen Fischreichtum – er ist narrensicher. Er ist so narrensicher, daß es sich schon bis nach Amerika herumgesprochen hat. Sie kommen in Scharen, die Leute mit ihren Rekord- und Anglerkomplexen.
Zwei äußerst interessante Eingeborenenstämme bewohnen die baumlosen Ufer des Rudolfsees: die Rendille und die El Molo. Die Rendille waren früher in Somaliland ansässig. Von dort wurden sie durch die Ogaden vertrieben. Nun müssen sie sich in den unwirtlichen Gebieten Nordkenias durchs Leben schlagen. Sie sind ständig auf der Suche nach Wasser und etwas Gras für ihre Kamele, Ziegen und Schafe. Zwischen den sonnendurchglühten Lavafelsen ist so wenig Weide zu finden, daß für den Unterhalt einer Person mehr als drei Quadratkilometer nötig sind. Zu allem Übel kommen auch noch die räuberischen Gelubba regelmäßig über die äthiopische Grenze. Sie schlachten ganze Familiengemeinschaften ab und entführen das Vieh. Von Nairobi aus kann man wenig dagegen unternehmen. Bis die Schandtaten ruchbar werden, sind die Räuber längst wieder über die Grenze.
Die El Molo (in der Gallasprache = arme Teufel) sind die Ureinwohner des Gebiets. Sie haben schon hier gewohnt, bevor die nilo-hamitischen und die Bantustämme in Kenia einwanderten. Jahrhundertelang haben sie sich verbissen am graslosen Ufer des Sees festgekrallt, aber jetzt sind ihre Tage gezählt. Der Stamm besteht kaum noch aus hundert Menschen. Das stark alkalische Wasser des Sees und die recht einseitige Ernährung (Fische) haben ihre Widerstandskraft völlig untergraben.

Entschieden gastfreundlicher und zugänglicher als Marsabit ist das Amboseli-Reservat. Es erstreckt sich von den Nordhängen des Kilimandscharo entlang der Landesgrenze von Tanganjika und Kenia bis zu den Ingito-Hills westlich der Straße Nairobi–Arusha. 1250 Quadratmeilen umfaßt Amboseli. Es ist Masailand und für den Fotografen *der* Park, denn bei etwas Geschick läßt es sich so einrichten, daß der schneebedeckte Gipfel des Kibo den Tieraufnahmen den letzten Pfiff gibt. Die Tiere sind so zahlreich und so sehr an Fahrzeuge gewöhnt, daß man hinter jeder Baumgruppe, hinter jeder Biegung des Weges neue Motive für die Kamera vorfindet.
Amboseli hat seinen Namen vom größten der Seen und Sümpfe, die Ol Tukai umgeben. Der See ist etwa zwanzig Kilometer lang und zehn Kilometer breit und den größten Teil des Jahres trocken. Erst in letzter Zeit ist genügend Regen gefallen, um das ganze Jahr über so etwas wie einen See und nicht nur ein paar Pfützen sicherzustellen.
Während der Trockenzeit ist Ol Tukai das Mekka der Tiere. Seine aus dem Kilimandscharomassiv gespeisten Quellen – sie sprudeln aus porösem Lava-

gestein – sind oft in weitem Umkreis die einzigen Wasserplätze. Erst wenn der Regen kommt, zerstreuen sich die Tiere wieder auf ein größeres Gebiet.
Den Touristen bietet ein attraktives Safari Lodge allen Komfort, den man sich inmitten der Steppe nur wünschen kann. Die zahmen Rhinos von Ol Tukai sind die meistfotografierten der Welt. Der Blick vom Lodge zum Kilimandscharo nimmt dem Besucher den Atem. Hoch wölbt sich der Berg in den Himmel – rund und schneebedeckt. Davor, dunkel und unergründlich, tropischer Regenurwald. Alle Klimazonen des Kontinents geben sich auf engstem Raum ein Stelldichein.
Außer Ol Tukai steht dem Touristen auch ein Zeltlager der Firma Ker, Downey & Selby, des größten Safariunternehmens Ostafrikas, zur Verfügung. Hier kann man nach zünftigem Abend am Lagerfeuer die Nacht am Busen der Natur verbringen. Die Löwen sorgen für die Akustik und die über die Zeltschnüre hüpfenden Hyänen für Ordnung. Sie räumen mit allem auf, was sich mit der Ästhetik eines Garbage Collectors, mit dem Schönheitssinn eines Müllabführers, nicht vereinbaren läßt. Es empfiehlt sich nicht, die Schuhe wie im Hotel vor die Tür zu stellen.
Amboseli ist berühmt für seinen Reichtum an Nashörnern. Aber auch große Herden von Oryx-, Eland- und Kongoniantilopen, von Zebras und Gnus durchstreifen die weiten Ebenen nördlich des Kilimandscharomassivs.
Die Herren des Landes sind die Masai. In weitem Umkreis – auch jenseits der Landesgrenze von Kenia – weiden sie ihre Herden. Sie sind wie ihre Vettern, die Samburu, nilo-hamitischen Ursprungs und so kriegerisch veranlagt, daß sie bis zum Anfang dieses Jahrhunderts, das heißt, bis die Kolonialmächte eingriffen, alle benachbarten Stämme terrorisierten. Sie raubten ihren Nachbarn die Kühe und die Mädchen und machten sich einen Spaß daraus, die Bantu in die Büsche und in ihre Schlupfwinkel zu jagen. Durch die strenge Altersgruppierung des Stammes verfügten die Masai stets über ein stehendes Heer – die jungen Männer (Morani) im Alter von siebzehn bis dreißig Jahren.
Die Briten, die Pax Britannica, haben die Masai um ihren Nationalsport gebracht. Aber niemand hat sie dazu bringen können, ihre überschüssige Kraft durch Arbeit loszuwerden. Sie sind hingebungsvolle Viehzüchter und perfekte Hirten, drückt man ihnen aber einen Pflug in die Hand, lassen sie ihn wie ein heißes Eisen fallen. Sie ziehen es vor, lässig an einem Baum zu lehnen oder auf den Speer gestützt und wie ein Storch auf einem Bein stehend Löcher in die Luft zu starren (17).
Mit den Weißen und ihrer Kultur wollen die Masai so wenig wie möglich zu tun haben. Im Gegensatz zu anderen Stämmen (zum Beispiel den Kikuyu) haben sie nicht das geringste Nachahmungsbedürfnis. Das ist unter ihrer

Würde. Sie sind das Herrenvolk der Erde; sie wissen es, und sie lassen es jedermann spüren. Sie verzichten auf europäische Kleidung, auf bessere Wohnungen und auf alle Hilfsmittel der Technik. Sie leben wie vor hundert Jahren, als noch niemand von den Weißen und ihrer Zivilisation gehört hatte, und sie wünschen, daß das so bleibt.

b) *Meru – Mt. Kenya – Aberdares – Nakuru*

Das Meru-Tierreservat (sechshundert Quadratmeilen) liegt nordöstlich vom Mt. Kenya. Es hat erhebliche Höhenunterschiede aufzuweisen und damit auch eine sehr abwechslungsreiche Flora. Vom Regenwald bis zur sonnendurchglühten Steppe ist alles vertreten, was Afrika in diesen Breiten zu bieten hat. Die Tierwelt ist nicht weniger vielgestaltig: Löwen, Leoparden, Geparden, Nashörner, Büffel, Elefanten, Flußpferde und Krokodile machen die Gegend unsicher. Auch das Grevy-Zebra und die Netzgiraffe sind vertreten.
Touristen quartieren sich üblicherweise im Leopard Rock Lodge ein. Kleine strohgedeckte »Bandas« bieten für jeweils zwei Personen Raum. Dunlopillomatratzen und Moskitonetze sorgen für einen gesunden Schlaf. Anstelle von elektrischem Licht gibt es *pressure lamps*, Gasbeleuchtung. Man kann sich recht häuslich einrichten: Kochtöpfe, Pfannen und trockenes Holz werden von der Verwaltung des Camps zur Verfügung gestellt. Was in die Pfannen 'reingehört, kann mit der Schrotflinte unmittelbar hinter den Bandas geschossen oder im Laden des Camps gekauft werden.
Natürlich hat das Camp, das vierhundertdreißig Kilometer von Nairobi entfernt ist, auch eine Landebahn für Sportflugzeuge. Für wenige Schillinge kann man sich über Nacht in einem der »Look-outs«, der drei Hochstände, einquartieren. Das Schießen von Vögeln ist erlaubt. Als einziges Tierreservat hat Meru auch Fishing facilities. Die Flüsse und Bäche des Gebietes enthalten alles, was einen Sportangler reizen könnte.
Die Bewohner des Landes – die Meru – sind Kaffeepflanzer, Bauern und Viehzüchter. Der Kaffee wächst an den Hängen des Mt. Kenya; zweimal im Jahr können die kleinen roten Früchte geerntet werden. Die Viehzucht wird mehr in den Ebenen betrieben, wo dem Land der Trockenheit wegen sonst nichts abzuringen ist. In der Gegend von Mbere kultivieren die Eingeborenen Urwaldrhythmen. Wenn es Abend wird, klemmen sie runde, dumpftönende Trommeln zwischen ihre Knie und inszenieren urwüchsiges Afrika.

Favoriten des Tourismus sind der Mt. Kenya-Park (228 Quadratmeilen) und der Aberdare-Nationalpark (ebenfalls 228 Quadratmeilen).
In letzterem liegt das berühmte Treetops-Hotel, das Hotel in den Baumwipfeln. Bis zum Mau-Mau-Aufstand, in dessen Verlauf es niedergebrannt

wurde (1954), war Treetops eine Art Hochsitz; es war in der Krone eines riesigen Feigenbaums untergebracht. Bei seinem Wiederaufbau (1957) wurde es vergrößert und mit allem Komfort versehen. Es steht nun auf Pfählen, hat Wasserspülung, und die Tiere an der Tränke können bei Whisky und Champagner genossen werden. Die Zahl der Gäste ist beschränkt: zweiundzwanzig und keiner mehr – sonst zahlt im Schadensfalle die Versicherung nicht. Daß man bei dieser begrenzten Besucherzahl ohne monatelange Voranmeldung nicht ankommt, ist verständlich.

Der Trip zum Treetops beginnt gewöhnlich in Nairobi. Man fährt um neun Uhr dort weg, nimmt das Mittagessen in Nyeri ein und trifft sich im Outspanhotel mit den übrigen Treetopskandidaten. Im Laufe des Nachmittags werden alle Baumwipfelaspiranten in Landrover verfrachtet und in die unergründlichen Aberdares entführt. Die letzten Meter müssen zu Fuß und unter dem Schutz eines Berufsjägers zurückgelegt werden. Der Pfad durch den Wald ist zur Linken und Rechten mit Leitern gesäumt; die Zuflucht in sichere Regionen soll damit erleichtert werden.

»Wenn ich pfeife«, so verkündet der Jäger, »dann heißt das: Alle Mann auf die Bäume! Bei einem Rhinozeros oder Büffel genügt es, wenn Sie drei Meter in die Höhe turnen, bei einem Elefanten sind sechs Meter angebracht.«

Es ist noch nie jemand zu Schaden gekommen – die meisten werden nur um eine Nuance blasser.

Sind alle Safariteilnehmer im Hotel, in den Wipfeln des Urwaldes, verstaut, wird die Leiter hochgezogen. Nun ist man abgeschnitten von aller Zivilisation – eine aufregende Nacht in der Wildnis steht bevor.

Sie beginnt in der Regel mit Tee und Biskuits oder mit einem splendiden Dinner. In der Zwischenzeit finden sich die Nashörner, die Elefanten und auch sonstiges Getier – »man kann sich ja die Namen nicht alle merken« – an der Tränke ein. Das »powerful artificial moonlight« (der künstliche Mond) wird eingeschaltet und alle Unterhaltung nur noch im Flüsterton geführt. Den Gästen wird nahegelegt, Gummischuhe anzuziehen. Das Tragen von Leopardenfellmänteln – es ist schon vorgekommen und hat eine Panik unter den Pavianen ausgelöst – wird als nicht weidgerechtes Verhalten gerügt.

Falls die Elefanten Verspätung haben, braucht man seine Zeit nicht mit sinnlosem Warten zu vergeuden. Man kann sich dem Bridgespiel oder seinem Bett widmen. Auf Wunsch wird man von den Hostessen geweckt, sowie sich an der Tränke etwas Besonderes tut. Die Hostessen sind überhaupt sehr um ihre Gäste besorgt:

Sie retten den Kuchen vor plündernden »Baboons« (Pavianen),

sie geben acht, daß die Affen nicht das Toiletten-Papier entführen und damit – alles schon dagewesen – die Wipfel der Bäume dekorieren, sie erklären mit unermüdlicher Geduld, was der Unterschied zwischen einem Löwen und einem Leoparden ist und warum das Warzenschwein Warzen hat.

Auf die Frage: »Do gorillas rape girls, and are there any here? – Vergewaltigen die Gorillas Mädchen, und gibt es welche hier?«, fällt die Antwort mitunter schwer. Kann man die Frage mit gutem Gewissen verneinen, oder soll man es überhaupt? Ein paar angenehme Schauer sind schließlich im Preis mit inbegriffen.

Eines ist sicher, auf ihre Kosten kommen die Gäste immer, denn nach der Regel: »No see, no pay«, geht alles zu Lasten des Hauses, falls weder Rhinos noch Elefanten noch Büffel zu sehen sein sollten (18).

Natürlich gehen an so einem berühmten Ort wie dem Treetops auch berühmte Persönlichkeiten aus und ein. Es wird gewissenhaft Buch geführt: Acht Rhinozerosse, zwölf Buschböcke und drei Warzenschweine waren zu sehen. Am gleichen Tag waren anwesend: der Herzog und die Herzogin von ..., Missis X aus Detroit und das Ehepaar Müller aus Bochum.

An einem 4. Dezember waren laut Eintrag im Gästebuch unter anderem zu sehen: elf Nashörner, drei Hasen, ein Stachelschwein, eine Maus und ein Schwarm weißer Schmetterlinge auf *elephant droppings* (Elefantenmist).

Auch in die Annalen der hohen Politik ist das Urwaldhotel eingegangen. Als Prinzessin stieg Elisabeth am 5. Februar 1952 die Leiter hinauf, als Königin von England kam sie anderntags wieder herunter. Georg VI., ihr Vater, war über Nacht gestorben.

Einige Jahre später kam die Königinmutter ins Treetops. Sie wurde von einem Pavian gebissen.

Weitere Attraktionen des Gebietes sind ein Hotel in Nanyuki, wo man sich die Zeit an der Bar damit vertreiben kann, mit einem Fuß in der nördlichen, mit dem anderen in der südlichen Hemisphäre zu stehen, und der Mt.-Kenya-Safariklub, der von einigen Filmstars (u. a. William Holden) gemanaged wird. Leute, die, wenn sie nach Kenia kommen, in erster Linie ihre Golfschläger und Smokings mitbringen, sind hier bestens aufgehoben. Alles ist wie gewohnt. The big change, der radikale Wechsel, bezieht sich nur auf das Wetter.

Natürlich kultiviert man in dieser Gegend auch das abendliche Kaminfeuer. Die Leute von Nanyuki sind äquatorbewußt; sie verschaffen jedem Fremden gerne die Möglichkeit, unter dem Äquator frierend an einem Feuer zu sitzen und zu Schnee und Gletschern aufzuschauen.

Wer den Mt. Kenya ersteigen möchte – der eine Gipfel, der Batiaan, ist 5 200 Meter hoch, der andere (Nelion) 5 188 Meter –, kann das in sportlicher und in weniger sportlicher Weise tun. In letzterem Falle kostet der

Viertagesausflug etwa achthundert Schillinge, in einer Party zu vieren je vierhundert Schillinge.
Die Tour beginnt mit der Besteigung eines Ponys. Durch urweltliches Podocarpus- und Bambusgestrüpp geht es dann mit schaukelnden Beinen himmelwärts. An einem Hochmoor in 3 300 Meter Höhe, mitten zwischen Heidekraut, Proteas, Lobelia und vielen anderen Hochgebirgsblumen wird das erste Lager aufgeschlagen. Die Zelte werden auf Packpferden mitgeführt.
Am anderen Tag geht es weiter durch Täler und über zahlreiche Bäche. Im Anblick der Gipfel wird zum zweitenmal gezeltet. Am dritten Tag werden der Lewisgletscher und die Arthur-Firmin-Hütte erreicht, von wo aus geübte Kletterer bis zum Gipfel vordringen können. Weniger erfahrene Alpinisten müssen sich mit dem Point Lenana zufriedengeben. Sie kommen dadurch nicht zu kurz. Auch hier liegt schon Schnee, und der Ausblick ist fast so gut wie vom Gipfel.
Noch ein Wort über die Bewohner des Landes. Im Mt.-Kenya- und Aberdaregebiet sind in erster Linie die Kikuyus zu Hause. Auf sie wird später noch die Rede kommen (Kapitel 22 bis 25). Aber die Dorobo dürfen hier nicht unerwähnt bleiben.
Diese steinzeitlichen Jäger, die an den Hängen der Aberdares und des Mt. Kenya ihren Lebensunterhalt mit Pfeil und Bogen bestreiten, sind bewundernswerte Weidmänner. Ihre Perfektion im Fährtenlesen wird bis dato nur von Winnetou, dem legendären Häuptling der Apachen, übertroffen. Ihrer Spürnasen wegen werden sie von den »White Hunters«, den weißen Berufsjägern, gern für Safaris engagiert.
Ansonsten zeichnen sich die Dorobo durch kleine Statur und großen Hunger aus. Sie können, allen Wahrscheinlichkeitsgesetzen zum Trotz, Berge von Fleisch vertilgen. Sie haben keine eigene Sprache (die Nachbarn mußten aushelfen), aber einen süßen Zahn. Für Honig verkaufen sie ihre Seligkeit. Aus nicht eßbarem Wabeninhalt (wenn's krabbelt!) brauen sie sich ihren »Kippetinik«, ihren Sorgenbrecher. Er hilft ihnen über den Mangel an »Manamoukis« hinweg. Der Stamm ist im Aussterben, es fehlt an Frauen und Mädchen. Ist es ein Wunder? Asista, die Sonne, die den Menschen ihre Wünsche verweigern oder erfüllen kann, hört immer nur ein Gebet:

»Asis, ipiiyec panyek! – Asis, füll uns mit Fleisch!«

Der Lake-Nakuru-Nationalpark ist ein Vogelschutzgebiet, ein Paradies für Ornithologen. Dreihundertachzig verschiedene Vogelarten, darunter unzählige Flamingos, sind hier zu Hause. Da das Seengebiet nur fünfzehn Autominuten von Nakuru entfernt ist, nehmen die Touristen gewöhnlich in der Stadt Quartier – im Stag's Head Hotel oder im Midland Hotel.

Außer dem Nakurusee gilt das Interesse der Besucher auch dem Menengaikrater, Thomson's Falls, dem Baringosee und den Eingeborenendörfern der Umgebung.
Der Menengaikrater ist 550 Meter tief und einer der größten in der Welt. Vom Kraterrand (2280 Meter) bietet sich ein atemberaubender Ausblick zu den Aberdarebergen (3000 Meter), zum Mau Range und zum Longonot (2780 Meter). Thomson's Falls hat seinen Namen vom Entdecker des Uaso-Nyiro-Wasserfalls. Es liegt – wie Nanyuki – unterm Äquator.
Hundert Kilometer nördlich von Nakuru liegt der Baringosee, der von zahllosen Krokodilen bevölkert ist. Wenn die Fischer ihre Netze auslegen, waten sie durch ganze Rudel von Reptilien, aber noch nie wurde einer gebissen. Man schreibt das dem Fischreichtum des Sees und dem Umstand zu, daß die Krokodile hier kleiner sind als anderswo.
Rund um Nakuru leben einige Stämme, die nilo-hamitischen Ursprungs sind und gewöhnlich unter dem Namen Kalenjin zusammengefaßt werden. Dazu gehören die Nandi, die Kipsigis, die Elgeyo und die Tugen. Die Kalenjin haben – damit der Mt. Kenya, der den Kikuyus, den Meru, den Emu und so weiter zu Diensten ist, nicht überfordert wird – ihre Gottheiten auf dem Mt. Elgon angesiedelt. Früher waren sie recht kriegerisch. In dem Bestreben, bessere Weidegründe zu finden, sind sie regelmäßig mit den benachbarten Masai und Kisii zusammengestoßen. Heute sind sie weitgehend seßhaft und geradezu vorbildliche Bauern. Ihre Weiden sind eingezäunt und die Qualität ihres Viehs ist entschieden besser als bei den benachbarten Stämmen. Sie sind geschickt im Flechten, und ihre kleinen Tee- und Pyrethrumplantagen werfen einen guten Profit ab.
Einige Besonderheiten: Die Nandi, die ganz für ihre Rinder leben, haben einen ausgefallenen Züchterehrgeiz: Sie möchten Kühe besitzen, deren eines Horn nach vorn und das andere nach hinten zeigt. Ein solches Unikum wird »Kamari« genannt und ist das am meisten geschätzte Statussymbol. Einmal im Leben muß ein Mann eine solche Kuh besitzen. Jahrelang träumt er davon, und wenn ihm die Zucht oder der Kauf eines solchen Tieres geglückt ist, wird er den Rest seines Lebens von seinem »Kamari« schwärmen; noch seine Enkel und Urenkel werden ein Lied davon singen können.
Eine andere Eigenart des Stammes sind die sogenannten »Frauenehen«. Eine kinderlose Witwe kann eine junge Frau heiraten. Sie muß den normalen Brautpreis bezahlen und erhält dann den sozialen Status eines Ehemannes. Alle Kinder, die von der Gattin zur Welt gebracht werden – es sind das nicht weniger als sonst üblich, da alle Angehörigen einer Altersgruppe in freier Liebe miteinander verkehren – gelten als Sprößlinge des weiblichen Vaters.
Zwischen Gott (Asis) und den Lebenden stehen die Geister der Toten

(Oiik). Sie sind immer noch Mitglieder des Stammes; ihre Aufgabe ist, zwischen Gott und den Lebenden zu vermitteln. Zum Dank dafür erhalten sie, wenn sie in Form von Schlangen, Ratten oder Maulwürfen den Hütten ihrer Anverwandten einen Besuch abstatten, Milch und Bier. Daß die erwähnten Tiere nicht getötet werden dürfen, versteht sich von selbst.
Als Besonderheit der Elgeyo sei vermerkt, daß sie einer der wenigen Stämme in Afrika sind, in dem die Bräute nicht gekauft werden. Anstelle eines Preises legen die jungen Frauen hier Wert darauf und machen es zur Bedingung, daß sie am Tag der Hochzeit guter Hoffnung sind.

c) *Mara – Serengeti – Ngorongoro – Manyara*

Das Mara-Tierreservat, mit Abstand das tierreichste Territorium Kenias, ist die Verlängerung der Serengeti nach Norden. Die Grenze zwischen Tanganjika und Kenia trennt die beiden Gebiete.
Der Marafluß – wer 'reinfällt, muß sich hinterher den Staub abklopfen – schlängelt sich durch flache, grasbestandene Hügel. Hin und wieder unterbrechen Akaziengruppen und dorniges Gestrüpp die Monotonie der Steppe. Das Kernstück des Gebietes wird zur Zeit für die Touristen erschlossen (es darf kein Vieh mehr geweidet werden, Wege werden gebaut und ähnliches). Das Egelok Lodge (Keekorok) besteht aus mehreren Bandas mit Küchen-, Bad- und Toilettenräumen. Wer unangemeldet ins Lodge kommt, muß damit rechnen, daß er abgewiesen wird. Wie in den meisten Parks und Reservaten bedarf es frühzeitiger Buchung (19).

Über die Wunder und den Tierreichtum der Serengeti ist die zivilisierte Welt, nicht zuletzt durch die Bücher und Filme von Prof. Dr. Grzimek, wohl am besten unterrichtet. Die jährliche Wanderung der riesigen Gnu- und Zebraherden von den Zentralebenen zu den wasserreicheren Gebieten im Westen ist eines der großartigsten Naturschauspiele, die es in Afrika gibt. Mehrere hunderttausend Tiere finden sich zu einem großen Zug zusammen. Nach den neuesten Zählergebnissen sind es aber entschieden weniger, als man bislang annahm – rund vierhundert- bis sechshunderttausend anstelle einer Million. Bis zum Ende des ersten Weltkrieges war die Serengeti so gut wie unbekannt. Sie lag viel zu abseits. Selbst Jagdsafaris stießen nicht so weit in den Westen Tanganjikas vor. Es gab keine Transportmittel. Pferde ließen sich wegen der Naganapest (Tryponosomiasis) nicht verwenden. Erst in den zwanziger Jahren, als die ersten geländegängigen Autos zur Verfügung standen, wurde das Gebiet langsam von Berufsjägern erschlossen.
1929 wurde ein Teil des heutigen Parks (einschließlich Seronera) zum Schutzgebiet erklärt. Mit dem Schutz war es aber nicht weit her. Der Tier-

reichtum der Serengeti hatte sich herumgesprochen – die Jäger kamen in Scharen. 1950 wurde das ganze Gebiet zum Reservat erklärt. Die Löwen, Leoparden, Geparden, Giraffen, Büffel und Rhinozerosse wurden besonders geschützt. Kurz darauf – 1951 – wurde die Serengeti (einschließlich des Gebiets um den Ngorongorokrater) Nationalpark. 1959 klammerte man den Krater wieder aus. Er wurde zusammen mit dem umliegenden Gelände Conservation Unit. Im Norden und Süden wurde der Park etwas erweitert. Die wenigen Masai, die noch im Schutzgebiet lebten, wurden evakuiert.
Heute erstreckt sich die Serengeti über fünftausendsechshundert Quadratmeilen. Im Norden grenzt sie an das Maragebiet, im Westen reicht sie (mit einem langen Korridor) bis auf zehn Kilometer an den Spekegolf des Viktoriasees heran, und im Osten geht sie in das Land der Masai über. Der Ngorongorokrater und das berühmte Olduwai Gorge, das Heim des Nußknacker-Menschen (Zinjanthropus), liegen außerhalb des eigentlichen Parkgebiets (20).
Ihre Berühmtheit hat die Serengeti zu einem guten Teil ihren Löwen zu verdanken. Es ist praktisch unmöglich, in der Serengeti gewesen zu sein und keine Löwen gesehen zu haben. Die Katzen folgen den Herden und reißen, was verkrüppelt oder altersschwach ist. Insgesamt sind etwa fünfunddreißig Tierkategorien in den weiten Ebenen des Parks anzutreffen. Innerhalb des Reservats sind sie geschützt, aber bei den jährlichen Wanderungen ziehen viele über die Grenzen. Nach Schätzungen von Fachleuten kostet das jährlich hundertfünfzigtausend Tieren das Leben. Die meisten fallen Wilderern zum Opfer.
Wer in die Serengeti geht, kampiert gewöhnlich in den Seronera-Lodges (es gibt ein altes und ein neues). Alle Touristenwünsche können hier erfüllt werden. Baderäume, WCs und elektrisches Licht stehen zur Verfügung. Die Übernachtungspreise sind niedrig. In unmittelbarer Nähe der Seronera-Lodges sind drei Zeltplätze eingerichtet worden. Der Kälte (Seronera liegt tausendfünfhundert Meter hoch) und der Löwen wegen hat hier schon mancher nachts gebibbert.
Auch für Leute, die es eilig haben, ist die Serengeti nicht mehr außer der Welt. In Nairobi startet jeden Sonntagmorgen um sieben Uhr eine Maschine nach Seronera. Im Lodge werden die »Sightseers« in Geländewagen gepackt und unter Führung eines Parkwächters auf Safari geschickt. Um drei Uhr nachmittags fliegt der Steppenblitz wieder zurück. Nach dem Motto: »See you at the Thorn Tree« trifft man sich zum Fünfuhrtee wieder im New-Stanley.

Am westlichen Rand des Rift Valley, nicht weit vom immer noch rauchenden Lengai, dem Götterberg der Masai, liegt Ngorongoro, der Garten Eden. Nirgendwo sonst in der Welt sind so viele Tiere auf so engem Raum beisammen, und das nicht nur gelegentlich, sondern jahraus, jahrein, seit die Erde besteht. Der Krater ist siebenhundertsechzig Meter tief und sechzehn Kilometer im Durchmesser. Er hat nicht mehr seine ursprüngliche Form. Durch Einsturz und Bodenerosion hat er sich zur Caldera erweitert. Die Kratersohle ist hundertzwei Quadratmeilen groß. Zehntausend Gnus, zweieinhalbtausend Zebras und zahllose Antilopen bevölkern sie. Kälber, Füllen und Kitze tollen, hüpfen und springen in paradiesischer Unbekümmertheit. Alles Glück dieser Erde scheint hier versammelt zu sein. Der Besucher, der langsam durch den Krater fährt, wird von den Tieren in ihre Gemeinschaft mit einbezogen. Nur wenige scheuen.

Julian Huxley hat schöne Worte für diese Begegnung zwischen Mensch und Tier gefunden: »Es ist eines der aufregendsten und rührendsten Erlebnisse, das diese Welt zu bieten hat, wenn man die großen Tiere in ihrer natürlichen Umwelt und in völliger Freiheit beobachten kann, es ist mit dem Anblick eines überragenden Bauwerks oder dem Klang einer großen Symphonie vergleichbar.«

Besucher des Kraters erkunden ihn in der Regel mit dem Fahrzeug. Ein schotteriger Weg windet sich vom Kraterrand bis zur Kratersohle. Sie ist keineswegs eben. Am Rande, der Böschung zu, steigt sie an, in der Mitte senkt sie sich zu Tümpeln und Mooren. Unterhalb des Safari Lodges ist ein kleiner sumpfiger Forst. Prachtvolle Gelbfieberbäume stehen in Gruppen beisammen. Ähnliche Waldreste findet man auf der Ostseite, bei den Quellen. Ansonsten ist der Kratergrund Weideland.

Im äußeren Rund ist das Gras sonnenverbrannt und dürr, im Kraterinnern, bei den Tümpeln, ist es frisch und saftig. Die Tiere sind in guter Kondition, die immersatten Löwen fauler als sonstwo. Sie haben ihre festen Bezirke und machen sich nicht die Mühe, unnötig umherzuschweifen. Die Game Wardens (Parkwächter) wissen von jedem Löwen, wo er sein Mittagsschläfchen hält. Bis auf einige Meter kann man an die Tiere heranfahren; sie nehmen von den Autos samt Inhalt keine Notiz. Wenn sich die Löwen plötzlich erheben und grollend davonmachen, dann ist das nie wegen eines Wagens; sie haben dann ein menschliches Wesen zu Fuß gesichtet, aller Wahrscheinlichkeit nach einen Masai.

Die schlanken, ockerbeschmierten Nomaden teilen sich mit den Löwen in die Herrschaft über den Krater. Wenn ein Moran am einen Horizont auftaucht, dann verschwinden die Löwen hinter dem anderen. Sie haben es nicht gerne, wenn sie einen Speer ins Kreuz bekommen.

Außer den Masai sind auch die Stomoxys, eine angriffslustige Fliegenart,

den Löwen nicht wohlgesinnt. Normalerweise sind diese Fliegen nicht schlimmer als unsere heimischen Bremsen, die zwar das Vieh belästigen, aber niemals ernsthaft gefährden. Sie brüten in den Pfützen und Sümpfen im Kraterinnern. Im Verlauf der Trockenzeit verdunsten die Wasserlachen, und damit ist der Vermehrung des Insekts ein Ende gesetzt. 1961 wurde diese Regel durchbrochen; zuerst war eine verheerende Dürre, dann goß es in Strömen. Man wußte nicht mehr, hat die nächste Regenzeit schon begonnen oder die letzte noch nicht aufgehört. Die Tümpel des Kraters trockneten nicht ein – sie vergrößerten sich zu Seen.
Die Stomoxys vermehrten sich in neun aufeinanderfolgenden Brutwellen zu schwarzen, verheerenden Wolken. Sie fielen über alles her, was Blut in den Adern hatte. Tiere, die nicht kräftig oder nicht schlau genug waren, um ihr Leben zu rennen, waren schwarz vor Fliegen. Sie wurden zu Tode gebissen, bei lebendigem Leibe leergesaugt. Die Löwen waren der Verzweiflung nahe. Sie kratzten sich ihre Flanken zu blutigen Fetzen, kletterten auf Bäume und bissen um sich. Vergeblich. Von sechzig bis siebzig Löwen, die zuvor den Krater besiedelten, sind heute noch fünfzehn bis zwanzig übrig.
Die Unbilden der Natur machen den Tieren mehr zu schaffen als der Mensch. Die Vierbeiner wissen das, und deshalb schenken sie den Zweibeinern nicht mehr Beachtung als unbedingt notwendig. Das Gezeter der Paviane, das unvermeidlich ist, sooft man sich ihnen nähert, ist kein Protest der Tierwelt gegen den Eindringling Mensch; es sind lose Redensarten, die diese Gassenbuben von sich geben. Und wenn die Elefanten beim Näherkommen des Wagens mit den Ohren fächern, so ist das nur, weil sie ein wenig nachdenken müssen. Irgendwann, vor vielen tausend Jahren, sind ihnen diese zweibeinigen Geschöpfe schon einmal begegnet. Aber damals waren sie noch nicht motorisiert; statt die Welt mit Unruhe zu erfüllen, haben sie versucht, das Leben festzuhalten, mit Kreide auf Steine und Wände zu bannen. Lang, lang ist's her.
Wenn sich der Schatten der westlichen Kraterwand langsam über die Talebene schiebt, muß sich der Besucher anschicken, dieses große Amphitheater zu verlassen. Die Nebelschwaden der Nacht steigen aus der Tiefe. Der Krater sinkt für einige Stunden zurück in die Ewigkeit, in eine Welt ohne Maschinen, ohne Unrast, ohne Zeitmaß. Es kann so bleiben, für immer, wenn die Menschen Verstand genug haben, dieses Wunder zu respektieren und zu schützen.

Auf der Fahrt vom Ngorongorokrater nach Arusha führt der Weg am Lake-Manyara-Nationalpark vorbei. Wer hier nicht haltmacht, versäumt mehr, als er anderswo wiedergutmachen kann. The big five, die fünf Großen (Lö-

wen, Leoparden, Elefanten, Büffel, Nashörner) und zahllose Flußpferde haben den Park berühmt und das Hotel über dem See zu einem der meistfrequentierten Ostafrikas gemacht.
Die ersten Berichte über den Manyarasee sind in den neunziger Jahren des vorigen Jahrhunderts nach Europa gelangt. Drei Deutsche – Baumann, Werther und Jaeger – waren es, die den See erkundeten. Dem Herrn Baumann waren die Masai auf den Fersen; er hatte nicht viel Zeit. Er stellte nur fest: »Da liegt ein See« – und weg war er.
Die beiden anderen Forscher widmeten sich der Gegend etwas aufmerksamer. Beide berichteten von enormen Großwildansammlungen. Es dauerte noch einige Jahre, bis sich das herumsprach, aber dann kamen sie, die Jagdlustigen aus aller Welt. Fünfzig Jahre lang wurden die riesigen Herden bedenkenlos dezimiert. Erst 1957 nahm die Schießerei ein Ende. Das Gebiet um den See wurde Game Reserve und drei Jahre später Nationalpark.
Wer im schön gelegenen Manyarahotel übernachtet, es liegt am Rande der Rift-Valley-Böschung, kann tagsüber in aller Ruhe und völlig mühelos auf Fotojagd gehen. Auf der kurzen Strecke von den heißen Maji-Moto-Quellen, die aus dem Gestein der Rift-Valley-Böschung sprudeln, bis zum malerischen Mto-Wa-Mbu-Dörfchen ist alles anzutreffen, was sich ein Besucher Afrikas nur wünschen kann. Die Büffel kommen in Herden von dreihundert bis fünfhundert Stück zur Tränke, die Elefanten stellen sich am Endabash River den ganzen Tag zur Schau, und die Löwen haben die etwas ausgefallene Gewohnheit, auf Bäumen zu sitzen.
Die Vögel des Manyarasees sind fast so zahlreich wie am Lake Nakuru. Der flache Strand des Sees, Schilf und Sumpf bieten ideale Futter- und Brutplätze. Das Gefieder zahlloser Flamingos gibt dem See zu manchen Jahreszeiten einen rosa Saum. Vom Hochsitz in der Nordwestecke des Sees wird der Vogelfreund bezaubernde Bilder nach Hause bringen, Bilder vom kleinen flinken Magadi Plover, vom grazilen schwarz-weißen Avocet, vom Gelbschnabelstorch, vom Löffelschnabel oder vom Egret, der sein blendendweißes Gefieder auf schwarzen Beinen und gelben Zehen balanciert.

d) *Uganda – Murchison-Falls – Queen-Elizabeth-Park*

»Uganda«, so sagte Winston Churchill einmal, »ist ein Märchen ..., eine wundervolle neue Welt. Die Szenerie ist anders, die Vegetation ist anders und auch die Leute unterscheiden sich von dem, was man sonstwo in Afrika zu sehen bekommt.«
Churchill ist ein weitgereister Mann, und er hat recht: Uganda ist wirklich *different,* andersartig. Im Westen liegen die sagenumwobenen Mondberge, die Mountains of the Moon. Über feuchtdampfenden, sonnendurchglühten

Tälern recken sich eisbedeckte Gipfel in den Himmel. Kigezi ist die Heimat der Berggorillas, und im kristallklaren Bunyonyisee blühen Wasserlilien in Höhenregionen, wo sonst nur noch Moos gedeiht. Im Osten des Landes ragt der schneebedeckte Mt. Elgon ins Blau des Firmaments, und im Süden leuchtet das Silber des Viktoriasees.

Uganda liegt im Herzen der Tropen, direkt unter dem Äquator, aber im weitaus größten Teil seines Gebiets herrscht ein vorzügliches Klima: Tagsüber wird es selten wärmer als dreißig bis fünfunddreißig Grad, nachts kaum kühler als fünfzehn Grad. Das herrliche Wetter kommt natürlich auch den Parks zugute. Murchison Falls und Queen Elizabeth (Kidepo muß noch ausgenommen werden) erfreuen sich seit einigen Jahren besonderer Beliebtheit. Die verkehrsmäßige Erschließung des Landes ist ihnen sehr zustatten gekommen.

Zum Murchison Falls Park gehört ein Gebiet von eintausendzweihundert Quadratmeilen. Der Viktoria-Nil fließt durch seine ausgedehnten Wälder. Hauptattraktion des Parks sind die Murchisonfälle, die von ihrem Entdecker Samuel Baker nach dem Präsidenten der Royal Geographical Society benannt wurden (1864). Die gewaltigen Wassermassen des Nils stürzen durch eine nur sechs bis acht Meter breite Schlucht hinunter in das Flachland, wo sich zahllose Flußtiere an den Ufern sonnen.

Im Gesprächsrepertoire weitgereister Leute stehen die Murchisonfälle gleichberechtigt neben dem Tadsch-Mahal und dem Grand Canyon. Und zu Recht. Die Fälle sind wirklich eine Sehenswürdigkeit, und die Tierwelt rundum ist faszinierend. Krokodile und Flußpferde bevölkern zu Tausenden die Ufer des Nils. Elefantenherden von dreißig bis siebzig Stück können täglich beobachtet werden, und selbst das fast ausgestorbene weiße Rhinozeros kann hier noch in kleinen Gruppen angetroffen werden. Der Fischreichtum des Nils grenzt ans Unglaubliche. Hundertfünfzig Pfund schwere Barsche kann man aus seinem braunen Wasser ziehen.

Mit dem Wagen ist der Park am besten von Kampala via Nakasongola und Masindi zu erreichen (dreihundert Kilometer). Von Gulu bis zum Parkeingang sind es hundertzwanzig Kilometer. Viele Flugzeuge fliegen den Park an. Ernest Hemingway und seine Frau sind dabei vor einigen Jahren nur wenig unterhalb der Fälle abgestürzt.

Der Queen Elizabeth Park ist in den fünfziger Jahren beim Besuch der Königin eingeweiht worden. Der Park umfaßt achthundert Quadratmeilen. Er beginnt an den Ausläufern des mächtigen Ruwenzorimassivs und erstreckt sich am Edwardsee entlang bis zur Landesgrenze. Landschaftlich ist alles vertreten: weite Ebenen, undurchdringliche Wälder, abgrundlose Sümpfe. Südlich des Kazingakanals, der den Georgsee mit dem Edwardsee verbindet, sind auf einem Gebiet von fünfzig Quadratmeilen nicht weniger als siebzig erloschene Vulkane anzutreffen. Wo einst die Lava überkochte, sind heute stille Kraterseen.

Der Park ist berühmt wegen seiner Flußpferde, seiner Elefanten, seiner Pelikane und Kormorane und wegen der mangelnden Scheu der Tiere. Büffel grasen unbekümmert direkt neben der Straße, Hippos, die sich normalerweise bei Tageslicht nicht hervorwagen, spazieren sorglos landeinwärts, Schimpansen hangeln sich von Baum zu Baum, und die Löwen sonnen sich auf den Ästen großer Akazien- oder Feigenbäume.

Die Hippopotami (Flußpferde) haben sich so stark vermehrt, daß die Parkverwaltung vor kurzem eingreifen und die Reihen ein wenig lichten mußte. Es bestand die Gefahr des *overgrazing*, der Überbeanspruchung des Weidelandes. Ein zwei Tonnen schweres Nilpferd kann gewaltige Grasmengen vertilgen, und seine kurzen, kräftigen Beine können auf die Dauer auch die beste Grasnarbe zu Morast zerstampfen.

Das Mweya Safari Lodge liegt auf einer kleinen Landzunge an der Mündung des Kazingakanals in den Edwardsee. Die Unterkünfte liegen etwas erhöht, so daß sich ein herrlicher Blick über den See und den Kanal bietet. Alle Räume sind mit Privatbad und sonstigem Komfort ausgestattet. Das Lodge ist *fully licensed*, das heißt, man ist nicht gezwungen, seinen Durst mit Selterswasser oder Tee zu stillen. Nach Nairobi und Kampala besteht Flugverbindung. Fahrzeuge können bei der Verwaltung des Lodges gemietet werden.

Wer den weiten Weg bis zum Lake Edward zurückgelegt hat, wird es sich nicht verkneifen können, dem Ruwenzorigebiet einen Besuch abzustatten. Die legendären Mondberge sind nicht leicht zu ersteigen, aber mit ein bißchen Energie kommt auch der Ungeübte wenigstens bis zur Bujukuhütte, die zwischen den drei Hauptgipfeln liegt: dem Mt. Stanley, dem Speke und dem Baker. Die höchsten Punkte des Mt. Stanley sind die Zwillingsgipfel Margherita (5 110 Meter) und Alexandra (5 094 Meter).

Bergtouren werden gewöhnlich in Fort Portal zusammengestellt. Fort Portal liegt am Fuß des Bergmassivs und ist das Verwaltungszentrum der Westprovinz. Von hier aus können Exkursionen zum Semlikifluß, den Kraterseen und den heißen Schwefelquellen oder zu den Pygmäen des Ituriforstes unternommen werden.

Sind die Gipfel des Ruwenzori das Ziel, dann geht es am ersten Tag durch Regenforsten und Bambushaine zur Nyinabitabahütte (2 500 Meter). Der zweite Tagesmarsch führt durch urweltliche Farnwälder bis zur Nyamlejuhütte (3250 Meter). Am dritten Tag geht es über Geröll und Hochmoore zum Herzen des Ruwenzorimassivs, der Bujukuhütte. Ringsum leuchten die Gletscher und der Firnschnee der Gipfel. Im Tal unterhalb der Hütte spiegeln sich Kreuzkraut und Lobelia im glasklaren Wasser des Bujukusees.

19. Vom Fressen und Gefressenwerden

Nach der Exkursion in die verschiedenen Tierschutzgebiete treffen wir uns nochmals im Nairobi-Nationalpark. Fred hat eine so frühe Stunde gewählt, daß wir die Löwen noch beim Frühstück überraschen. Sie beschäftigen sich, während wir langsam heranfahren, hingebungsvoll mit einem Zebra. Das Tier kann noch nicht lange tot sein. Fleisch und Gedärme dampfen in der kühlen Morgenluft.

Die Löwen sind blutverschmiert, ihre Gesichter verklebt. Sie knurren und fauchen sich an. Keiner gönnt dem anderen einen Bissen. Eine der Löwinnen, ein besonders kräftiges Tier, wühlt ihren Kopf in die Gedärme. Sie zerrt die Leber hervor. Der Löwe will ihr helfen. Er bekommt einen Hieb über die Schnauze, daß er einen halben Meter zurückzuckt. Die Augen der beiden funkeln vor Futterneid; sie fauchen sich an, Speichel fliegt aus den geifernden Rachen. Dann überwiegt wieder der Hunger. Es ist ein schreckliches, ein aufregendes Bild.

Es ist grauenvoll, wie das Opfer zerfleischt, zerrissen wird, und doch ist es nichts weiter als eine afrikanische Alltagsszene. Die einen müssen sterben, damit die anderen leben können. Diese »food-changes«, wie Fred es nennt, haben nur dann etwas Grausames an sich, wenn man den Kontakt zur Natur verloren hat. Wir Menschen leben in einer idealisierten Welt. Unsere Gesetze stimmen nicht immer mit denen der Natur überein. Wird man plötzlich mit der Wirklichkeit konfrontiert – bei Naturkatastrophen, im Krieg oder am Futterplatz der Löwen – ist ein Schock oft nicht zu vermeiden.

Was meinen wir überhaupt, wenn wir von der Natur sprechen? Ist sie für uns gleichbedeutend mit Unermeßlichkeit und Erhabenheit? Oder ist es ihre Gleichgültigkeit, ihre Unbarmherzigkeit, die uns am meisten ins Auge springen? Und was liegt nicht alles zwischen diesen Extremen. Alle Herrlichkeit auf Erden oder nur die Summe aller Erscheinungen?

»An sich ist nichts gut oder böse«, heißt es bei Shakespeare, »das Denken macht es erst dazu.« Der Mensch möchte eine geordnete, eine vollkommene Welt, er möchte wie Archimedes seine Kreise ziehen und nicht dabei gestört werden. Die Natur ist mehr für das Irrationale. Sie schafft ein Übermaß an Leben und sorgt dann durch ein Arsenal an Krallen und Zähnen für den Ausgleich. Sie fordert ihre Kreaturen zum Vernichtungskampf auf und schaut unbeteiligt zu.

»Ich war recht erfolgreich«, konstatiert Fred, »ich habe vierzig Jahre gegessen und vermieden, selbst gegessen zu werden.«

Die Löwen wühlen sich unbekümmert immer tiefer in das Zebra hinein. Genüßlich zerfleischen sie die Gedärme, den Magen und all die anderen Innereien. Dann machen sie sich daran, das Fleisch in langen Fetzen von den Knochen zu reißen. Sie müssen eine sehr rauhe Zunge haben; selbst wenn sie nur lecken, bleibt allerlei hängen.

Die Frühstücksrunde hat sich inzwischen erweitert. Zahlreiche Tischgenossen haben sich eingefunden: Hyänen, Schakale und Geier. Sie sitzen in weitem Umkreis, hecheln heißhungrig oder trippeln unruhig hin und her.

Die Hyänen sind ausgesprochen häßliche Tiere. Ihre Felle sind rauh und struppig, stellenweise räudig und von Narben bedeckt. Die Farben wechseln von einem hellen Braun bis zu dunklem Grau. Schwarze Tupfen verunzieren die schäbigen Wämser. Die Hinterbeine der Hyänen sehen aus, als wären sie verkrüppelt. Sie sind kurz und niedrig und unterstreichen den Charakter des Tieres: geduckt und stets zum Sprung bereit. »Fisi« ist eine Spottfigur. Er hat den Kopf eines Hundes, die Ohren eines Löwen, den stämmigen Körper eines Bären, und er stinkt wie Aas, wie das verfaulte Fleisch, das in der Regel seine Nahrung ist.

Die Schakale sind etwas ansehnlicher. Sie sehen aus wie Hunde, wie Miniaturwölfe. Sie sind entschieden kleiner als die Hyänen, was sie aber nicht abhält, sich denkbar nahe an die Löwen heranzuwagen. Sie sitzen nur fünf oder sechs Meter abseits. Hin und wieder flitzen sie blitzschnell vor, um ein Stück Fleisch oder einen Fetzen Haut zu erhaschen, die beim Streit der Löwen abseits geflogen sind. Ist das Stück zu groß, um gleich verschlungen zu werden, fällt es den Hyänen anheim. Es wird dem Schakal einfach abgejagt. Gegen zwei oder drei Hyänen hat er keine Chance.

Etwas weiter weg hocken die Geier. Sie sitzen recht unbeweglich; nur die häßlichen Köpfe auf den nackten Hälsen drehen und wenden sich. Sie verfolgen das Schauspiel vor ihnen mit Aufmerksamkeit und Geduld. Sie wissen, sie müssen warten.

Nach einer Stunde ist nicht mehr allzuviel von dem Zebra übrig. Die Löwen fressen nicht mehr so hastig, sie kauen bedächtig und nehmen sich auch die Zeit, mit der Zunge gelegentlich das Blut aus dem Gesicht zu wischen. Sie sind satt.

Die Schakale und die Hyänen dagegen sind immer hungriger geworden. Sie bleiben nicht mehr respektvoll auf Distanz, sie pirschen sich näher. Den Löwen wird das lästig. Sie erheben sich, gähnen, lecken sich noch einmal ausgiebig ab und trotten dann davon.

Das ist der Augenblick, auf den die umsitzenden Leichenfledderer gewartet haben. Wie der Blitz sind die Hyänen *on the kill.* Sie lassen die Schakale, die ihnen körperlich unterlegen sind, nicht heran und gönnen sich auch gegenseitig nichts. Sie schnappen und beißen und bellen, und wer ein besonders gutes Stück erwischt hat, rennt mit eingezogenem Hinterteil damit weg, um es in Ruhe vertilgen zu können. Dann sind die Schakale an der Reihe. Sie reißen am Fell des Zebras, um am Rücken und an den Gliedmaßen noch etwas Fleisch freizulegen. Die Geier kommen immer näher. Sie heben und strecken die Flügel und recken die Hälse. Die nächste Runde gehört ihnen.

Wir lassen den Motor an und fahren langsam rückwärts. Vorsichtig holpern wir durch das noch taufeuchte Gras. Hundert Meter abseits haben sich die Löwen ausgestreckt. Sie lassen sich das Fell von der Sonne wärmen. Mächtig wölben sich ihre Bäuche. Eine der Löwinnen rollt sich auf dem Rücken hin und her, sie wälzt sich in irgendwelchen *droppings.* Im Hintergrund, eine Viertelstunde entfernt, recken sich die Hochhäuser Nairobis in den Himmel.

Wir fahren langsam weiter. Zur Rechten äsen einige Dutzend »Tommies«. Sie werden bald nicht mehr hier sein, meint Fred. Sowie das Gras zu hoch wird, meiden sie es. Oft verschwinden sie über Nacht in eine völlig andere Gegend. Hohes Gras, das wissen sie, bringt ihnen den Tod. Zwar machen sich die Löwen nichts aus den kleinen Gazellen – es ist zu wenig Fleisch an ihnen –, aber viele der anderen Raubtiere verspeisen ganz gern ein zartes Filet. Selbst ein Schakal – nur ein Drittel so groß und halb so schwer – zögert nicht, eine erwachsene Thompson's Gazelle anzuspringen und zu töten.

Aber wer wird an einem solch strahlenden Morgen über sein Schicksal nachsinnen! Ist es nicht eine Wonne zu leben? Die Tommies sind die Übermütigkeit selbst. Sie hüpfen und springen und jagen sich gegenseitig. Die Kitze schnellen in die Luft, als machten sie Seilspringen. Ihre Hufe berühren kaum den Boden. Mit abgestreckten, steifen Gliedmaßen, das kleine Schwänzchen ausgestreckt und das Köpfchen seitwärts gelegt, hüpfen sie auf der Stelle. Sie sind die Bambis der Märchenbücher, die grazilsten Geschöpfe der Steppe.

Fred zeigt nach rechts. Ich sehe nur einen Baum. Erst auf den zweiten Blick erkenne ich den Geparden, der auf der ersten Astgabelung liegt. Er liegt völlig ruhig, eine seiner Vorderpfoten hängt herab. Wartet er darauf, daß die Tommies näher kommen? Der Wind steht günstig für ihn. Aber vielleicht sonnt er sich auch nur. Er hat es nicht nötig, auf der Lauer zu liegen. Er ist das schnellste Tier Afrikas, der schnellste Vierbeiner überhaupt. Seine Beute hat

keine Chance. Er kommt wie ein gelber Blitz über sie. Riskieren tut er dabei grundsätzlich nichts. Er wählt immer Tiere, die ihm körperlich unterlegen sind. Vielleicht ist seine mangelnde Ausdauer der Grund dafür.
Fred weiß von einem Geparden zu erzählen, der mit dem Auto gejagt wurde und schon nach einer kurzen Strecke vor Erschöpfung fast zusammenbrach. Hätte der Tierfänger nicht eine Spritze mit herzstimulierendem Coramin zur Hand gehabt, wäre ihm das Tier vielleicht eingegangen.
Verschiedentlich werden Geparden auch als Haustiere gehalten. Sie sind relativ leicht zu dressieren und dann recht anhänglich. Aber beim Spiel mit ihnen heißt es vorsichtig sein. Im Gegensatz zu anderen Katzen können sie ihre Krallen nicht einziehen. Das reicht an sich schon aus, das Pfötchengeben gefährlich zu machen, aber nicht die Schrammen sind es, die zum Verhängnis werden können, sondern der Schmutz, der in die Hautabschürfungen gerät. Die verfaulten Fleischreste in den Krallen des Tieres rufen leicht eine Blutvergiftung hervor.
Kurz vor dem Hippo Pool (Flußpferdteich) hebt ein entsetzlicher Lärm an. Eine Hundertschaft Paviane sitzt in einem Baum und bellt zu uns herüber. Unser Besuch paßt ihnen nicht. »Wir wollen uns die Burschen mal ansehen«, meint Fred.
Langsam steuern wir näher. Der Baum ist gespickt mit Affen. Auf allen Zweigen sitzen sie. Sie fletschen die Zähne und schimpfen zu uns herunter in allen Tonlagen und mit unterschiedlichem Temperament. Die Senioren geben tiefe Baßlaute von sich, die Weibchen schelten in Dur und Moll, und die Babies quieksen wie Schweinchen. Manche der Affen klettern aufgeregt von Zweig zu Zweig, andere sitzen gelassen. Ein alter, ziemlich ergrauter Geselle hält sich mit der Linken einen anscheinend freßbaren Zweig ins Maul, mit der Rechten kratzt er seinen Posterior. Zwischendurch macht er von seinem Recht der freien Meinungsäußerung Gebrauch.
»Can't look at them without mortifying reflections«, brummt Fred.
Sobald wir weg sind und das Gras trocken ist, werden die Paviane herunterkommen und sich über alles hermachen, was eßbar ist. Sie fressen Käfer und Insekten, die Eier und die halbflüggen Jungen der Vögel. Sie heben die Steine und suchen nach Skorpionen. Geschickt reißen sie den gefährlichen Kerbtieren den Stachel heraus, den Rest halten sie mit spitzen Fingern zwischen die Zähne und zerbeißen ihn mit hochgezogenen Lefzen. Auch Beeren und Früchte werden nicht verachtet. Bestimmte Wurzeln graben sie mit den Händen aus dem Boden. Mit Gazellenkitzen machen sie kurzen Prozeß, und wenn sie einem Farmer über seine Mais-, Mango- oder Bananenplantagen herfallen können, dann ist für sie ein Festtag.
Überrumpeln kann man die Paviane so gut wie nie. Sie haben unwahrschein-

lich scharfe Augen und sind von größter Wachsamkeit. Die anderen Tiere machen sich das vielfach zunutze. Sind die Paviane an der Tränke, dann können sich auch die Ängstlichen aus der Deckung hervorwagen und unbekümmert ihren Durst stillen.

Die Intelligenz der Paviane wurde schon verschiedentlich getestet. Dabei kam man zu recht überraschenden Resultaten. Die Burschen können zum Beispiel bis sechs zählen. Das hat man herausgefunden, als es darum ging, ein Maisfeld vor den Plünderern zu schützen. Unter den Augen der Tiere, die auf den benachbarten Bäumen saßen, sind sechs stockbewehrte Eingeborene als Wache in die Pflanzung marschiert. Die Paviane blieben auf ihren Bäumen und warteten. Als es Zeit zum Mittagessen war und vier der Männer den undurchsichtigen Mais-Dschungel verließen, um ihre Mahlzeit einzunehmen, fingen die Paviane zu zählen an. Sie merkten: Da fehlen noch zwei. Auch als der fünfte Arbeiter, vom Farmer gerufen, das Feld verließ, muckste die Gesellschaft nicht, aber kaum hatte sich der sechste einige Meter entfernt, da fiel die Meute über das Feld her.

Man hat den Versuch wiederholt. Mit sieben bis zehn Männern. Dabei zeigte sich, daß die Affen stets in das Feld einfielen, nachdem der sechste Mann die Pflanzung verlassen hatte. Weiter können sie nicht zählen. Was über sechs hinausgeht, überfordert ihr Gedächtnis.

Die roten Hinterteile der Tiere machen Fred hin und wieder Kummer. Altjüngferliche Amerikanerinnen wollen unbedingt wissen, warum die Affen an dieser nur schlecht zu benennenden Stelle rosa sind, und sie haben ihm schon wiederholt dargelegt, daß es manierlicher wäre, wenn die Paviane nicht nackte, sondern *furry fannies,* pelzgeschmückte Kehrseiten hätten.

Ein Parkwächter, der mit Schaufel und Jeep unterwegs ist, um sich der Schlammlöcher anzunehmen, ist an unseren Wagen getreten. Er zeigt zu einem Tümpel, der in hundert Meter Entfernung zwischen den Büschen durchschimmert: »Kiboko mkubwa! – Ein großes Nilpferd!« Der braune, unförmige Fettberg ist nicht zu übersehen. Langsam schiebt er sich durch das Gras. Wir lassen den Wächter aufsitzen und fahren näher.

Das Tier hat gut und gerne seine zweieinhalb Tonnen. Die Grasmengen, die es abrupft, könnten einen Elefanten mästen. Seine kleinen Ohren sind flink und beweglich. Sie müssen uns wahrgenommen haben. Der große, unförmige Körper dreht sich uns zu. Für Sekunden blinzelt das Tier unschlüssig in unsere Richtung, dann macht es eine schneidige Kehrtwendung (was einem Bogen von zehn Meter Durchmesser gleichkommt) und trabt zum Tümpel.

Fred, der privat einen Porsche fährt, kommentiert: »Bodenfreiheit und Schwerpunktslage sind gut, doch das Rennen wird diese Konstruktion nie machen!« Aber uns, das steht außer Zweifel, hat er abgehängt.

Als wir näher kommen, ist nicht mehr zu erkennen, welches von den Tieren, die aus dem Wasser lugen, uns eben entwischt ist. Ein gutes Dutzend von ihnen liegt friedlich auf Tauchstation. Alles, was von ihnen zu sehen ist, sind die vorstehenden Augen, die Nüstern und ein Stück des Nackens.

In Kenia sind die Hippopotami recht selten geworden. Bei der Erschließung des Landes sind zu viele der Wasserstellen für die Trinkwasserversorgung der Bevölkerung, für die Bewässerung der Felder und für die Viehherden benötigt worden. Das ging zu Lasten der Nilpferde. In Uganda jedoch leben sie noch in paradiesischer Unbekümmertheit. Aussterben werden sie bestimmt nicht; überall, wo die Tiere geschützt sind, vermehren sie sich wie die Kaninchen.

Gefährlich – im afrikanischen Sinne des Wortes – sind die Flußpferde nicht. Wenn sie an Land sind, kommt es ihnen nie und nimmer in den Sinn, anzugreifen, aber wenn sie im Wasser gejagt oder belästigt werden, können sie recht unangenehm werden. Schon manches Boot ist von ihnen umgeworfen worden. Wenn es sein muß, nehmen sie es auch mit Krokodilen auf. Fred weiß von einem Fall, bei dem ein Krokodil, das gemächlich den Fluß heruntertrieb, von einem Hippobullen ohne Umschweife mittendurch gebissen wurde.

Nach Ansicht vieler Eingeborenen ist das Nilpferd ein Fisch. Das hat seine Gründe. Ein Mohammedaner darf ein Tier nur dann essen, wenn es abgestochen wurde, solange es noch lebte. Auf der Großwildjagd ist das oft nicht einfach. Wenn der Schuß ins Ziel ging, dann hat das Tier seinen letzten Schnaufer getan, bevor ihm die schwarzen Boys mit der Klinge in die Kehle fahren können.

»Too bad, it's too dead to be hallaled!« Sie müssen dann traurig dabeisitzen, wenn sich die Ungläubigen den guten Braten schmecken lassen.

Bei den Hippopotami haben sie solchem Jagdpech vorgebeugt. Sie sind sich einig: Ein Nilpferd ist ein Fisch, ein Fisch hat Kiemen (die Kiemeneinschnitte der Fische stammen vom Messer des Propheten), und somit kann man sein eigenes Messer stecken lassen und das Fleisch des Nilpferdes auch dann essen, wenn es nach dem Schuß nur noch tot geborgen werden kann.

Über tot geborgene Nilpferde weiß Albert Schweitzer einiges zu berichten: Ein getötetes Flußpferd ging unter und kam erst nach zwölf Stunden, als sich genügend Gase in seinem Körper gebildet hatten, wieder an die Oberfläche. Die Eingeborenen zogen es an Land und improvisierten ein Fest. Sie verzehrten das schon grüne und stinkende Flußpferd mit Begeisterung (und ohne schädliche Nachwirkungen). Auf die Frage, wie sie so übelriechendes Zeug noch essen können, kam die Antwort: »Halb so schlimm! Es ist das Fleisch, was wir essen, nicht der Gestank!«

Am unteren Ende des Tümpels sind einige der Tiere aus dem Wasser gestiegen. Sie stapfen zu ihrem Schlammbad, einem rotbraunen Pfuhl, und wühlen sich in den zähen Brei. Wir beobachten sie durch die Gläser. Fred erläutert, daß die Tiere eine sehr sonnenempfindliche Haut haben und deshalb die Schlammkuren benötigen. »Nevertheless – a muddy hippo is the muddiest thing in the world!«
Wir fahren zurück – an jungen Gnus vorbei, die übermütig durch den Morgen tollen und immer wieder einen kurzen Galopp einlegen. Auch die Giraffen treiben ein wenig Frühsport. Nicht wild und ungebärdig, nein, ladylike wie immer. Keine Kreatur auf Erden hat einen so eigentümlichen Gang wie die Giraffe. Etwas Wellenförmiges, Fließendes ist ihrem Galopp eigen. Beide Beine einer Seite werden gleichzeitig und in der gleichen Richtung bewegt. Das ergibt einen eigenartigen, verhaltenen, schwebenden Rhythmus. Er erinnert an Zeitlupenaufnahmen.
Als wir an dem toten Zebra vorüberkommen, scheuchen wir einige Geier auf. Fünfzehn oder zwanzig der Vögel balgen sich um die Reste. Mit vorgereckten Hälsen würgen sie Haut- und Sehnenfetzen hinunter. Die Außensitzenden flattern hin und wieder mitten in die Versammlung. Sie hocken sich auf die weiß abstehenden Rippenknochen des Zebras, balancieren mit den Flügeln und hacken mit vorgerecktem Hals nach den letzten Resten. Bald wird die Arbeit vollends getan sein. Dann kommen die Ameisen.
Wir verlassen den Park und fahren ins Norfolk. Der Tag hat für uns so früh begonnen, daß wir beide ein Vesper nötig haben. Beim anschließenden Frühschoppen – es haben sich noch ein paar Bummelanten zu uns gesellt – kommt man ins Erzählen. Von Gästen aus Amerika und Indien, von Sportsmen und schießwütigen Ladies, von Jägern und Safaris ist die Rede.

20. Ein Job für Männer

Großwildjagd in Afrika ist ein Sport für Laien geworden. Berufsjäger, die, wie noch vor einigen Jahrzehnten, ihren Lebensunterhalt durch das Abschießen von Büffeln, Elefanten und Nashörnern verdienen, gibt es nicht mehr. Die Tiere sind geschützt. Nur Wilderer können sich an der Haut, dem Fleisch und dem Elfenbein der Tiere noch bereichern. Die Berufsjäger von heute sind Fremdenführer, Safariexperten.
Der Berufsstand der White Hunters ist in den dreißiger Jahren aus der Taufe gehoben worden. 1934 wurde die erste Berufsvereinigung gegründet. Ganze

fünfzehn Mitglieder hatte sie damals. Der Krieg war dem Safarigeschäft – zumindest in Ostafrika – nicht förderlich, aber kurz danach begann der Boom. Afrika war nicht mehr abseits. Flugzeuge bewältigten die langen Strecken von Amerika, von Asien, von Europa in wenigen Stunden. Nairobi wurde ein Zentrum des Luftverkehrs. Hotels schossen wie Pilze aus dem Boden, Straßen wurden gebaut, modernste Fahrzeuge bezwangen Busch und Steppe. Die Fahrt über Land war kein Risiko mehr. Alle Zeichen standen auf Grün; die Touristen konnten kommen.

Und sie kamen. Sie kamen aus Wallstreetbüros und Industriezentren, von südamerikanischen Kaffeeplantagen und kanadischen Großfarmen, sie kamen aus Haidarabad, Amsterdam, Tokio und Los Angeles. Sie wollten schießen und fotografieren, und alle brauchten sie einen Führer. Die Safarifirmen florierten. Die White Hunters, die Berufsjäger, hatten keine freie Minute mehr.

Was die Skilehrer für St. Anton, das sind die Hunters für Nairobi: die Prominenz, das Idol. Während der Saison sind sie nur selten anzutreffen. Sie sind draußen, in Forest und Veldt. Berühmte Jäger sind auf Monate, auf Jahre im vorhinein ausgebucht. Ihre Arbeit beginnt schon einige Wochen vor dem Eintreffen des Klienten. Jagdlizenzen müssen besorgt und Safari-Lodges gebucht werden, die Anfragen des Kunden – welche Waffen, welche Kleidung brauche ich? – müssen beantwortet werden und so weiter. Wenn der Jagdgast eintrifft, ist in der Regel schon alles startbereit, er braucht bloß in den Landrover umzusteigen.

Provisorien gibt es nicht mehr, alles ist bestens organisiert. Das kann nicht schaden; nur die Romantik, das Abenteuer kommen hin und wieder ein wenig zu kurz. Aber wer hat es schon gerne, wenn es unterwegs an Ersatzteilen mangelt oder die Chemikalien für das Präparieren der Felle vergessen wurden. Unter der Aufsicht des Berufsjägers können solche Pannen nicht vorkommen.

Leicht haben es die Männer von der Hubertuszunft nicht. Ihre Klienten sind vielfach Laien. Das gilt auch dann, wenn es dem Direktor oder der Lady zu Hause an Weidmannspraxis nicht mangelt. Ein Büffel ist kein harmloser Zwölfender, und eine Fahrt durch die Serengeti ist eine Parforcejagd eigener Art. Die Jagdlustigen, die aus allen Richtungen der Windrose kommen, sind mit Land und Leuten nicht vertraut, und sie kennen die Tiere nicht, die sie schießen oder fotografieren wollen. Der Leiter der Safari wird zwangsläufig zum Mädchen für alles, er ist *in charge of everything*.

Er hat dafür zu sorgen, daß die Ausrüstung komplett ist, daß es an Munition, Benzin und Whisky nicht mangelt und daß den Boys die Rationen nicht ausgehen. Er bestimmt den Weg, überwacht das Auf- und Abbauen der Zelte, die Kochkünste der Boys und die Laune der Jagdgäste. Er ist Oberkellner, Ingenieur und Apotheker, er ist Boss und Bosselbub, Pfadfinder und Fellpräparator. Er muß Spezialist für alle gängigen Kameratypen sein (die meisten Klienten haben keinen blassen Schimmer vom Fotografieren; alles, was sie haben, sind neue Ausrüstungen). Wenn der Wagen in die Brüche geht, muß er ihn wieder flottkriegen, wenn jemand verletzt oder krank wird, muß er ihm wieder auf die Beine helfen. Er muß mit den Männern trinken und gegen die Frauen immun sein. Er weiß: Großwildjägerinnen sind entweder alt, verwöhnt und zu Beschwerden aufgelegt, oder sie sind jung und verwöhnt und haben eine deutliche Neigung zum Flirten. Er muß ein Mann von Takt und ein Mann mit Geduld sein. Er kennt die immer wiederkehrenden Fragen: »Gibt es Moskitos hier?« – »Sind Sie sicher, daß wir unseren Elefanten kriegen?« – »Kommen die Löwen bestimmt nicht ins Zelt?« – »Warum hat das Rhinozeros zwei Hörner?«

Auf der Pirsch ist er mal Spürhund, mal Notbremse. Er hat mit sicherem Auge die besten Trophäen zu wählen, und er muß den Büffel – wenn der Klient sein Arsenal verschossen hat und das Tier recht aufgemuntert ankommt – vollends aufs Kreuz legen. Die Angst vor Mücken, Schlangen und Skorpionen verscheucht er mit gütigem Zuspruch, die Monotonie der Speisen würzt er mit Anekdoten, und den Mangel an Badewasser und Toiletten überbrückt er, indem er sportliche Ambitionen weckt.

Afrika ist heiß und staubig, naß und kalt – für alles kann er seine Klienten begeistern. Die lauwarme Brühe in der Zelttuchschüssel wird zum griechischen Bad und das New Stanley mit seinem Komfort zum Asyl für Degenerierte.

Auf gute Weidmannssitten muß der Jäger größten Wert legen: es darf nicht bei Dunkelheit unter Ausnutzung der Schweinwerfer, und es darf nicht mit Schnellfeuerwaffen geschossen werden. Und es ist strikt untersagt, auf ein Tier zu schießen, wenn man nicht wenigstens zweihundert Yards vom Wagen entfernt ist.

Das hat seinen guten Grund. Die Tiere schrecken vor Fahrzeugen nicht zurück. Ihr Instinkt wird durch die lärmenden Vehikel nicht angesprochen, sie sehen keine Gefahr. Sowie die Jäger das Fahrzeug jedoch verlassen, ändert sich die Situation. Die Ohren spitzen sich, die Nüstern nehmen Witterung, und öfter als den Schützen lieb ist, verflüchtigt sich die ganze Herrlichkeit in Richtung Horizont.

Sportsmen sind sie alle, die zur Großwildjagd nach Afrika kommen, aber der Jäger kennt verschiedene Kategorien: Die einen kommen, machen große Sprüche und schießen dann daneben, andere kommen, machen keine Sprüche und schießen auch daneben. Es gibt auch ausgemachte Blindgänger, die erst ein Weilchen drumherum reden und schließlich beim ersten Löwengrollen damit herausrücken: »Könnten Sie nicht die Biester für mich schießen? Ich kann mich doch auf Ihre Verschwiegenheit verlassen!«

Der Jäger spuckt aus, wenn auf solche Leute die Rede kommt. »Wer kennt sie nicht, die Kegelklubhelden, die sich mit Trophäen rühmen, die sie nie geschossen haben.« Dann schweigt er. »Hunters don't talk, once the safari is over.«

Das andere Extrem sind die Leute, die jede Hilfe des Jägers ablehnen, die nichts akzeptieren, was sie nicht hundertprozentig selbst zur Strecke brachten. Sie sind keineswegs des Jägers Ideal. »Das sind die Burschen, wegen denen wir draufgehen.«

Wenn ein angeschossenes Tier entkommt, ist es Sache des Hunters, ihm ins Dickicht zu folgen, und das ist der Gesundheit manchmal recht abträglich.

Am liebsten sind den White Hunters solche Jagdgäste, die genügend Angst haben, um vorsichtig zu sein, aber sich den Schneid nicht abkaufen lassen, wenn es darauf ankommt. Sie schießen ihre Trophäen selbst, machen aber kein Lamento, wenn der Jäger eingreift, falls ein Büffel *some extra killing* benötigt.

Die Fähigkeit, in Sekundenschnelle und auf kürzeste Distanz schießen und treffen zu können, ist die wichtigste Berufsqualifikation der Jäger. Waffen mit Zielfernrohren strafen sie mit Verachtung. Wenn man sie fragt, auf welche Entfernung sie mit Sicherheit treffen, lächeln sie und meinen, auf zehn Meter seien sie am besten eingeschossen.

21. Mit dem Eisschrank auf Safari

In früheren Zeiten ging man mit Trägern, mit Mauleseln und Kamelen auf Safari. Die Träger – oft waren es hundert und mehr – schleppten das Gepäck fünfzigpfundweise und den Bwana abwechselnd. Heute gibt es nur noch wenige Gebiete, wo das Kraftfahrzeug nicht alle anderen Beförderungsmittel ausgestochen hat.

Landrover mit Vierradantrieb und die Spezialfahrzeuge von Daimler-Benz sind fast jedem Gelände gewachsen. Sie sind die Mulis moderner Safaris. Auch das Flugzeug leistet gute Dienste. Fast überall, am Rande der Städte und draußen in den Wildgebieten, sind Landestreifen angelegt worden. Wer nicht auf holprigen Wegen durchgeschüttelt werden möchte, wer es besonders eilig hat, richtet es so ein, daß das Camp bereit steht und das Böcklein schon am Spieß brutzelt, wenn das Flugzeug zur Landung ansetzt. Der Jagdherr braucht nur noch Platz zu nehmen. Natürlich nicht auf dem Boden. Tisch und Servietten und bequeme Stühle gehören zur Standardausrüstung. Auch eisgekühltes Bier ist eine Selbstverständlichkeit. Kerosinkühlschränke sind vom Stromnetz unabhängig.

Viele andere Annehmlichkeiten sind ebenfalls gang und gäbe: fliegensichere Wohn- und Speisezelte, Dusch- und Badezelte, komfortable Betten mit Springfedern und Schaumgummimatratzen, täglich frisch gewaschene und gebügelte Hemden. Die Post kann per Flugzeug frei Zelt geliefert werden.

Was kostet der Spaß? Das hängt ganz von den Wünschen des Jagdgastes ab. Pauschal kann man etwa folgende Werte nennen:

Dreißig Tage für einen Jagdgast und einen Jäger: etwa 15 000 Mark

Dreißig Tage für zwei Jagdgäste und einen Jäger: etwa 18 000 Mark

Eine zwölfwöchige Safari – vier Klienten und zwei Jäger – kostet zwischen 60 000 und 100 000 Mark.

Fahrzeuge und die ganze Zeltausrüstung sind im Preis inbegriffen. Waffen und Munition, Jagdlizenzen und *personal items* (persönliche Dinge) gehen extra. Am teuersten sind die Regentage: auch sie kosten 35 bis 40 Pfund Sterling (etwa 450 Mark).

Die General-Lizenz beläuft sich auf 1 000 Schillinge. Folgende Trophäen werden gesondert berechnet:

	Stückzahl:	Gebühr für Spezial-Lizenz Schilling
Elefant (erster)	1	1500
Elefant (zweiter)	1	2000
Rhinozeros	1	800
Flußpferd (Viktoriasee)	1	200
Büffel	4	5
Eland	1	50
Löwe (im Narok-, Voi-, Kajiado- und Machakos-Distrikt)	1	500
in anderen Distrikten	1	50
Leopard	1	500
Greater Kudu	1	100
Bongo	1	50
Hunter's Antilope	1	100
Grevy Zebra	1	100
Blauaffe	2	20
Strauß	1	50

Samburu-Mädchen beim Fruchtbarkeitstanz.

Da die Zebras – im Gegensatz zu den meisten anderen Tieren der Tropen – ihr Fett direkt unter der Haut ablagern, sind sie immer drall und rund. Die Dürre, die ein Zebra um seine Statur bringen könnte, hat es noch nicht gegeben.

Die Rendille, Nomaden im Norden Kenias, sind ständig auf der Suche nach Wasser und etwas Gras für ihre Kamele, Ziegen und Schafe.

Bei der Addition darf man nicht vergessen, die An- und Rückreisekosten und das Präparieren der Felle (was in die Tausende geht) hinzuzurechnen. Jago (»Othello«) würde raten: »Tu Geld in deinen Beutel!«
Da die Amateurfotografie, insbesondere das Filmen, in den letzten Jahren durch handliche und unkomplizierte Apparate wesentlich erleichtert wurde, sind viele, ja die meisten Touristen nur noch auf Tier- und Landschaftsbilder aus. Oft sind es recht exklusive Wünsche, die befriedigt sein wollen. Ein Rhinozeros mit dem Kilimandscharo im Hintergrund ist für blutige Anfänger recht, die Filmbesessenen, die das Material kilometerweise abspulen, sind hinter dem »wirklichen« Afrika her, hinter Tieren, die kämpfen, sich begatten, fressen und gefressen werden.
Eine Safari ist – wie alles im Leben – eine Sache des Stils, des Temperaments. Der eine liebt den Komfort und ist zufrieden, wenn er von sicherer Hotelterrasse einige Schnappschüsse ergattert (die Hörner holt er sich im Äquator-Club), der andere will sich seine Bilder, seine Trophäen nicht schenken lassen; er scheut weder Staub noch Hitze, noch Ungeziefer. Es gibt Leute, die sich auf hundert Meter an das Wild heranchauffieren lassen, aussteigen, das Zielfernrohr auf das nächstbeste Tier richten und abdrücken, und es gibt solche, die tage- und wochenlang und unter den sportlichsten Bedingungen hinter einem besonders schönen Geweih oder einem Hundertpfünder her sind. Für die einen ist Afrika eine Abwechslung, für die anderen ist es ein erregendes, faszinierendes Erlebnis, eine Herausforderung, der sie nicht widerstehen können.

22. Siegesfeier der Mau-Mau im Rift Valley

Das Rift Valley zu erkunden ist das Ziel des nachmittäglichen Ausfluges. Der Mercedes 190 der Safarifirma fährt pünktlich vor. Zwei ältere Damen, Lehrerinnen aus dem Westen Kanadas, zur Zeit auf einer Weltreise, sind mit von der Partie.
Wir fahren die Straße nach Nakuru entlang. Die Szenerie bietet nichts Besonderes. Links und rechts der gut ausgebauten Fahrbahn erstrecken sich kleine Pflanzungen: Mais, Bananen, Palmen. Die Behausungen der Eingeborenen schmiegen sich in die Landschaft ein: runde oder quadratische Lehmhütten, mit Stroh gedeckt, graubraun in der Farbe. Kleine Rinder- und Ziegenherden weiden entlang der Straße, von Hirten in zerlumpter Kleidung bewacht. Spielende Kinder tollen durch das Gebüsch, Frauen schleppen

Brennmaterial nach Hause. Das Holz ist gebündelt, die ganze Last wird nur von einem Stirnband gehalten. Das Tuch mit dem obligatorischen Baby wurde für den Heimweg umgekehrt gebunden: Das braune Wuschelköpfchen baumelt an der Brust der Mutter.

Wir passieren Kaffeeplantagen, kleine Büsche, etwa ein bis eineinhalb Meter hoch und Bananenpflanzungen mit großen fleischigen Blättern. Orangen werden hierzulande kaum angebaut. Der Saft, den wir im Hotel serviert bekommen, stammt aus Israel.

Einige Paviane treiben entlang der Straße ihr Unwesen. Sie sausen mit affenartiger Behendigkeit an den Bananenstauden hoch, greifen sich einige Früchte und machen sich dann, die Babies huckepack tragend, davon, schimpfende und Stöcke schwingende Eingeborene hinterher.

Nach etwa zwanzig Meilen ist das erste Aussichtsplateau erreicht. Weit geht der Blick hinaus ins Rift Valley, diesen großen afrikanischen Graben, der mit seiner Seenkette Klima und Landschaft Ostafrikas nicht unwesentlich beeinflußt. Der Graben beginnt in Portugiesisch-Ostafrika und teilt sich in Tanganjika in zwei Arme: der westliche Arm läuft bei den Murchinsonfällen in Norduganda aus, der andere kreuzt Kenia und Äthiopien, umfaßt das Rote Meer und endet in Kleinasien, in der Gegend des Toten Meeres.

Der südlichste See des Rift Valley ist der Lake Nyasa. Dann folgt im westlichen Teil des Grabens der Tanganjikasee, der mit eintausendfünfhundert Metern einer der tiefsten Seen der Welt ist. Weiter nördlich, in Rwanda, sind der Kivu- und dann in Uganda der Edward- und der Georgsee. Das Ruwenzorimassiv, das vulkanischen Ursprungs ist, liegt ebenfalls im Rift Valley. Dreihundert Kilometer weiter nördlich, am Ende des Albertsees, läuft das Tal aus.

Der größere, der östliche Arm des afrikanischen Grabens, ist im Zentrum Tanganjikas nur schwer ausfindig zu machen, aber südlich des Manyara- und des Natronsees schieben sich seine Ränder wieder in die Höhe. Im Magadisee haben sich enorme Salz- und Sodamengen abgelagert. Westlich Nairobis verengt sich das Rift auf fünfundsechzig Kilometer. Hier beginnt das fruchtbare Farmland. Weiter nördlich liegen der bezaubernde Naivashasee sowie die Seen von Elmenteita und Nakuru, die für ihren Vogelreichtum berühmt sind. Nördlich vom Rudolfsee, der vom deutschen Entdecker nach dem unglücklichen Liebhaber aus dem Hause Habsburg benannt wurde, mündet das Rifttal in das äthiopische Hochland ein.

Der Ausblick ins Rift Valley ist großartig. Tief unter uns erstreckt sich die Talebene. Kleine Seen spiegeln das Sonnenlicht wider, unzählige Tupfen heben sich vom sandbraunen Grund ab: Büsche und kleine Bäume, dazwischen die runden Strohhütten der Kikuyus.

In der Mitte des Tales reckt sich ein annähernd kegelförmiger Berg in die Höhe: der Longonot, ein erloschener Krater. Viele solcher Vulkankegel sind im Rift Valley zu finden. Vor Jahrmillionen wurden durch die Druckveränderungen beim Einbruch des Tales erhebliche Magmamengen aus dem Innern der Erde herausgepreßt. Heute erinnern nur noch die Krater an diese urweltlichen Eruptionen; die Vulkane sind erloschen.

Wir sind im Kikuyuland und nützen die Gelegenheit, uns einige Dörfer aus der Nähe zu betrachten. Sie sind ziemlich einförmig, eine »Shamba« ist wie die andere. Ziegen und allerlei Federvolk spazieren zwischen den Hütten einher. Einige alte Frauen stampfen Mais oder flechten Körbe. Wo sind die anderen Dorfbewohner?

Unser Fahrer, selbst ein Kikuyu, erkundigt sich, aber er rückt nicht recht mit der Sprache heraus. Ich bohre ein bißchen: »Don't tell me, they are sleeping.«

»No, Bwana, sie schlafen nicht; sie sind auf einer Versammlung.«

»Das ist großartig, laß uns hinfahren.«

Er überlegt. Man sieht ihm an, daß er eine Entscheidung zu fällen hat. Soll er, soll er nicht? Er sagt nicht ja und sagt nicht nein, aber er schlägt wenigstens die gewünschte Richtung ein. Nach ein, zwei Kilometern sehen wir den Versammlungsplatz vor uns: ein weites Rund, auf dem sich einige tausend Menschen drängen. »Fahr zu, das ist genau das, was ich mir schon immer gewünscht habe!«

Nun hält es der Fahrer aber doch für angebracht, einige Erläuterungen zu geben: Wir sind auf einer Versammlung der Mau-Mau. Man feiert heute zum zweiten Male Uhuru, da die Männer am 12. 12. 63, dem offiziellen Unabhängigkeitstag, noch in den Wäldern und Bergen versteckt waren und erst jetzt nach Hause kamen. Ich verspüre das Bedürfnis, mich hinterm Ohr zu kratzen. Daran hatte ich nicht gedacht. Um unnötigen Komplikationen aus dem Wege zu gehen, stelle ich zunächst einmal meine Nationalität klar: »Ich bin kein Engländer, ich bin Deutscher.«

Der Fahrer nimmt das mit Genugtuung zur Kenntnis und sagt es einigen Männern weiter, die zu unserem Wagen gelaufen kommen. Auch die Nationalität der beiden Damen wird erläutert. Trotzdem ist es mir nicht wohl in meiner Haut. Wir sind die einzigen »Europäer« hier, und diese Männer haben ein Jahrzehnt gegen den weißen Mann und seine Vorherrschaft gekämpft. Die Blicke, die sie uns zuwerfen, sind auch nicht gerade liebenswürdig. Ich überlege, was da zu tun ist. Ein gewisses Risiko ist nicht zu leugnen, auf der anderen Seite lockt die einmalige Gelegenheit, die Mau-Mau aus nächster Nähe auf den Film zu bannen. Die Motive, die da vor der Kamera sitzen, stehen und liegen, sind zu verführerisch.

Im Augenblick formiert sich sogar ein Umzug, ein improvisierter Tanz: die Mau-Mau-Heroen marschieren durch das Rund der Zuschauer, um deren Huldigung entgegenzunehmen. Es sind Männer in Leopardenfellen und abgetragenen Kleidern, mit zerfurchten Gesichtern und wilden Gebärden. Sie schwingen ihre Waffen: uralte Vorderlader, Keulen und Buschmesser. Es sind, wie ich später erfahre, die Mordwerkzeuge, mit denen beim Lari-Massaker im März 1953 120 Frauen und Kinder hingeschlachtet wurden.
Ich hebe die Kamera und drücke ab. Die Umstehenden reagieren recht unfreundlich: Grimassen werden geschnitten, einige Fäuste ballen sich, ältere Männer drehen sich unwillig ab. In der Nähe erheben sich einige der Versammlungsteilnehmer und kommen auf mich zu. Jetzt heißt es verhandeln.
Ich krame einige höfliche Redewendungen aus meinem etwas blockierten Gedächtnis (die Sonne ist plötzlich unerträglich warm) und beginne mit »Jambo«. Das ist Suaheli und heißt »Grüß Gott«.
»Jambo, Bwana.« Die Herren sind nicht unfreundlich, aber sie machen mir klar, daß Fotografieren nicht erlaubt sei. Einer von ihnen erbietet sich jedoch, mich zum Field-Marshal zu begleiten, damit ich ihn um seine Genehmigung fragen kann.
Die Honoratioren sind etwa achtzig oder hundert Meter entfernt, dazwischen – in weitem Rund – Tausende von Kikuyus. Es ist mir nicht klar, wie ich dahin kommen soll, aber einen Versuch ist die Sache wert. Mein Führer geht voran. Er drängt sich durch seine am Boden hockenden Landsleute und winkt mir zu, ihm zu folgen. Ich steige wie ein Storch hinter ihm her. Nur ein paar Meter, dann bleibe ich zwischen Beinen und Köpfen stecken.
Den Leuten fällt es nicht ein, mir Platz zu machen. Vermutlich können sie es gar nicht: sie sitzen viel zu eng, um mich ungestreift durchzulassen. Kinderhände greifen nach mir, kleine Patschhändchen, die eben noch breiige Bananen zerdrückt haben, verschwitzte Körper in unsäglich dürftigen Kleidern verbreiten einen süßlichen Geruch, runde, glattrasierte Schädel starren mich mit offenen Mündern an, mit Mündern voller Zahnlücken, kleinen Geschwüren und fadenziehendem Speichel. Viele der Augen, die zu mir hochstarren, sind rot und gelb gerändert, zahllose Ohren haben abstoßende Weitungen und Löcher, und die Nasen von vielen der Kinder sind heute noch nicht mit einem Taschentuch in Berührung gekommen. Ich habe keine Vorurteile und bin überzeugt, daß diese Leute in absehbarer Zeit recht chic und adrett sein werden, aber im Augenblick bin ich überfordert – ich mache kehrt.
Der zweite Anlauf hat mehr Erfolg. Weiter links, parallel zu den Reihen, bietet sich ein Durchschlupf. Zu den Kriegern halte ich eine gewisse Distanz. Ich möchte keine Affekthandlung auslösen. Diese Leute können fast durchweg weder lesen noch schreiben, und mit dem Denkvermögen wird es auch

seine Grenzen haben. Sie haben zehn Jahre gegen Weiße gekämpft – ich möchte nicht der sein, an dem der lange angestaute Groll, einer momentanen Eingebung folgend, abreagiert wird.
Die tanzenden und marschierenden Helden haben sich inzwischen gesetzt; ein Redner betritt das Podium und spricht in der suggestiven Weise des erfolgreichen Politikers. Seine Sätze sind kurz und prägnant. Beifall umbrandet ihn. Das einzige, was ich verstehe, sind die Worte Kenyatta und Uhuru.
Bei den Honoratioren ist guter Rat teuer. An wen soll ich mich wenden? Ich beuge mich zum erstbesten herunter und erkläre ihm, daß ich aus Germany komme und gerne einige Bilder von dieser stolzen Versammlung mit nach Hause nehmen möchte. Er versteht kein Englisch und verweist mich an seinen Nachbarn. Der fühlt sich auch nicht zuständig.
Ein jüngerer, etwa fünfunddreißigjähriger gut gekleideter Gentleman gibt mir schließlich das Plazet. Ich fühle mich wesentlich besser und hebe umgehend die Kamera – in alle Himmelsrichtungen. Es ist unmöglich, in diesem Gewimmel noch nach Besonderem Ausschau zu halten. Das Gros und die Krieger sitzen mit dem Rücken zur Sonne. Diesem Gegenlicht ist meine Kamera nicht gewachsen. Halb so schlimm. Ich kann mich nun fast mühelos bewegen. Die Leute haben mich bei ihren Oberen gesehen und machen Platz. Eines der letzten Bilder glückt besonders gut: die Mau-Mau-Kämpfer um die Fahne Kenias geschart, die politischen Führer im Hintergrund.
Die beiden Kanadierinnen warteten beim Wagen. Sie sind von einer großen Kinderschar umgeben. Ich hole einige Kreuzer hervor, was die Kleinen recht zudringlich werden läßt. Ein älterer Mann ruft die Horde zur Ordnung. Wir können fahren.
Im nahe liegenden Brackenhursthotel (2 150 Meter), das seiner Blumen, seiner herrlichen Lage wegen berühmt ist, machen wir Rast. Der Tee, der uns serviert wird, ist ausgezeichnet. Er stammt weder aus China noch aus Indien, er wuchs gleich hinter dem Haus. Die Sonne neigt sich dem Horizont zu, und die Luft wird merklich kühler. Weit geht der Blick hinaus ins Land, über die Athi-Plains bis zum schneebedeckten Gipfel des Kilimandscharo.
Wir sitzen und schauen und lassen das Erlebte nochmals Revue passieren. Das Stichwort für die Unterhaltung ist gegeben: Mau-Mau. Was wissen wir darüber? Nicht viel. Und was zur Zeit in Kenia die Gemüter bewegt, sind nur noch die Nachwehen des großen Kikuyuaufstandes.
Die letzten der Männer kommen jetzt aus den Wäldern. Nach zehn Jahren Wildnis finden sie sich nur schlecht in der Zivilisation zurecht. Fast täglich kommt es zu Ausschreitungen und Terrorakten. Die Schlagzeilen im East African Standard machen die Situation deutlich: »Actions of Forest Fighters Condemned – Aktionen der Wald-Krieger verurteilt«,

»Warning to Bogus Freedom Fighters – Warnung an betrügerische Freiheitskämpfer«,
»Warning to Forest Troops: Law-breakers will be prosecuted – Warnung an die Wald-Truppen: Gesetzesbrecher werden gerichtlich verfolgt werden.«
Die Männer, die da aus den Aberdarebergen herniedersteigen, sind nicht mehr so recht mit den Sitten und Gebräuchen ihrer bürgerlich gewordenen Landsleute vertraut. Ein Kanu-Parlamentsmitglied und Senator wurde von ihnen ausgepeitscht, Frauen wurden die Haare geschoren und den Weißen über Nacht das Vieh weggetrieben. Bei Neuauflagen der berüchtigten Eideszeremonien kam es sogar zum Tod eines zehnjährigen Mädchens (Daily Nation: »Girl found dead after Oathing Ceremony«).
Die Regierung hat einen schweren Stand. Einerseits war der Mau-Mau-Aufstand der völkische Krieg, der Freiheitskampf, und seine Helden werden gefeiert, andererseits ist unbestritten, daß ein großer Teil der sogenannten Freedom-fighters nichts als gemeine Mörder waren und noch sind. Die Amnestie bezieht sich auf alle, und ansonsten ist die Regierung entschlossen, scharf durchzugreifen.
Die Chiefs, die Häuptlinge, die jetzt dabei sind, demokratische Regierungsformen in ihren Stammesgebieten einzuführen, erhalten volle Unterstützung aus Nairobi. Ihre Autorität darf durch die Heimkehrer aus den Forsten nicht untergraben werden. Man scheut sich auch nicht, die Dinge, falls erforderlich, beim richtigen Namen zu nennen.
»Als die Regierung die Amnestie verkündete«, so heißt es in einem Artikel, »sind viele Leute aus der Rift Valley Region in die Forsten gegangen, um dann als Freiheitskämpfer wieder herauszukommen. Die Behauptung vieler dieser Männer, ihren Heimatort nicht zu kennen, ist sehr einfältig und wird nicht akzeptiert werden.«
Ich nehme mir vor, Land und Leute ein wenig eingehender zu studieren und jedermann auszufragen, der über die Kikuyus und die Mau-Mau-Bewegung Bescheid weiß.

23. Die Stammeshierarchie der Kikuyu

Die Kikuyu sind der volkreichste Stamm Kenias. Über anderthalb Millionen Menschen sind in ihm vereint. Das Stammesgebiet erstreckt sich von den östlichen Hängen des Mt. Kenya bis zu den Aberdares und der Stadtgrenze Nairobis.

Das Land, das die Kikuyu bewohnen, ist sehr fruchtbar; trotzdem war es um das Wohl des Stammes schlecht bestellt, als die Weißen ins Land kamen. Hungersnöte, Epidemien und räuberische Einfälle der Masai waren an der Tagesordnung. Die Kolonialverwaltung sorgte für Frieden und die Medizin des weißen Mannes für Hygiene und gesündere Lebensverhältnisse. Voll Vertrauen schauten die Naturkinder zu den Weißen auf. Tausende, Hunderttausende verdingten sich zur Arbeit auf den neuen Farmen. Sie lebten als »Squatters« bei den Europäern; das Hochland, das die Weißen besiedelten, grenzte an das Gebiet der Kikuyu an. Das Gros des Stammes verblieb jedoch in den alten Wohngebieten am Fuße des Mt. Kenya und der Aberdares.

Wie bei allen afrikanischen Stämmen südlich der Sahara beruhte auch bei den Kikuyus die ganze Stammeskultur, die Rechtsprechung, die Organisation etc. auf mündlicher Überlieferung. Schriftzeichen waren unbekannt. Das praktische und das okkulte Wissen wurden von Generation zu Generation mündlich weitergegeben. Die Kikuyu sind, wie alle Bantu, große Erzähler. Palavern ist ihre nationale Leidenschaft.

Das Denken und die Verhaltensweisen der Afrikaner kann man nur verstehen, wenn man sich ein wenig mit ihren Stammessitten vertraut macht, mit ihrem Sippensystem, der Art ihrer Erziehung, ihren Heirats- und Liebesbräuchen und ihren religiösen Praktiken.

Afrika besteht nicht nur aus Elefanten, Giraffen und Nashörnern – die *Menschen* Afrikas geben dem Land sein Kolorit. Noch kann man sie in vielen Gebieten so antreffen, wie es ihrer Art und ihrer Tradition entspricht. Aber wie lange noch? Bald wird es nur noch Zivilisierte auf dieser Erde geben. Dann kann man, wie am oberen Nil, in Mexiko oder wo sonst immer nach alten Kulturen gegraben wird, in Ruinen stochern und sich mit Spaten und Theorien abmühen, um eine Vorstellung davon zu bekommen, wie die Menschen des Altertums gelebt haben. Hier, in Afrika, sind sie noch leibhaftig anzutreffen; sie stellen sich dem Anthropologen, dem entdeckungslustigen Europäer geradezu in den Weg.

Aber der Tourist weicht ihnen mit verächtlicher Miene aus. Er hat keine Zeit – er hat *guided tours,* »Führungen« zu den Höhlenzeichnungen, zu Fort Jesus und nach Luxor gebucht. Kulturbeflissen lauscht er dem Geschwätz der Fremdenführer. Mit den Leuten, die die alten Kulturen noch in sich tragen, wechselt er kein Wort, sie sind *dirty natives,* schmutzige, nichtswürdige Eingeborene.

a) *Das Verwandtschaftssystem der Kikuyus*

Es gibt drei Verwandtschaftskategorien:

1. die engere Familie (mbari). Sie setzt sich zusammen aus dem männlichen Oberhaupt (dem baba), seinen verschiedenen Frauen, deren Kindern und schließlich noch den Großeltern. Der Polygamie wegen sind diese Familien oft recht stattlich. Fünfzig bis achtzig Personen sind, wenn zwei oder drei Generationen zusammengefaßt werden, nicht ungewöhnlich.
2. die Sippe (moherega). Sie umfaßt einige Familien, die alle den gleichen Namen haben.
3. die Altersgruppen (riika). Diese Gliederung erfolgt auf Stammesebene; sie durchschneidet die mbari- und moherega-Pyramiden und faßt die Familien und Sippen zur Volksgemeinschaft zusammen.

Der erste Mensch, auf den die Kikuyu ihre Abstammung zurückleiten, hieß nicht Adam; er hieß schlicht und einfach Kikuyu. Er gab dem Volk seinen Namen und stand mit Mogai, dem Schöpfer aller Dinge, auf gutem Fuß. Mogai gab dem Urvater der Kikuyu das Land, die Flüsse, die Wälder und alle Tiere; außerdem legte er ihm nahe, sich vertrauensvoll an ihn zu wenden, wenn immer ihn Sorge bedrücke. Er brauche nur ein Opfer zu bringen und seine Hände zum Kere-Nyaga (Mt. Kenya) zu erheben, und die gewünschte Hilfe werde ihm zuteil werden.

Mogai wurde gleich einige Male benötigt. Der einsame Kikuyu brauchte eine Frau. Das war kein Problem. Die liebliche Moombi wurde ins Leben gerufen. Sie liebte ihren Kikuyu sehr, und es dauerte nicht lange, und beide hatten neun Töchter. Das schuf neuen Kummer: Wo sollte man die Ehemänner hernehmen? Auch das Problem konnte schließlich mit Hilfe des einsichtigen Mogai gelöst werden.

Die Gliederung des heranwachsenden Volkes war damit im großen und ganzen vorgezeichnet. Bis heute leitet jede *moherega* ihren Ursprung auf eine der neun Stammfamilien zurück. Die Namen dieser neun Klans sind Acheera, Agachiko, Airimo, Amboi, Angare, Anjiro, Angoi, Ethaga, Aitherando.

In diesen Urfamilien der Kikuyus hatten die Männer verständlicherweise nicht viel zu melden – sie hatten ja eingeheiratet. Die Frauen waren die Herren im Haus. Sie regierten, praktizierten Polyandrie (Vielmännerei) und gebärdeten sich recht kriegerisch. Die allein zum Zwecke der Fortpflanzung benötigten Männchen hatten keine Chance; sie hatten zu gehorchen.

Einem Schlauberger kam schließlich die rettende Idee: Man müßte, so spekulierte er, eine Revolte inszenieren und es so einrichten, daß alle Frauen am Tage X gehandikapt wären.

Eine geheime Versammlung wurde einberufen. Man beriet, wie man die Frauen außer Gefecht setzen wollte. Der Plan war erfolgversprechend; man

mußte sich nur zeitlich genau abstimmen und dann mit Enthusiasmus ans Werk gehen. Auch der Einfältigste begriff das, und so verlief der erste und wichtigste Akt der Verschwörung ganz nach Wunsch. Man brauchte jetzt nur noch acht Monate abzuwarten.
Wie alles zur Entscheidung reif war, fackelten die Männer nicht lange: sie setzten die wehrlosen Frauen ab, eigneten sich alles Vermögen an und übernahmen die Führerschaft in den Sippen und Familien. Anstelle der Polyandrie gab es jetzt Polygamie (Vielweiberei).

b) *Unterrichtung, Erziehung und Altersgliederung*

Schulen in unserem Sinne waren den Kikuyus fremd. Das Elternhaus war die Stätte der Erziehung. Den Kindern wurden Märchen erzählt, sie schauten bei der Feldarbeit zu, und gelegentlich durften sie auch mithelfen.
Der nach Altersgruppen abgestufte Unterricht vermittelte kein abstraktes Wissen; sein Zweck war, das Kind zu modellieren, ihm seinen Plaz in der Gesellschaft anzuweisen. Nur wenn die heranwachsenden Burschen und Mädchen ihre Pflichten der Gemeinschaft gegenüber kannten, wenn sie wußten, was sie zu achten und wen sie zu respektieren hatten, war ein harmonisches Zusammenleben der Geschlechter, der Sippen und Altersgruppen gewährleistet. Die ganze Erziehung war auf »gute Sitten« abgestellt. Das gilt auch heute noch. Alles kann man zu einem Kind sagen, nur nicht »Huna adabu – du hast keine Manieren«. Das ist der größte Schimpf, den man ihm antun kann.
Für die Jugendlichen gilt das Sprichwort: »Asiyesikia la mkuu huona makuu – Wer dem Rat der Älteren nicht folgt, setzt sich in die Nesseln«, und für die Alten gilt das Motto: »Jina jema hung'aa gizani – ein guter Name leuchtet selbst im Dunkeln.«
Für Entwicklungs- und Ausbildungsstand gibt es äußere Kennzeichen: Im Alter von vier- bis fünf Jahren werden dem Kind die Ohren entlang dem äußeren Rand aufgeschlitzt (ndogera). Die eigentlichen Ohrläppchen kommen später dran. Sie werden bei den Mädchen im Alter von sechs bis zehn Jahren, bei den Buben im Alter zwischen zehn und zwölf Jahren durchbohrt (gotonya mato). Die Buben sind damit zu jungen Burschen geworden. Sie haben nun mehr Rechte als zuvor. Sie können mit ihrem Vater zusammen an bestimmten Rechtsgeschäften teilnehmen und auch später, nach dem Tod ihres Vaters, noch Zeugnis davon ablegen.
Das bedeutsamste Reifezeichen, das Symbol für das Erwachsensein, ist die Zirkumzision, die Beschneidung. Mit dieser Operation erwirbt der junge Mann beziehungsweise das junge Mädchen die Bürgerrechte. Aus dem Jugendlichen wird ein gleichberechtigtes Mitglied der Stammesgemeinschaft.

Die Unterschiede zwischen dem Zuvor und dem Danach sind recht bedeutsam:

Zuvor hatte der junge Mann, der *kehee,* keine Besitzrechte, er durfte sich keine eigene Hütte bauen, nicht an Stammeskriegen teilnehmen, er durfte sich nicht rühmen, kein langes Haar tragen, und die Mädchen der nächsten Altersstufe waren tabu für ihn.

Danach ist er ein *njamba,* ein Krieger und ausgemachter Dandy, der nach Herzenslust essen und tanzen und mit den *bibis* spielen darf. Für sein Tun ist er nun voll verantwortlich. Strafe droht ihm, wenn er Schaden verursacht und so weiter.

Das nächste Entwicklungs- und Reifestadium im Leben eines Kikuyu ist seine Verheiratung. Mit der Geburt des ersten Kindes rückt er um eine weitere Stufe auf. Ein *elder* wird der Vater aber erst, wenn eines seiner Kinder beschnitten und damit heiratsfähig ist.

Die letzte Stufe der sozialen Leiter ist der Rat der Alten. Dieser exklusive Klub hütet die Stammesgeheimnisse, seine Mitgliedschaft ist auf einige wenige *elders,* die sich einer rigorosen Prüfung unterwerfen müssen, begrenzt. Die Bedeutung, die man dem Geschlechtlichen im Reife- und Erziehungsprozeß beimißt, ist den Europäern (den Missionaren) natürlich von Anfang an ein Dorn im Auge gewesen. Die Obszönität der Tänze, die Ausschweifungen bei den Festlichkeiten wurden als Zeichen der Verworfenheit, der Liederlichkeit gewertet. Die Eingeborenen wehren sich gegen diesen Vorwurf. Ihre Zeremonien sind nicht Selbstzweck; sie sind ein Teil ihrer Gesellschaftsordnung, ihrer sozialen Struktur. Im übrigen weisen sie mit Recht darauf hin, daß ihre Familien von einem Gefühl der Zusammengehörigkeit, des Respektes und der gegenseitigen Abhängigkeit getragen werden, wie man es bei den Weißen nur selten vorfindet.

c) *Das Ritual der Beschneidung*

Die Beschneidung beider Geschlechter ist der wichtigste, der elementarste Brauch bei den Bantu- und einigen anderen Völkern Afrikas. Diese kleine Verstümmelung des Körpers ist die Conditio sine qua non für das komplizierte Gebäude ihrer Religion, ihrer Moral, ihres Stammesrechtes. Wird dieser Grundstein herausgebrochen, stürzt alles zusammen, ist alle Ordnung dahin.

Es hat sich bitter gerächt, daß die Einweihungsfeiern, die Reife-Riten der Eingeborenen, früher oft mit einer Handbewegung abgetan beziehungsweise von kirchlicher und staatlicher Seite bekämpft wurden. Viele der Spannungen zwischen Schwarz und Weiß – möglicherweise auch der Mau-Mau-Aufstand – hätten sich vermeiden lassen, wäre man den Eingeborenen mit mehr

Verständnis entgegengekommen. Jahrhundertealte Traditionen lassen sich nicht mit einem Federstrich aus der Welt schaffen.
Die englische, vor allem die schottische Kirche war es, die an den Beschneidungsriten Anstoß nahm. Besonders gegen die klitoridalen Operationen zog man zu Felde. Mediziner und Pädagogen wurden mobilisiert. Eltern wurden erpreßt und alle Unbill des Himmels auf die Sünder herabbeschworen.
Das englische Parlament, das House of Commons, nahm sich 1930 der Sache an. Die Kirche wurde etwas gebremst. Man einigte sich darauf, daß dieses Problem nicht mit Gewalt, sondern nur durch langsame Umerziehung zu lösen sei. Gewisse Erfolge waren zu verzeichnen, aber nur bei den Kikuyus, die zu den Weißen oder in die Stadt gezogen waren. Im Stammesgebiet sorgten die *elders* für die strenge Einhaltung der Bräuche. Sie waren unerbittlich. Wenn ein junger Kikuyu für einige Jahre von zu Hause weg war und ein unbeschnittenes Mädchen heiratete, konnte er nicht mehr zu seinem Stamm zurück; die Sippe verhielt sich ablehnend, bis beide entweder geschieden waren oder die junge Frau sich nachträglich ihre Qualifikation erwarb.
Es bringt nicht viel ein, sich über die Haltung und die Gefühle der beiden Parteien auszulassen. Es gibt Dinge, die entziehen sich einer vernunftbegründeten Argumentation. Die Kikuyu verteidigen den kleinen chirurgischen Eingriff nicht um seiner selbst willen, es geht ihnen um die Erhaltung der erzieherischen, sozialen, moralischen und religiösen Aspekte und Folgen, die mit diesem Brauch verbunden sind beziehungsweise sich daraus ergeben.
Es ist einem Kikuyu einfach unmöglich, sich ein Mündigwerden ohne Beschneidung vorzustellen. Ein Wegfall der Operation bedeutet für ihn ein Aufgeben der Institution. Man sollte ihn deshalb nicht einen Wilden schelten. Ein Araber, ein Jude würde sich genauso wehren, wenn man an seine Bräuche tippen würde. Im übrigen gibt es in allen Religionen genug Riten, die nicht mit Logik oder Hygienemaßstäben angegangen werden dürfen. Auch beim zivilisierten Homo sapiens rangieren Glaube und Tradition oft vor Einsicht und nüchterner Überlegung.
Der Akt der Beschneidung kommt einer Geburt gleich. Die Jünglinge und Mädchen sind aufs neue geboren worden: diesmal nicht als Kinder eines bestimmten Elternpaares, sondern als Kinder des gesamten Stammes.
Mit der *irua*, wie die Kikuyus diesen Ritus nennen, beginnt die Eingruppierung in bestimmte Jahrgänge. Jede Iruagruppe hat einen Namen, der sich meist auf Dinge oder Vorgänge bezieht, die zum Zeitpunkt der Beschneidung für den Stamm von Bedeutung waren. Herrschte zum Beispiel eine Hungersnot, war es naheliegend, diese Iruagruppe als *ng'aragu* (Hungersnot) zu bezeichnen (21). Sie erhielt damit einen zeitlich genau bestimmten Platz in der Geschichte des Volkes. Die zahllosen Legenden, die am abendlichen Feuer von

Generation zu Generation weitergegeben werden, basieren alle auf Iruabezeichnungen. Ohne diese Namen, ohne diese Weiheakte gäbe es für die Kikuyus keine Geschichte.

Entsprechend der zentralen Stellung, die das Fest der Beschneidung im Leben der Kikuyus einnimmt, ist es natürlich mit viel Zeremonien verquickt (22). Die Jugendlichen werden zunächst mit einer Spezialdiät gefüttert. Dieser sorgsam zubereitete Brei aus Bohnen, Öl und allerlei Mixturen schmeckt nicht gerade gut, hat aber angeblich den Vorzug, daß er den Blutverlust eindämmt und die Wunde schneller heilen läßt.

Mit einem aus Zuckerrohr bereiteten Spezialbier und nächtlichem Singsang werden die Götter wachgehalten. Die zu weihenden Kinder werden gesegnet, indem man ihnen mit weißem Kalk bestimmte Symbole auf die Stirn, die Nase, die Wangen und den Nabel malt. Die weiße Farbe wird *ira* genannt. Ira, das ist die geheimnisvolle weiße Substanz, die nur auf dem Mt. Kenya, dem Wohnsitz Mogais, zu finden ist.

Am Tag vor der Operation werden die Jugendlichen geschoren, und ihre Kleider werden entfernt. Am anderen Morgen, lange bevor die Sonne aufgeht, werden die Jungen und Mädchen zum Fluß geführt, wo sie so lange in kaltem Wasser bleiben, bis ihre Körper steif und gefühllos sind. Das ist der Zweck der Übung. Schmerzempfindlichkeit und Blutverlust werden dadurch eingedämmt.

Auf dem Operationstisch – einer im Freien ausgelegten Kuhhaut – wird der in Mitleidenschaft gezogene Körperteil nochmals durch kaltes Wasser abgeschreckt – dann blitzt das Messer. Hinterher werden blutstillende Kräuter aufgelegt und die Operierten in besonderen Hütten gepflegt. Sie sind sehr stolz auf ihre neue Würde. Auch ihre Eltern sind glücklich; sie sind in der sozialen Wertskala ebenfalls um eine Stufe nach oben gerückt.

Die Missionare, die die *irua*, die Wurzel der ganzen Stammesordnung, mit der Axt angingen, waren ohne Zweifel guten Glaubens und hatten beste Vorsätze. Aber sie waren nicht sehr geschickt. Sie haben den zweiten Schritt vor dem ersten getan. Sie haben die Eingeborenen aus ihrer Ordnung gelöst, entwurzelt, ohne vorher dafür zu sorgen, daß sie in einer neuen Ordnung, der Ordnung des weißen Mannes, Fuß fassen konnten. Die Rassenschranke verwehrte den Schwarzen den Zutritt. Man zerstörte ihr altes Stammesrecht, ohne sie am Recht der Weißen teilnehmen zu lassen, man löste sie aus der patriarchalischen Stammesordnung, ohne ihnen zuvor einen sicheren Arbeitsplatz gegeben zu haben.

Daß die alten Gebräuche und Sitten allmählich aussterben und neuen Ordnungen Raum geben werden, steht außer Zweifel. Modernisierung, Industrialisierung, Sozialisierung sind auch in Afrika nicht aufzuhalten. Aber daß das alles gleichzeitig bewältigt werden muß – ist das nicht ein wenig mehr, als man Menschen, die ohnehin bildungsmäßig weit zurückliegen, zumuten darf? Wenn der Schwarze Kontinent noch lange nicht zur Ruhe kommen wird, braucht man sich nicht zu wundern.

24. Das Liebes- und das Alltagsleben

Die Sexpraktiken der Teenager haben es in sich; nicht nur bei den Kikuyus, aber dort erfreut man sich besonderer Erleichterungen.

Die Mädchen besuchen ihre Freunde in einer speziell dafür errichteten Liebeslaube, der *thingira*. Sie bringen allerlei Leckerbissen mit und sorgen auf diese Weise dafür, daß die Burschen – es soll so prosaische Gesellen geben – nicht des Hungers wegen allzu früh nach Hause gehen. Man teilt sich redlich in die Leckereien. Jeder, der zur gleichen Altersgruppe gehört, darf mithalten. Die Speisen werden verteilt – und die Mädchen. Wer sich nur seiner speziellen Freundin annimmt, gilt als unsozial.

Nach dem Essen ziehen sich die Pärchen in imaginäre Séparées zurück. Das *ngweko*, das Liebkosen, kann beginnen. Es ist in den Augen der Kikuyu eine Schule der Selbstkontrolle; das Mädchen darf keinen Schaden nehmen (23). In den Augen der Missionare nimmt sich die Sache anders aus. Aber »was verstehen schon die Missionare davon«!

»Wir schaffen unsere Liebeslauben sofort ab«, versicherte mir ein Kikuyu-Fulbright-Stipendiat, »wenn wir wie die Amerikaner soweit sind, daß sich jeder Sechzehnjährige einen alten Chevrolet zum Parken leisten kann.«

Das voreheliche Liebesleben stellt sicher, daß sich die späteren Ehepartner kennen und weitgehend miteinander vertraut sind. Die Eltern nehmen auf die Partnerwahl keinen Einfluß; Liebe und Zuneigung entscheiden.

Der Ehe als Institution wird große Bedeutung beigemessen. Jeder Kikuyu hat den Wunsch, eine eigene Familie zu gründen und auf diese Weise seines Vaters *mbari* (Stammbaum) zu verlängern. Je mehr Frauen ein Mann hat, um so sicherer ist es, daß die männlichen Nachkommen nicht ausbleiben und der Blutstrom nicht abreißt, der es den Geistern der Ahnen ermöglicht, nach Belieben zur Erde zu kommen, um mit den Lebenden zu kommunizieren. Nichts fürchtet ein Kikuyu so sehr wie das Ausbleiben eines männlichen Kindes beziehungsweise das Abreißen der Geschlechterfolge. Er möchte nach seinem Tod nicht verloren umherirren, er möchte Kontakt mit der Erde, mit seinen Nachkommen haben.

Eine Kikuyuhochzeit ist eine fröhliche und turbulente Angelegenheit. Zuschauer, die mit den Bräuchen nicht vertraut sind, werden leicht schockiert. Sie haben den Eindruck, daß die Braut nichts anderes ist als bewegliche Habe, die gekauft und von einer Heimstatt in die andere verschleppt wird. Dieser Verdacht ist naheliegend. Er hat seine Ursache darin, daß das Mädchen, das längst mit seinem Liebhaber einig ist, der Form nach geraubt wird. Gewöhnlich geht das so vor sich:

Die Familien vereinbaren in einer geheimen Sitzung den Hochzeitstag. Die Braut darf davon nichts erfahren. Sie soll überrascht werden. Am Morgen des Hochzeitstages lassen die Verwandten des Bräutigams die Auserwählte nicht aus den Augen, so daß die Entführung ohne langes Suchen vonstatten gehen kann. Das Mädchen ist vielleicht zum Waschen an den Bach gegangen, oder es arbeitet auf dem Maisfeld oder im Garten. Die Entführer folgen ihr, packen sie, heben sie auf die Schultern und schleppen sie mit Gesang und Tanz ins Dorf.

Das Mädchen strampelt und wehrt sich, schreit und schimpft; sie macht ein Theater, daß jedem des Wegs kommenden Europäer die Haare zu Berge stehen. Schrecklich, wie diese Wilden ihre Frauen rauben! Ganze Sippen geraten sich in die Haare; die Frauen beider Seiten kennen kein größeres Vergnügen, als sich gegenseitig eine Proforma-Schlacht zu liefern. Das Bräutchen schreit unentwegt: »Ich möchte nicht verheiratet werden, ich bring mich um, wenn ihr mich von meinen Eltern wegnehmt.«

Die Eltern hören das gern, es ist ein Kompliment, ein Abschiedsgruß.

Was Europäer am meisten in Verwirrung bringt, ist die Vielweiberei der Eingeborenen. Jeder Mann kann so viele Frauen haben, wie er auf Grund seines Vermögens (Kühe, Geißen) kaufen kann. Das können unter Umständen recht viele sein, denn nicht er ist es, der die Frauen unterhält – sie unterhalten ihn. Je mehr Weibchen der *baba* hat, desto reicher ist er. Sie arbeiten, sie säen, und sie ernten für ihn. Nur einmal muß er in die Tasche greifen: wenn er seinem Schwiegervater die Braut abkauft.

Dieser Handel kostet ihn einige Ziegen oder Schafe, wenn es hoch kommt, eine oder mehrere Kühe. Je mehr er bezahlt, desto stolzer ist seine Auserwählte. Sie kennt den eigenen Preis und den Preis der Nachbarin, und mitunter – das ist schon vorgekommen – stellen die afrikanischen Maiden auch interkontinentale Vergleiche an:

»Memsab, wieviel hat der Bwana in Uingereza (England) für dich bezahlt?«

Wenn sie dann erfahren, was für einen *bargain* (preiswerten Handel) der Bwana gemacht hat, daß er weniger als ein Huhn aufwandte, sind sie voll Mitgefühl; aber sie lachen sich tot, wenn man ihnen erzählt, daß die meisten europäischen Frauen durch Draufzahlen, durch eine Mitgift, an den Mann gebracht werden. Die Kikuyuschönheiten können nicht verstehen, wie die Eltern der europäischen Mädchen so schamlos sein können.

Die Polygamie der Eingeborenen hat ihre Vorzüge: Es gibt keine alten Jungfern, und es gibt keine Straßenmädchen. Nicht einmal ein Wort, eine Bezeichnung haben die Kikuyus für dergleichen. Bei ihnen werden alle Frauen im Alter von fünfzehn bis zwanzig Jahren verheiratet. Jedes weibliche Wesen muß unter männlicher Protektion sein. Für einen Mann gilt es als bestes Zeugnis, wenn er in der Lage ist, einem großen Haushalt vorzustehen und die Familie in Ordnung und guter Zucht zu halten.

Die Frauen stehen der Polygamie sehr positiv gegenüber. Die erste Gattin wird, sobald sie ein Kind erwartet, ihrem Mann selbst vorschlagen, einige Geißen an den Strick zu nehmen und ein zweites Weibchen einzuhandeln. Das ist für sie gut und für ihn. Es ist dann jemand da, der kocht und wäscht, wenn das erste Baby ankommt, der Mann braucht nicht selbst das Wasser am Bach zu holen, und die Felder werden nicht vernachlässigt. Der *baba* sieht das in der Regel ein und macht sich umgehend daran, eine neue Hütte zu bauen und seine zweite Frau heimzuführen.

In den kommenden Jahren wird sich die Familie weiter vergrößern. Zwanzig bis dreißig Frauen sind nicht ausgeschlossen, aber ein Mann, der nicht sehr vermögend ist, kommt über zwei oder drei Frauen nicht hinaus. Auch die Geburtenparität der Geschlechter setzt der Vielweiberei Grenzen. Daß die Frauen am Heiratsmarkt in der Überzahl sind, ist ohnehin nur dem Umstand zu verdanken, daß die Mädchen im Alter von fünfzehn bis zwanzig Jahren heiraten, die Männer aber erst mit fünfundzwanzig. (Ältere Jahrgänge sind, der flachen Alterspyramide wegen, zahlenmäßig stets schwächer.

Jede Frau hat Anspruch auf eine eigene Hütte. Hier verwahrt sie die paar Habseligkeiten, die ihr persönliches Eigentum sind. Die Hütte ist mehrfach unterteilt: In der Mitte der runden Heimstatt ist die Feuerstelle; hier wird gekocht. Gegenüber der Tür beziehungsweise dem in der Wand ausgesparten Loch ist die Schlafnische der Frau. Hier, und nirgendwo sonst, werden die elementarsten Familienangelegenheiten erledigt. Zur Linken des Schlafgemachs befindet sich ein kleiner Vorratsraum und die Nische für die Kinder, zur Rechten sind die Schafe und Ziegen angepflockt.

Die Hütte des Mannes ist wesentlich einfacher. Sie hat meist überhaupt keine Unterteilung; der *baba* braucht Raum zur Bewirtung von Freunden.

Wie die Eingeborenen mit der *oiru,* der Eifersucht ihrer verschiedenen Frauen fertig werden, ist ein wenig rätselhaft. Die Frauen haben zwar Anspruch auf eine bestimmte Zahl von Tagen innerhalb eines Mondumlaufs, aber darüber hinaus gibt es noch genügend freie Zeit, die der Mann nach Gutdünken vergeben kann. Er muß sehr diplomatisch vorgehen.

Notfalls ruft er seine Freunde zu Hilfe, die Mitglieder seiner Altersgruppe. Solchen Besuchern gegenüber kennt die Gastfreundschaft keine Grenzen, aber die Wahl der Partner steht grundsätzlich den Frauen zu. Eifersuchts- oder irgendwelche unguten Gefühle kommen dabei nicht auf – es handelt sich nur um geselligen Verkehr. Leben und leben lassen und alle guten Dinge mit seinen Freunden teilen, das ist ein selbstverständliches Gebot. Geteilte Freude ist doppelte Freude.

Wo beginnt der Ehebruch? Ganz einfach: bei den Heimlichkeiten. Sich ohne Wissen des Ehemannes in die Hütte einer Frau zu schleichen, kann ein schlimmes Ende nehmen: Ng'ombe na aka itire ndogo – es gibt keine Gnade für jemanden, der einem anderen das Weib verführt oder die Kuh stiehlt.

Das häusliche Leben der Kikuyu ist wohlgeordnet. Jede Familie ist eine wirtschaftliche Einheit, und jedes Familienmitglied kennt seinen Arbeitsbereich. Die Arbeit wird geteilt. Der Mann baut alle zehn Jahre eine neue Hütte, alles andere überläßt er den Frauen: Sie schneiden das Gras für das Dach, sie mauern die Wände mit Lehm und Kuhmist hoch, sie holen Wasser und Feuerholz, sie tragen alle Lasten, sie säen, jäten und ernten. Es gäbe einen Skandal, wenn ein Mann auf die Idee käme, gewöhnliche Arbeiten zu verrichten. Kein Mädchen würde einen so entarteten Gesellen noch heiraten wollen.

Die Europäer haben dieses jahrhundertealte Arrangement etwas ins Wanken gebracht. Die Herren der Schöpfung werden jetzt langsam, aber sicher in den Arbeitsprozeß mit einbezogen. Ist es da ein Wunder, wenn die Eingeborenen – zumindest einige tiefschürfende Denker unter ihnen – im Grunde ihres Herzens einen Groll gegen die Weißen haben?

Auf ihre Regierungsform sind die Kikuyus besonders stolz. Sie waren schon demokratisch, als in Europa noch die Könige und Kaiser an der Macht waren. Auch die Kikuyus hatten – vor langer, langer Zeit – einen König. Er war so tyrannisch, daß sie ihn bei der erstbesten Gelegenheit in die Wüste schickten. Diese Revolution ging unter dem Namen *itwika* in die Stammesgeschichte ein. Die Verfassung, die damals entworfen und von einem Ältestenrat fixiert wurde, ist in Form von Liedern und Gesängen überliefert worden.

Sie hat etwa folgenden Inhalt:

Jeder Erwachsene (jeder beschnittene Kikuyu) ist gleichberechtigtes Stammesmitglied.

Es gibt keine Könige und keinen Adel. Die Regierungsgeschäfte obliegen dem Rat der Alten (kiama).

Die jungen Männer zwischen achtzehn und vierzig Jahren sind Krieger; ihre Pflicht ist es, alle Feinde vom Stammesgebiet fernzuhalten.

Um den sozialen Frieden und die Zukunft des Stammes sicherzustellen, müssen alle Männer und Frauen in den Ehestand treten.
Alle dreißig bis vierzig Jahre kommt eine andere Generation an die Macht.

Die Jahrgänge des Stammes wurden zu zwei Generationen zusammengefaßt: Die eine Generation nannte sich *mwangi*, die andere *maina*. Söhne und Väter gehörten immer getrennten Generationen an. Das System funktionierte ausgezeichnet über mehrere Jahrhunderte. Da der Regierungswechsel nur alle dreißig bis vierzig Jahre erfolgte, war, als die Kolonisation Ostafrikas einsetzte, lange nichts von diesen Regierungsgepflogenheiten der Eingeborenen zu merken.
Plötzlich – 1925 – begannen die Kikuyu mit Tänzen und Gesängen das Itwikazeremoniell einzuleiten. Die Mwangigeneration war an der Reihe. Die nächtlichen Umtriebe wurden mißverstanden. Es war von Aufruhr und Meuterei die Rede – die Kolonialverwaltung verbot die Versammlungen. Die uralte Tradition des Regierungswechsels wurde unterdrückt. Die Mwangigeneration hatte das Nachsehen. Praktisch war das kaum von Bedeutung – es wußte ohnehin niemand, was regiert werden sollte; man hatte ja weder Schulen noch Straßen noch Finanzen zu verwalten – aber das Ritual war durchbrochen. Kein Kikuyu hatte Verständnis dafür. Die herrschende Generation fühlte sich um ihre Geburtsrechte betrogen.

25. Terror in den Aberdares

Die Schüsse, die den völkischen Krieg der Kikuyus einleiteten, fielen am 2. Oktober 1952. Drei Männer hielten in der Nähe Nairobis einen Wagen an, hoben ihre Waffen und feuerten. Das Opfer, Chief Waruhiu, sank tot in sich zusammen. Er hatte vor ein paar Tagen Kritik an der Mau-Mau-Bewegung, der Geheimorganisation zur Befreiung von der Knechtschaft der Weißen, geübt; die Schüsse in Kopf und Körper waren die Antwort.
Chief Waruhiu war einer der führenden Männer des Kikuyustammes. Er verabscheute die Terrorakte, die seit Ende des zweiten Weltkrieges mit einer gewissen Regelmäßigkeit von den Extremisten inszeniert wurden. Das Land, genauer: der Stamm der Kikuyu, war in Rebellion. Man rebellierte gegen die Kirchen, die die Beschneidungsriten unterdrücken wollten, man rebellierte gegen die weißen Arbeitgeber, die zu geringe Löhne zahlten, man rebellierte, weil einige Männer es so wollten.

Auf einem Treffen in Thika hatte Jomo Kenyatta 1951 erklärt:
»The land is ours. When the Europeans came, they kept us back and took our land. We want self-government...
Don't be afraid to spill your blood to get the land!«
(Das Land gehört uns. Als die Europäer kamen, hielten sie unsere Entwicklung auf und nahmen unser Land. Wir wollen uns selbst regieren ... Seid nicht bange davor, euer Blut zu vergießen, um das Land zu bekommen!)
Alle Zeichen standen auf Sturm. Ein Schwarzer, der eine *panga* wetzte – früher ein Zeichen beachtlicher Betriebsamkeit – jagte jedem Europäer jetzt kalte Schauer über den Rücken. Die Frauen gingen mit umgeschnalltem Colt in den Gemüsegarten, und wenn sie in die Stadt fuhren, dann war neben dem Lippenstift mit Sicherheit auch eine automatische Pistole im Handtäschchen zu finden.
Der Tod von Chief Waruhiu war mehr als nur ein Mord – er war eine Kriegserklärung, das Zeichen zum offenen Aufstand. Die Engländer zögerten noch vierzehn Tage. Chief Waruhiu wurde mit großem Zeremoniell beerdigt; der englische Gouverneur und einige tausend Kikuyus folgten dem Sarg. Dann, als die Terrorakte sich mehrten, packten sie zu. Die Emergency, der Notstand, wurde über das Land verhängt (21.10.52) und innerhalb von Stunden ein Bataillon der Lancashire-Füsiliere aus der Kanalzone eingeflogen. 183 prominente Führer der Afrikaner wurden in Haft genommen.
Die Terrororganisation Mau-Mau antwortete mit Zwangsrekrutierungen. Wer sich der Untergrundbewegung nicht freiwillig anschloß, wurde gezwungen. Männer, Frauen und Kinder wurden zu Eideszeremonien geschleppt. Die Mau-Mau-Häuptlinge griffen auf uraltes Kulturgut zurück, auf die Neigung der Kikuyus zu *witchcraft* (Hexerei) und magischen Eiden. Die primitivsten Instinkte wurden hochgepeitscht.
Zehntausende einst friedlicher Männer und Frauen versprachen, zu töten, zu morden, zu brandschatzen. Die Schwüre wurden unter weihevollem Zeremoniell geleistet: unter hörbarem Kauen menschlichen Gehirns oder während perverser Manipulationen mit toten Geißen. Die Eideskapellen wurden mit Gedärmen behängt und mit Augen, die man lebenden Menschen und Geißen aus dem Kopf gedrückt hatte (24).
Die Eide halfen, den Stamm zu einer verschworenen Gemeinschaft zu machen. Man gab sich kollektiven Gefühlen hin. Die Ausrottung aller Zivilisation war das Ziel. »Wollt ihr die Weißen los sein?« geiferten die Agitatoren. »Jaaa!« brüllten die Massen. Und dann zogen sie in die Wälder. Männer, Frauen und Kinder. Der älteste, der später gefangen wurde, war beinahe siebzig Jahre alt, der jüngste gerade elf Jahre alt. Zwanzig Prozent der *Forest fighters* (Waldkämpfer) waren Frauen.

Ein paar hundert Kikuyus, die nicht mitmachten, die ihre Vernunft behalten wollten, wurden in Stücke zerhackt, erwürgt oder lebendig begraben. Mau-Mau kämpfte zwar gegen die Weißen, aber in der Praxis hielt man sich in erster Linie an die eigene Landsleute. Insgesamt wurden durch die Terroristen annähernd hundertmal so viele Afrikaner wie Europäer getötet.

Die Briten zogen Truppen nach. Einige Bataillone der King's African Rifles wurden nach Kenia verlegt, und den Masai ließ man die Zügel locker. Die roten Morani waren mit ganzer Seele bei der Sache. Eine Masaipatrouille, die nach Kikuyu-*arms* ausgeschickt wurde, häufte – so geht die Legende – Berge abgeschlagener Gliedmaßen vor dem Zelt des Distrikt-Offiziers auf; Arms bedeutet im Englischen sowohl Waffen als auch Arme.

Das Kikuyureservat wurde mit zahlreichen Militärposten durchsetzt. Das nützte wenig. Es gab keine greifbaren Gegner, keine erkennbaren Ziele. Während die Sonne am Himmel stand, war alles friedlich, nur bei Nacht ging der Tod um.

Am Anfang des Mau-Mau-Krieges ging es den Männern in den Wäldern nicht schlecht. Sie waren gut verproviantiert und hatten sich häuslich eingerichtet. Selbst Matratzen und Betten wurden in die Schlupfwinkel geschleppt. Die Eidgenossen in den Dörfern sorgten für Nachschub an Zigaretten, Proviant und Medizin. Als jedoch im Sommer 1954 die Operation Amboß anlief und die Hauptnachschubzentren der Mau-Mau aufgedeckt und zerstört werden konnten, wurde das Leben in den Wäldern schwerer. Die Krieger litten unter Seuchen, Hunger und Mangel an Munition. Die britischen Patrouillen, die sich inzwischen an das Gelände und die tückische Art des Buschkrieges gewöhnt hatten, rieben eine Rebellenbande nach der anderen auf.

Das Operationsgebiet der *gangs* waren die Aberdares, ein Gebirgszug, der westlich des Mt. Kenya bis zu einer Höhe von dreitausenddreihundert Metern aus den Ebenen der Zentralprovinz aufsteigt. Es ist das traditionelle *hideout* der Kikuyus. Hier versteckten sie sich vor den Masai und den Häschern der arabischen Sklavenhändler. In neuerer Zeit, nachdem die Briten dem Lande die Pax Britannica auferlegt hatten, wurden die Aberdares zum Schlupfwinkel für alle, die Grund hatten, die Justiz zu meiden.

Die Aberdares sind berühmt und berüchtigt für ihre Unwirtlichkeit. Das Moorland, die hundertdreißig Kilometer lange, flache Hochebene des Bergmassivs, besteht aus Sümpfen und Seen. Eisige Winde fegen über das Plateau, Nebelfetzen nehmen die Sicht.

Unterhalb des Moorlandes erstreckt sich der achtzehn bis vierundzwanzig Kilometer breite Bambusgürtel, der das ganze Aberdare-Massiv umgibt und etwa viertausend Quadratmeilen umfaßt. Dieses Bambusgebiet ist fast undurchdringlich. Die alten Pflanzen, vom Wind gestürzt, liegen kreuz und quer. Die trockenen, zersplitterten Rohre sind spitz wie Dolche und scharf wie Messer. Die jungen Pflanzen schieben sich zwischen den alten, gefallenen hindurch, so daß sich ein unentwirrbares Dickicht bildet, ein verfilzter Dschungel, der zwar nur etwa acht Meter hoch ist, aber trotzdem kaum einen Lichtschimmer durchläßt.

Dieser Bambusurwald ist ein perfektes Versteck, aber auch eine perfekte Hölle. Jede Pflanze sticht und schneidet, die unsichtbaren Bambushärchen rufen auf der Haut einen entsetzlichen Juckreiz hervor, und die Gase in den Gliedern der Bambusstauden, die sich an heißen Tagen ausdehnen, lassen die Rohre mit lautem Knall zerspringen. Endlose Salven hallen durch das Dickicht.

Unterhalb des Bambusgürtels beginnt der eigentliche Urwald. Er ist nicht weniger tückisch und überdies von zahllosem Großwild bevölkert. Während des Mau-Mau-Krieges waren die meisten der Tiere äußerst angriffslustig; die Bombardements hatten sie nervös gemacht und viele von ihnen verwundet. Den Büffeln war es zur Gewohnheit geworden, blindlings anzugreifen. Der Kampf gegen die Natur wurde schließlich für die Rebellen so anstrengend wie der Kampf gegen die britischen Truppen.

In Anpassung an die Kriegstechnik der Mau-Mau ging man auf britischer Seite ebenfalls zu unkonventioneller Kriegführung über. Man operierte mit kleinen Stoßtrupps und ließ sich manche List einfallen. Erfahrene Kenianer, Söhne von Farmern, hatten sich für die Niederkämpfung der Banden zur Verfügung gestellt. Sie waren sehr geschickt im Umgang mit den Schwarzen und konnten manchen gefangenen Terroristen, der sich an rivalisierenden Banden rächen wollte, auf ihre Seite bringen.

Gegen Ende des Jahres 1955 waren nur noch etwa eintausendfünfhundert Terroristen in den Wäldern. Sie durchstreiften ein Gebiet von über sechstausend Quadratmeilen. Das Schlimmste war überstanden. Man ging daran, die sechzigtausend in Konzentrationslagern inhaftierten Kikuyus wieder freizulassen. Pro Monat zweitausend Menschen.

Als nach Jahren der Notstand schließlich aufgehoben werden konnte, war die Erleichterung auf beiden Seiten groß, aber die Spannungen waren keineswegs aus der Welt geschafft. Um die Kikuyus zufriedenzustellen, versuchte der britische Gouverneur auf sozialem Gebiet einige grundlegende Verbesserungen durchzusetzen. Prompt stieß er auf den Widerstand der weißen Siedler. Einmal mußte ihn sogar die afrikanische Polizei vor seinen eigenen Landsleuten schützen. Viele der Farmer waren nicht gewillt, einzulenken. Aber das war jetzt nicht mehr von Bedeutung. Die politische Entwicklung war in ganz Afrika bereits so weit vorangeschritten, daß man sich in Kenia zwangsläufig anpassen mußte.

Die Frage nach den Beweggründen, nach den Ursachen des Mau-Mau-Aufstandes läßt sich nicht kurz und bündig beantworten. Viele Faktoren wirkten zusammen. Mau-Mau war eine Mischung aus mittelalterlichem und modernem Geistesgut. Letzteres machte sich in Form von Schlagworten und Parolen bemerkbar. »Afrika den Afrikanern« war eine der Losungen, »mehr Lohn« eine andere.

Gewerkschaftsagitatoren hatten die Trommel gerührt und die Unzufriedenheit geschürt. Die UN, die USA und natürlich auch der Osten waren nicht unbeteiligt. Die übrigen Beweggründe für den Aufstand waren irrational und traditionsbedingt.

Die Vorurteile und Erpressungsmaßnahmen der Weißen, insbesondere der Kirchen gegen die Beschneidung der Mädchen und einige andere heidnische Bräuche wurden für die Kikuyus unerträglich. Aus anfänglichem Mißmut wurde Notwehr. Man versuchte die alten Traditionen wieder aufzurichten. Aber dazu war es natürlich zu spät. Die Stammesordnung war am Zusammenbrechen. Die Weißen hatten den Kikuyus ihre Götter, ihre Weihefestlichkeiten, ihr Stammesrecht genommen. Die ganze Lebensart der Afrikaner, das Verbundensein mit den Mächten der Natur, war von den Weißen diskreditiert worden.

Was gab man dafür?

Ein paar Psalmen und ein wenig Anfangsunterricht im Lesen und Schreiben. Man hatte die existentiellen Verteidigungsschranken der Afrikaner, ihre kulturellen Bastionen, niedergerissen, ihre Gesetze außer Kraft gesetzt, aber man gestattete ihnen nicht, nach dem Recht der zivilisierten Welt zu leben. Sie wurden in einem indifferenten Zustand gehalten. Ihr Leben wurde zu einem inhaltslosen Vegetieren. Kein Mensch, und sei er noch so primitiv, wird sich auf die Dauer mit einem solchen Zustand abfinden.

Die Angst, die eigene Seele zu verlieren, ist das einzige, was einen Afrikaner wirklich schrecken kann. Hungersnöte, Seuchen, physische Bedrohung, das alles nimmt er gelassen auf sich, aber wenn der Kontakt zu seinen Ahnen abreißt, wenn er aus seiner Verbundenheit mit der Natur und ihren Mächten herausgelöst wird, wenn sein ureigenes Ich in Gefahr ist, dann gilt nur noch ein Gesetz: das der Notwehr. Die Mau-Mau-Bewegung, die zu einem guten Teil darauf abzielte, die europäische Lebensart auszurotten, war nichts als ein verzweifelter Versuch der Kikuyu, ihre Volksseele zu retten.

Auf lange Sicht war es natürlich unvermeidlich, daß die Schwarzen in Bedrängnis kamen, daß sie sich zu neuen Lebensformen durchfinden mußten. Aber das hätte harmonischer vor sich gehen können, als es in Wirklichkeit geschah. Als die Weißen vor achtzig Jahren nach Ostafrika kamen, schauten die Eingeborenen mit großen, erwartungsvollen Augen zu ihnen auf. Sie akzeptierten die Überlegenheit des weißen Mannes, sie warteten darauf, daß er ihnen die Hand gab, ihnen vorwärtshalf. In Einzelfällen, in sehr vielen sogar, ist das auch geschehen. Aufs Ganze betrachtet war es aber doch so, daß die Weißen die Unterwürfigkeit der Schwarzen einfach ausnutzten beziehungsweise mit unkoordinierten Erziehungsmaßnahmen mehr Verwirrung als Gutes stifteten.

Daß die Unterlassungssünden und Fehlinvestitionen der Weißen gerade bei den Kikuyu zu Aufruhr und Meuterei führten, war nicht von ungefähr. Die Kikuyu sind eines der intelligentesten Völker Afrikas. Ihr Bildungsdrang, ihre Fähigkeit, hart zu arbeiten, sind unbestritten; andererseits sind sie aber auch ein Stamm, der mit seinen Bräuchen aufs engste verwachsen ist. Die Kikuyus brauchen ihre Rituale, ihre *irua,* ihre *witchcraft.* Da sie seit fünfzig Jahren engsten Kontakt mit den Weißen haben, war es zwangsläufig, daß die Spannung zwischen Schwarz und Weiß hier am größten wurde und den zündenden Funken reifen ließ.

Die Kikuyu waren nicht die ersten, die die Unabhängigkeit erhielten, aber sie haben mit ihrem Mau-Mau-Aufstand viel von dem Feuer entfacht, das den ganzen Kontinent in nationaler Leidenschaft auflodern ließ. Daß der Mau-Mau-Krieg auf seiten der Schwarzen eine unorganisierte, üble Angelegenheit war (Vita havina macho – Der Krieg hat keine Augen), sollte man ihnen nicht zu sehr ankreiden. In der europäischen Geschichte gibt es blutrünstigere Kapitel.

Heute geht es darum, die Energieströme der Afrikaner in neue Kanäle zu leiten, ihnen neue Lebensformen zu erschließen. Der Weg ins zwanzigste Jahrhundert ist für die Afrikaner nicht leicht, aber wenn wir ihnen, in Umkehrung der alten Praktiken, Zugang zu unseren Institutionen, unserem Wissen, unserer Technik geben, werden sie sich zu helfen wissen und manchen mittelalterlichen Ballast von selbst über Bord werfen.

26. Dreihundert Kilometer durch das Land der Masai

Ich habe mich etwas verspätet. Die Fahrgäste sind bereits im Bus verstaut, wie ich ankomme. Über Beine und Gepäck klettere ich nach vorn. Der »Eingeborenendialekt«, der in den ersten Reihen gesprochen wird, kommt mir bekannt vor: Vier Münchner Zoologen haben sich dort niedergelassen. Ein kurzes Hallo und dann die üblichen Fragen nach dem Woher und Wohin. Mein Platz neben dem Fahrer liegt voller Koffer. Aufs Dach damit!

Vollbeladen starten wir. Die Shanties (provisorische Wohngebiete) von Nairobi sind schnell durchfahren. Sie gereichen der Stadt nicht zur Ehre. Wackelige Pfosten mit Blech benagelt und notdürftig abgedeckt dienen hier als menschliche Unterkünfte. An den Wasserzapfstellen drängen sich die Frauen; mit Blechkanistern auf dem Kopf balancieren sie durch die Menge.
Die Straße ist schotterig, aber im großen und ganzen nicht schlecht. Die Sicht läßt zu wünschen übrig. Dicker Nebel kommt auf. Er läßt die Spinngewebe in den Büschen wie Watte schimmern. Aber nach einer halben Stunde hat die Sonne den morgendlichen Dunst verschluckt. Der Himmel ist strahlend blau, wie es sich für Afrika gehört.
Wir rollen nun durch ein ausgesprochenes Steppen- und Savannengelände: meilenweit grasbewachsene Hügel, einzelne Büsche. Die Landschaft ist keineswegs monoton. Dutzendweise stolzieren Strauße umher, graue und schwarz-weiß gefiederte. Sie benehmen sich recht ungewöhnlich: Statt den Kopf in den Sand zu stecken, äugen sie zu uns herüber. Einzelne Paare sind mit Flirten beschäftigt. Mit großen, federnden Schritten umtanzen sie sich, die verkümmerten Flügel spreizend. Es sieht recht graziös aus. Ein Ballett unter freiem Himmel.
Wir rumpeln südwärts. Eine mächtige Staubwolke kennzeichnet unseren Weg. Beiderseits der Straße springt, hüpft und trabt, was Afrika in diesen Breiten an Fauna aufzubieten hat: Gazellen, Gnus, Zebras. Sekretärvögel und Störche stolzieren in den Niederungen. Es sind unsere Störche. Sie kommen aus ganz Europa, aus dem Elsaß, aus dem Schwabenland und natürlich auch – um Protesten aus den »hinteren Reihen« vorzubeugen – aus dem Frankenland und aus München. Es geht den Vögeln offensichtlich nicht schlecht hier. An Mäusen und Eidechsen ist kein Mangel.
Trotzdem ist es verblüffend, daß sich die Tiere in beiden Heimatbezirken so gut zurechtfinden. Es sind doch zwei verschiedene Welten: das Nest auf dem Kirchendach im fernen Europa, mitten unter den Menschen, und hier die Abgeschiedenheit und Weite der afrikanischen Steppe, des afrikanischen Veldt. Die meisten der Störche sind allerdings im Rift Valley zu finden, in der Umgebung der dortigen Seen und Teiche. Zusammen mit den Flamingos bevölkern sie zu Tausenden die Ufer.
Nach zwei Stunden Fahrt beginnt der Busch. Akazien bis zum Horizont, zwei bis sechs Meter hoch. Giraffengelände! Und da sind sie auch schon, die grazilen, hochbeinigen Tiere. Sie äugen über die Wipfel, knabbern an den Baumkronen. Hin und wieder legen sie einen kleinen Galopp ein. Trotz ihrer mächtigen Körper bewegen sie sich äußerst grazil; sie haben etwas Jungmädchenhaftes an sich, etwas Wohlerzogenes, Sittsames. Es ist mir unverständlich, wie man darauf aus sein kann, diese liebenswerten Geschöpfe

abzuschießen. Ein Kunststück ist es sicherlich nicht. Eine Pirsch erübrigt sich, die Tiere sind viel zu zutraulich und arglos.
Die Art, wie eine Giraffe trinkt, ist höchst amüsant. Im Nu ist die ganze Grazie dahin. Wenn sie mühevoll die Beine spreizt und immer wieder probiert, ob sie bis zum Grund reichen kann, sieht sie aus wie ein Dorfschulmeister bei der morgendlichen Gymnastik im Schulhof (»Beine spreizen! Rumpf vorwärts beugt – und eins, und zwei...!«) Und wie jener mogelt sie schließlich ein bißchen, indem sie in den Knien nachgibt.
Wir passieren einen Masaikral (25). Die niedrigen, rundum mit Lehm verschmierten Hütten schauen kaum über die Dornenhecke, die die Boma wie einen Wall umgibt. Die trockenen Dornen sind kunstvoll ineinander verrankt. Löwen und Leoparden sollen damit abgehalten werden.
Die fetthöckerigen Zebukühe der Dorfbewohner werden in Herden von zwanzig bis hundert Stück in weitem Umkreis geweidet. Manche der Familienherden haben sich unter schattenspendenden Bäumen niedergelassen. Tiere und Hirten träumen in den Morgen. Wenn kleine Teiche oder Weiher im Weidegebiet sind, stehen die Kühe bis zu den Knien im Wasser, und die Hirtenbuben planschen am Ufer. Sie haben noch nie etwas von Bilharzien gehört, den kleinen ein bis zwei Zentimeter langen Würmern, die man sich beim Baden, oft schon beim bloßen Durchwaten afrikanischer Gewässer zuziehen kann (26). Sie haben ihren Spaß an der Planscherei, und alles übrige bleibt dem lieben Gott überlassen.
Mit den Herdbüchern der Kühe ist es nicht weither. Die Herden sind recht kunterbunt: schwarze, braune, rotbraune Kühe durcheinander. Viele der Tiere machen einen äußerst kümmerlichen Eindruck. Man kann alle Rippen zählen. Die Masai haben keine Ahnung von zielbewußter Aufzucht. Leistungskühe sind unbekannt.
Das Wichtigste an einer Kuh ist, daß man sie besitzt. Sie dokumentiert Reichtum. Der soziale Status innerhalb der Gemeinschaft ist von der Zahl der Kühe abhängig. Die Tiere werden deshalb auch nicht verkauft. Was soll ein Masai mit einem Bankkonto? Sein Schwiegervater würde ihn auslachen, wenn er ihm Geld für die Auserwählte hinzählen wollte; nur Kühe haben Kaufkraft.
Diese Währung ist gar nicht so schlecht. Es ist die einzige auf der Welt, in der ein Zehnmarkschein regelmäßig ein Zweimarkstück gebiert, und das Zweimarkstück zu einem Zehnmarkschein heranwächst. Außerdem kann man diesem Geldschein Milch und Blut abzapfen, und am Spieß macht er sich auch nicht schlecht. Die einzige Schwäche des Systems liegt darin, daß das Potenzieren seine Grenzen hat: Gras und Laub stehen nicht in unbegrenzter Menge zur Verfügung, und den maximalen Viehbestand hat man schon er-

reicht. Jede weitere Vermögensmehrung geht unter diesen Umständen auf Kosten der Qualität.

Aber sowenig es einen Europäer kümmert, ob seine Zwanzigmarkscheine etwas mitgenommen, das heißt zerknittert und runzelig sind, genausowenig kümmert es einen Eingeborenen Afrikas, ob sein vierbeiniger Zehn- oder Zwanzigmarkschein die Rippen hinausstellt. Geld bleibt Geld. Die Menge zählt, nicht die äußere Beschaffenheit.

Das Streben der Masai nach möglichst großen Herden hat schon zu allerlei Komplikationen geführt. Obwohl sie ein relativ kleines Volk sind und von allen Stämmen Ostafrikas das weitaus größte Gebiet beherrschen, werden sie langsam, aber sicher ein Volk ohne Raum. Die Regierung versucht, den *elders* klarzumachen, daß es in der Viehzucht angebracht ist, mehr auf Qualität als auf Quantität zu achten. Die Masai hören aufmerksam zu – aber das ist auch alles. Sie verstehen die Theorien des Regierungsinspektors nicht.

»Ein Bankkonto ... hat man so etwas schon gehört?« Und daß ein Mann, der nur wenige Kühe hat, reicher sein kann als einer mit vielen Kühen – was für ein Unsinn. »Die Bwanas, die keine Kühe haben und arme Schlucker sind, sind nur neidisch.«

Damit sich die Rinderherden nicht überall breitmachen und ein paar Tränken noch für das Wild reserviert bleiben, geht man daran, neue, künstliche Tränken zu schaffen. Vielleicht gelingt es sogar, die Masai auf diese Weise etwas seßhafter zu machen. Ihr ständiges Umherziehen hat Viehzählungen bisher fast unmöglich gemacht. 1954, als einige Masaisippen aus der Serengeti ausgesiedelt werden mußten, kam man zu folgenden Zählresultaten:

Es entfielen auf 1 660 Männer, 2 200 Frauen und 3 400 Kinder:

100 700 Rinder
18 800 Kälber
204 000 Ziegen und Geißen
6 200 Esel

Insgesamt gehörten dem Stamm der Masai etwa 100 000 bis 150 000 Menschen an. Nach obigen Anhaltswerten kann man sich ungefähr ausrechnen, welche Mengen an Vieh gehalten und gefüttert werden müssen.

An den Haltestellen des Busses steigen fast nur Masai zu. Sie sind hier – anders als an der Mombasa Road – die Herren des Landes. Sie fahren mit, trotz ihrer spärlichen Bekleidung. Wenn sie einsteigen, nimmt ihnen der Kondukteur die Spieße ab. Es könnte ein Malheur passieren, wenn sich die Burschen mit ihren Waffen durch den Wagen drängen. Die hinteren Sitze, wo sie sich niederlassen, sind alle ockerverschmiert. Das Süßholz, das sie raspeln, spukken sie recht ungeniert in die Gegend.

Masai spucken überhaupt gerne.

»Wenn Sie Ihnen ins Gesicht spucken«, rät man mir, »machen Sie sich nichts daraus. Spucken Sie kurzerhand zurück. Das ist die herzlichste Art der Begrüßung. Und wenn ein Masai darauf besteht, *shakehands* zu machen, wundern Sie sich nicht, wenn er zuvor in die Handfläche spuckt. Er zeigt damit, daß er Sie gut leiden mag.«

Wir fahren über die rote Erde Afrikas. Die Straße ist nun völlig unbefestigt, aber nicht schlecht. Besonders reizvoll an diesen afrikanischen Rollbahnen ist, daß man sie nicht im geringsten nivelliert hat. Kommt ein Hügel, klettern wir hinauf, kommt eine Mulde oder Bodenwelle, sausen wir mit Schwung hindurch. Die Straßen gewinnen dadurch an Vitalität; sie sind nicht so monoton wie unsere planierten Überlandchausseen.

Der Kilimandscharo ist schon eine Weile zu sehen, das heißt nicht der Berg selbst, sondern weiße Kondenswolken über blauem, kegelförmigem Dunst. Gegen elf Uhr wird auch der Meru sichtbar. Ein ausgeprägter, steil abfallender Kegel; auch er mit umwölkter Stirn. Mit jeder Meile, die wir näher kommen, wird das Bild großartiger: Beide Berge steigen aus der Ebene auf, der Kibo zur Linken, mächtig und breit, der Meru pyramidenförmig, im Gegenlicht fast schwarz anmutend. Es ist ein faszinierendes Panorama.

Wie oft habe ich davon geträumt, einmal den Kilimandscharo zu sehen. Nun liegt er vor mir. Ich würde im Augenblick mit niemandem tauschen. Ich sitze höchst zufrieden auf meinem holperigen Polster und freue mich des Augenblicks, der glücklichen Stunde. Es sind die Höhepunkte im Leben, die zählen. Man sollte das nicht so oft aus den Augen verlieren.

Die meiste Zeit vergeuden wir mit Alltäglichem. Des Dienstes immer gleichgestellte Uhr bestimmt unser Dasein. Warum eigentlich? Die ganze Welt steht uns offen: fünf Kontinente und Bücher aus zwei Jahrtausenden. Was nützen wir davon? Wir sind die einzigen Lebewesen, die sich frei entscheiden können, aber was fangen wir mit unserer Freiheit an? Meist setzen wir uns mit dreißig schon aufs Altenteil. Wir haben unsere Religion, unseren Beruf, unsere Ansichten und unser bewährtes Schema F. Wir stehen täglich zur selben Stunde auf, gehen zur Arbeit, tragen ein Vermögen zusammen (zur bloßen Repräsentation, wie die Kühe der Masai!) und betrachten im übrigen die Welt aus dem feierabendlichen Sessel. Was opfern wir nicht alles für ein bißchen Sicherheit und ein paar spießbürgerliche Statussymbole. Sind sie wirklich so wichtig?

Hier, im afrikanischen Busch, im Anblick des Kilimandscharo, des schneebedeckten, urweltlichen Berges, werden die Maßstäbe zurechtgerückt. Kein Baum, kein Strauch ist hier von Menschenhand gepflanzt. Die Erde ist wie vor tausend, wie vor hunderttausend Jahren. Die Zeit wird noch nicht gemessen, und die Spanne unserer Zeit ist völlig ohne Belang. Und doch kommt es darauf an, was wir aus dieser Zeit machen. Ob wir leben oder das Leben nur passieren lassen. Idem semper sentire, nihil sentire. Immer dasselbe fühlen heißt nichts fühlen. Und sollte man mit dem Pfund, das der Herrgott uns freundlicherweise mitgegeben hat, nicht wuchern? Kann man das, indem man »Armuts«-Symbolen (dem neuesten Wagen usw.) nachjagt oder nichtstuend vor seiner Hütte sitzt? Wenn die Menschen unter allen Lebewesen den ersten Rang einnehmen (und alle gleichrangig sind), dann gilt auch für alle das mitunter etwas strapaziöse *noblesse oblige.* Und das müßte – hier und anderswo – manche Leute vom *mos majorum,* vom Brauch der Väter, abbringen.

In Namanga erwartet uns ein reizendes Hotel: Landhausstil, in Blumen eingebettet. Wir sind hier am Eingang des Amboseli-Nationalparks. Einige junge Masai lungern um die Bushaltestelle herum. Für einen Schilling lassen sie sich fotografieren. Vor ein paar Jahren wäre das noch undenkbar gewesen. Es gibt Dinge, die der Stolz eines Masai einfach nicht zuläßt, zum Beispiel war noch keiner dieser rotbraunen Gesellen jemals Dienstbote. Man kann sie, wenn sie etwas verbrochen haben, auch nicht einsperren. Hinter Gittern sterben sie. Es dauert keine drei Monate. Die britische Gesetzgebung nahm darauf Rücksicht. Masai wurden nur mit Geldstrafen belegt, nie ins Gefängnis geschickt.

Seit die Kolonialmächte mit der ausgefallenen Idee ins Land kamen, daß es sich nicht gehört, die Nachbarn mit einer gewissen Regelmäßigkeit aufzuspießen, fühlen sich die roten Krieger arbeitslos. Sie stehen nur noch herum, strecken das Kinn heraus, als wollten sie ihre edlen Trotzköpfe auf einem Tablett herumreichen, und halten es ansonsten mit den griechischen Statuen: Sie sind da, um gesehen zu werden, aber sie kümmern sich keinen Deut um den Betrachter. Sie haben kein Auge und keine Zeit für Plebejer. Sie träumen. Sie träumen von dem Löwen, dem sie eines Tages den Speer durch die Rippen rennen werden, sie träumen von Viehdieben, die sie verfolgen werden, um ihnen die Beute wieder abzujagen, und sie träumen den schönsten aller Träume: selbst auf Raub zu gehen, um den Kikuyus die Herden wegzutreiben.

Wenn sie das Recht auf ihrer Seite wissen, fackeln sie nicht lange. Wie die Daily Nation berichtet (»Raiders die by spear«), sind in diesen Tagen einem Farmer in der Rift Valley Region einige Kühe abhanden gekommen. Die Masai machten die Sache zu der ihren; sie folgten den Dieben und spießten sie auf.

Und bei Masurura, im Narokabschnitt, sahen einige Masai, wie eine Horde Kuriakrieger Vieh im Wert von vierzig Pfund stahl. Zwei Masai folgten den Räubern und töteten zwei von ihnen am Mugorifluß mit dem Speer.

Die jungen Männer der Masai, die morani, sind sehr attraktiv. Sie haben einen gewissen Chic. Ihre Kleidung, ihre Haltung, ihr Benehmen bilden ein harmonisches Ganzes; sie sind aufeinander abgestimmt. Die Masai sind ihrer Natur und ihren Idealen treu geblieben. Es ist nichts Falsches, nichts Zivilisiertes an ihnen. Wenn sie nur ein Tuch über die Schulter legen, dann ist das nicht der Sittsamkeit wegen, wenn sie verächtlich dreinschauen, dann meinen sie das auch, und wenn sie einen Speer in der Hand halten, dann ist das nicht nur zur Dekoration.

Sie äffen im Gegensatz zu anderen Eingeborenen niemanden nach; sie geben sich genauso, wie sie sind. Ihrer Überlegenheit sind sie sich bewußt. Sie lassen es auch jedermann spüren. Wenn sie nicht fotografiert werden wollen, dann laufen sie nicht weg, wie das gewöhnliche Neger mitunter tun, dann stellen sie das mit einer kleinen, würdevollen Handbewegung klar: Keine Autogramme heute.

Die Diät der Masai macht Feinkostgeschäfte überflüssig. Der ganze Stamm lebt in erster Linie von Milch, Blut und Fleisch. Das Fleisch liefern die eigenen Herden; Wildbret, Fische und Vögel werden verachtet. Eland und Büffel (O-sirua und ol-osowuan) sind ihrer Rinderähnlichkeit wegen die einzigen wilden Tiere, die gelegentlich in das Menü aufgenommen werden.

Das Blut, das die Masai ihren Rindern an einer Halsvene abzapfen, wird zusammen mit etwas Kuhurin in länglichen Kürbisflaschen mit Milch gemixt. Es gibt Kraft und einen wundervollen Teint und hat schon manchen (zwei Minuten vor dem Brüderschaftstrinken) in die Flucht geschlagen.

Die Masai sind sehr gastfreundlich. Wer eine fremde Boma betritt, braucht nur seinen Speer vor der nächstbesten Hütte in den Boden zu pflanzen, und schon gehört für die Dauer seines Aufenthaltes alles ihm – die Frauen des Gastgebers eingeschlossen.

Trotz dieser Gebefreudigkeit der Masai haben die Steuereintreiber ihre liebe Not mit ihnen: Jeder Masai wechselt mehrmals während seines Lebens den Namen. Was mit viel Fleiß registiert wurde, ist schon das nächste Mal gegenstandslos geworden, nicht mehr existent. Mit dieser Methode haben sich die Masai bis jetzt jeden Bürokratismus vom Leibe gehalten. Sie schreiben nicht, und sie lassen sich nicht aufschreiben. Auch nicht in ein standesamtliches Register. Bei den Babies weiß man ohnehin nicht, wie lange sie's durchhalten werden, die Älteren kennen sich alle, so daß sich die Buchführung erübrigt, und wer gestorben ist, wird den Hyänen anheim gegeben und nicht mehr erwähnt. Wozu also ein Personenstandsregister?

Unter einem Strauch, zehn Meter seitlich des parkenden Busses, sitzen zwei hübsche Masaimädchen. Ihre Köpfe sind der Sitte gemäß vollkommen blank geschoren. Das sieht keineswegs unnatürlich aus. Im Gegenteil. Wenn man

diese netten kleinen, kugelrunden Köpfchen betrachtet, hat man das Gefühl, daß Haare auf dem Kopf für eine Frau so unnatürlich sind wie ein Bart.
Die beiden Masaischönheiten haben nichts dagegen, daß wir ihre wohlgerundeten Körper bewundern, aber sie wickeln sich sofort ein, sowie jemand eine Kamera hebt. Auch gegen Geld posieren sie nicht. Sie sind ihren Tabus bis heute treu geblieben. Wie lange noch? Wenn sie erst herausgefunden haben, was Geld und Geldeswert bedeuten, werden sie ihren Stolz manches Mal hintanstellen. Wie wir alle.
Weiter geht die Fahrt. Giraffen drehen uns ihre schlanken Hälse zu. Unzählige Termitenhügel heben sich rot aus der grünen Umgebung. Am Fuße des Meru steigt die Straße an. Bäume und Büsche bleiben zurück; nur Grashügel, grüne Kuppen und die Herden der Masai sind zu sehen.
Und abermals wechselt die Vegetation. Auf der Südseite des Meru, kurz vor Arusha, sprießt und grünt, was immer die Tropen zu bieten haben. Fleischige Bananenstauden beschatten die Straße, Kaffeebäumchen stehen in Reih und Glied, und die Lücken zwischen den Kulturen werden von unzähligen Blumen und wuchernden Schlingpflanzen ausgefüllt. Wir sind im Siedlungsgebiet der deutschen Pflanzer.

27. Arusha – Stadt und Markt

Arusha ist das Verwaltungszentrum der Nordprovinz Tanganjikas. Hier sind die Behörden für Land- und Forstwirtschaft, für das Veterinärwesen, für die Wasserwirtschaft und für die Tierreservate. Arusha ist der Ausgangspunkt für Safaris in die Serengeti, zum Ngorongorokrater, zum Manyarasee und zu den Gebieten um den Mt. Meru und den Kilimandscharo. Hier können Fahrzeuge gemietet und Führer angeheuert werden, hier sind auch die Buchungsbüros für die Safari Lodges der umliegenden Parks. Wer Tanganjika, seine Menschen und Tiere kennenlernen möchte, kann Arusha nicht auslassen.
Die Stadt liegt eintausendvierhundert Meter über dem Meer, was ihr ein angenehmes Klima während beider Jahreszeiten sichert. Die kühlere Jahreshälfte beginnt im April und dauert bis zum September. Zur Zeit ist es recht warm, etwa dreißig Grad.
Der Meru, an dessen Abhängen Arusha liegt, ist ein mächtiger, kegelförmiger Berg; mit 4 567 Metern einer der höchsten Afrikas. Er ist relativ leicht zu ersteigen. Üblicherweise erklimmt man ihn in drei Tagen. Wer es eilig hat,

kann mit einem Landrover die untere Partie des Berges bewältigen und dann in einem Tag bis zur Spitze vordringen.
Am Fuß des Berges wuchern tropische Wälder, zahllose Gewässer bahnen sich ihren Weg ins Tal. Leoparden, Nashörner, Elefanten und unzählige Affen bevölkern dieses Urwaldparadies. In den höheren Regionen dominieren Bambusstauden und Kakteen. Der Gipfel besteht aus losem Lavageröll und Fels. Der Krater erinnert an den vulkanischen Ursprung des Berges.
Ich quartiere mich im New Arusha Hotel ein. Eigentlich wollte ich ins Safarihotel, aber der Boy, der meinen Koffer schleppte, stellte sich dumm. Zum Safarihotel hätte er hundert Meter weiter gehen müssen. Ich fahre nicht schlecht dabei. Das Hotel ist zwar von außen recht unscheinbar, aber es hat sehr hübsche Apartments auf der Rückseite. Blumen, Rasen und ein kleines Schwimmbad machen den Aufenthalt und jeden Blick aus dem Fenster zu einem Ferienerlebnis. Vor dem Hotel prangt eine große Tafel:

New Arusha Hotel
is exactly halfway between
The Cape & Cairo
& the exact center of
Kenya, Uganda
& Tanganyika

»Take it with a grain of salt – Nehmen Sie's nicht wörtlich«, blinzelt mir einer der Einheimischen zu.
Die Verkehrsinsel vor dem Hotel ist von modernen Gebäuden gesäumt. Wir sind hier im europäischen Viertel; der ältere Teil der Stadt, die indischen Dukas und der Markt liegen etwas tiefer, auf der anderen Seite eines kleinen Baches, der mitten durch Arusha fließt.
Das ganze Gemeinwesen macht einen recht uneinheitlichen Eindruck, es fehlt an der Harmonie. Moderne Zweckbauten und kleinere, einstöckige Gebäude wechseln einander ab. Die einen sind für Arusha zu groß, die anderen fallen neben den modernen Bankgebäuden, den repräsentativen Garagen zu sehr ab.
Die Hauptstraße ist bestückt mit Spezereigeschäften, Werkzeughandlungen, Selbstbedienungsläden, Banken und Touristenbüros. Zwei Kinos werben mit großen Plakaten. Hitchcock (»The Birds«) und ein indischer Film werden gespielt. Schon in Mombasa und Nairobi fiel mir auf, wie stark die indischen Filme hier in Ostafrika vertreten sind; man paßt sich den Wünschen des indischen Bevölkerungsteils an, der neben den Weißen über die meiste Kaufkraft verfügt.

Eines der schönsten Gebäude der Stadt ist die Aga-Khan-Moschee. Es ist verblüffend, wie aktiv die Glaubensgemeinschaft der Ismaiili ist. Die schönsten Schulen, Krankenhäuser und so weiter sind von ihr finanziert und gebaut worden. Die Bilder des verstorbenen Aga Khan und des jungen, etwa dreißigjährigen, zieren viele Geschäfte und Büros.
Es ist neunzehn Uhr. Die Gläubigen werden zum Gebet gerufen. Nicht wie in früheren Zeiten von einem Minarett der Moschee. Das wäre in Anbetracht des Verkehrslärms ein eitles Beginnen. Ein Lautsprecher hat diese Aufgabe übernommen. Die Stimme des Gebetsrufers wird vom Tonband abgespult. Laut und marktschreierisch gellt der Ruf über die Stadt.
Vom deutschen Einfluß ist wenig zu spüren. Alle Aufschriften, Firmenzeichen und so weiter sind in englisch und suaheli. Aber viele der Farmer sind deutscher Herkunft oder mit Deutschen verwandt. Im Hotel kann man ohne weiteres Deutsch sprechen.
Nach dem Dinner (afrikanische Bedienung, weiß gekleidet, blaue Revers und Feze; auf den Tischen rote Lämpchen, gedämpftes Licht) trifft man sich an der Bar, oder man streckt die Glieder in bequemen Sesseln von sich. Ich nehme bei zwei Amerikanern Platz, die mit einem Jäger zusammen ganz Ostafrika bereisen. Eine prachtvolle Kudu-Trophäe, die ein Bote des Tierpräparators soeben brachte, geht von Hand zu Hand.
Einige Fachleute von den Nachbartischen treten interessiert näher. Das Horn imponiert ihnen. Ein normales Kuduhorn ist 100 bis 115 Zentimeter lang, ein gutes Horn hat 125 Zentimeter, ein Prachtstück ist alles, was darüber hinausgeht. Das Horn, das wir hier haben – braun und glatt wie auf Hochglanz poliertes Mahagoni –, ist 148 Zentimeter lang.
Was der Trophäe noch besonderen Wert gibt, ist der Umstand, daß Kudus nicht leicht zu jagen sind. Sie sind immer dort, wo man sie nicht sucht. Fahndet man am Fluß nach ihnen, dann sind sie in den Bergen, durchforscht man die Hügel, dann sind sie an der Salzlecke des nächstgelegenen Parks. Hat man sie schließlich gefunden, dann heißt das noch lange nicht, daß man zum Schuß kommt. Sie machen sich meist davon, bevor der Jäger die geringste Chance hat. Manch einer ist schon leise weinend von der Kudu-Jagd nach Hause gekommen.
Viel Gelächter verursachen ein paar Fotos von betrunkenen Elefanten. Die Tiere hatten sich in einer Plantage am Fuße des Meru über allerlei Früchte hergemacht, die überreif und zum Teil schon in Gärung übergegangen waren. Ihr Alkoholgehalt muß beachtlich gewesen sein. Die Dickhäuter waren – die Bilder machen es deutlich – so beschwipst, daß sie nur mit Mühe das Gleichgewicht halten konnten.
Ähnliches wird von Warzenschweinen berichtet. Die kleinen Specker schla-

gen sich die Bäuche mit fermentierten Früchten voll und werden dann zu perfekten Clowns, zu größeren, als sie ohnehin schon sind. Statt wie üblich bei der geringsten Störung auszureißen, blinzeln sie nun jeder Gefahr mutig ins Auge.

Längere Zeit kreist die Unterhaltung um das in Ostafrika wohlbekannte Thema: Wird es möglich sein, den Tierreichtum des Landes zu erhalten? Wie stehen die Regierungen in Nairobi, Kampala und Daressalam zu dem Problem? Das läßt sich nicht mit einem Satz und nicht allgemeingültig beantworten.

Mit der Einrichtung und Beibehaltung der Nationalparks und Reservate hat man natürlich viel guten Willen bewiesen. Aber es gibt auch heute noch genügend Leute, die die Parks für ärgerniserregenden Unfug halten. Sie weisen auf den Wildschaden hin, den die Tiere, die ja beliebig heraus- und hineinwechseln können, in der Nachbarschaft der Parks und auch sonstwo anrichten. Es gibt nicht wenige Regierungs- und Verwaltungsfachleute, die auf dem Standpunkt stehen: »Meine Aufgabe ist es, für das Wohlergehen meiner Landsleute zu sorgen; was kümmert es mich, ob die Rhinozerosse vollends ausgerottet werden oder nicht!«

Für den Europäer ist es mitunter verblüffend, wie stolz die Afrikaner auf ihre zivilisatorischen Errungenschaften sind und wie geringschätzig sie mit ihrem wirklichen Reichtum umgehen. Selbst die Werbung für den Tourismus steht oft unter falschen Vorzeichen. Viele Broschüren, die von den Informationsdiensten der Regierungen herausgegeben werden, zeigen nichts als Traktoren auf wohlbestellten Feldern, moderne Gebäude, Studenten hinter Mikroskopen und Aufnahmen von Fließbändern. Das ist ohne Zweifel alles recht beachtlich, aber für den Europäer nicht attraktiv. Der Tierreichtum des Landes, die wundervolle Szenerie und das großartige Klima – das sind die Aktivposten, womit man die Fremden ins Land locken kann.

Der Tourismus, würde man ihm mehr Aufmerksamkeit schenken, könnte viel zur Entwicklung des Landes beitragen, auf jeden Fall mehr als manche der agrarreformerischen Maßnahmen.

Viele Eingeborene dringen jetzt, da die Reservate zu eng werden, in Gebiete vor, die bislang brachlagen. Tausende von Büffeln, zahllose Elefanten-, Zebra- und Gnuherden müssen weichen. Um der Rinderpest und anderen Epidemien vorzubeugen, empfiehlt das »Veterinary Department« die Ausrottung des Wildes. Im Gebiet der Wakamba, nordöstlich von Sultan-Hamud, hat man Hunderte von Nashörnern abgeschlachtet, damit ein paar Eingeborenenfamilien angesiedelt werden konnten.

Wenn man die Tiere in so großen Gebieten wie dem Tsavopark in Frieden läßt (von Amts wegen, nicht was das Wildern anbetrifft), so ist das nicht auf altruistische Motive zurückzuführen. Die Tsetsefliege ist die Ursache (27). Sie ist in manchen Gebieten einfach nicht auszurotten. Was war da naheliegender, als diese Gebiete zu Natur- und Tierschutzparks zu erklären? Die Tiere der Wildnis sind immun gegen die Schlafkrankheit, aber Rinder und sonstige Haustiere würden in den verseuchten Gebieten unweigerlich eingehen. So hat die Natur vielfach von sich aus die Grenze zwischen dem Farmland und den Tierreservaten gezogen.

Außerhalb der Parks wird viel Land, das bisher unbebaut war, in der Zukunft unter den Pflug genommen werden. Der Bevölkerungsdruck ist zu groß. Das Wild muß weichen. Bei aller Tierliebe muß man doch auch für die Situation der Eingeborenen Verständnis aufbringen. Es ist bitter, wenn die Ernte eines Jahres über Nacht von einer Herde Paviane oder einigen übermütigen Elefanten zerstört, abgegrast, zertrampelt wird.

Die Miniaturfarmen der Afrikaner reichen ohnehin nicht aus, Familien mit mehreren Frauen und einem Herdchen Kinder satt zu kriegen. Jede Maisstaude, die verlorengeht, bedeutet mehr Hunger und mehr Unzufriedenheit. Und das ist genau das, was in Ostafrika – in Afrika überhaupt – nicht noch vermehrt werden sollte. Es läßt sich politisch zuviel Kapital daraus schlagen. Iri kuhuma ndiri muti itangigwaterera – ein Ertrinkender greift nach allem.

Bei der Eröterung der Wildschutzmaßnahmen wird oft die Frage aufgeworfen, ob man die Tiere Afrikas nicht auch durch eine Dezimierung des Raubwildes schützen könnte. Man hat es versucht. Der Erfolg war nicht immer zufriedenstellend. Schießt man die Leoparden ab, nehmen die Paviane überhand, und rottet man die Hyänen oder Krokodile aus, dann bricht man die sanitäre Installation aus dem Bau der Schöpfung. Man nimmt ihr die Totengräber, die verhindern, daß Land und Gewässer durch Aas verseucht werden. Die Natur kann sich rächen, wenn zuviel interveniert wird. Man muß sie nehmen, wie sie ist. Auch die Hyänen haben ihre Existenzberechtigung.

Wir sind schon zu weit von der Natur entfernt, um ihre Gesetze, ihre Grausamkeiten ohne Empörung hinnehmen zu können. Einem Schwarzen macht es noch Spaß, wenn die Hyänen zu Dutzenden über die Neugeborenen herfallen oder gar als Geburtshelfer in Funktion treten. Er hat – wie Karin Blixen einmal sagte – »a strong strain of malice, a shrill delight in things going wrong«. Wir Europäer können uns, wenn sich solche Grausamkeiten nicht vermeiden lassen, höchstens damit trösten, daß das Wahre auch das Gute sein muß, daß – wie Spinoza meint – jede körperliche und seelische Qual schon deshalb ihre Berechtigung hat, weil sie existiert.

Sonntagmorgen. Es hält mich nicht lange beim Frühstück. Die Stadt ist schon sehr belebt. Aus weitem Umkreis kommen die Eingeborenen, um ihre Früchte auf dem Markt zu verkaufen. Buntgekleidete Negerinnen balancieren Bananenbündel auf ihren Köpfen, Masaischönheiten schleppen sich mit keulenförmigen Milchflaschen ab, Eselchen trotten die Straße entlang, mit Stökken und viel Geschrei angetrieben, altertümliche Kleinbusse bringen viel kauf- und handelslustiges Volk aus den umliegenden Dörfern. Der Sonntag der Christen ist kein Ruhetag für die Menschen aus dem Busch und der Steppe.

Ich hänge Kamera und Minifon um und mache mich auf den Weg. Die Richtung, die hier jedermann einschlägt, muß zum Markt führen. Mein Gepäckträger von gestern gesellt sich am Busbahnhof zu mir.

»Jambo, Bwana!« Sein Gesicht strahlt vor Freude. Mit der Entlohnung (fünf Schillinge für zehn Minuten Kofferschleppen) war er anscheinend recht zufrieden; man sieht ihm an, daß er wieder ganz zu Diensten steht. Er trottet neben mir her und erzählt mir allerlei Neuigkeiten. Das wenigste kann ich verstehen. Er kann Suaheli und Englisch nicht recht auseinanderhalten, was ein schreckliches Kauderwelsch abgibt.

Ich frage ihn, ob er einen Job hat, was er verneint. Er ist etwa achtzehn Jahre alt, sehr arbeitswillig, aber alles, was er tun kann, sind gelegentliche Handlangerdienste für die indischen Händler oder die Touristen.

Vielen seiner Landsleute geht es ähnlich. Sie möchten arbeiten, Geld verdienen, vorwärtskommen. Es fehlt ihnen die Möglichkeit dazu. Dabei wären die Leute mit denkbar wenig zufrieden: Ein Hausboy – Mädchen für alles – verdient etwa acht Pfund im Monat; damit muß er seine Familie unterhalten, Essen und Wohnung bestreiten und so weiter. In einem etwas mehr autoritären Staat würden diese Arbeitskräfte Straßen und Dämme bauen; sie würden nicht reich werden dabei, aber sie hätten eine Aufgabe. Sie würden nicht herumlungern, sie würden Werte schaffen.

Mein afrikanischer Begleiter nimmt sein Schicksal nicht tragisch. Er macht sogar einen fröhlichen Eindruck. Wenn er lacht, blitzen seine Zähne nur so. Seine braune Stupsnase guckt keck in die Welt. Sowie wir den Markt erreichen, verkrümelt er sich; er will nicht mit dem fotografierenden Europäer gesehen werden.

Die Kleiderbuden am oberen Teil des Marktes sind mit allem bestückt, was irgendwie tragbar ist: Hosen und Kittel hängen hier, Tücher, Schals, Hüte. Sie sind mit und ohne Löcher zu haben, neu und nicht mehr ganz neu; manches stammt aus dem achtzehnten und neunzehnten Jahrhundert. Ein durchdringender Duft nach Mottenpulver hängt über dem Ganzen.

Unmittelbar hinter dem Textilmarkt beginnt der Obst- und Gemüsehandel. Hier liegt die Ware auf blankem Boden ausgebreitet, das heißt, sie liegt im

Staub, im Sand, im Schmutz. Zuckerrohrbündel werden aufgeschichtet, Oliven in Blechkanister abgefüllt, Kartoffeln häufchenweise zurechtgelegt (»not washed, flavour still in«). Bananen gibt es in Grün und Gelb, mit und ohne Schale. Erdnüsse werden auf Tüchern ausgebreitet. Das Gemüse wird im Schatten der Bäume gelagert, um ein vorzeitiges Eintrocknen zu verhindern.
An der südlichsten Ecke des Marktes wird mit Hühnern gehandelt. Man kann es fast nicht mit ansehen. Die Tiere sind durchweg an den Beinen gefesselt. Über die Schulter geworfen bringt man sie an, und man verschachert sie, indem man die gackernden und flatternden Tiere dem Käufer bündelweise hinhält. Der Staub fliegt in Schwaden auf, wenn das flügelschlagende Federvieh den Boden berührt.
Die meisten Hühner werden einzeln gekauft. Ist das Tier für den Suppentopf bestimmt, wird es ohne viel Federlesens am Strick über die Schulter geworfen (es wird vor Ermattung bald nicht mehr flattern). Ist es aber der Grundstock der eigenen »Hühnerfarm«, wird es liebevoll in den Arm genommen und mit Körnchen aus der Hand gefüttert.
Ein alter Mann hat drei Hennen auf einmal gekauft. Er trägt sie in den Schatten, setzt sich zu ihnen und erzählt ihnen, wie gut sie es bei ihm haben werden. Aus seinen Taschen kramt er allerlei Leckerbissen. Die drei Hühner sind es offensichtlich zufrieden. Sie sind zwar an den Beinen gefesselt, aber sie können stehen und sich ein paar Schritte bewegen. Sie flattern nicht, sie picken eifrig das Futter.
An der Ecke des Marktplatzes befindet sich eine kleine überdachte Halle, etwa zehn mal fünf Meter groß. Hier wird Fleisch feilgehalten. Ich bleibe in respektvollem Abstand. Myriaden von schwarzen Fliegen umschwirren den Stand. Einer der Fleischer schneuzt sich durch die Finger. Ich glaube, ich habe im richtigen Augenblick auf den Auslöser gedrückt: Mit *dem* Bild kann ich jedermann zum Vegetarier machen.
In großem Bogen umgehe ich den duftendsten Teil des Marktes, die Birnen-, Nuß- und Grapefruitauslagen, die – sei es aus Platzmangel, sei es aus Gleichgültigkeit – zwischen den Rinnsalen liegen, die von der öffentlichen Toilette kommen. Manchmal zweifle ich daran, ob die Leute hier überhaupt noch ein Geruchsorgan besitzen. Vielleicht haben sie auch nur eine andere Wertskala.
Zwischen den Fruchtauslagen sind auch verschiedentlich technische Gebrauchsartikel aufgestapelt: Taschenlampen, Spiegel, Kaffeesiebe, Türschlösser und ähnliches. Auf manchem dieser Stände glimmt zwischen all dem technischen Krimskrams ein Weihrauchstäbchen, Myrrheduft verbreitend.
Im westlichen Teil des Marktes kampieren die Masai (28). Sie kamen mit Kind und Kegel, zu Fuß und per Bus, und was sie kaufen und verkaufen,

unterscheidet sich grundsätzlich von den übrigen Handelsgütern des Marktes: Milch in Kürbisbehältern, Halskettchen aus bunten Perlen, und Ocker, Okker haufenweise. Die ganze Sippschaft hat in Ocker gebadet. Die Decken, die sie umhaben, die kunstvoll zusammengeklebten Frisuren, die Körper – alles ist rötlichbraun.

Die Frauen sind oft recht hübsch. Mit buntem Halsschmuck und farbenfrohem Ohrgehänge geben sie ihrer Lebensfreude Ausdruck. Sie lachen und kauderwelschen, klopfen den Ocker, den sie feilhalten, mit dicken Knüppeln, nähren ihre Babies, nehmen hin und wieder einen kräftigen Schluck aus den langen Milchbehältern – das Trinken erfordert einen kleinen Balanceakt – und lassen es sich ansonsten in der Sonne gut gehen. Man ist offensichtlich mehr zum Vergnügen hier als zum Geldverdienen.

Die umherstehenden männlichen Masai-Pfauen lassen daran keinen Zweifel aufkommen. Ihre Speere haben sie heute zu Hause gelassen, aber sie können sich genauso lässig auf einen Stock stützen. Und sie tun das hingebungsvoll. Mit dem Handel der Weiber haben sie nichts zu tun. Sie stehen etwas abseits und schauen gelangweilt drein. Aber so schläfrig, daß sie mich und meine Kamera nicht schon längst entdeckt hätten, sind sie nun auch wieder nicht. Sie passen auf. Ich kann ihre Frauen nur fotografieren, wenn ich die Kamera nicht hebe und aus der Hüfte knipse.

Die Frisuren der Masai sind kleine Kunstwerke: unzählige Zöpfchen, die sich zu einem Hauptzopf vereinigen und vielfach durch zwei oder drei kleine Metallspangen zusammengehalten werden. Das ganze Haar ist mit einer ockerfarbigen Fettmasse beschmiert, was der Frisur Halt und Glanz gibt. Ihre Decken haben die rotbraunen Gesellen denkbar nonchalant um die Schulter gelegt.

Der Duft, der ihnen entströmt, ist Stammesmerkmal – in Jahren gereift und kultiviert. Kein Masai kommt jemals auf die Idee, sich zu waschen oder nach einem Stück Seife zu greifen. Würde und Patina würden darunter leiden. Sie sind auch darüber erhaben, die Fliegen wegzujagen. Das Geschmeiß sitzt ihnen dick, fett und träge in den Augenwinkeln, auf den Lippen und am Körper.

Ein Junge, der mich schon seit Minuten begleitet und gut Englisch spricht – er ist sechzehn und hat gerade die Schule beendet –, kommt mir als Dolmetscher sehr gelegen. Wir gehen auf zwei zwanzig bis fünfundzwanzigjährige Masai zu und fragen die beiden Gentlemen, ob sie etwas dagegen haben, wenn sie fotografiert werden. Sie haben etwas dagegen.

»Biete ihnen Geld an, Bwana, für Geld lassen sie sich fotografieren«, rät mein Dolmetscher. Ich krame nach einigen Schillingen. »How much?«

Die Masai werfen mir zwei, drei Worte hin. Ich beuge mich zu dem Jungen:

»Was sagen sie?«
»Zehn Schillinge will jeder von ihnen haben.«
Ich kann mir das Lachen nicht verkneifen. »Ihr kommt wohl beide direkt aus Hollywood?« Ein Übersetzen ist nicht nötig. Sie verziehen keine Miene – sie drehen mir den Rücken zu.
Ein älterer Afrikaner, in weißem Hemd und gut gebügelten Hosen, kommt auf mich zu. »Kann ich Ihnen irgendwie behilflich sein?« Er stellt sich als Stadtrat und – wenn ich ihn recht verstanden habe – als Stadtkämmerer vor. Er hat sehr weitgehende Machtbefugnisse, was einem kleinen Ausweis zu entnehmen ist, den er mir zeigt.
»Sie dürfen das den Leuten nicht übelnehmen«, meint er, »sie haben kein Verständnis für die Wünsche der Touristen. Wir weisen zwar bei jeder Versammlung und auch sonst darauf hin, was es für das Wohl der Stadt und des Landes bedeutet, wenn viele Fremde zu uns kommen, und daß es nur natürlich ist, daß jeder einige Schnappschüsse mit nach Hause bringen möchte, aber wir stoßen auf viel Aberglauben und althergebrachte Tabus.«
Ich erzähle ihm, daß die beiden Masai nicht grundsätzlich ablehnend waren. Er lacht. »Diese Preise werden hin und wieder gezahlt. Ein Dollar pro Bild.«
Der Stadtrat ist von charmanter Liebenswürdigkeit. Ich spaziere mit ihm zusammen nochmals über den ganzen Markt; er erklärt mir, wie das Standgeld berechnet wird (die Leute dürfen keineswegs nur kommen und verkaufen) und wie der Platz überbaut werden soll. Die hygienischen Verhältnisse werden dann wesentlich besser sein.
Ich freue mich natürlich, daß ich den Markt noch in seiner jetzigen Ursprünglichkeit gesehen und erlebt habe. Man muß sich in Afrika und Asien ranhalten, wenn man noch ein Stück unverfälschte Natur und unzivilisierte Menschen sehen will. In zwanzig oder dreißig Jahren werden die Entwicklungsländer viel von ihrem Kolorit verloren haben.
Es ist inzwischen recht heiß geworden. Die Sonne steht bald im Zenith. Ich muß mich beeilen, um zum Lunch im Hotel zu sein. An kleinen Eingeborenenhotels, Straßenschneidern, Flickschustern, Coca-Cola-Ständen und Maisröstereien vorbei marschiere ich noch ein Stückchen auf den Meru zu.
Hier, im Norden der Stadt, wohnt die Bevölkerung zum Teil in neuen und recht netten Häuschen. In einer kleinen Kirche ist gerade Gottesdienst. Die Tür steht weit offen. Es sind in erster Linie Frauen, die auf den einfachen Holzbänken sitzen und dem Prediger lauschen. Die Kinder spielen an der Tür oder zu Füßen der Mütter.
In diesem Stadtteil wohnt der missionierte Teil der Bevölkerung, zumindest ein guter Teil davon. Die Kinder sind sonntäglich angezogen. Sie sehen rei-

zend aus in ihren bunten Hemdchen und Khakishorts. Ein großer Spielplatz steht den Kleinen zur Verfügung: »Kololeni Playground, being developed by the Rotary Club of Arusha.«
Rotary und Lions, diese beiden weltweiten Klubs, sind, wie man auf Reisen immer wieder feststellen kann, sehr aufgeschlossen für alles, was das Zusammenleben der Menschen untereinander erleichtern könnte. Schon in Cambridge mußte ich mit Verblüffung feststellen, daß so ein erhabener Verein wie Lions sich mit dem Sammeln von getragenen Brillen abgibt. Man hat die Gläser nach Indien verfrachtet.
Auch in Deutschland gibt es exklusive Klubs, aber nur wenige üben sich – wenn ich recht im Bilde bin – in tätiger Nächstenliebe.

28. An den Hängen des Kilimandscharo

Ich nehme im Führerhaus neben dem Fahrer Platz. Er hat nichts dagegen, aber er muß erst einiges zur Seite räumen – der Sitz des Beifahrers dient ihm als Miniaturspedition. Ananas, Bananen und Mangofrüchte sind hier aufgestapelt. Entweder hat der Fahrer einen befreundeten Gemüsehändler in Moshi oder eine Tante, die ausgesprochen vegetarisch lebt.
Eine Viertelstunde muß ich in dem sonnendurchglühten Gefährt ausharren, bis man Anstalten zum Aufbruch trifft. Zum Glück wird in der Zwischenzeit das Kühlwasser nachgefüllt. Der Tankstutzen ist im Führerhaus. Ein älterer Schwarzer kommt mit einem bis zum Rande gefüllten Eimer an. Das kann ohne Trichter nicht gut gehen. Der Neger zerbricht sich darüber nicht den Kopf. Er schraubt den Verschluß ab und kippt den Eimerinhalt – »Vorsicht, Bwana!« – über den Stutzen. Das Führerhaus schwimmt. Mir soll es recht sein. Wasser kühlt.
Die Straße nach Moshi ist sehr gut. Die ganze Strecke ist geteert. Nach einigen Meilen läßt die üppige tropische Vegetation nach, eine weite Ebene tut sich vor uns auf: die Sanya Plains. Zebras, Giraffen, Strauße und Impalas sind zu sehen. Letztere zu Hunderten.
Impalas sind Antilopen und von Natur aus übermütig. Sie hüpfen und springen, als wären sie schwerelos. Sechs bis sieben Meter in die Weite oder zwei bis drei Meter in die Höhe sind keine Seltenheit. Mühelos und grazil setzen sie übereinander weg. Wenn sie erschreckt worden sind, stürmt der Bock mit riesigen Sätzen und dem Ruf »Mir nach!« an die Spitze seines hundertköpfigen Harems, und ab geht es wie eine losgeschnellte Feder.

Ein Impalabock gibt oft recht merkwürdige Geräusche von sich. Sein Erschrecken tut er durch lautes Schnauben kund, und während der Brunftzeit hat er ein Repertoire, das seinesgleichen sucht. Im übrigen sind die Impalaböcke unverbesserliche Raufbolde. Sie kämpfen verbissen und hartnäckig, und oft endet der Kampf mit dem Tod eines der Rivalen. Die spitzen, lyraförmigen Hörner können wie Dolche die Rippen durchstoßen.

Die weiblichen Tiere sind ohne Gehörn. Wenn ein Kitz im Kommen ist, verläßt das Muttertier die Herde und widmet sich ganz dem Kleinen. Erst wenn das Jungtier mit den Alten mithalten kann, wird sich die Mutter der Herde wieder anschließen. Oft, sehr oft kommt es nicht dazu. Hyänen und Schakale lauern überall auf leichte Beute.

Die Steppe geht in Sisalpflanzungen über. Die hohen, kräftigen, kaktusähnlichen Pflanzen stehen in Reih und Glied. Sisal ist neben Kaffee das Hauptausfuhrprodukt des Landes. Die Pflanzen sind zehn bis vierzehn Jahre ertragreich; in dieser Zeit können bis zu zweihundert der spitzen und schweren Faserblätter geerntet werden.

Kaffee- und Teeplantagen schließen sich an. Wir sind in Moshi, dem Zentrum des Kaffeeanbaus.

Im Städtchen und in der Umgebung wohnen etwa 360 000 Chagga-Afrikaner. Die Chaggas sind einer der volkreichsten der einhundertzwanzig Stämme Tanganjikas und bestimmt der intelligenteste und fleißigste. Der Bildungsstand liegt weit über dem Durchschnitt. Berühmt sind insbesondere die organisatorischen Leistungen der Chaggas.

Die kleinen Farmer haben sich zu Genossenschaften zusammengeschlossen und verfahren nach dem bewährten Grundsatz: Einer für alle, alle für einen. Tanganjika hat über siebenhundert registrierte »Co-operative«-Gesellschaften. Preisrisiken werden durch Manipulierung von Ein- und Verkauf ausgeglichen, und den Markt- und Handelspartnern tritt man geschlossen und einig gegenüber. Ihren Mitgliedern hilft die Genossenschaft durch Kredite und besseres Saatgut auf die Beine.

Die Kilimanjaro Native Co-operative Union (KNCU) war die erste Genossenschaft des Landes; sie wurde 1932 gegründet und hat viel zur Entwicklung der Wirtschaft beigetragen. Schon in Cambridge, in den Vorlesungen über Afrika, habe ich von diesem vorbildlichen Institut gehört und eine Empfehlung an das KNCU-Hotel mitbekommen, wo ich mich einquartiere.

Der ganze Genossenschaftskomplex setzt sich aus mehreren Gebäuden zusammen; er hat eine eigene Ladenpassage, eine Bibliothek und ein interessantes Freiluftrestaurant im obersten Stockwerk. Auch ein College ist in den Räumen des KNCU untergebracht. Das Zimmer, das ich im dritten Stock beziehe, ist blitzsauber, mit fließendem Kalt- und Warmwasser und freier

Aussicht auf den Kilimandscharo. Links und rechts von mir wohnen afrikanische Studenten – nette Kerle, die sich betont adrett kleiden und gern diskutieren. Der Name Raiffeisen ist ihnen wohlbekannt, und auf ihre Genossenschaft halten sie große Stücke. Sie interessieren sich sehr dafür, wie in Deutschland die Betriebe organisiert sind, ob der Staat eingreift und *wie* er eingreift.

Wie in den meisten der jungen Nationen ist man sich auch in Tanganjika wohl bewußt, daß es ohne eine gewisse staatliche Lenkung nicht geht. Die Notwendigkeit der wirtschaftlichen Planung, der Abstimmung von Produktion und Absatz, läßt die Afrikaner oft mehr nach dem Osten als nach dem Westen blicken. Kapitalistische Methoden alter Prägung sind verpönt. Man schwärmt für den New Deal eines Roosevelt und verfolgt mit großem Interesse die sozialistischen Experimente in anderen afrikanischen Staaten.

Auch Israel ist ein vieldiskutiertes Studienobjekt. Jeder Afrikaner, der Gelegenheit hat, Israel zu besuchen, ist beeindruckt von den Errungenschaften, die man in so kurzer Zeit und auf so kargem Boden erzielt hat. Die pulsierende Aktivität Israels, die Hingabe und Opferbereitschaft seiner Menschen sind für die schwarzen Politiker faszinierend. Sie vergessen für einen Augenblick, daß ihre Völker eine andere Mentalität haben, und kommen mit Plänen und idealistischen Zielen nach Hause. Aber es dauert gewöhnlich nicht lange, und ihr Enthusiasmus verebbt. Afrika und Israel sind – trotz vieler Gemeinsamkeiten – verschiedene Welten.

Die Intelligenz der Israeli, ihr Arbeitseifer sind ein Kapitel, das Afrika nicht zur Verfügung steht. Im übrigen ist man in Afrika eifrig dabei, die jahrhundertealte Tradition kommunalen Lebens ad acta zu legen.

»Immer mehr Afrikaner wünschen sich individuelles Eigentum, das sie nach Gutdünken veräußern und von dem sie sagen können: ›Das ist mein‹«, schreibt Tom Mboya, der Thronfolger Kenyattas, in seinem Buch und bekennt dann freimütig, daß es ihm nicht behagen würde, in einem Kibbutz zu leben, an einem gemeinsamen Tisch zu essen, in einem Serienhaus zu wohnen und die Kinder von frühester Jugend an in ein Heim zu geben. Daß das Mboya in seiner heutigen Position nicht mehr gefallen würde, ist verständlich, aber wäre es für die große Masse der Afrikaner nicht das Nächstliegende und das am meisten Erfolgversprechende?

Die afrikanischen Studenten, Lehrer, Techniker, die aus England, USA, China und der Sowjetunion zurückkommen, diskutieren diese Frage oft und offen. Man hat weniger Vorurteile als im westlichen Europa und in Amerika. Dort ist alles, was nach Kommunismus, nach Vergesellschaftlichung riecht, verpönt. In Afrika ist das schon deshalb nicht möglich, weil mancher Bereich des täglichen Lebens seit eh und je »verstaatlicht« war.

Es gab bis vor kurzem zum Beispiel keinen Privatbesitz an Grund und Boden. Das Land war Gemeineigentum, Allmende. Jetzt geht man daran, es in kleinste Parzellen aufzuteilen. Mancher intelligente Afrikaner schüttelt den Kopf. Es ist der Führungsschicht nicht unbekannt, mit welchen Problemen man in Europa zur Zeit zu kämpfen hat (Grundstückswucher usw.). Man weiß um die historischen Bodenreformpläne und um die Verstaatlichungsabsichten der englischen Labourparty. Man ist sich auch darüber im klaren, daß der nicht beliebig vermehrbare Grund und Boden für kommunalen Besitz geradezu prädestiniert ist. So packt man mitunter auch zu und unterbindet eine zu weitgehende Anpassung an die derzeitigen Lebensformen des Westens, aber nicht immer erntet man Dank und Anerkennung dafür. Man kommt in den Verdacht, kommunistisch zu sein.

Die Intelligenz des jungen Afrika nimmt das gelassen hin. »Wer Afrika mit europäischen Maßstäben mißt«, so sagen sie, »bricht nicht über Afrika, sondern über sich selbst den Stab.« Afrika ist eine andere Welt, es hat eine andere Gesellschaftsordnung und andere Ideale:

»Es besteht ein fundamentaler Unterschied zwischen den gesellschaftlichen Ordnungssystemen Europas und Afrikas. Im europäischen System basieren Brauchtum und Gesetzgebung in erster Linie auf dem Recht des Individuums. Der einzelne, obwohl er einer Nation oder Gruppe angehört, trägt stets als Individuum zum Wohlergehen der Gemeinschaft bei; eigenes Denken und Handeln sind das Rückgrat der westlichen Welt. In einer afrikanischen Gesellschaft ist der einzelne nur insoweit von Bedeutung, als er Teil einer Gruppe ist und sich in die festgefügten Verhaltensmodi der Gruppe einfügt: allein die Gruppe ist es, die zählt.« (F. D. Corfield: The Origins and Growth of Mau-Mau. London 1960, S. 8.)

Das afrikanische Zusammengehörigkeitsgefühl bietet dem Individuum Schutz gegen die Unbilden des Lebens und auch gegen die »unsichtbaren Mächte, die die Welt beherrschen und die man nur durch eine gemeinsame Aktion der Gruppe in Schach halten kann«.

Dieses Aufgehen im Kollektiv hat in den vergangenen Jahrhunderten zu mangelnder Individualität und zu einer Stagnation der Entwicklung geführt, aber bei zielbewußter politischer Führung kann es – und dessen ist man sich in Afrika bewußt – ebensogut zu einem Aktivposten werden, zu einem Kapital, das reiche Zinsen trägt, mehr Zinsen als künstlich gezüchteter Individualismus und Pseudokapitalismus.

»Ist das«, so fragen die afrikanischen Studenten, »überhaupt noch Kapitalismus, wenn – wie bei Ihnen zu Hause – die Hälfte des Sozialproduktes in die Staatskasse fließt, wenn die Arbeiter Mitbestimmungsrechte im Betrieb haben und Urlaub und Feiertage bezahlt bekommen?«

»Und wie steht es um die ›Freiheit des Westens‹? Gibt es die noch? Haben Sie nicht Bau-, Paß-, Gewerbe- und tausend andere Vorschriften? Ist Europa nicht dirigistisch und sozialistisch geworden? Und hat man in der kommunistischen Welt – in den Staaten, die nicht erst seit gestern munter sind – nicht auch sein Schäfchen im trockenen und genügend Zeit, sich ›ngomo-dancing and pombe‹ zu widmen? – What's the difference?«

Man kann durch solche Wißbegier in arge Verlegenheit kommen, besonders wenn die Burschen dann noch auf den Bildungsstand in kapitalistischen Ländern wie Südamerika und so weiter hinweisen, wenn sie das Problem der Arbeitslosigkeit in den USA, in Italien, in Spanien aufgreifen und ein Dutzend andere verfängliche Fragen stellen.

Wenn alle Stricke reißen und auch »Erdbeerkuchen mit Sahne« (die europäische Version der pan-afrikanischen Pombe-Halluzination) nicht mehr zugkräftig genug ist, verweist man schließlich auf die berufliche Ungebundenheit der Bürger in den kapitalistischen Ländern, auf ihre Freiheit, beliebig in der Welt herumzureisen und ähnliches. Für die Afrikaner ist das insoweit überzeugend, als sie vielen Vergnügungsreisenden aus dem Westen, nicht aber aus dem Osten begegnen. Daß es diesseits der Elbe etwas zwangloser zugeht, imponiert ihnen.

Als nächstes wollen sie wissen, was der Westen – wenn man von einigen temporären Vorteilen auf ökonomischem Gebiet absieht – den anderen *sonst* noch voraus habe.

Das ist aus dem Stegreif gar nicht so leicht zu beantworten. Von gleichen Startbedingungen, einem wesentlichen Bestandteil der Freiheit, kann ich nicht gut reden, denn welche Möglichkeiten bleiben einem Neger in den USA oder einem Volksschüler im standesbewußten England schon? Aber der Unterschied zwischen einem heterogenen und einem homogenen Markt scheint mir verführerisch und überzeugend zu sein. Und so schildere ich meinem schwarzen Publikum, wie bedeutsam es für das zivilisatorische Niveau und ein individuelles Leben ist, daß man zwischen hunderterlei gleichartigen Dingen wählen kann und nicht auf einige staatlich genormte Standardmodelle angewiesen ist; wie schön es ist, wenn man aus tausend Kleidern, Möbeln, Radios das aussuchen kann, was dem eigenen Geschmack entspricht.

Aber das Argument verfängt nicht.

Die Afrikaner haben nichts gegen uniformierte Häuser, Kleider und dergleichen einzuwenden. Der Wunsch und das Streben des Europäers nach Individualität, nach eigenem Lebensstil geht ihnen ab. »Und außerdem«, so sagen sie, »besser ein Einheitshemd als gar keines.«

»Ist es nicht auch wichtig«, so erkundige ich mich tastend, »daß man seine Meinung sagen darf?«

»Darf man es wirklich«, fragt der neben mir sitzende studierte Landwirt, der erst in Italien und dann im *priest-ridden,* im pfaffengerittenen Spanien war, dagegen. Und er fährt fort:
»Den kommunistischen Regimen wirft man vor, daß jeder Bürger linientreu sein muß, daß er sich anzupassen und des öfteren seinen Mund zu halten hat. Wie ist das bei Ihnen? Da gibt es das natürlich nicht. – Oder doch?«
Er legt eine kleine Pause ein, schaut mich herausfordernd an und spinnt dann seinen Faden weiter:
»Die ersten Zweifel kamen mir, als ich in Brindisi an Land ging. Es war an einem Feiertag. Das Volk marschierte: geschlossen und ohne Ausnahme und mit dem Gesangbuch unterm Arm. Nicht jeder – man sah es – war mit dem Herzen dabei, man fügte sich nur in die Ordnung. Mir war das alles zu neu, um es zu begreifen, aber dann, nach wenigen Wochen schon, machte ich mir Gedanken ...«
»Du darfst«, wirft ein anderer Afrikaner ein, »Religion und Politik nicht verwechseln. Religion ist jedermanns Privatsache, sie hat mit einer Freiheitsbeschränkung des Individuums, wie sie in kommunistischen Staaten praktiziert wird, nichts zu tun.«
Mein Nachbar, der Europaexperte, nimmt einen tiefen Zug aus dem Glas, blinzelt mir, auf Verständnis hoffend, zu und macht dann seinen Kollegen klar, daß die Welt nicht nur aus hoher Politik, sondern auch aus Kirchen-, Gemeinde- und Schulpolitik besteht und daß diese Politik das Leben des einzelnen mehr beeinflußt als der Streit um Sozialismus oder Kapitalismus.
»Und auf dieser Ebene«, so versichert er seinen Kollegen, »sind Religion und Politik sehr eng verquickt: Wer sich in puncto Religion nicht in die Ordnung fügt, wird bald entdecken, daß ihm die Flügel beschnitten sind und seine Freiheit etwas fragwürdig ist.«
Ich möchte einlenken und versuche zu Wort zu kommen, aber mein Freund fährt fort:
»Bleiben wir ruhig mal für eine Minute bei Ihrer christlichen Religion. In Europa ist sie die *alleinseligmachende.* Hierzulande hat das Christentum vielerorts nur die Bedeutung einer Sekte. Was mich morgens aus dem Bett wirft, ist nicht das Geläut von Glocken, sondern der Gebetsschrei von der Moschee. Ich gehöre weder der einen noch der anderen Religion an, und den Glauben meines Stammes habe ich mit den Ohrringen abgelegt. Ich hatte wirklich tausend Fragen, als ich nach Europa kam, aber ich fand schnell heraus, daß es sich nicht empfiehlt, skeptisch oder gar kritisch zu sein. Wo die Doktrinen anfangen, da hört die freie Meinungsäußerung auf. Auch bei Ihnen. Manches ist im westlichen Europa so tabu wie die Marxschen Mehrwerttheorien in Rußland.

»Einmal«, der kleine Ketzer lächelt vergnügt, »mußte ich fast die Beine unter den Arm nehmen: Ich hatte mich – mit der Unschuld eines Exkannibalen – nach dem Kaloriengehalt von Oblaten erkundigt. Der Scheiterhaufen blieb mir zwar erspart, aber man gab mir zu verstehen, daß ich ein Wilder sei und zu Magie und *witchcraft* zurückkehren solle.« (29)

Nach dieser Exkursion in die Gedankenwelt junger Afrikaner – sie hat bis lange nach Mitternacht gedauert – scheint mir ein besinnlicher Ausflug zum Kilimandscharo die richtige Abwechslung zu sein, und so klettere ich morgens um sieben Uhr in den Kleinbus, der zwischen Moshi und Marangu verkehrt.

Die Straße ist ausgezeichnet und schon zu früher Stunde sehr belebt. Links und rechts der Fahrbahn eilen die Bewohner der Vororte zur Arbeit oder zum Markt in die Stadt. Sie sind farbenprächtig und relativ gut gekleidet. Die Chagga sind entschieden zivilisierter als ihre Landsleute im Westen Tanganjikas.

Bei Himo verläßt der Wagen die Straße nach Mombasa; wir fahren links ab, an den Hängen des Mawenzi hoch. Die Sisalplantagen werden von Bananen- und Kaffeekulturen abgelöst. Die Vegetation ist üppig und tropisch, die Pflanzen drängen nur so aus dem Boden. Die Wasser des Berges, die in kleinen Rinnsalen die Kulturen durchziehen, garantieren eine sichere Ernte.

Zwei Meilen oberhalb des Maranguhotels am Ende der Straße liegt in einem Meer von Blumen das Kibo-Hotel. Es hat seinen guten Ruf verdient. Es ist ein kleines Paradies, eine Erholungsstätte par excellence. Aus aller Welt kommen die Gäste. Viele davon sind Deutsche; die Inhaber des Hotels sind Landsleute. Die Liebenswürdigkeit, mit der man empfangen wird, sucht ihresgleichen. Man kommt nicht als Fremder, man kommt als Freund des Hauses.

Um den Berg im morgendlichen Licht und unverhüllt zu sehen, mache ich mich unverzüglich auf den Weg. Godwin, ein kleiner dreizehnjähriger Negerjunge, ist mein Führer. Wir klettern auf engen Fußwegen durch einen richtigen Bananendschungel. Der Junge weiß einen Aussichtsplatz, den er mir zeigen möchte. »Mountain very big there, Bwana. You take fine pictures.«

Es ist ein reizvoller Ausflug. Der Berghang, an dem wir aufwärts steigen, ist in unzählige Plantagen aufgeteilt. Die Eingeborenen besitzen nur wenig Land, aber diese Miniaturfarmen werfen alles ab, was eine Familie zum Leben benötigt: Bananen, Kaffee, Zuckerrohr und etwas Mais. Grundstücksgrenzen sind keine zu sehen. Nur an den kleinen Fußpfaden, die alle paar Minuten in das Dickicht führen, ist zu erkennen, daß man schon beim nächsten Gutshof angelangt ist.

Ich bin natürlich neugierig und gehe einige der Pfade entlang. Schon nach zehn bis zwanzig Meter stößt man auf die Hütten der Besitzer: runde, bienenkorbähnliche Gebilde, die bis zum Boden mit Stroh, das heißt mit irgendwelchen Fasern oder schilfähnlichen Blättern abgedeckt sind. Fenster sind keine vorhanden. Aus der Tür, dem ins Innere führenden Schlupfloch, kommt vielfach dünner blauer Rauch. Die Feuerstätte ist im Haus. Die Bewohner sind mit Kochen, Waschen oder irgendwelchen Pflanz- und Erntearbeiten beschäftigt. Was außerhalb des Hofraumes vor sich geht, hört man zwar, aber man sieht die Leute nicht. Der Bananendschungel ist viel zu dicht.

Mit dem Fotografieren muß man sehr flink sein; flinker als die Kleinen, die sofort ins Gebüsch verschwinden, wenn sie uns kommen sehen. Ihren Eltern ist man hin und wieder ein »excuse me, please« und ein paar nette Worte schuldig. Wir hätten es schließlich auch nicht gerne, wenn einer das (hier imaginäre) Gartentürchen aufmacht, umherstolziert, alles knipst und dann wieder davonstapft.

Nach anderthalb Stunden Aufstieg lichten sich die Kulturen; Nadelwald beginnt. Hier ist auch unsere gesuchte Aussichtsplatte. Mein kleiner Führer strahlt vor Stolz: Beide Gipfel sind noch völlig unbewölkt, und das ganze Panorama ist wirklich großartig. Er bekommt im stillen eine Gehaltserhöhung.

Wir fotografieren, hocken uns ins noch feuchte Gras und staunen die Bergriesen an. Der Kibo liegt wie ein Gugelhupf vor uns, rund und ebenförmig und oben voller Staubzucker. Durch das Glas sind seine Gletscher und kilometerlangen Felsschrannen deutlich zu sehen.

Fünf Tage braucht man normalerweise für den Aufstieg. Am ersten Tag schafft man es bis zur Bismarckhütte (jetzt umgetauft in Mandara Hut). Sie liegt, von unserem Platz aus deutlich sichtbar, südöstlich des Mawenzigipfels. Am zweiten Tag erreicht man Petershütte (jetzt Horombo Hut), am dritten Tag nach langer Wanderung über den Sattel zwischen den beiden Gipfeln die Kibohütte und am vierten Tag schließlich Gillman's Point und die Kaiser-Wilhelm-Spitze (einschließlich Rückmarsch zur Petershütte). Am fünften Tag ist man abends wieder im Kibo-Hotel.

Der Aufstieg erfordert keine bergsteigerischen Qualitäten, aber viel Ausdauer. Besonders das lose Geröll zwischen der Kibohütte und dem Gillman's Point (Kraterrand 5 680 Meter) hat schon manchen zur Umkehr veranlaßt. Die dünne Luft bekommt auch nicht jedermann (Sauerstoffgeräte sind im Kibo-Hotel zu haben). Aber die Kraterwanderung vom Gillman's Point bis zur knapp sechstausend Meter hohen Kaiser-Wilhelm-Spitze, dem höchsten Punkt Afrikas, entschädigt für alle Mühe.

Zum ersten Male wurde der Berg von Dr. Hans Meyer im Jahre 1889 erstiegen. Von der Existenz des gewaltigen Bergmassivs hat die zivilisierte Welt erst ein halbes Jahrhundert vorher, im Jahre 1848, durch den Missionar Johannes Rebmann und den Forscher Dr. Krapf erfahren. 1867 erreichte der erste Europäer die Schneegrenze. Im Jahre 1886 hat Queen Victoria den Berg ihrem Neffen, Wilhelm II., zum Geburtstag geschenkt.

»Schauen Sie sich den Grenzverlauf zwischen Kenia und Tangajika an«, knurrte mich ein Engländer im New-Arusha-Hotel an, »hier, diese Einbuchtung, da ist nachträglich dran 'rumgefummelt worden. Euer Kaiser war bei unserer Queen, und sie hat ihn gefragt: ›Na, Willy, was willst du denn zum Geburtstag haben?‹ Der junge Mann, der stets auf Prestige aus war und den es gestochen hat, daß wir Engländer zwei schneebedeckte Berge in Afrika hatten (Kibo und Mt. Kenya) und er nicht einen einzigen, hat sich in der ihm eigenen Bescheidenheit den Kilimandscharo gewünscht. Er hat ihn bekommen.«

Wir sitzen und schauen, bis sich beide Gipfel langsam umwölken. Ich suche mit dem Glas die weiten Hänge ab.

Dort oberhalb der Bismarckhütte beginnt der *Rain Forest,* der Regenurwald. Man findet häufig Elefantenlosung in diesem Gebiet, aber man sieht die Tiere nicht. Sie wechseln nachts vom Tsavopark herüber. Auch Löwen und Leoparden und anderes Großwild sind hier zu Hause, aber sie sind nicht so leicht anzutreffen wie in den Reservaten rund um den Berg.

Wir steigen abwärts. Kleine Bäche und Rinnsale glucksen neben unserem Pfad. Mitunter sind sie sehr geschickt in die kleinen Eingeborenenplantagen abgeleitet. Aus dem Dickicht kommt hin und wieder das Gemecker einer Ziege, manchmal auch das Muhen einer Kuh. Man sieht nicht viel von den Bewohnern des Berghanges, aber man hört ihre Stimmen und die Geräusche ihrer Arbeit.

Ein kleiner Junge rennt hinter uns her. Es ist der zehnjährige Bruder von Godwin, meinem Scout. Er hat eine Tafel in der Hand und offensichtlich einen großen Kummer. Sein Bruder soll ihm helfen. Godwin schenkt dem Kleinen kein Gehör. Er will mich nicht warten lassen. Ich erkundige mich, um was es denn geht.

»Ach«, meint Godwin, »er muß einen Aufsatz über die Kuh schreiben, und es fällt ihm nichts ein.«

»Wenn er sonst keinen Kummer hat ...«

Wir setzen uns zu dritt an den Wegrand und verfassen gemeinsam ein Essay. Ich gebe das Stichwort, der Kleine dichtet, und Godwin dolmetscht. Am Schluß unserer halbstündigen Bemühung steht etwa folgendes auf der Tafel: *Die ng'ombe (Kuh) ist ein Haustier. Sie ist vom kichwa (Kopf) bis zum*

mkia (Schwanz) mit ng'ombe-Haut überzogen. Hinten hat sie den Schwanz mit einem Fliegenwedel dran. Damit jagt sie die Moskitos fort, weil die sonst in die Milch fallen.
Vorn ist der Kopf, wo das Horn angewachsen ist und das Maul Platz hat. Mit dem Horn kann die Kuh stoßen, und mit dem Maul kann sie brüllen. Der Büffel und der Löwe können nur das eine oder das andere. Die Kuh kann beides. Sie ist eine Kreuzung zwischen einem Löwen und einem Büffel. An jeder Ecke hat die Kuh ein Bein. Die Beine braucht sie, damit sie zur Wiese laufen kann. Unter der Kuh hängt die Milch. Die ist zum Ziehen eingerichtet. Wenn man zieht, kommt sie heraus. Die Milch wird niemals alle, weil die Kuh so viel säuft. Wie sie das Wasser weiß macht, haben wir noch nicht gehabt. Das Kind von der Kuh ist ein Säugetier. Ich mag auch Milch, aber ich bin kein Säugetier.
Die Kuhmama ist sehr sparsam. Sie rülpst ihr Frühstück so lange wieder hoch, bis sie satt ist. Der Mann von der Kuh ist der Ochse. Er sieht genauso aus wie die Kuh, nur hängt bei ihm keine Milch dran. Wenn die Kuh alt ist, verkaufen wir sie. Die Bwanas in der Stadt essen sie dann als Kalbsschnitzel. Und das ist das Ende von der Kuh.
Ein paar hundert Meter vor dem Hotel macht ein Schild auf eine Art Gallery, eine Kunstausstellung, aufmerksam. Eine Kunstausstellung, hier in dieser einsamen Höhe? Das muß ich mir ansehen. Ein alter Mann, der Bananenstauden fällte, kommt mir nachgelaufen. Er spricht mich auf deutsch an und stellt sich als der Vater des Künstlers vor. Sein Sohn sei leider nicht hier, aber er, der Alte, würde mir gern die Ausstellung zeigen.
Es ist nicht so häufig, daß man von einem ergrauten Opa dunkler Hautfarbe auf deutsch angesprochen wird. Ich erkundige mich deshalb, wo er denn die Sprache gelernt habe. »Oh, das war vor dem ersten Weltkrieg. Die Deutschen haben mir Rechnen und Schreiben beigebracht und mir meine Religion gegeben; ich habe großen Respekt und Liebe für Deutschland.«
Der alte Herr führt mich durch die Ausstellungsräume. Was er mir zeigt, ist verblüffend. Hier ist wirklich ein Künstler am Werk, ein Mann, der es versteht, mit Farben umzugehen. Nicht nur mit Farben. Ganz neue Techniken hat er entwickelt. Er arbeitet auch mit Blätterfasern, die er aufklebt und mosaikartig zusammensetzt, oder mit Vogelfedern, die seinem Franziskus eine verblüffende Naturverbundenheit geben.
Er ist nicht mehr unbekannt, der Meister Elimo Njau. Voriges Jahr sind einige seiner und seiner Schüler Werke in mehreren deutschen Großstädten gezeigt worden. Dem Goethe-Institut und der Privatinitiative einiger Herren, die sich auch sonst sehr um die Zusammenarbeit mit Afrika verdient gemacht haben, waren diese Ausstellungen zu verdanken.

Ich lasse mir Prospekte und einige Erläuterungen mitgeben. Viel Lobesworte sind zu lesen, insbesondere in den Pressekommentaren. Manche schießen über das Ziel hinaus. »Man ist tief beeindruckt von der aufrichtigen Religiosität und dem Ernst, der diese jungen afrikanischen Menschen beseelt. – Wahrlich, über Afrika leuchtet das Licht Gottes.«

Man kann dem beistimmen, wenn von Elimo Njau und einigen anderen die Rede ist, aber zu weitgehende Verallgemeinerungen verfälschen das Bild. Was in Afrika leuchtet, sollte man nicht aus achttausend Kilometer Distanz beurteilen, und mit der afrikanischen Religiosität ist das so eine Sache.

Da ist zunächst einmal das Gros der Mohammedaner, der Ismaiili, der Hindu. Sie wurden – nach dem Motto, daß Religion in erster Linie das ist, was man selbst glaubt, mit dem Gesagten sicher nicht gemeint. Dann gibt es einige Millionen, die steinzeitliche Götzendienste betreiben und schließlich die zum Christentum Bekehrten, die im einen Kral anglikanisch, im anderen evangelisch, im dritten römisch-katholisch, im vierten calvinistisch und im fünften nur bessere Gesundbeter sind. Was sich davon letzten Endes durchsetzen und von Dauer sein wird, bleibt abzuwarten. Vieles ist nur Tünche und wird abfallen.

Bei Elimo Njau ist es unbestritten tiefe Religiosität, die seinen Bildern den Stempel aufdrückt. Er ist voll Sorge darüber, daß beim Aufbau des neuen Afrika wirtschaftliche und politische Interessen den absoluten Vorrang haben; er fürchtet, daß den psychischen und kulturellen Aspekten des afrikanischen Lebens zu wenig Aufmerksamkeit geschenkt wird. Er lehrt seine Schüler, in sich hineinzuhorchen, ihr eigenes Wesen zu entfalten. »Wenn ihr kopiert, so bringt ihr Gott in euch zum Schlafen«, sagte er. Er sucht nach neuen Ausdrucksmitteln und transferiert religiöse Motive ins Afrikanische. Die Krippe Christi steht für ihn im afrikanischen Busch, Maria ist dunkelhäutig, und die Jünger treffen sich mit dem Herrn unter Schirmakazien in einer Manyatta.

Die Ausdruckskraft seiner Bilder und Plastiken ist faszinierend. Wie bei Barlach werden Schmerz und Verzweiflung, Angst und Tod in der Darstellung auf das Elementarste komprimiert. An seinen Gemälden wird deutlich, was Leonardo meinte, wenn er der Malerei mehr Intellekt zusprach als der Bildhauerei: Das Malen kann einen unendlich feineren und vielschichtigeren Effekt hervorbringen, und es läßt dem Einfallsreichtum und der Vorstellungskraft viel mehr Spielraum.

Die Kunst Afrikas, des Afrikas südlich der Sahara – es gibt sie, aber man muß sie suchen.

Die ältesten Zeugnisse liefern die Höhlen in Tanganjika (Kondoa Irangi usw.) und Rhodesiens. Afrikanisches Leben ist hier in Umrissen, in Symbolen, skizziert. Details werden vernachlässigt, das Wesentliche wird herausgehoben. Der Körper einer Antilope wird gestreckt und etwas verlängert dargestellt, damit die Bewegung, der Sprung augenfällig werden, und die Farben sind so gewählt, daß sie die Bewegungslinien im Tierkörper unterstreichen. Auch Magie ist mit im Spiel. Wenn ein verwundetes Tier in der Dunkelheit entkam, hat sich der Jäger darangemacht, es durch die Zeichnung zu bannen, seine Flucht zu stoppen; er wollte durch die Zeichnung Gewalt über das Tier gewinnen.

Der Glaube an die Macht eines Bildes, eines Symbols, ist nicht nur den Afrikanern eigen. Es gibt Parallelen: unser Märchen vom Rumpelstilzchen und die Angst der Mohammedaner vor dem Fotografiertwerden, dem Festhalten ihres Bildes.

Auf der Suche nach der Kunst Afrikas wird man das Hauptaugenmerk auf Skulpturen richten müssen. Architektur und das in der islamischen Kunst so bedeutsame Kunsthandwerk fehlen. Auch ohne Fachmann zu sein, kann man feststellen, daß der Weg von einer Negerskulptur zu einer Statue des Praxiteles sehr weit ist. Die intellektuelle Schau und Formwiedergabe der Griechen hat nichts mit den recht bodenständigen Schnitzereien der Afrikaner gemein. Wer die Bildwerke der Makonde gesehen hat, diese Fratzen, Krüppel und Zoten, wird Zweifel haben, ob sich diese antagonistischen Welten jemals auch nur etwas näherkommen werden.

Bei solchen Vergleichen muß man den Afrikanern allerdings zugute halten, daß ihre Skulpturen gar nicht als Kunstwerke gedacht sind. Zumindest nicht als Kunstwerke in unserem Sinne. Die afrikanischen Schnitzereien sind Gebrauchsgegenstände, Gerätschaften für magische Zeremonien. Ihr Zweck ist, böse Geister zu bannen beziehungsweise überirdische Hilfskräfte zu mobilisieren. Wünsche, Hoffnungen und Gebete des Künstlers haben in der Schnitzerei Gestalt angenommen; die meisten Bildwerke sind so gefühlsbeladen, daß man sie nur mit der sakralen Kunst des Mittelalters vergleichen kann.

Das Kunstschaffen der Afrikaner hat Parallelen zu den abendlichen Marotten unserer Kinder. Wenn ein Kind zu Bett gebracht wird und seine Mutter das Zimmer verläßt, fühlt es sich mitunter hoffnungslos verlassen. Panische Angst packt es. Aber das ändert sich sofort, sowie das Kleine einen Teddybär im Arm hat. Nun ist es nicht mehr allein, nicht mehr ungeschützt. Es hat die Eigenschaften seiner Mutter, ihre schützende Hand, ihre Wachsamkeit, auf das leblose Spielzeug projiziert und schläft friedlich ein.

So wie die bildende Kunst Afrikas magischen Zwecken dient, so ist auch der Tanz nur vom Ritual her zu verstehen. Dunduzu Chisiza faßt diese *relishable obsession,* diese köstliche Besessenheit, in folgende Worte:

»Wir haben Kriegstänze, Siegestänze, Mannbarkeitstänze, Gesundungstänze, Tänze für Erwachsene und Tänze für Jugendliche – aber alle münden sie in hingebungsvolle Ekstase.
Wir nicken mit unseren Köpfen, wackeln mit unseren Hälsen, halten die Nacken schief – und machen Pause.
Wir schütteln unsere Schultern, werfen sie vor und zurück, lassen die Brüste hüpfen und halten ein – um Ihm, der uns ins Leben rief, unseren Dank darzubringen.
Wir lassen unsere Hinterteile rhythmisch vibrieren und unsere Bäuche schwellen und schwinden; unsere Beine bewegen sich langsam und schnell, sie steppen, zittern und zucken, während unsere Füße wahre Kunststücke vollbringen.
Tanz! Was für eine Welt von Gefühlen dieses Wort in uns wachruft!«
Auch auf dem Gebiet der Kunst wird Afrika einige Jahrhunderte überspringen müssen. Das ist ein Kraftakt ohne Zweifel, aber mit etwas Geschick kann man dabei sogar auf die Füße fallen. Wenn Henry Moore versucht, eine liegende Frau so wiederzugeben, wie es das Material, das seine eigenen Form- und Strukturgesetze hat, nahelegt, und wenn er dann auf einem Steinklotz eine kleine Hügellandschaft gestaltet, so gibt es da ohne Zweifel Parallelen und Anknüpfpunkte zu der primitiven Kunst der Afrikaner. Dieses Hineinfühlen in das Material, in seine spezifischen Eigenschaften, die die Kunst Henry Moores auszeichnet, ist eine Fähigkeit, die den Afrikanern keineswegs abgeht. Von hier aus können sie den Anschluß finden an die Kunst unserer Zeit.
Nach dieser morgendlichen Eskapade in das Reich der Musen fehlt es nicht am nötigen Hunger. Das Essen im Hotel ist großartig: gute deutsche Küche. Man soll zwar in fremden Landen nicht nach handgemachten Spätzle und Sauerbraten Ausschau halten, aber wenn man seit Monaten das Gemüse nur auf englische Art genossen hat, freut man sich doch, wenn statt aus dem Wasser gezogener Blätter wieder einmal Eßbares serviert wird: »Sei mir gegrüßt, mein Sauerkraut, holdselig sind deine Gerüche!«
Die Räume des Hotels suchen ihresgleichen. Wer einmal in den tiefen Sesseln um den großen offenen Kamin saß, wird diese Abende am Fuße des Kilimandscharo nie mehr vergessen. Das flackernde Licht des Feuers huscht über Masaischilde und -speere, die Stimmen der Gäste werden von dekorativen Bambuswänden gedämpft, und von draußen, durch die großen Fenster, die die Natur hereinholen und nicht ausschließen, kommen die Laute der tropischen Nacht: das Gurren und Schnarren der Vögel, vereinzelte Schreie des Wildes.
Die gewählte und gekonnte Dekoration, überhaupt alles, was dieses Haus so

kultiviert und gastlich macht, steht natürlich in starkem Kontrast zu den Eingeborenenhütten der Umgebung. Früher war das unproblematisch, heute bringt es Reibungen mit sich. Die Afrikaner sehen nur den Reichtum; sie ahnen nicht, wieviel Arbeit dahinter steckt und wie viele Generationen dafür gespart haben. Da ihnen die Unabhängigkeit nicht das gebracht hat, was sich manche erhofft haben, kühlen sie nun ihr Mütchen hin und wieder durch Anpöbeleien.

Sie rücken – in vielen führenden Hotels ist das vorgekommen – zwanzig oder dreißig Mann hoch an, betrinken sich, schikanieren Wirt und Personal und machen einen solchen Lärm, daß die Hotelgäste in ihren Betten vor Angst bibbern. Schon mancher Tourist, der zuviel von durchgeschnittenen Kehlen träumte, ist vorzeitig wieder abgereist.

Das Trinken – auch in den eigenen vier beziehungsweise runden Wänden – ist zu einer Landplage geworden. Es gibt zu viele Früchte, die man zu Schnaps ansetzen kann. Der Bananenfusel zerfrißt die Leber und die Moral der Leute. Man fragt sich natürlich, wie und womit Abhilfe geschaffen werden kann. Die Ursachen der Trunksucht sind unschwer zu erkennen. Nur zum Vergnügen trinkt man diesen Fusel nicht. Man hat Kummer. Man hat zu viele Wünsche.

Das alte Sprichwort: »Aliyetota, hajui kutota – Ein Mann, der absolut nichts hat, weiß nicht, was Armut ist«, mag für die Eingeborenen im Inneren des Landes gelten, für die Chagga trifft es nicht mehr zu. Sie wissen, was Armut ist. Sie haben zwar genügend Geld, geschälte Bananen für Maische zu kaufen, falls die Frucht nicht in ausreichender Menge vor der eigenen Tür wächst, aber sie haben nicht genügend Moneten, um auf andere Weise ein bißchen Glück und Zufriedenheit zu erwerben. Sie möchten mit der primitiven Vergangenheit brechen, aber die Zukunft läßt sich nicht so leicht packen. Bis jetzt hat man nur ein Zipfelchen von ihr erwischt.

Es gibt viele Arbeitslose. Es wird noch mehr geben, falls Sisal durch Kunstfasern verdrängt wird, und die Löhne sind einfach zu schlecht. Ein Sisalarbeiter verdient hundertfünfzig Schillinge im Monat, was ungefähr neunzig Mark entspricht. Die Preise sind – Früchte ausgenommen – vielfach wie in Europa. Manches ist sogar teurer. Wie soll man mit neunzig Mark eine Familie mit mehreren Kindern ernähren?

Man streikt, man wird rebellisch. Man schadet sich oft selbst damit. Naturrohstoffe, deren Preise übermäßig steigen, werden durch Surrogate ersetzt. In großen, die ganze Titelseite überspannenden Lettern warnt der Tanganyika Standard:

»Production costs must be cut. Synthetics threat to Sisal. Industry ›pricing‹ itself out.«

Noch verkauft sich Sisal ganz gut. Wie lange noch?
Ich fahre vom Kibo-Hotel zu einer Sisalplantage in Himo. Der Inhaber, ein drahtiger, wettergebräunter Mann, zeigt mir gerne sein Estate. Er beschäftigt etwa dreihundert Arbeiter und ist maschinell gut ausgestattet.
Die geschnittenen Sisalstengel werden auf Loren vom Feld hereingefahren. Über das ganze Gut sind Gleise verlegt. Zwanzig, dreißig kleine Waggons stehen vor der Schälmaschine bereit. Des hohen Stromverbrauchs wegen kann die Maschine nur nachts arbeiten. Während des Tages erledigt man die übrigen Arbeiten: Trocknen, Kämmen, Pressen und Verpacken. Die Ware geht in alle Welt: nach Deutschland, Japan, Kanada und USA.
Die kaufmännische Zentrale ist in London. Sie muß sehen, wie sie mit den häufigen Lohnerhöhungen beim Verkauf der Ware zurechtkommt. Nicht nur der Preis, auch die Qualität macht Kummer. Die Leute arbeiten nicht mehr so akkurat wie früher.
»Hier«, der Pflanzer greift in ein Bündel, »das wäre vor einigen Jahren noch undenkbar gewesen.« Er holt einen Faserstrang heraus, der viel zu kurz ist. Man hat nicht mit der nötigen Sorgfalt gekämmt. »Was will man machen? Ich kann die Leute nicht mehr so unter Kontrolle halten wie in früheren Jahren.«
Ich tröste ihn mit den Verhältnissen in Europa. Jeder Fabrikant singt bald das gleiche Lied. Höhere Löhne, geringere Leistung. Man treibt das so lange, bis einige andere Volkswirtschaften, bei denen noch etwas Druck dahinter ist, die lachenden Nutznießer sind.
Der Pflanzer schiebt sich seinen ölverschmierten Tropenhelm aus der Stirn. »Warten wir es ab, oft kommen die Dinge von selber ins richtige Geleise. ›Kupotea njia ndiko kujua njia‹, sagen die Eingeborenen hier. ›Vom Weg abkommen, heißt den Weg finden.‹«

29. Auf Safari

Murunguru utuhaga na ime!
The early bird catches the worm!
Morgenstund hat Gold im Mund!
Frank weiß noch ein halbes Dutzend anderer Variationen zu diesem leidigen Thema. Er zählt sie mir alle auf, wie er mich um drei Uhr morgens aus den Federn holt. »Come on, wir müssen bei Tagesanbruch am Tsavo River sein.«

Im Hundertkilometertempo-jagen wir durch die Nacht, Richtung Himo und Laitokitok. Frank ist wie immer strahlender Laune. Den Wagen steuert er souverän. Als es nach anderthalb Stunden Fahrt querfeldein geht, entwickelt er einen sechsten Sinn. Er weiß im voraus, wo die Erdlöcher zu tief und die Ufer der Bäche (unzählige kommen vom Kilimandscharo herab) zu schlammig sind. Erst als uns eine Elefantenherde den Weg verstellt, nimmt er den Fuß vom Gaspedal. Zweihundert Meter vor uns, am Rande eines Gebüschs, nehmen etwa zwanzig Dickhäuter ihr Frühstück ein. Sie suchen sich die zartesten Zweige aus, brechen sie ab und führen sie mit pendelndem Rüssel zum Maul. Jede Bewegung strahlt Gelassenheit und Ruhe aus.

Wir lassen das Fahrzeug zurück und pirschen uns langsam näher. Frank gibt mir ein Zeichen mit der Hand. Halblinks vor uns hat er einige Kudus entdeckt. »Greater Kudu«, flüstert er mir zu, »ganz selten!«

Die Tiere – es sind drei Weibchen und ein Bock – nehmen sich selbst im dämmerigen Licht des Morgens recht gut aus. Ihr Fell – es scheint mehr grau als braun zu sein – ist von einigen hellen Vertikalstreifen durchzogen. Der Bock hat ein wundervolles Gehörn: korkzieherförmig und enorm lang. Am Kopf hat er hübsche Blessen. Von seinem hochgereckten Hals baumeln lange, dunkle Haarfransen. Seine Mähne reicht von der Stirn über den Rücken bis zum Schwanz. Er scheint äußerst vorsichtig zu sein. Fast ständig hält er Ausschau. Die großen, etwas runden Ohren – »They pick up whispers at a radar range – Sie hören ein Flüstern auf Radar-Distanz« – stehen keine Sekunde still. Das Tier ist die verkörperte Eleganz. Seine langen Beine, sein schlanker und doch kräftiger Leib, sein ... aber da ist es geschehen. Mit einigen behenden Sätzen sind die Kudus im Gesträuch verschwunden.

Wir schauen hinüber zu den Elefanten. Drei oder vier der Dickhäuter haben den Kopf in unsere Richtung gedreht. Sie flattern ein wenig mit den Ohren, aber da sie nur schlecht sehen können und der Wind zu uns herüberstreicht, lassen sie sich nicht aus der Ruhe bringen. Die Babies spielen unentwegt um die Beine der Mütter.

Frank winkt mir zu. Er will weiter nach links. Eine Tränke liegt in dieser Richtung. Vorsichtig stapfen wir durch das glitschnasse Gras. Frank ist völlig ruhig, was ich von mir nicht sagen kann. Jedesmal, bevor ich den Fuß aufsetze, vergewissere ich mich, ob nicht eine Schlange darunter liegt. An einige andere Biester, die unversehens auftauchen könnten, wage ich erst gar nicht zu denken.

»He, Frank, was machen wir, wenn die Elefanten angestürmt kommen?«
Er grinst nur: »Don't worry, die haben Besseres zu tun.«

Nach einer Viertelstunde haben wir unser Ziel erreicht. Wir stehen am Rande einer Böschung. Siebzig oder achtzig Meter entfernt, schräg unter uns, ist ein

Wasserloch, ein langgestreckter Tümpel. Wir halten unwillkürlich den Atem an. Alles, was wir uns nur wünschen können, ist dort versammelt: Nashörner, Büffel, Gazellen, Warzenschweine, Kongonis. Nicht alle sind direkt am Wasser, aber alle sind im Bereich unserer Gläser.

Die Nashörner geben grunzende, schnaubende Laute von sich. Sie geben ihrem Wohlbehagen Ausdruck. Mit den Vorderbeinen stehen sie im Wasser, schubsen sich gegenseitig ein wenig und stupsen ihre Nasen mit den mächtigen Doppelhörnern immer wieder in die schmutzige Brühe.

Es sind schwarze Nashörner. Sie sehen keineswegs so aus, aber man nennt sie so zur Unterscheidung von den weißen. In Wirklichkeit sind beide grau. Das weiße Nashorn, das ein viereckiges Maul hat, ist viel größer und seltener als das schwarze. Man findet es nur noch in der Gegend der Murchisonfälle und nilabwärts bis zum südlichen Sudan. Auch in Südafrika gibt es noch einige. Ihrer Seltenheit wegen sind sie allesamt »Royal Game«, königliches Wild, das nicht geschossen werden darf.

Die beiden Nashornarten haben recht unterschiedliche Gewohnheiten. Das weiße ist ein *grazer,* es frißt wie eine Kuh oder ein Nilpferd ganz gewöhnliches Gras. Das schwarze dagegen ist ein *browser,* es bevorzugt junge Zweige und Laub. Ein weißes Rhino kann hundertachtzig Zentimeter Schulterhöhe haben (es ist das zweitgrößte Landsäugetier der Erde), das schwarze ist entschieden kleiner.

Im Temperament sind sie grundverschieden: Das weiße ist langweilig, pazifistisch, es greift nur an, wenn es gar nicht anders geht, das schwarze dagegen steht im Ruf, etwas bösartig und ständig schlechter Laune zu sein. Mit stupidem Furor rennt es gegen alles, was ihm nicht gefällt; es möchte die ganze Welt aufs Horn nehmen.

Was man über die Rhinozerosse in Afrika so hört, ist nicht immer schmeichelhaft: Sie sind gemeine Biester und unfair, besonders dann, wenn sie einige »Sportsmen« auf die Bäume gescheucht haben und sich anschließend ein Vergnügen daraus machen, stundenlang auf und ab zu patrouillieren und das Horn vielsagend am Stamm zu wetzen. Sie sind recht unzugänglich in solche Situationen: Sie reagieren auf keine Flüche und auf keine Verwünschungen, sie geben vor, weder Englisch noch Suaheli noch sonst was zu verstehen. Sie blinzeln nur hin und wieder hoch und fangen von neuem an zu wetzen.

Wenn sie angreifen, tun sie es mit dem Temperament einer Dampfmaschine. Der Überdruck zischt aus allen Ventilen. Sie nehmen auf die Hörner, was immer sich bietet: den alten Dicken aus der Nachbarsfamilie, Safariwagen, die sich in Gegenden 'rumtreiben, wo sie nichts verloren haben, oder – was auch schon vorgekommen ist – den Nachtschnellzug nach Nairobi. Wenn sie gegen etwas anstürmen, schalten sie grundsätzlich den höchsten Gang ein und die Vernunft aus. Sie stürmen seit Urzeiten gegen alles, was ihnen nicht gefällt, sie stürmen gegen die ganze Welt – aber sie haben bis heute nicht gelernt, eine Kurve mit Verstand zu nehmen.

Rhinos sind neugierige Tiere, und da sie schlecht sehen, bleibt ihnen, wollen sie sich genau informieren, oft nichts anderes übrig, als das Objekt ihrer Neugierde aus der Nähe zu betrachten.

Einem amerikanischen Safarienthusiasten hat diese Neugier kürzlich einen Heidenschreck eingejagt. Der Ami hatte kaum gezeltet, als eines der Tiere ankam und sich umsah. Es war nicht unmanierlich, es schnupperte nur ein wenig und sagte »Grrr, Grrr«, was in der Rhinosprache soviel wie »Jambo, Jambo« heißt. Dem Ami standen die Haare zu Berge. Kaum war das Tier weg, demontierte er sein Zelt in absoluter Bestzeit, warf Bett, Kleider, Rasierzeug und sich selbst in den Wagen und verschwand in einer Staubwolke hinter dem Horizont. Eine Stunde später wurde der Nachtportier des New Stanley herausgeläutet.

Die Neugierde hat schon manchem Rhino das Leben gekostet. Um dem vorzubeugen, haben sich die grauen Gesellen einen kleinen Herold, einen Wächter, zugelegt, der einen Höllenspektakel veranstaltet, sowie er seine Existenzgrundlage in Gefahr wähnt. Es ist das der kleine Ox-Pecker, ein Vogel, der auf dem Rücken der Nashörner durch die Lande schaukelt, ihnen die Läuse und Zecken aus der Haut pickt, aber auch Schorf, Krätze und Blut nicht verschmäht und deshalb die Wunden seiner Wirte immer wieder aufpickt.

Wenn Rhinos miteinander kämpfen, dann springen die Zeiger der Zeit um hunderttausend Jahre zurück. Die Urwelt tut sich auf. Mit gesenkten Köpfen stürmen die antediluvialen Panzer gegeneinander, Horn kracht gegen Horn, und wenn sich eine Gelegenheit bietet, dann wird dem Gegner das spitze Mordinstrument in die Rippen gerannt oder von unten mit einem Aufwärtshaken in den Bauch gestoßen. Vielfach rammen sie sich auch nur, Schulterblatt gegen Schulterblatt. Zweck der Übung ist, dem anderen innere Verletzungen beizubringen. Immer wieder schalten die Tiere den Rückwärtsgang ein, um dann mit neuem Schwung zusammenzuprallen.

Das Abenteuer, das ein bekannter Jäger einmal mit einem verwundeten Rhinozeros hatte, gehört in Nairobi zum Repertoire eines jeden Fremdenführers:

Das Nashorn, auf dessen Spur man war, stürmte unversehens aus dem Dikkicht. Die Verfolger stoben auseinander, nach Bäumen Ausschau haltend. Der Jäger stolperte und fiel. Im Nu war das Tier über ihm. Dem Jäger blieb nur eine Chance: das Horn zu ergreifen und sich festzuklammern. Er tat es. Das Rhinozeros schäumte. Der Jäger wurde hochgerissen und niedergeschmettert, aber er hing, er hing wie eine Klette. Die Gefährten des Jägers waren glücklicherweise keine Feiglinge. Sie sprangen hinzu und erlegten das Biest aus nächster Nähe. Der Jäger kam mit dem Schrecken, wenn auch nicht mit heiler Haut davon.

Auf die Frage, was er gedacht habe, als ihn der Bulle am Boden hatte, meinte er trocken: »Ich war recht glücklich, daß das Horn länger und griffiger war, als ich ursprünglich annahm.«

Als Frank den Rhinobändiger einige Monate später in Nairobi traf, fehlten ihm zwei Finger. »Was für ein Biest hat dich dieses Mal erwischt?« erkundigte er sich teilnahmsvoll. – »Das einzige, das mich wirklich unterkriegen kann: meine Kreiselpumpe im Keller.«

Die Nashörner unter uns an der Tränke sind im Augenblick recht friedlich. Wasser und Schlamm trieft von ihren keilförmigen Mäulern. Sie wenden sich dem Dickicht zu. Eine Herde Kongonis (Coke's Hartebeeste) wagt sich näher. Ohne Hast schlürfen sie die schmutzige Brühe.

Kongonis sind verträumte Melancholiker, Langweiler. Sie haben nicht für einen Penny Temperament. Selbst die Jungen sind zu faul, zu spielen oder umherzutollen. Aber wenn sie es eilig haben, wenn der Löwe um den Weg ist, sind auch die Kongonis hellwach. Sie können dann ein Tempo vorlegen, daß – Geparden ausgenommen – kein anderes Tier mithalten kann. Mit ihren Kräften gehen sie stets recht haushälterisch um. Auch beim Äsen. Eines der Tiere stellt sich auf eine kleine Erhöhung und hält Wache; die übrigen geben sich sorglos. Nach zehn Minuten wird die Wache abgelöst, ein anderes Kongoni bezieht Posten.

Aus dem Gebüsch stapfen nun einige Warzenschweine heraus. Sie halten an und schauen mit gerunzelter Stirn umher. »Cheer up«, flüstert Frank, »an einem so herrlichen Morgen schaut man nicht so bekümmert drein.«

Aber die kleinen stämmigen Gesellen tun nicht dergleichen. Sie stehen noch ein paar Sekunden, dann wirft sich der Eber herum, stellt seinen Schwanz in die Höhe und galoppiert davon. Die ganze Sippe folgt. Die Großen vornweg, die Kleinen, vor Angst zappelnd, hinterher.

Es scheint, daß sie vor den Elefanten ausgerissen sind, die jetzt in langer Prozession mit schaukelnden, aber würdigen Schritten aus dem Gebüsch treten. Der Bulle geht keineswegs vornweg. Er hält sich in der Mitte. »Elefantenbrauch«, meint Frank. Sie wissen, daß es das Elfenbein ist, worauf die Menschen, die einzigen Feinde der Elefanten, aus sind. Bei Gefahr versammelt sich die Herde instinktiv um das Leittier. Auch die Kleinen werden in die Mitte genommen. Tun sie nicht gut, schlüpfen sie immer wieder zwischen den Beinen der Mütter hindurch, werden sie mit schubsenden Rüsseln zur Räson gebracht.

Ein Elefant mit besonders großen Stoßzähnen bekommt von der Herde Askaris gestellt, Leibwächter, die für den Schutz des Patrons zuständig sind. Für gewöhnlich sind es junge Bullen, die diese Aufgabe übernehmen. Droht irgendeine Gefahr, dann fackeln sie nicht lange. Entweder sie greifen an, oder sie schubsen den Alten aus der Gefahrenzone. Schon öfters ist beobachtet worden, daß die Askari versuchten, das alte Tier wieder aufzurichten, wenn es geschossen wurde und zusammenbrach.

Von Mohammed, einem uralten Bullen im Norden Kenias, geht die Legende, daß er seine Askaris benötigt, um den Weg zu finden. Er muß nämlich rückwärts gehen. Mohammeds Stoßzähne sind so lang und mächtig, daß sie auf dem Boden aufliegen. Wenn sich das Tier vorwärts bewegt, bleibt es ständig mit den Zähnen stecken.

Es ist verblüffend, wie sich selbst Tiere von sechs Tonnen und mehr lautlos durch den Busch bewegen können. Selbst wenn die Dickhäuter flüchten, können sie sich wie auf Samtpfoten davonmachen. Am Wasserloch jedoch geben sie sich recht ungezwungen. Das, was jetzt unter uns vorgeht, kann man schon Spektakel nennen.

Die Tiere haben sich vollgesoffen, nun werden sie allesamt übermütig. Sie prusten sich gegenseitig die braune Brühe über ihre dicken Leiber, stapfen bis zum Bauch in den Tümpel, lassen die Beine unter den schweren Körpern wegknicken und tauchen so weit wie möglich unter. Die Rüssel halten sie als Schnorchel in die Höhe. Die Jungen rennen aufgeregt am Ufer auf und ab. Sie fürchten um Vati und Mutti. Eben waren beide noch da, jetzt sieht man nur noch ein Zipfelchen von ihnen. Die Kleinen trompeten in hellen Tönen. Haben sie wirklich Angst, oder sind es Rufe des Entzückens über die Kunststücke, die der dicke Onkel in der Mitte des Tümpels vollführt. Sei dem, wie es wolle, es ist offensichtlich eine Lust, ein Elefant zu sein.

Seit die Tiere in vielen Gebieten geschützt sind, nehmen die Herden sichtbar zu. Es gibt heute mehr Elefanten in Ostafrika als vor dreißig Jahren. Niemand befürchtet mehr, daß sie aussterben könnten, nur die Qualität ihrer Stoßzähne ist nicht mehr wie in früheren Zeiten. Hundertpfünder sind selten geworden. Das Gros liegt zwischen vierzig und sechzig Pfund. Das ist nicht verwunderlich. Durch das Ausschießen der besten Trophäen hat man abwärts gezüchtet.

An unserem Ausguck wird es langsam etwas ungemütlich. Es hat sich bei den Ameisen herumgesprochen, daß Besuch da ist, der stillhalten muß. Auch die Moskitos suchen überall – insbesondere hinter den Ohren – nach Tank- und Zapfstellen. Bei jedem Stich kommt mich die Versuchung an, zuzuschlagen, aber das geht nicht, die Vorstellung unseres Drive-in-Kinos wäre im Nu zu Ende. Wenigstens die Büffel wollen wir noch etwas studieren.

Frank meint, diese Biester seien von Grund auf schlecht, sie hätten eine ganz verruchte Natur: wenn sie angegriffen werden, verteidigen sie sich. Läßt man sie ungeschoren, weiden sie friedlich. Selbst ein Wagen, der nahe an ihnen vorbeifährt, kann sie nicht aus der Ruhe bringen. Um die Ruhe der Wageninsassen ist es, wenn diese urigen, mit Schlamm, Kot und Zecken behängten Ungeheuer durch die Fenster schauen, in der Regel anders bestellt; nur in einem panzerblechverstärkten Landrover kann sie aufkommen. Die Flucht ergreifen die Büffel höchst selten, eigentlich nur, wenn dem Leitstier nichts Besseres einfällt oder ihm nach Frühgymnastik zumute ist.
Die Jagd auf den Büffel ist nicht einfach. Ein Schuß von vorn ist Materialvergeudung. Der Schädelknochen, der die gewaltige Hornmasse produziert, hält jede Kugel auf. Wer so schießt, kitzelt in der Regel nur das Temperament des Tieres wach. Hinter der Schulter, in der Herzgegend liegen die sicheren Ziele. Aber nur selten ist ein Büffel liebenswürdig genug, seine Breitseite zu bieten. Als Alternative bleibt dann noch ein Frontalschuß zwischen die Schultern, in Brust und Herz. Wenn das Tier seinen mächtigen Kopf hebt, um Witterung zu nehmen, was es unweigerlich vor jeder Attacke tut, ist der richtige Augenblick dazu.
Einem verwundeten Büffel ins Dickicht folgen zu müssen, ist der Alptraum des Jägers. In diesem Stadium der Jagd ist der Büffel entschieden im Vorteil. Er weiß mehr über die Position des Jägers als dieser über die Position des Tieres. Beide zerbrechen sich ihr Köpfchen, wie sie dem anderen beikommen können. Vom Jäger sagt man in diesem Fall, er handle klug und mit Überlegung, beim Tier nennt man es heimtückisch und verschlagen.
Das Resultat der beiderseitigen Überlegungen ist für gewöhnlich, daß der Büffel von hinten kommt und der Jäger – in Erwartung des Tieres – mehr zurück- als vorwärtsschaut. Glücklicherweise kann es sich der Büffel, wenn er den Jäger in weitem Bogen umgangen hat, nicht verkneifen, durch ein zufriedenes Schnauben seiner Genugtuung Ausdruck zu geben. Ein Jäger, dem sein Leben lieb ist, geht nun in Anschlag – der Büffel, das stabilste Möbel Afrikas, kann jeden Augenblick angestürmt kommen. »You got to kill him to discourage him.«
Die Rinderpest wütet auch heute noch von Zeit zu Zeit in den Herden. Der Tribut, den sie fordert, ist oft recht hoch. Fünfzig Prozent Ausfälle und mehr sind nicht selten. Aber darauf ist die Natur eingerichtet. Die Reproduktionsrate ist groß genug, um die Lücken rasch wieder aufzufüllen.
Bei der Jagd und bei der Fahrt über Land muß immer einkalkuliert werden, daß von der Krankheit befallene Tiere höchst gefährlich sind: Sie attackieren grundsätzlich alles, was ihnen vor die Hörner kommt. Hat man nur eine VW-Karosserie und einige Kubikmeter frischer Luft zwischen sich und dem

Büffel, dann tut man gut daran, sein Vesper aus dem Handschuhfach zu holen und zum nächsten Baum zu marschieren. Es sind dabei schon olympiareife Zeiten erzielt worden.

Frank zeigt nach unten: »Einen Büffel beurteilt man nach der Gestalt und Drehung seiner Hörner, nach dem Abstand zwischen den Hornspitzen und nach der Breite und Dichte der auf der Stirn liegenden Hornmassen.«

Ein heiseres Bellen unterbricht den Monolog meines Schulmeisters. Einige Paviane lugen durch das Dickicht am anderen Ufer; dann belebt sich das ganze Gehölz – überall gibt es plötzlich Affen. Sie turnen an einem Feigenbaum hoch, sie schimpfen und streiten und führen sich auf, als sei die Wasserstelle ihr Privateigentum. Einige suchen die Büsche nach Beeren ab, andere laufen, halb gehend, halb hüpfend, am Wasser auf und ab. Einige ältere Semester setzen sich nach kurzem Trunk auf eine Felsplatte und fangen an, sich zu entlausen. Dieses beliebteste aller Gesellschaftsspiele hat aber mit Läusen wenig zu tun. Was sich die Tiere gegenseitig aus den Fellen picken, sind Schuppen, salziger Schorf, schweißdurchtränkter Schmutz.

Ein entsetzlicher Lärm hebt an. Die kleinen Paviane springen auf die Rükken ihrer Mütter, sie klammern sich wie Jockeys fest. Alles läuft, hüpft und rennt. Die ganze Affenmeute und alle Gazellen sind in Sekundenschnelle verschwunden. Nur ein paar Vögel flattern über das Wasser. Die Büffel stehen und lauschen, die Elefanten haben sich schon vor einer Viertelstunde verabschiedet. Etwas Gelbes tritt aus dem Gestrüpp – ein Leopard. Gemächlich schlendert er zum Wasser. Mit tastenden Schritten sucht er nach einem trokkenen Standplatz, dann duckt er sich nieder, reckt den Hals und schlabbert das Wasser mit der Zunge.

Ein zweiter Leopard findet sich ein; auch er ist durstig. Die beiden halten sich nicht lange auf. Sie trotten den gleichen Weg zurück, den sie gekommen sind. An einem sonnenüberfluteten Fleck bleiben sie stehen, blinzeln nochmals zur Tränke zurück und lassen sich für ein paar Minuten die Strahlen der Sonne auf den Pelz brennen. Das Weibchen wird dabei recht anschmiegsam. Es reibt seinen Kopf am Hals seines Gefährten und streicht mit dem ganzen Körper an seinem Fell entlang. Sie fühlt – nach Frank – »the primordial urge«, das uranfängliche Jucken, das die Gattung vor dem Aussterben schützen soll.

Die Leoparden müssen sich, wenn dieses Ziel erreicht werden soll, etwas 'ranhalten. Sie sind in den letzten Jahren schrecklich dezimiert worden. Hundertfünfzig bis zweihundert Mark ist ihre Haut wert. Vorige Woche erst wurden hundert Felle sichergestellt, die von Wilderern über die Grenze nach Äthiopien geschmuggelt werden sollten. Überall warten die Aufkäufer der Modeindustrie. Vier bis fünf Felle ergeben einen Mantel, aber man

braucht eine große Auswahl, da jedes Fell anders gemustert ist und man lange suchen muß, bis man einige gleichartige beisammen hat.
Die Damen, die die Mäntel tragen werden, die mit ihnen über die Boulevards von Paris, New York und London promenieren, sind die Creme der Gesellschaft; sie sind distinguiert und exquisit – und nur ganz nebenbei Komplizinnen der Wilderer. Philip, der Herzog von Edinburgh, ging in diesen Tagen mit gutem Beispiel voran: Er versicherte der Königin seines Herzens, daß sie ihm auch ohne Leopardenfellmantel gefalle. Da sich Mrs. Kennedy diesem demonstrativen Modewechsel anschloß, werden die Preise fallen und die Überlebenschancen der Leoparden steigen.
Lange Zeit hielt man die Leoparden für ausgesprochene Schädlinge. Kein Farmer ließ sich die Gelegenheit entgehen, einen Leoparden aufs Kreuz zu legen. Das hatte seine Gründe: Im Gegensatz zum Löwen, der stets nur so viel Wild schlägt, wie er zu fressen vermag, tötet der Leopard um des Tötens willen. Er tötet, was ihm unter die langen, spitzen Krallen kommt, und er tut es in perfektester Weise. Er beißt seiner Beute die Wirbelsäule durch. Leiden müssen sie nicht, seine Opfer, aber mitunter zu Dutzenden sterben. Wenn der Leopard in eine Schafherde einbricht, dann räumt er auf. Zwanzig oder dreißig tote Tiere sind das mindeste, was er sich genehmigt. Wenn Bäume in der Nähe sind, dann blühen sie am anderen Morgen: Sie sind mit Wolle und Schafen bestückt.
Seine Mahlzeiten nimmt ein Leopard grundsätzlich im Geäst von Bäumen zu sich. Hier ist er sicher vor Schakalen und Hyänen. Wenn er ein wenig zuviel in seine Vorratskammer geschleppt hat, was die Regel ist, gehen die Tierkadaver in Verwesung über, sie werden schwarz vor Mücken, und die Maden kriechen klumpenweise über das stinkende Fleisch. Dem Leoparden macht das nichts aus. Im Gegenteil. Jetzt hat der Braten erst die richtige Würze.
Die Vorliebe der Katzen für nicht mehr ganz frisches Fleisch wird ihnen oft zum Verhängnis. Jäger und Wilderer legen Köder aus – Zebras oder Antilopen, die an Bäumen hochgezogen werden – und warten, bis der Leopard, vom Duft des Kadavers angelockt, in die Falle geht. Mit List kommt man diesen großen Katzen stets am besten bei. Man muß sich ihren unfairen Manieren anpassen. Sie sind ordinäre Viehdiebe, Räuber, die sich nur auf Schwächere stürzen, auf Schafe, Ziegen oder Tommies.
Eine besondere Vorliebe haben die Leoparden für Paviane. Die Paviane wissen das. Wenn immer ihre scharfen Augen ein getupftes Fell auftauchen sehen, suchen sie das Weite. Nicht immer gelingt ihnen das. Der Anteil der Paviane am Menü der Leoparden ist recht bedeutsam. Vor Jahren, als man daranging, die Katzen systematisch auszurotten, haben sich die Affen enorm vermehrt. Den einen Schädling war man los, den anderen hatte man sich

damit auf den Hals und in die Bananenkulturen geholt. Heute weiß man, daß es auch sein Gutes hat, wenn gelegentlich ein Leopard um die Farm streicht.

Miteinander kämpfen die Leoparden so gut wie nie, da sie nicht in Rudeln, sondern in braver Zweisamkeit leben. Auf der Jagd empfiehlt es sich, auch nach dem zweiten Ausschau zu halten, wenn eines der Tiere gesichtet worden ist.

Einen schleichenden Leoparden rechtzeitig zu erkennen, ist oft recht schwer. Er drückt sich an den Boden und pirscht sich so vorsichtig heran, daß seine Bewegungen fast nicht wahrzunehmen sind. Selbst die Ohren legt er an; der Schwanz liegt flach auf dem Boden. Das ganze Tier ist Konzentration, nur das weiße Schwanzspitzchen zuckt mitunter; es verrät die Spannung, die sich in dem Tier angesammelt hat und auf Entladung wartet.

Einem verwundeten Leoparden ins Gebüsch folgen zu müssen, ist ein zweifelhaftes Vergnügen. Der Jäger greift sich an die Kehle, wenn er nur daran denkt. Er muß damit rechnen, daß das Tier vollkommen bewegungslos und unsichtbar, von Licht und Laub getarnt, bereitliegt. Mit einem einzigen Satz wird es hervorschnellen. Es wird weder seinen Standplatz noch sein Vorhaben verraten. Ein Löwe in solcher Situation grollt und knurrt, der Leopard krümmt sich in aller Stille zum Sprung.

»Ferocity«, Wildheit, nennt man das beim Leoparden. Im umgekehrten Falle, wenn der Jäger mäuschenstill im Hochsitz wartet, ist es Sport.

Frank steht auf und klopft sich Laub, Gras und Ameisen aus dem Anzug. »Kwenda! Laß uns gehen, hier tut sich nichts mehr bis heute abend.«

Wir stapfen zum Wagen zurück und fahren westwärts, immer am Fuße des Kilimandscharo entlang. Hin und wieder halten wir an, um das Gelände, vor allen Dingen die Büsche, mit den Gläsern abzusuchen. Außer Impalas, Tommies, Gnus und Zebras ist nichts zu sehen. Einige Witwenvögel fliegen wippend von Strauch zu Strauch, und einige exzentrische Sekretärvögel stolzieren durch das Gras. Sie sehen aus wie die Schreibgehilfen in den Kontoren zu Veitel Itzigs Zeiten: aufrecht, die Feder hinter dem Ohr, mit gestärktem Hemd und schwarzen Rockschößen. Mit verdrossenen Mienen gehen sie ihrer Arbeit nach. Es ist schon ein rechtes Kreuz: Den ganzen Tag ist man auf den Beinen, und doch kriegt man die Jungen nicht richtig satt.

Einige der Vögel tun sich an einem Termitenhügel, an den Puppen der Ameisen und den etwa ein Zentimeter großen Soldaten gütlich. Nicht nur bei den Vögeln ist diese Diät geschätzt. Auch die Eingeborenen haben eine Vorliebe für weiße Ameisen.

Wenn der Regen den Grund aufgeweicht hat, kommen die Tiere zu Hunderttausenden ans Tageslicht. Mit etwas Geschick kann man sie auch überlisten. Die schwarzen Gourmands klopfen zu diesem Zweck mit Zweigen auf den Boden; sie simulieren Regen. Die Ameisen werden zu einem vorzeitigen Exodus verleitet und wandern ahnungslos in bereitgehaltene Körbe und dann lebend in die Pfannen.

»Die Ameisen sind der Fluch Afrikas: Die weißen fressen dein Haus, die schwarzen fressen dich«, kommentiert Frank. Unter den schwarzen versteht man hierzulande die »Siafu« oder »Driver ants«. Sie sind die Herren der Steppe, die Herren des Urwaldes – absolut unbezwingbar. Löwen, Büffel und Elefanten kann man in die Flucht schlagen, aber den Siafu das Fürchten beizubringen, ist noch niemandem geglückt. Sie fragen nicht danach, wie der Wind steht, wie stark der Gegner ist und ob es gerade Zeit zum Fressen ist. Sie sind immer hungrig. Ganz Afrika weiß das und geht ihnen aus dem Weg.

Wer nicht schnell genug ist, zieht den kürzeren. Frank hat schon beobachtet, wie eine ausgewachsene Pythonschlange in Minutenschnelle in ihre Bestandteile zerlegt wurde. Das Tier war vollgefressen und träge; bevor es reagieren konnte, war es über und über mit Ameisen bedeckt. Die unbarmherzigen Kiefer der Soldaten bissen sich fest. Ihr schmerzendes Gift lähmte die Schlange, sie hatte keine Chance mehr.

Die Flüssigkeit, die beim Biß der Ameise in die Wunde des Opfers fließt, ist kein Gift im eigentlichen Sinne, mehr ein Präservierungsmittel, eine Säure, die Fäulnis verhindert. Sie brennt wie Feuer.

Wer noch nie von einer Siafu gebissen wurde und gern eine Kostprobe haben möchte, dem sei empfohlen, sich bei einem Schmiedemeister eine Kneifzange auszuleihen, sie eine Viertelstunde ins Feuer zu halten und sich dann an einer empfindlichen Körperstelle kräftig zu zwicken. Das gibt ein absolut ameisenechtes Gefühl. Der einzige Unterschied besteht darin, daß die Zange weggenommen werden kann, während die Kiefer der Ameise nicht locker lassen. Auch wenn das Tier weggerissen wird: Kopf und Kiefer bleiben im Fleisch.

Die Eingeborenen machen sich die Freßlust der Siafu zunutze: sie engagieren die Ameisen als Kammerjäger. Sie überlassen ihnen für einige Stunden ihre Hütten und kehren dann mit der Gewißheit zurück, daß keine Ratte und keine Küchenschabe, keine Spinne und kein Skorpion ihr trautes Heim mehr mit ihnen teilt.

Albert Schweitzer berichtet in einem seiner Bücher von einem Ameisenzug, der zwei oder drei Meilen lang war, und daß selbst Menschen den Ameisen schon zum Opfer fielen. Um seine Hühner zu retten, mußte er schon des öfteren des Nachts aus den Federn. Die Ameisen kriechen den Hennen in Nase und Schnabel und ersticken sie. Dann machen sie sich über den Braten her; in kürzester Zeit sind nur noch weiße Knochen und Federn übrig.

Kettenhunde und zahme Papageien hatten schon das gleiche Schicksal. Menschen können in der Regel flüchten; aber Babies und Kranke sind dem lautlos krabbelnden Tod mitunter hilflos ausgeliefert.
Wer sich im Freien zum Schlafen niederlegt, dem kann es geschehen, daß er über und über von den Tieren bedeckt ist, bevor die Attacke beginnt. Die Biester beißen nicht immer, mitunter erst auf Kommando, aber dann alle gleichzeitig. Oh, welch wonnigliches Erwachen! In den Ärmeln und unter dem Hemd, am Hals und in den Hosen – nichts als Ameisen – kleine schwarze Tierchen mit äußerst geschäftigen Kiefern. Sie schneiden nur millimetertief in die Haut, aber zusammengenommen zwicken sie das Fleisch viertelpfundweise weg. Und nichts kann sie vertreiben. Siafu im Angriff sind das entomologische Gegenstück zu den Kamikaze, den Selbstmordbrigaden der Japaner. Nur der Tod, Feuer und Benzin können sie stoppen.
Ihre Heldentaten sind in die Geschichte Afrikas eingegangen. Da ist zum Beispiel die Story von der Eroberung eines königlich-britischen Postdampfers:
Die Mannschaft hatte das Boot am Ufer vertäut und war – zum Wildern – ein paar hundert Meter landeinwärts gegangen. Als sie zurückkam, stand das Boot unter »schwarzer Flagge«. Die Piraten – sie waren über die Taue an Bord gekommen – räumten mit allen Vorräten auf und machten sich erst nach drei Tagen wieder davon. Der Kapitän mußte, als das Schiff mit aufsehenerregender Verspätung schließlich im Bestimmungshafen einlief, melden, daß er von Siafu gekapert worden war. Das war keine ruhmreiche Meldung, aber er war entschuldigt.
Ein anderes Glanzstück leisteten sich die Siafu im Garten eines Gouverneurs. Es war ein herrlicher Abend, und die Party war ein Erfolg. Fünfzig bis hundert Personen saßen im Gras und picknickten. Plötzlich, wie auf Kommando, sprangen sie alle hoch – die Siafu waren unter ihnen. Der Hausherr behielt die Nerven und vermied das Schlimmste: »Die Damen nach rechts, die Herren nach links!« kommandierte er. Die Gäste reagierten mit der Behendigkeit von Antilopen. Sie sprangen nicht nur ins Gebüsch – sie sprangen aus den Kleidern. Noch heute lacht man im Lande über die Nudistenkolonie des Gouverneurs.
Frank hat beim Erzählen das Gelände nicht aus den Augen gelassen. Er zeigt nach links. In zwei-, dreihundert Meter Entfernung klettert ein Dutzend Antilopen aus einer »Donga«, einem eingetrockneten Bachbett.
»Schwertantilopen?« – Frank schüttelt den Kopf: »Nein, das sind Oryxantilopen. Ziemlich zähe Burschen, mit einem dicken Fell, im Genick zwei bis dreieinhalb Zentimeter stark. Schon mancher, der ein Oryx aufs Korn nahm, hat sich gewundert, wieviel Blei das Tier zu schlucken vermag.«

Die Oryx sind auch nicht ungefährlich. Es gibt Eingeborene, die haben eine abergläubische Scheu vor den schwarzen Gesellen. Es ist schon öfters vorgekommen, daß ein Tier, das scheinbar tot am Boden lag, sich wieder erhob und seinem Jäger eines seiner spitzen Hörner in den Leib rannte.
Die Kälber der Oryx sind vom ersten Tag an recht gut auf den Beinen. Ihre Mütter brauchen die Herde nicht zu verlassen; die Kleinen halten mit. Bei panikartiger Flucht allerdings sind die Bambis übel dran. Das eine oder andere wird zurückfallen und seine Mutter verlieren. Um wieder in Gesellschaft zu sein, läuft es dann zum erstbesten Tier, das ihm begegnet. Das geht selten gut aus.
Wie die Sonne schon fast im Zenit steht, holen wir zwei junge Männer des Teitastammes ein. Sie wollen zu den Masai ins Amboseligebiet. Wir nehmen sie ein Stück weit mit, was sie mit freundlichem Grinsen und einem unverständlichen Kauderwelsch quittieren. Ihre Zähne sind abgefeilt, ihr Körpergeruch nicht der beste. Schon nach kurzer Fahrt hält Frank wieder an. Er hat entdeckt, daß einer der Burschen die Krätze hat – am Handgelenk und an den Knien. Wir schicken sie unter dem Vorwand, daß wir jetzt abbiegen müssen, allein weiter.
»Diese Dreckspatzen«, knurrt Frank, »sie sollten sich ein bißchen öfter waschen und nicht so viel mit alten Knochen hantieren (30). Er schmunzelt:
»Ich hatte mal einen Teita zum Famulus. Das war ein ausgemachter Casanova. Eines Abends kam er an: ›Bwana, nataka ruhusa – Bwana, ich möchte Urlaub haben.‹ – ›Wofür?‹ – ›Wanawake wamekwenda mtoni – Die Mädchen sind unten am Fluß.‹ Ich verstand, gab ihm die erbetenen fünf Schillinge, und er machte sich davon. Als er wiederkam, strahlte er über das ganze Gesicht. Mit gekonnter Geste, nonchalant wie Clark Gable, griff er in die Brusttasche, angelte ein Päckchen amerikanischer Zigaretten heraus und bot mir eine an. ›Hyronimus (so hieß der Bursche), wie kommst du zu den teuren Zigaretten?‹ – ›Geschenk von dir, Bwana!‹ – ›????‹ – ›Yes, Sir, die Mädchen in dieser Gegend sind sehr dumm und unzivilisiert. Habe drei Schiilinge eingespart!‹«
Zum Lunch setzen wir uns in den Schatten einer Akazie und kramen einige Früchte und ein paar belegte Brote hervor.
»Hier«, Frank hält mir eine Büchse Bier hin, »es ist ein bißchen warm, aber immer noch feucht.«
Schon beim zweiten Schluck krabbelt mir etwas auf der Zunge. Entsetzt spucke ich aus. Frank lacht: »Daumen auf das Loch halten; die Fliegen sind nicht weniger durstig als wir!«
Aus der Ferne erklingt Hundegebell. Ich achte nicht darauf, aber Frank springt auf. »Es ist kein Dorf in der Nähe, das sind wilde Hunde.«

Das Leben ist noch voll Farbe in Afrika. Es pulst hier kräftiger als anderswo und – nach Meinung der Gelehrten – auch schon länger als in anderen Regionen. *(Seite 200)*

Die Unberechenbarkeit des Nashorns ist es, die seinen Liebreiz ausmacht. Es mag zehnmal geglückt sein, ungeschoren an einem Rhino vorbeizukommen, beim elften Mal kommt es bestimmt angestürmt: 20 Zentner Temperament und ohne Notbremse.

Wir steigen auf den Baum und suchen das Gelände in der Richtung ab, aus der das Gebell zu hören ist. Es ist nichts zu sehen, aber das Gekläff kommt näher. Eine Antilope schießt aus dem Gebüsch. Zwanzig, dreißig Hunde hinterher. Ein Teil des Rudels hat dem gejagten Tier den Weg abgeschnitten. Es zaudert für einen Augenblick, unsicher, wohin es sich wenden soll, aber da ist es schon geschehen: Die Meute ist über ihm, zwanzig Kiefer schnappen zu. Wo eben noch die Antilope war, gibt es nur noch einige Fleisch- und Fellfetzen. Die Hunde würgen und jaulen, suchen – hin und her laufend – den Boden nach Resten ab, und schon geht es weiter. Zwei Minuten später ist die Meute verschwunden.

Panik liegt über der Steppe. In weitem Umkreis, fast schon außer Sichtweite, flüchten Antilopen, Gnus, Zebras. Sie fürchten die wilden Hunde wie die Pest. Es gibt kein Tier in Afrika, das so viel Entsetzen verbreitet wie der kleine, scheckige, blutdürstige Hund. Wo er auftaucht, räumen die anderen Tiere das Feld – ausnahmslos. Kein Tier bleibt stehen, um die Jagd aus sicherer Distanz zu verfolgen, wie es oft vorkommt, wenn die Löwen auf Pirsch gehen oder gerade vorbeikommen.

In der Nähe eines Gewässers, das aus dem Kilimandscharomassiv kommt, stellen wir den Wagen wieder ab. Es gibt Krokodile hier, nicht viele, aber mit ein bißchen Glück, meint Frank, werden wir welche finden. Vorsichtig stapfen wir in Richtung des grünen Gesträuchs.

Wie wir durch das Geäst schlüpfen wollen, entdecke ich eine schwarze, anderthalb Meter lange Schlange, die akrobatisch von Zweig zu Zweig gleitet.

»Die ist harmlos«, meint Frank, »die frißt nur Vögel.«

Naja, daß sie uns nicht gleich fressen will, davon bin ich auch überzeugt.

Wir gehen weiter am Gebüsch entlang und suchen nach einer übersichtlichen Stelle. Nach hundert oder hundertfünfzig Metern erreichen wir eine Felsplatte, die bis ans Ufer reicht und vom Bach unterspült wurde. Sie ist wie für uns geschaffen. Für uns und für die Krokodile. Drei der Biester liegen am Rand des Steins und sonnen sich. Sie flüchten, bevor wir zu nahe kommen.

Frank geht voran, um das Ufer zu erkunden. Sowie er die Platte erreicht, winkt er mir zu. Er schmunzelt zufrieden. Bequemer konnten wir es nicht bekommen. Mehrere Krokodile liegen im Umkreis von fünfzig Metern im Wasser oder an den Böschungen. Zwei von ihnen lassen sich die Sonne in den aufgesperrten Rachen scheinen.

Auf einem der zackigen Kiefer hüpft ungeniert ein kleiner Vogel. Er pickt Maden, Zecken und Blutegel heraus. Die Reptile rühren sich nicht. Sie liegen nur da, fett, faul und häßlich.

Wie die Hyänen können auch sie sich rühmen, von jedermann verabscheut zu werden. Aber nur, solange sie leben.

Ihre Haut erfreut sich äußerster Wertschätzung. Krokodilledertaschen kosten bei guter Verarbeitung oft bis zu tausend Mark und mehr. Bei solchen Preisen ist es kein Wunder, daß die Tiere erheblich dezimiert werden. Etwa 25 000 Stück müssen jedes Jahr dran glauben. Es gibt sehr viele am Rudolf- und am Baringosee, bei den Murchison-Fällen und einigen anderen Plätzen.
Ob sie sich von dieser Schlächterei wieder erholen werden, bleibt abzuwarten. Ein Krokodil hat zwar eine hohe Lebenserwartung, aber erst, wenn es den Kinderschuhen entwachsen ist. Die Jungen und insbesondere die Brut sind äußerst gefährdet. Von den fünfzig bis siebzig weichschaligen Eiern, die vom Krokodilweibchen in Wassernähe in den Sand gebuddelt werden, bleiben oft nur wenige übrig. Der Buschmonitor, eine an sich harmlose Eidechse, die die stattliche Länge von einem Meter erreichen kann, wartet schon auf das Festmahl. Es gibt für einen Monitor nichts Schöneres, als sich den Magen mit Eigelb zu verschmieren.
Bleiben die Eier, die von der Krokodilmutter natürlich zugescharrt werden, unentdeckt, so heißt das noch lange nicht, daß das Schlimmste damit überstanden ist. Wenn die kleinen Echsen schlüpfen – sie zappeln sich energisch aus der sandigen Brutstube ans Tageslicht –, eilen sie unverzüglich zum Wasser. Nicht leise und verstohlen, nein, zischend und um sich schnappend. Sie haben schon viel Kraft in ihren Kiefern und können gehörig zubeißen.
Aber dem Marabu am Ufer imponiert das wenig. Er pickt die Kleinen auf und läßt sie – am Hals deutlich sichtbar – in seinen Kropf wandern. Aus ist der Traum. Was von den geschlüpften Jungtieren glücklich ins Wasser gelangt, sieht sich Raubfischen, Störchen, Ottern und selbst seiner eigenen Gattung ausgeliefert. Wer das übersteht, ist ein Glückspilz.
Wenn die Tiere ausgewachsen sind, sind sie im Durchschnitt vier Meter lang. Es gibt aber auch Exemplare von sechs, ja von acht Meter Länge. Schon Herodot stand bewundernd vor diesem Naturphänomen: »Von allen bekannten Tieren«, so schrieb er, »ist das Krokodil dasjenige, das sich von den kleinsten Maßen zu den größten auswächst.«
Trotz ihrer beachtlichen Statur sind die Krokodile außergewöhnlich feige. Sie greifen nie offen an, sie verteidigen nicht einmal ihre Brut. Mit List und Tücke schlagen sie sich durchs Leben.
Sie kommen nicht mit aufgesperrtem Rachen ans Ufer, um ihrer Beute habhaft zu werden. Sie machen das viel schlauer. Das Opfer wird fixiert, die Entfernung genau abgeschätzt, und dann geht das ganze Reptil auf Tauchstation. Es schwimmt unter Wasser langsam näher, wendet, und dann peitscht sein Schwanz – einer Sense gleich – über das Ufer. Alles, was da stand, ist verloren.
In der Hauptache leben die Krokodile jedoch von Fischen, denen sie nachts

den Garaus machen. Da sie unter Wasser nicht schlucken können, kommen sie mit ihrer Beute an die Oberfläche, um sie hier zu zerbeißen und hinunterzuwürgen.

Bei der Jagd auf Krokodile ist einiges zu beachten, falls die Beute nicht den Bach hinuntergehen soll. Es ist besser, so meint Frank, hinter dem Gehirn die Wirbelsäule zu durchschießen, als das Gehirn selbst zu zerschmettern. Die Rückennerven sind dann lahmgelegt, sie verursachen keine Reflexbewegung mehr, was nicht so sicher ist, wenn der Schuß ins Gehirn geht. Die Jäger wissen von vielen Fällen, in denen sich Tiere mit einwandfreiem Kopfschuß auf und davon machten. Sie waren tot, mausetot, aber die Nerven ließen die mächtigen Körper noch minutenlang konvulsivisch zucken und Schwimmbewegungen ausführen.

Wir fahren weiter. Richtung Amboseli. Nur langsam kommen wir voran. Das Gelände ist voll Löcher und Unebenheiten. Der Staub, den wir aufwirbeln, holt uns – wenn der Wind von hinten kommt oder wenn wir anhalten müssen – mitunter ein. Es ist dann, als ob ein Sack Mehl über uns ausgeschüttet würde. Die Kamera habe ich längst in einen Zellophanbeutel gepackt. Das Lederetui ist nicht dicht genug.

Die Tiere am Wege nehmen wenig Notiz von uns. Sie trotten höchstens ein paar Meter abseits, um dann stehenzubleiben und uns nachzusehen. Sie sind neugierig, nicht schreckhaft.

Zwei Hyänen, die uns recht böse anschauen, wie wir sie hochscheuchen, verfolgen wir ein Stück querfeldein. Frank hat nicht viel übrig für die Biester. Er weiß, wie bestialisch sie sein können.

Wenn die Gnus kalben, dann haben die Hyänen nichts Besseres zu tun, als den Herden in großen Rudeln zu folgen. Sie attackieren die hilflosen Muttertiere, reißen ihnen die halbgeborenen Jungen vollends aus dem Leib und zerfleischen sie, noch bevor sie das Licht der Welt zum ersten Male gesehen haben. Nach Schätzungen von Fachleuten wird annähernd die Hälfte aller neugeborenen Tiere sofort verschlungen.

Nicht nur die Hyänen, alle Raubtiere lieben solch leichte Beute, und ihre Grausamkeit ist oft unbeschreiblich. Bei den Hyänen ist man erbost darüber, den Geparden läßt man es durchgehen, und beim Löwen sieht man ganz darüber hinweg. Frank meint, das sei wie mit Lustmördern und absolutistischen Königen. Die einen sind der Abschaum der Menschheit, die anderen sind jenseits von Gut und Böse.

Ganz so asozial, wie sie mitunter dargestellt werden, sind die Hyänen aber nicht. Es gibt viele Farmer, die sich Hyänen als Wachhunde halten. Werden sie mit Liebe großgezogen und ans Haus gewöhnt, schlägt das wilde Naturell der Tiere leicht in Anhänglichkeit und Treue um.

Für die Eingeborenen ist alles, was eine Hyäne anstellt, belustigend. Sie lachen über die Geburtshilfe, die das Tier leistet, und über seine Gewohnheit, sich selbst aufzufressen (31). Sie lachen auch über seine hermaphroditische Veranlagung, seine Doppelgeschlechtigkeit; die Weibchen *und* die Männchen säugen die Jungen, und auch einige andere Funktionen werden höchst abwechslungsreich mal vom einen, mal vom anderen praktiziert.
Fisi ist eine Spottgeburt. Alles an ihm ist lächerlich. Seine kurzen, verkrüppelten Hinterbeine, die ihm einen teils hüpfenden, teils schleppenden Gang geben, zwingen ihn, dessen gewaltige Kiefer es mit fast jedem Tier aufnehmen könnten, sich mit dem zufriedenzugeben, was vom Tisch der Großen abfällt. Er ist dazu verurteilt, im Mülleimer der Natur zu wühlen. Weil er nicht schnell genug ist, muß Fisi von den Alten und Verkrüppelten leben und von den ganz Jungen (32).
Nur *ein* Triumph bleibt ihm, dem Paria: er ist immer derjenige, der zuletzt lacht. Alle diese gottbegnadeten Geschöpfe mit den schnellen Beinen, der stolzen Haltung, dem königlichen Flug behalten ihre Würde nur so lange, bis er, der Würdelose, sich ihrer annimmt. Die Tiere Afrikas, die kleinen, unscheinbaren und die mächtigen, die Könige, sie alle enden unter *the laugh of a maniac,* dem Gelächter eines Irren. Fisi zieht Bilanz, den Schlußstrich unters Leben.
Frank hält an. Eine Herde Kühe steht halblinks von uns. Die Tiere sind graubraun, haben lange Schwänze und zwei große, kräftige, etwa achtzig Zentimeter lange Hörner, die um ihre eigene Achse gedreht sind. »Wo sind die Hirten? Die Herde ist schon ganz zerstreut. Hup mal, damit die Burschen aufwachen.«
Frank schmunzelt: »Das sind keine Kühe, das sind Antilopen, die größten, die es in Afrika gibt.«
Wir fahren vorsichtig etwas näher, um die Tiere genauer betrachten zu können. Durch das Glas sind schmale, vertikale weiße Streifen auf ihren Flanken zu erkennen. Die Körper sind langgestreckt und kräftig, sie müssen zehn bis zwölf Zentner wiegen. Die Elen sind die einzigen Antilopen, die Fett ansetzen. Ihr Fleisch ist recht begehrt. Die Eingeborenen machen *biltong* daraus, das heißt, sie schneiden das Fleisch in Streifen und trocknen es.
Wenn sie die Haut in Streifen schneiden, dann gibt das die berühmten und gesuchten »Eland-straps«, die Lederriemen, mit denen ein »Baba« seine Fürsorglichkeit zum Ausdruck bringen kann. Er schenkt die starken, geschmeidigen Riemen seinen »Manamoukis«. Sie wissen dann, daß er sie liebt und es nicht mehr mit ansehen kann, wenn sie gar zu oft in den Wald oder aufs Feld laufen müssen, um Holz oder Früchte zu holen. Stolz keuchen sie mit ihren neuen Stirnriemen an ihrem Herrn und Meister vorbei: »Schau, Väterchen,

jetzt kann ich statt einem halben Zentner einen ganzen tragen.« Der Baba ist nicht weniger stolz und nickt ihnen – pombetrinkend – vom Schatten seiner Hütte aus zu.
Eine Zeitlang war es schlecht bestellt um die Elenantilopen. Viele der Tiere fielen der Rinderpest zum Opfer. Jetzt erholen sich die Herden langsam wieder. Einer der Bullen, er hat ein struppiges Büschel schwarzer Haare zwischen seinen Hörnern, späht aufmerksam mit geweiteten Nüstern in unsere Richtung. Er überlegt: Soll ich, oder soll ich nicht? Nach dem Motto: Es kann nie schaden, wirft er sich schließlich herum und gibt damit das Zeichen zur allgemeinen Flucht. Es ist unwahrscheinlich, wie behend diese großen Tiere sein können. Einige springen mühelos über ihre Nachbarn hinweg.
»Es sind gutmütige Geschöpfe«, meint Frank, »man sieht sie nie kämpfen. Selbst während der Brunftzeit bleiben alle Bullen bei der Herde, und sie kommen ganz gut miteinander aus.«
Letzteres habe ich bisher auch von den Giraffen geglaubt. Aber was sich auf der anderen Seite des Wagens, in nördlicher Richtung, jetzt abspielt, sieht nicht danach aus: Zwei Giraffenbullen hauen sich gegenseitig die Köpfe um die Ohren. Die Tiere stehen sich gegenüber, holen mit ihren Hälsen weit aus und schlagen dann ihre oberen Stockwerke zusammen. Sie kreuzen die Hälse wie Fechter die Klingen. Jeder Zusammenprall der Körper ist von einem dumpfen, klatschenden Ton begleitet.
»Die versuchen sich gegenseitig das Genick zu brechen.« Aber es kommt nicht dazu. Nach einigen Fouls – kräftigen Tritten mit den Vorderbeinen – wird der Kampf unentschieden abgebrochen. Die Bullen widmen sich wieder der Herde und den oberen Zweigen der Akazien.
Die Sonne senkt sich merklich dem Horizont zu.
»Es wird Zeit, daß wir unser Nachtessen schießen.« Frank greift hinter sich, um seine Schrotflinte zwischen Decken und Kleidungsstücken hervorzuholen. Ein Grollen, ein fernes Orgeln läßt ihn einhalten. Wir horchen. In einem heiseren Gurgeln verklingt der Ton, aber nur, um gleich daraus erneut über die Steppe zu schwingen, verstärkt, zu urigem Gebrüll gereift: Der Löwe ist hungrig.
Wir stellen uns in den Wagen und halten Ausschau. Die Steppe ist aufgescheucht. Von rechts, von Nordosten, kommt die Stimme Simbas. Alles flüchtet in westlicher Richtung: die Gnus, die Giraffen, die Zebras, die Antilopen. Die einen haben es eilig, die anderen lassen sich Zeit. Aber unruhig sind sie alle. Frank erklärt, was vor sich geht:
Der Löwe, der da so großspurig durch den Abend spaziert und das Knurren seines Magens mit dem Knurren seiner Kehle übertönt, hat nicht die Absicht, hinter den davonlaufenden Tieren herzurennen. Das läßt sich mit

seiner Würde nicht vereinbaren. Es genügt ihm, wenn die Tiere flüchten und ihre ganze Aufmerksamkeit seiner Witterung widmen. Sie merken dann nicht oder erst, wenn es zu spät ist, daß sie von der Löwin erwartet werden, die die Tiere in weitem Bogen umgangen und ihren Herrn und Meister nur als Treiber engagiert hat. Sie wird beim erstbesten Zebra, das auf der Flucht in ihre Nähe kommt, aus ihrer Deckung hervorschnellen und ihrer Beute die gewaltigen Zähne in die Kehle schlagen.

»Simba mwenda kimya ndiye mla nyama«, sagen die Eingeborenen. »Nur der Löwe, der sich geräuschlos bewegt, schlägt das Fleisch.« Das Zebra wird keine Chance haben. Es wird kraftlos, mit verdrehten Augen zusammenbrechen. Die Löwin wird das Tier an eine strategisch günstige Stelle schleifen, damit Hyänen und Schakale in Schach gehalten werden können, und dann ist alles zum Dinner bereit. Der Hausherr kann sich einfinden.

Auch wenn man die Jagd, das Töten, nur aus der Distanz miterlebt, ist es aufregend, faszinierend. Man kann sich dieser Atmosphäre nicht entziehen. Man fühlt nicht einmal Mitleid mit den Gejagten. Ein kurioses Gefühl der Unparteilichkeit, des bloßen, wertungsfreien Zuschauens überkommt einen.

»It's bound to happen anyway – Es geschieht so oder so«, meint Frank. Das ist die Zauberformel, mit der in Afrika auch die grausamsten Dinge akzeptiert werden. Sie ereignen sich, also sind sie gut, und jegliches Mitgefühl ist überflüssig. Diese Indifferenz kann zur Religion, zur Weltanschauung werden. Auch menschliche Tragödien, die Geschichte ganzer Völker können so gesehen werden. Und sie werden so gesehen. Insbesondere in Afrika und in China. Was dabei herauskommt, bleibt abzuwarten.

Frank schlägt sich in die Büsche – mit der Büchse unterm Arm. Er ist hinter dem Nachtessen her. Nach fünf Minuten kommt er mit einem Fasanen zurück. Wir fahren noch ein Stück; vor uns liegt ein Hügel, von dem aus das Gelände gut überblickt werden kann. Hier werden wir kampieren. Frank macht sich daran, den Vogel zu präparieren, und ich bereite die Feuerstelle. Es dauert nicht lange, und unser Hähnchen bruzzelt am Spieß.

Wir setzen uns mit Blickrichtung zum Berg. Noch ist er von Wolken umhüllt, aber sie lichten sich bereits. Die Glut der Sonne ist verflogen, die Luft flimmert nicht mehr. Der blaue Dunst des Abends legt sich über die Steppe. Die Konturen zerfließen, sie verschwimmen in grenzenloser Weite. Ein Gefühl köstlicher Freiheit überkommt mich. Wir sitzen und schauen und lassen uns den Duft des Fasanen um die Nase wehen.

Dunkel, silhouettenhaft stehen die Schirmakazien vor dem Rot des Himmels. Der Kilimandscharo schüttelt die letzten Wolkenfetzen von sich ab; zackig reckt sich der Mawenzi in den Himmel, rund, weiß und unnahbar der Kibo. Vollkommene Stille umgibt uns. Mir ist so feierlich zumute, als wäre

ich in einer Kirche, in einer großen Kathedrale. Aber die Luft ist besser hier, frischer, herber. Sie ist so unverbraucht wie am ersten Schöpfungstag.
Frank räuspert sich. »Der Fasan ist gar«, soll das heißen. Er ist ein feiner Kerl. Wir verstehen uns und müssen beide lachen. Er hat die Henne halbiert und hält mir mein Teil auf des Messers Spitze entgegen. Hingebungsvoll widmen wir uns dem Braten. Frank hat weder das Salz noch das Bier vergessen. Wir kauen auf beiden Backen und geben uns gegenseitig aufmunternde Worte; der Fasan hat weit mehr Fleisch, als zwei Durchschnittsmägen zu fassen vermögen.
Wie ein Schatten senkt sich die Nacht über das Land. Sterne blitzen auf, erst einzeln, dann zu Hunderten. Binnen kurzem ist das Firmament ein einziges Gefunkel. Ein Schrei zerreißt die Dunkelheit. Er ist so wild, so gespenstisch schrill, daß ich erschrocken hochfahre.
»Das ist der kleine Hyrax«, erläutert Frank, »ein Tierchen, nicht größer als ein Eichhörnchen.« Ein ganzer Chor von Stimmen fällt ein. Zahllose Vögel gurren, rufen, piepsen. Viele Laute können weder wiedergegeben noch beschrieben werden. Es klingt wie: Huhuuu, krrr, krrr, quivit, ääh, ääh, da-da-da. Es schnalzt und zwitschert, piepst und kollert. Auch Fisi hält mit. Wehklagend heult er zum Himmel.
Droben in der großen Wölbung der Nacht stehen die Sterne. Kalt und unnahbar. Sie flimmern entschieden heller als in nördlichen Breiten; man hat auch mehr von ihnen: Die Nacht dauert länger, Wolken sind seltener. Die Menschen unterm Äquator sind mit den Gestirnen der Nacht ebenso vertraut wie wir mit der Sonne. Sie leben in einem Rhythmus, der sich noch oft am Mond orientiert: Man lädt seine Freunde zu sich, wenn Vollmond ist, Safaris und Urlaubszeiten werden auf das Nachtgestirn abgestimmt, und jedermann weiß, wie der Mond gerade steht und wann er aufgeht. Im neonerleuchteten Europa sind es nur noch die Schäfer und einige Liebesleute, die von dem bleichen Himmelskörper Notiz nehmen.
Wir sitzen still und horchen hinaus in die Nacht. Sie ist voller Leben, voller drängender Brunft. Die Zeugungswut, der Drang nach grenzenloser Vermehrung – Hauptmerkmal des Lebens – geben Afrika seinen Reiz, seine urige Kraft. Die Natur schöpft aus dem vollen, sie quillt über vor Samen. Ihre Fruchtbarkeit ist so groß, daß keine Verschwendung ihr etwas anhaben kann. Sie produziert Myriaden von Fliegen, die morgens aus dem Staub kriechen und abends nach einer Orgie des Fressens und Zeugens tot zur Erde zurücksinken. Aus unzähligen Leibern quellen Eier und Laich, Kitze, Fohlen und Kälber. Sie kommen aus unergründlichem Dunkel, und sie versinken wieder ins Nichts. Die meisten, noch bevor sie einen Atemzug getan haben. So irrsinnig, wie die Natur produziert, so irrsinnig vernichtet sie auch. Dem

sprudelnden Quell des Lebens stellt sie Dürrezeiten und Hungersnöte entgegen, den abgrundlosen Schlund einer Milliarde hungriger Rachen und die alles zersetzende Welt der Mikroben und Würmer. Das Gleichgewicht des Lebens – es ist eine Farce; eine Orgie verrückter Fruchtbarkeit und lustvollen Mordens, ein sinnloses Kommen und Gehen.
Die Steppe, ihre urigen Dissonanzen, ergreifen Besitz von uns. Fasziniert lauschen wir den Geräuschen. Die Jagd ist in vollem Gange. Die Katzen, die in der Dunkelheit besser sehen als die übrigen Tiere, nützen jetzt ihre Überlegenheit. Wie das Grollen fernen Donners klingen die Stimmen der Löwen zu uns herüber. Das irre Lachen der Hyänen mischt sich mit dem Husten eines Leoparden. Vermutlich sitzt Fisi heißhungrig unter einem Baum, auf dem der Leopard genüßlich diniert. Aber wer weiß schon, wo Fisi ist. Die kleine Spottgeburt ist nirgendwo und überall. Bei genauerem Hinhören ist es unverkennbar, daß die Stimmen der Hyänen, ihr Jaulen und Heulen, aus einem größeren, weiteren Bereich kommen als die der anderen Raubtiere. Der kleine Hyrax bemüht sich unentwegt um das hohe C. Seine Stimme ist äußerst melodisch – wie ein Sägeblatt, das mit grober Feile geschärft wird.
Das Leben ist noch voll Farbe in Afrika. Es pulsiert hier kräftiger als anderswo und nach Meinung der Gelehrten auch schon länger als in anderen Regionen. Auch die Wiege der Menschheit soll in Afrika gestanden haben. Der hierzulande wohlbekannte Anthropologe Louis S. B. Leakey hat erst vor einigen Wochen den *homo habilis*, den befähigten Menschen, entdeckt. Sind die aufgefundenen Knochen *the missing link*, oder wird der Beginn des Menschengeschlechts durch sie nur um einige hunderttausend Jahre weiter zurückverlegt? Wird Darwin jetzt noch umstrittener sein als zuvor?
Es ist schon ein rechtes Kreuz mit diesem Trennungsstrich zwischen der niedrigen und der höheren Schöpfung. Wenn Darwin recht hat – und viele zweifeln ja nicht mehr daran –, dann kann das Tierreich nicht für Zeit und Ewigkeit mit Verachtung gestraft werden, wie es die meisten Religionen tun. Das Leben ist ein Ganzes. »Alle Klassen der natürlichen Kreaturen bilden eine Kette, sie sind Teile ein und derselben Kurve«, meint Leibniz, und er plädiert dafür, daß es »keine Kluft geben kann zwischen den verschiedenen Gattungen von Wesen, die das Weltall erfüllen.«
Albert Schweitzer moniert, daß es sich die Theologen und Philosophen ein wenig zu einfach machen, wenn sie über die niedrige Schöpfung hinwegsehen. »So wie eine Hausfrau, die frisch gebohnert hat, achtgibt, daß die Tür geschlossen bleibt und der Hund nicht übers blanke Parkett läuft, so achtet die abendländische Philosophie darauf, daß ihr kein Tier in der Ethik herumspaziert und die Arbeit von neuem begonnen werden muß« (33).
In der Ethik und im Himmel ist »kein Platz für wilde Tiere«.

30. Revolution in Sansibar

Verworrene Funksprüche aus Sansibar schrecken uns am nächsten Morgen hoch. Ein »Field-Marshal« namens John Okello füttert den Äther mit Sondermeldungen:

»Die Volkspartei von Sansibar und Pempa (ZPPP) und die Nationalistische Partei von Sansibar (ZNP) sind seit gestern verboten ...«

»Jede Person, die auf der Straße angetroffen wird, wird erschossen ...«

»Gebäude, in denen sich Araber versammeln, werden zerstört ...«

»ZNP-Leute, liefert eure Waffen ab. Wir kennen die genaue Stückzahl. Wenn nur eine fehlt, werden tausend von euch ihr Leben verlieren. Das ist ein Befehl der Armee!«

Was geht da vor? Ist Sansibar, die Gewürzinsel, nicht »der friedlichste Staat auf der Welt, wo niemand eine Waffe besitzt und niemand die Erlaubnis erhält, eine Waffe einzuführen«, wie mir der Firearms Officer der Kenya Police in Nairobi erklärte?

Wir warten weitere Meldungen ab:

»Der Sultan auf Lebenszeit verbannt ...«

»Verkehrsverbindungen unterbrochen ...«

»Arbeiterorganisationen in ganz Ostafrika erklären sich mit den Revolutionären solidarisch ...«

»Leichen auf den Straßen, Läden geplündert ...«

Adieu, Amboseli, adieu, Tsavopark, wir müssen zurück. Wir wühlen uns, so schnell es der Motor verkraftet, durch Schlamm und Staub. Insbesondere durch Staub. Erst ist es weißer Staub, dann roter; zwischendurch ist er auch einmal schwarz-grau. Nach einigen Stunden wechseln wir die Diät: Wir verschlucken nicht mehr Kenias »Real estate«, wir verschlucken jetzt die pulverisierten Immobilien Tanganjikas.

Verkrustet kommen wir in Moshi an.

»Habari gani? – Was gibt es Neues?« Die Zeitungen sind schon alle vergriffen. Niemand weiß etwas Genaues. Ist es nur eine der üblichen Rebellionen gegen die Inder und Araber (es ist noch nicht lange her, daß auch in Kampala und Nairobi die Läden geplündert wurden), oder ist es ein Handstreich der Kommunisten?

Sie sollen schon seit Jahren sehr aktiv gewesen sein. Viele Leute entsinnen sich plötzlich, daß Sansibar von kommunistischem Propagandamaterial geradezu überschwemmt wurde. Flugschriften wurden in den Straßen verteilt und öffentlich ausgelegt. Ein großer Teil der Bevölkerung war prokommunistisch. Viele Studenten gingen lieber nach China oder an die Universität von Kairo als an das Makerere College in Kampala, das unter englischer Regie steht. Ist man dabei, aus Sansibar ein zweites Kuba zu machen? Was ist, wenn die Unruhen auf das Festland übergreifen? Die Solidaritätserklärungen der Gewerkschaften lassen das Schlimmste befürchten.

Scheich Ali Muhsin, der ehemalige Außenminister, fordert seine Landsleute auf, Ruhe zu bewahren und sich dem neuen Regime unterzuordnen:

»Ich, Ali Muhsin, gebe euch bekannt, daß Scheich Muhammad Shamte, der ehemalige Premierminister, zusammen mit allen Ministern zurückgetreten ist. Persönlich und im Auftrag von Scheich Muhammad Shamte möchte ich alle, die zuhören, wissen lassen, daß es sinnlos ist, den Widerstand fortzusetzen. Jede Patrone, die von unserer Seite abgefeuert wird, bringt unserem Land nur noch mehr Verluste und Haß. Es ist nun jedermanns Pflicht, den Status quo zu respektieren, gleichgültig ob die gegenwärtige Regierung konstitutionell geformt wurde oder nicht. Jeder hat sich zu unterwerfen. Ich appelliere an alle unsere Leute, die Waffen niederzulegen und den Frieden wiederherzustellen.«

Die Amerikaner, die auf der Insel ansässig waren, sind bereits evakuiert worden. Der US-Zerstörer Manley hat sie an Bord genommen. Es sollen Leute in kubanischen Uniformen gesichtet worden sein. Der Rebellenführer, der die Funk- und Radiostation erstürmte, sprach nur spanisch und verstand kein Wort Suaheli. Flüchtlinge berichten: »The gutters were flowing with blood – Blut floß in den Rinnsteinen.«

Feldmarschall Okello funkt unentwegt:

»Die Regierungsgeschäfte werden nun von uns, der Armee, wahrgenommen. Es ist jedes Bürgers Pflicht, sei er schwarz, braun oder weiß, den Befehlen zu gehorchen. Solltet ihr starrköpfig sein und den Befehlen nicht gehorchen, werde ich Maßnahmen ergreifen, die achtundachtzigmal strenger sind als die gegenwärtigen.«

Wer ist John Okello? In jeder Nachrichtensendung aus England, aus Europa wird diese Frage angeschnitten. Langsam, mosaikartig setzt sich das Bild zusammen:

Er ist achtundzwanzig bis dreißig Jahre alt und kommt aus Nyanza in Kenia. 1956 war er noch Verkäufer, dann wurde er Polizist in Sansibar. Während der Unruhen im Juni 1961 hat er sich ausgezeichnet, weshalb er ein Stipendium für einen militärwissenschaftlichen Kursus an der Universität von Havanna erhielt. Von Herbst 1961 bis zum 10. Dezember 1963 war er in Kuba. Als er zurückkam, verweigerte man ihm den ursprünglich zugesagten höheren Polizeiposten. Da machte er sich daran, die Regierung zu stürzen. Allein? Sicherlich nicht.

»Okello ist genau der Typ«, meditiert einer der anwesenden Farmer, »der Afrika zugrunde richten wird. Er ist ein Mann mit Sendungsbewußtsein, ein Schizophrener mit religiösem Größenwahn. Hört euch das Geschrei an: ›Gott schuf Afrika für die Afrikaner‹ und ›Die Länder Afrikas müssen von Afrikanern regiert werden.‹ Nichts zählt außer diesen aufgeblasenen Parolen. Dabei geht es diesen Leuten gar nicht mehr um Gleichberechtigung: die haben sie ja vielfach schon. Es geht ihnen um die Expropriation der Besitzenden, um die Diktatur des Proletariats. Sie sind nicht ungeschult. Sie haben vielleicht Le Bon nicht gelesen, aber sie wissen mit Massen umzugehen. Sie wissen, daß sich der Mensch in der Masse anders benimmt, daß er in der Masse Verbrechen mit gutem Gewissen begeht, und sie spekulieren darauf.«

Im Augenblick ist der Feldmarschall damit beschäftigt, der Welt das Gruseln beizubringen. Den »Vagabunden im Hause des Hilali Kihanga in Dole« teilt er per Radio mit: »Ich wünsche, daß sich Hilali selbst aufhängt. Er muß zuerst alle seine Kinder töten, indem er sie erschlägt. Ich habe keine Gnade. Ich, der Feldmarschall, werde diesen Platz vollkommen zerstören. Ich komme mit meinen schweren Waffen. Ich habe Waffen, die Sansibar und Pemba total zerstören können. Ich kann diese Waffen ohne Bedauern einsetzen. Ich wünsche keine Gefangenen.«

Den arabischen Jugendlichen in Malindi teilt er mit, daß er nach Malindi kommen werde, mit Waffen, die nur er kennt, und daß er wünscht, »jedermann liegend und in Unterhosen zu sehen«. »Ich möchte euch singen hören: Mr. Abeid Karume, Vater der Afrikaner, Gott segne ihn und seine Aufgaben und auch die des Feldmarschalls.«

Inzwischen gehen die ersten Glückwünsche bei den Revolutionären ein. Darunter auch ein Telegramm von Otto Grotewohl.

»Bisher war das Zweirad, das sogenannte gemeine oder gewöhnliche Fahrrad die Pest von Sansibar«, sinniert Frank, »jetzt sind es...« Er brummt noch etwas in seinen Bart, was im Interesse der deutschen Wiedervereinigungspolitik unterschlagen werden muß, und dann verabschiedet er sich. Er möchte schnellstens nach Kenia, wo noch britische Truppen stationiert sind.

Der neue Präsident von Sansibar, Mr. Karume, wünscht Frieden. Er beschließt die Revolte mit einem Aufruf: »Friede sei mit euch. Es ist heute unsere Pflicht, euch, meine Moslem-Brüder, mitzuteilen, daß der verehrte Halbmond zu sehen ist und morgen Ramadan sein wird. Ich bitte alle Moslems, noch mehr zu beten und während des Ramadanmonats wie gewöhnlich zu fasten.«

31. Momellafarm

Auf schöner Straße geht es westwärts. Ich will nur bis Arusha. Wenn ich Glück habe, komme ich heute noch bis zum Ngorongorokrater.

Ich bin mir noch nicht ganz schlüssig, ob ich allein oder in Gesellschaft hinfahren soll. Das einfachste wäre natürlich, zur nächsten Safarigesellschaft zu gehen und siebenhundert Schillinge auf den Tisch zu blättern. Dann würde man mich mit einigen anderen Touristen in einen Landrover pferchen und auf die Reise schicken. Dieses Verfahren ist weder das bequemste noch das vernünftigste. Im eigenen Wagen fährt man entschieden besser und sogar preiswerter. Die Gebühren für Mietwagen sind die gleichen wie in Nairobi: VW ein Schilling, Landrover zwei Schillinge pro Meile.

Ich mache mich auf, einen ordentlichen Wagen und, wenn möglich, einen Reisegefährten ausfindig zu machen. Zu zweit ist die Fahrt über Land angenehmer.

Im Safari- und New Arusha-Hotel – Dr. Grzimek sitzt im Lounge – notiert man sich meine Wünsche; man weiß zwar im Augenblick niemanden, der in Frage käme – die meisten Leute, die zum Ngorongorokrater fahren, haben schon Monate im voraus gebucht und fahren meist von Nairobi aus hin, aber man will sich umhören. Im Buchungsoffice des Ngorongorokrater Lodges rät man mir Eile mit Weile an. Am nächsten Tag könne ich sowieso nicht in den Krater – alle verfügbaren Landrover seien restlos besetzt und ausgebucht.

Was tun? In dem Augenblick klopft mir jemand auf die Schulter. Es ist Dr. Ernst, einer der Zoologen aus München. Vor acht Tagen waren wir Reisegefährten im Bus von Nairobi nach Arusha. Dr. Ernst ist auf dem Weg in die Serengeti, und sein Zimmer auf der Momellafarm ist für einige Tage frei. Da gibt es kein langes Überlegen. Eine solche Chance bietet sich nicht alle Tage.

Momella ist – so habe ich mir erzählen lassen – das Nonplusultra Ostafrikas, das schönste Stückchen Erde in fünftausend Meilen Umkreis. Die Farm liegt in 1 800 Meter Höhe am Osthang des Meru, umgeben von einem Wildreservat, das seinesgleichen sucht. Gestern abend erst hat einer der Zoologen plötzlich vor einem Elefanten gestanden, und der Bock, den der Leopard heute nacht gerissen hat, hängt noch im Baum. Frau Trappe, die Herrin von Momella, die mit Dr. Ernst nach Arusha gekommen ist, schlägt mir meinen Wunsch nicht ab. Ich kann einsteigen.

Wir erreichen die Farm nach einstündiger Fahrt. Sie liegt zwischen Meru

und Kilimandscharo. Beide Berge begrenzen den Horizont. Der Meru – dunkel, wild und zerklüftet – türmt sich unmittelbar hinter der Farm auf, der Kilimandscharo thront in einiger Entfernung hinter waldigen Hügeln. Baumgruppen und Blumen umgeben das Farmhaus. In allen Farben blühen die Rosen. Nektarvögel schwirren wie Kolibris von Blüte zu Blüte. Es ist unmöglich, sich satt zu sehen. Alles gibt es hier: Seen und Hügel, Felsschrannen und Firnschnee, Wasserfälle und tropischen Dschungel.
Die Momellafarm ist kein Hotel, und die Unterbringung ist nicht luxuriös, aber auf Komfort braucht man keineswegs zu verzichten. Von der Badewanne bis zum WC ist alles vorhanden, was sich ein verwöhnter Stadtmensch nur wünschen kann. Der elektrische Strom wird in eigener Regie erzeugt. Die Gäste sind in Cottages untergebracht, in kleinen Häuschen, die fünfzig bis hundert Meter vom Farmhaus entfernt liegen.
Der besondere Reiz dieser Ferienquartiere liegt darin, daß man abends nie ganz sicher ist, ob die Elefanten nicht gerade einen Bummel ums Haus machen. Daß sie sich oft in der Nähe herumtreiben, ist an den Hügelchen, die sie zurücklassen, unschwer zu erkennen. Wenn sie durstig sind und wenn es sie nach etwas Besserem gelüstet, dann schlürfen sie das Wasser aus dem Rondell im Garten, in dem Frau Halinka abends baden geht.
Zum Essen versammeln sich die Gäste um den Tisch des Farmers. Wir sind zu sechst: die drei Zoologen aus München, ein englisches Ehepaar, das Vögel sammelt, und ich. In einer großen Schüssel wird die Suppe aufgetragen. Der nächste Gang besteht aus gebratenen Hühnern. Zwei afrikanische Boys sorgen dafür, daß die Teller nicht leer werden. Die Unterhaltung ist mal auf deutsch, mal auf englisch, aber immer liebenswürdig und interessant. Ich habe das Gefühl – hier läßt's sich leben.
Das Nachmittagsprogramm ist vielversprechend. Herr Trappe fährt uns zum Ngurdotokrater, einer Miniaturausgabe des Ngorongoro. Der Krater hat nur ein bis zwei Kilometer Durchmesser, aber er ist – nach Julian Huxley – »a gem amongst parks«.
Die Fahrt dauert nur wenige Minuten. Sie wird unterbrochen von Giraffen, die uns den Weg verstellen, und von einem Rhinozeros, das sich seitwärts in die Büsche schlägt. Die letzten Meter bis zum Kraterrand müssen wir zu Fuß bewältigen. Wir schlüpfen durch das Unterholz, erklettern einen kleinen Hügel und stehen schließlich am Rande eines Steilabfalls.
Vor und unter uns der Krater: urwaldumwuchert, mit Büffeln und Elefanten bevölkert. Die Tiere grasen zweihundert oder dreihundert Meter unter uns. Einige Nashörner und viele der Büffel liegen in der Sonne; wiederkäuend träumen sie vor sich hin. Sie wissen nichts von den Menschen, von der Welt, die sie umgibt. Sie leben in ihrem Kraterparadies wie vor tausend, wie

vor hunderttausend Jahren. Einige Elefantenbullen stehen bewegungslos im Schatten der Bäume. Sie haben schon immer dort gestanden. Sie stehen dort, seit es Elefanten gibt, seit Anbeginn der Welt.

Auf dem Rückweg halten wir nach der Herde Ausschau, die vor wenigen Tagen einer Besucherin der Momellafarm, die mit ihrem VW die Straße entlang holperte, den Weg verstellte. Die Elefanten standen plötzlich vor dem Wagen – beiderseits des Wegs. Die Fahrerin konnte nicht mehr zurück: es war schon zu dunkel, und die Straße ist für Woman-driver und für Rückwärtsmanöver ohnehin viel zu schmal. Was blieb ihr übrig? Sie gab Gas und ließ die verblüfften Dickhäuter in einer Staubwolke hinter sich.

Am Abend ist ein Farmer und Jäger aus der Nachbarschaft zu Gast. Man bespricht bevorstehende Safaris und erzählt sich seine Nöte. Man hat viele.

Vor allen Dingen die Löhne machen Kummer. Sie sind in den letzten zwei Jahren von zwanzig auf achtzig, ja auf hundert Schillinge gestiegen. Der jetzt von der Regierung festgelegte Mindestlohn (pro Monat) soll sogar bei hundertdreißig liegen. Wo soll man das Geld hernehmen? Für Milch und Butter erhält man noch genauso viel oder genauso wenig wie vor Jahren, aber alles andere ist teurer geworden. Viele Farmer mußten schon Leute entlassen, weil sie die Löhne nicht mehr bezahlen können. Wenn die Forderungen der Gewerkschaften nicht bald auf ein vernünftiges Maß reduziert werden, wird die ohnehin schon drückende Arbeitslosigkeit unter den Eingeborenen noch größer werden. Man sieht mit Sorgen in die Zukunft.

Am anderen Morgen, nach dem Frühstück, zieht es jeden von uns in eine andere Richtung. Die Zoologen suchen den Saum des Urwaldes nach Käfern und Schmetterlingen ab, die Engländer (Papageno und sein Täubchen) besteigen ihren Landrover, um nachzusehen, was die Agenturen in den Dörfern der Eingeborenen inzwischen eingefangen haben, und ich mache mich daran, die nächste Umgebung zu erkunden.

Ich marschiere in nordöstlicher Richtung einen Feldweg entlang. Einige Eingeborenenhütten liegen am Wege – die Manyattas der Farmarbeiter. Dann kommt ein Stück Steppe. Vorsichtshalber suche ich die Büsche mit dem Glas ab. Zur Rechten stehen einige Giraffen, die an Akazien knabbern. Halblinks äsen Antilopen. Nashörner und Büffel, vor denen ich am meisten Respekt habe, sind keine zu sehen. Es wird schon gut gehen.

An der Eingangspforte zum Momellapark (ein Schlagbaum, sonst nichts) verstellt mir der »Warden« den Weg. Er darf niemand zu Fuß passieren lassen, aber er erzählt mir, was ich alles sehen könnte, wenn ...

»Gestern abend sind sechzig Elefanten vorbeigezogen.« Er zeigt auf einige Büsche, die wüst zugerichtet worden sind. Auch den Leoparden, der seit Tagen die Gegend unsicher macht, hat er schon gesichtet.

Damit der Parkwächter nicht mehr morgens und abends seine Haut zu Markte tragen muß – er wohnt in einer zwei Kilometer abseits liegenden Hütte –, baut man ihm gerade ein Häuschen, einen Unterschlupf. Einige Männer sind an der Arbeit. Der Warden – er ist sehr stolz auf seine Uniform und seinen Job – führt mich umher. Hinter seinem Grundstück liegt ein Hügel. Von dessen Kuppe aus müßte man eine gute Fernsicht haben.
Ich frage die schwarzen Arbeiter, ob sie mir einen Weg bahnen können. Sie sind von der Idee nicht gerade begeistert. »Bwana, wir nicht wissen, was hinter Hecke versteckt liegt.« Sie haben den Bauplatz mit Dornen verbarrikadiert. Ich krame fünf Schillinge aus der Tasche. Nun ist es ihnen gleichgültig, ob sich da oben eine getupfte, eine gestreifte oder eine schuppige Haut sonnt.
Sie gehen mit ihren schweren Pangas ans Werk und bahnen mir einen Pfad. Nach einigen Metern kann ich ohne die Hilfe der Arbeiter weiterklettern. Es lohnt sich. Der Hügel ist der höchste Punkt hier. Ich kann einen guten Teil des Momellaparks überblicken. In einer Schlucht am Fuße des Hügels sind die Pflanzen zu einem undurchdringlichen Knäuel verwuchert, dahinter steigt der Urwald wieder an. Einige abgestorbene Bäume ragen grau und farblos aus dem Grün heraus. Beim nächsten Sturm werden sie wohl zusammenbrechen. Die kahlen Äste ächzen unter dem Druck des Windes. Ich werde fast umgeweht hier oben.
In nördlicher Richtung geht der Park in zahllose kleine Hügel über, in runde Kuppen, die vielleicht fünfzig oder hundert Meter Durchmesser haben. Am Anfang dieser Steppenlandschaft liegt das neu erbaute Momella Lodge: kleine, weiße, strohgedeckte Bungalows. Ein Windrad, das die Hütten überragt, versorgt die Siedlung mit Strom und Wasser. Das Lodge ist schön in die Landschaft eingebettet, aber mit der ein oder zwei Meilen weiter oben gelegenen Farm kann es nicht konkurrieren.
Ich schaue hinüber zum Kilimandscharo. Er verbirgt sich in einer flachen Wolkendecke. Nur hin und wieder blitzt sein Firnschnee durch eine Lücke.
Ich darf meine nächste Umgebung nicht ganz außer acht lassen. Mein Hügel kann im Augenblick völlig verlassen sein, aber es ist genausogut möglich, daß er einer Löwenfamilie zum Sonnen dient. Auch dem Parkwächter ist nicht ganz wohl in seiner Haut. Er winkt mir zu. Das soll heißen, daß die halbe Stunde, die ich mir auserbeten hatte, vorbei ist. Ich werfe noch einen Blick in die Schlucht, wo eben einige Dutzend Affen mit großem Lärm einfallen. Was sich unter dem grünen Blätterdach bewegt, ist nicht zu sehen. Und die Elefanten haben mich eindeutig im Stich gelassen.
Nachmittagsprogramm: Nähunterricht in der Steppe. Dreimal in der Woche leistet Frau Trappe aktive Entwicklungshilfe. Sie braucht dazu einen Land-

rover, ein größeres Stück Stoff, einige Röllchen Nähgarn und ihr Handarbeitskörbchen. So ausgerüstet, kutschiert sie mutterseelenallein durch die Steppe, um an irgendeinem Treffpunkt zwanzig oder fünfzig Meilen von der Farm entfernt den Frauen der Eingeborenen Nähunterricht zu erteilen. Heute fährt sie nicht allein. Sie hat uns eingeladen, mitzukommen. Wir beeilen uns mit dem Mittagessen und besteigen erwartungsvoll den Wagen. Frau Trappe setzt sich ans Steuer, und ab geht es.

Wir holpern hinunter in die Ebene und suchen uns unseren Weg durch einen Wald von Schirmakazien. Der Wagen – ein Landrover – ist außerordentlich stabil gebaut. Er hat Vierradantrieb, starke Federn und ist mit Blech gepanzert. Angriffslustige Rhinos können sich das Horn daran einrennen. Seitlich ist das Fahrzeug offen. Der Wind kann ungehindert durchstreichen, was das Fahren selbst unter glühender Mittagssonne erträglich macht. Die Holzplanken des Daches sind mehrere Zentimeter dick und außerdem mit Blech beschlagen. Ein Löwe, dem es einfällt, hier heraufzuspringen, kann nicht viel anrichten.

Wie die meisten Fahrzeuge dieser Art hat auch unser Wagen einen Ausguck, eine Luke im Dach, die geöffnet werden kann. Hier postiere ich mich. Mit der einen Hand halte ich die Kamera, mit der anderen klammere ich mich am Lukenrand fest. Ein bißchen Akrobatik gehört schon dazu, und außerdem darf ich nicht vergessen, auf die Zweige der Akazien zu achten. Bei dreißig Meilen Fahrt peitschen die Dornen wie Geißeln über das Dach.

»Memsaab, nyoka mrefu!« Philippo, der Boy, hat eine Schlange entdeckt. Frau Trappe steuert den Wagen zurück und fährt eine Attacke. Was von dem Biest übrigbleibt, zerhackt ihr Famulus mit dem Spaten.

Die Schlangen haben einen schweren Stand in Afrika. Sie haben keine Freunde, nur Feinde. Nie wird ihnen Pardon gegeben. Aber sie sind bei weitem nicht so häufig anzutreffen, wie man das oft annimmt. Mancher Afrikareisende bekommt nicht eine einzige zu Gesicht. Das beweist zumindest, daß sie in den Hotels recht selten geworden sind. Aber auch draußen, in der Steppe, im Tropenurwald, stolpert man nicht ständig über Kobras, Vipern und Puffottern. Nur das Spannungsmoment ist immer vorhanden: Man gibt acht, wo man hintritt, und bevor man sich durch ein Gebüsch zwängt, sucht das Auge die Zweige ab.

In Ostafrika ist die Puffotter die am häufigsten anzutreffende Schlange. Sie ist von bräunlicher Farbe, hat einen kräftigen Kopf, und ihr Körper wirkt etwas gedrungen. In der Regel wird sie siebzig bis hundert Zentimeter lang. Puffottern bewegen sich recht behäbig und sind zu faul, um auszureißen. Aber sie können blitzartig zupacken. Ihr Gift wirkt nicht so schnell wie das der Kobra; es zersetzt das Blut. Die Kapillaren funktionieren nicht

mehr, und nach spätestens vierundzwanzig Stunden gibt der Körper auf. Mit dem ersten Biß werden bis zu fünfzehn Tropfen Gift ausgeschieden; vier Tropfen genügen schon, um einen Menschen zu töten.
Manche der ostafrikanischen Schlangen sind durchaus harmlos. Da ist zum Beispiel die schwarze Baumschlange, die Jackson Tree Snake. Sie ist hundertfünfzig bis zweihundert Zentimeter lang, bewegt sich sehr gelenkig auf Ästen und Zweigen und lebt in erster Linie von Vögeln.
Unter einem Baumriesen, mitten in der Steppe, erwarten uns die Schülerinnen. Auch ihre Männer sind anwesend. Sie sitzen auf einigen provisorischen Bänken und harren der Dinge, die da kommen sollen. Eine freudige Begrüßung hebt an. »Jambo, Maam« – »Jambo, Jambo.« Frau Trappe muß viele Hände schütteln. Auch wir werden in die Begrüßung mit einbezogen.
Die Männer erklären ihre Anwesenheit damit, daß sie einige hochwichtige politische Dinge zu besprechen haben. Sie ziehen sich hinter ein kleines Gebäude zurück, das hier einsam in der Steppe steht. Es ist die Schule für die Dorfgemeinschaften in zehn Meilen Umkreis. Seit sie Uhuru haben, sind die Afrikaner politisch recht aktiv geworden. Aber es sind nicht weltbewegende Dinge, die sie debattieren. Meist dreht sich das Gespräch nur um Stammesdifferenzen oder internen Parteienhader.
Die Schülerinnen gruppieren sich um Frau Trappe, das Handwerkszeug wird hervorgeholt, und der Unterricht – eine rein praktische Demonstration, die ein Dutzendmal wiederholt werden muß – beginnt. Es geht dabei nicht schulmeisterlich zu. Frau Trappe hat viel zuviel Charme, die Sache langweilig werden zu lassen. Sie erzählt die lustigsten Geschichten; frohes Lachen schallt aus der Runde.
Philippo hat einen Sonderauftrag zu erledigen. Er muß für die Maam Zwiebeln einkaufen. Als Gentleman lädt er uns ein, mitzukommen (vielleicht will er auch nur seine Fahrkünste demonstrieren).
Wir klettern wieder in den Landrover und hoppeln einige Kilometer querfeldein zu ein paar Hütten, die sich niedrig und armselig in den Schatten der Bäume ducken. Die Konstruktion dieser »Manyattas« ist denkbar einfach: in die Erde gerammte rohe Pfähle, mit Zweigen ausgeflochten und mit Lehm und Mist beschmiert. Fenster sind in der Regel nicht vorhanden. Die Tür ist niedrig und gibt Zugang zu einem oder zwei Räumen, die völlig schmucklos und mit nur wenig Mobiliar ausgestattet sind: einige Kistchen und ein kleiner Tisch, das ist alles. In den Ecken steht das Geschirr: Töpfe und Blechbüchsen aller Art. Der Innenraum ist heller, als man von außen annimmt, da der Lehm vielfach abgebröckelt ist und das Tageslicht durch Ritzen und Löcher eintreten kann.
Man empfängt uns recht liebenswürdig. Die Männer feilschen mit Philippo

um den Preis der Zwiebeln, und die Frauen interessieren sich für unsere Feldstecher. Sie jauchzen vor Freude, als wir sie durchblicken lassen und ihre Maisstauden plötzlich um ein Vielfaches größer werden. Sie sind entzückt. Jetzt wissen sie, wie die weißen Farmer es machen, daß ihnen immer die größten Früchte wachsen: Sie schauen durch das Glas »and they fix it, and that's that!«
Kinder sind dutzendweise zur Stelle. Die größeren haben ein Hemdchen oder Röckchen an, die kleineren gar nichts. Manche sind recht scheu. Ohne ihre Mütter wagen sie sich nicht in unsere Nähe. Aber Mutti holt sie alle, wenn sie einen Schilling in die Hand gedrückt bekommt. Sie reiht ihre Sprößlinge wie die Orgelpfeifen auf.
Die Nachbarin reklamiert. Sie hat ihre Kinder kostenlos fotografieren lassen. Das bereut sie jetzt. Sie macht uns klar, daß das andere Herdchen Kinder ihr gehört und daß sie auch gerne einen Schilling hätte, was man ihr nicht gut abschlagen kann.
Der Zwiebelhandel macht Fortschritte. Die Männer sind sich über den Preis einig geworden. Sie haben die Menge mit einem Kanister abgemessen und leeren nun den Behälter in einen Sack um. Auf dem Kopf wird die Ware zum Auto getragen. Wir verabschieden uns und stapfen durch einen kleinen Dschungel von Mais und Rizinuspflanzen zum Wagen zurück. Der Weg ist nicht weit, aber von Unkraut überwuchert. Als wir ins Auto einsteigen, sind unsere Strümpfe mit Dornen und Disteln nur so gespickt.
In der Schule ist man inzwischen beim Anfertigen von Knopflöchern angelangt. Hingebungsvoll werden die Nadeln durch den Stoff balanciert. Die Frauen sind völlig ungeübt. Man braucht sich nicht zu wundern, wenn zerrissene Kleider nicht geflickt werden; die Leute wissen einfach nicht, wie sie es anpacken sollen. Würde es nicht die billigen Konfektionsfähnchen geben, das Stück für fünf bis zehn Schillinge, müßten die Frauen (wie vor kurzem noch) unbekleidet gehen.
Die ganze Gruppe sieht recht malerisch aus. Die schwarzen Ladies tragen durchweg grellbunte Kleider. Die farbigen Halstücher haben sie der Maam abgeguckt oder – wie die Zigaretten, die sie paffen – der Maam abgefuggert. Wie ich unversehens eine Aufnahme mache, kommt es zu Protesten. Die Frauen sind nicht böse oder ruppig, keineswegs, aber mit einem Wortschwall versuchen sie mir klarzumachen, daß das Bildchen nicht gut werden könne, da sie unvorbereitet waren: »Bwana, man kann unsere Zahnlücken sehen.«
Sie halten nun zu, was ihnen nicht gefällt, setzen ihre Sonntagsgesichter auf und geben mir zu verstehen, daß ich nochmals knipsen soll. Ich tue ihnen den Gefallen.
Wir müssen aufbrechen. Die Frauen packen ihre Hausaufgaben weg: Jede

hat zwei kleine Löcher in den Stoff geschnitten bekommen; bis zum nächsten Mal sollen daraus Knopflöcher werden. Die Memsaab wird umringt; man bedankt sich mit blumenreichen Redewendungen bei ihr. Auch uns Zuschauern strecken sich viele Hände entgegen. Wir schütteln, was immer greifbar ist, dann gibt Frau Trappe Gas, und ab geht es.
Als wir das Schulgebäude passieren, unterbrechen die Männer ihr Meeting. Sie stehen auf und winken. Es ist offensichtlich: Die nachbarlichen Beziehungen sind hier eine Herzensangelegenheit und kein Politikum.
Wir fahren an den Hängen des Meru entlang. Zahllose Flötenakazien säumen unseren Weg. Die kastaniengroßen schwarzen Gehäuse, die an den Zweigen hängen, flöten, wenn der Wind durch die kleinen Löcher streicht.
An einem Chillifeld machen wir kurz halt, um uns die spitzen Früchte genauer anzusehen. Ihr dunkles Rot ist ein hübscher Kontrast zu dem satten Grün der Blätter. Darüber ein blauer Himmel ... Nur Leute, denen man etwas Gutes tun will, sollte man dahin schicken, wo der Pfeffer wächst.
Der Weg ist denkbar schlecht. Wir wühlen uns durch das Gelände wie ein Panzerwagen. Aber es wird wohl wenige Panzerfahrer geben, die die Tücken des Geländes mit so viel Schneid angehen wie Frau Trappe. Sie saust durch Furten, umfährt Schlaglöcher und Bodenwellen, klettert Böschungen hoch und dirigiert den Wagen über das Geröll ausgetrockneter Flußläufe. Dabei fährt sie keineswegs konzentriert. Sie erzählt uns lustige Geschichten und erläutert die Sehenswürdigkeiten der Umgebung. Der Wagen wiegt einige Tonnen – Frau Trappe fährt ihn mit der Linken.
Die Vielseitigkeit der Herrin von Momella ist verblüffend. Sie spricht mehrere Sprachen, in Landwirtschaft und Viehzucht ist sie bestens beschlagen, widerspenstige Maschinen geht sie mit dem Schraubenzieher an, und Kaffeediebe bringt sie mit ihren Schäferhunden zur Strecke. Sie überwacht Haus und Hof, hat ein herzliches Verhältnis zu ihren Dienstboten und ihren Nachbarn in der Steppe, Mann und Kindern ist sie eine liebevolle Gattin und Mutter und ihren Pensionären eine charmante Gastgeberin.
Über die Gäste der Farm könnten Herr und Frau Trappe Bücher schreiben. Millionäre und Abenteurer, Diplomaten und Schmetterlingssammler, Tropenjäger und Fürstlichkeiten haben sich unter ihrem Dach schon eingefunden; sie kamen aus aller Welt, mit dem Flugzeug, mit dem Schiff, mit dem Wagen quer durch Afrika. Sie kamen aus Wallstreetbüros, aus Gelehrtenstuben und Staatskanzleien, aber wenn sie erst einmal am großen gastfreundlichen Tisch der Farmersleute saßen, gehörten sie mit zur Familie.

32. Er wendet sich mit Grausen

Montag, den 20.1.64. Der Tag beginnt mit einem Paukenschlag. Radio Kenya meldet, daß das Erste Bataillon der Tanganyika-Rifles in Daressalam seine englischen Offiziere gefangengesetzt hat, daß die Regierungsgebäude und die Standard-Bank (Sitz des britischen Hochkommissars) von meuternden Truppen umstellt sind. Der Sender Tanganjika ist außer Funktion. Ein britischer Flugzeugträger und einige Kriegsschiffe sind im Anmarsch. Niemand weiß, wo Präsident Nyerere ist. Radio Kenya ruft die Kenianer auf, ruhig zu bleiben.

Wir sitzen und schauen uns an. Schöne Bescherung! Ist das der Anfang vom Bürgerkrieg? Greifen die Ereignisse von Sansibar jetzt auf das Festland über? Der Aufstand der Massen – bricht er nun los? Wir sind erregt und gelähmt zugleich. Die Stimmung ist unverkennbar – es ist wie im Krieg, als die Bomber im Anflug waren.

Einige Probleme tun sich auf: Wie komme ich hier heraus, wenn die ostafrikanischen Häfen durch die Revolution lahmgelegt werden? Die Schifffahrtslinien, so meldet das Radio, disponieren bereits um. Die Europa vom Lloyd Triestino hat Daressalam umfahren, die City of New York, die im Hafen von Tanga liegt, hat Anweisung erhalten, auszulaufen. In Sansibar legt schon seit acht Tagen kein Schiff mehr an.

Was mache ich, wenn ich Ende Januar nicht an Bord gehen kann, wenn die Unruhen auf Kenia und Mombasa übergreifen? Ich zähle meine Moneten. Wenn die Schiffskarte verfällt, wenn ein Fahrzeug gekauft werden muß, um außer Landes zu kommen, bin ich knapp dran. Ich überschlage in Gedanken, was ich für Minifon, Radio und Fotoausrüstung bekommen kann. Es könnte reichen. Notfalls muß ich marschieren, querfeldein – wie ein Masai.

»Was brauchen Sie zur Ausrüstung«, erkundigt sich Herr Trappe, »einen Spieß oder Löwenpulver?«

Ich denke an die zweihundert Meilen von hier bis Nairobi: »No, Sir – Hühneraugenpflaster!«

Das Radio bringt neue Nachrichten:

Sicherheitsmaßnahmen in Uganda. Alle Grenzübergänge wurden geschlossen. Niemand darf nach Tanganjika hinein oder aus Tanganjika heraus. Die Verwaltungszentren in Kampala, Entebbe und Jinja stehen unter Polizeischutz ...

Die Börse in Nairobi hat Panikverkäufen vorgebeugt und geschlossen ...

Fünfzehn Menschen getötet, über hundert verletzt ...

Randalierende Afrikaner stoßen mit Arabern und Indern zusammen; die Polizei feuert über die Köpfe...

Arabische Frauen von Soldaten vergewaltigt...

Gerüchte kursieren. Jeder telefoniert mit jedem. Nyerere soll in Arusha sein...

Nein, er ist gefangen...

Er ist schon aufgehängt...

Er ist der einzige, der die nötige Autorität hat. Warum meldet er sich nicht? Was macht die Polizei? Ist sie noch loyal? Ist sie überhaupt noch stark genug? Dreihundert Mann wurden vor einigen Tagen nach Sansibar abgestellt.

Wie verhält sich der Rest der Armee? Anscheinend wurden auch schwarze Offiziere eingelocht.

Was ist in Moshi und Arusha los? Autos, die in die Städte wollten, kehren sicherheitshalber wieder um. Man befürchtet einen Handstreich der Armee auf die Verwaltungszentren.

Auch aus dem benachbarten Ruanda an der Westgrenze Tanganjikas kommen Schreckensnachrichten. Achttausend Männer, Frauen und Kinder des Watutsistammes sollen von den Bahutu getötet worden sein. Man stach ihnen die Augen aus, erschlug sie mit Stöcken, köpfte und vierteilte sie. Zahllose Leichen wurden aus dem Ruzizifluß gezogen. Der Ruzizi verbindet den Tanganjikasee mit dem Kivusee und dient Ruanda, Burundi und dem Kongo als Grenzfluß.

Ruanda und Burundi waren früher vereinigt (Ruanda-Urundi). Bis zum Ersten Weltkrieg gehörte das Gebiet zu Deutsch-Ostafrika, später war es von den Belgiern verwaltetes UN-Treuhandgebiet. Im Juli 1962 wurden beide Staaten selbständig. Die Bevölkerung Ruandas setzt sich zu fünfzehn Prozent aus Watutsi und zu fünfundachtzig Prozent aus Bahutu zusammen. Die Watutsi sind hamitischen Ursprungs, ein Volk, das vor Jahrhunderten aus Äthiopien über Uganda ins Land gekommen ist und sich hier die schwarzen, kleingewachsenen Bahutu unterwarf.

Während in Burundi die Bahutu nicht viel schlechter gestellt waren als die Watutsi (die Watutsikönige haben des öfteren Bahutufrauen geheiratet), hatten sie in Ruanda so gut wie keine Rechte. Sie wurden fast wie Leibeigene gehalten.

Dem Erzbischof – er stammt aus dem Schweizer Kanton Wallis – gefiel das nicht. Er bezeichnete die Ungleichheit zwischen den Watutsi und den Bahutu als unchristlich. Das gab den Bahutu Oberwasser – sie schlugen los. Keineswegs christlich. Sie schnitten ihren Opfern die Füße und Hände ab, verbrannten sie, ließen sie verbluten und warfen sie in den Fluß. Die Macht der

Watutsi war gebrochen, die Ruandaregierung ging in die Hände der Bahutu über. Tausende von Watutsi suchten Schutz in den angrenzenden Ländern. Es ist von hunderttausend bis zweihunderttausend Flüchtlingen die Rede. Die meisten gingen in das Kongogebiet, aber sie gaben die Hoffnung, in Ruanda wieder an die Macht zu kommen, nicht auf.

Sie kamen zurück, fielen in Ruanda ein und schickten sich an, auf Kigali vorzustoßen. Das glückte nicht. Sie wurden zurückgeschlagen. Etwas später fielen sie erneut in Ruanda ein. Diesmal in der Provinz Gikongoro, wo sich zahlreiche Watutsi, die dort ansässig waren, den Invasoren anschlossen. Panik ergriff die Bahutu. Als schließlich noch das Gerücht umlief, Präsident Kayibanda sei geflohen und Kigali stehe in Flammen, begann das Massaker aufs neue. Die Bahutu töteten die mit ihnen zusammenlebenden Watutsi; sie hackten ihnen die Beine ab, damit sie nicht mehr größer waren als die von Natur aus etwas unansehnlichen Bahutu, und warfen die Leichen in die Flüsse.

»That's Africa!« Ich habe eine Schwäche für den Schwarzen Kontinent, aber im Augenblick verspüre ich eine kleine Abneigung gegen afrikanisches Alltagsleben. Ich beschließe, meine Koffer zu packen und umgehend nach Kenia zu fahren. Dort sind noch britische Truppen stationiert.

Wer sollte in Tanganjika für Ordnung sorgen, falls Präsident Nyerere getötet wurde? Mr. Osar Kambona, der Verteidungsminister Tanganjikas, ist etwas umstritten. Er ist angeblich in Moskau geschult worden. Manche Leute halten ihn für den »Chief Communist spearhead operator in East Africa« (der Daily Telegraph drückt sich so aus). Es geht die Rede, daß er ein Verteidigungsabkommen zwischen Tanganjika und Großbritannien blockiert hat. Cui bono? Jetzt wäre man froh, wenn – wie in Kenia – wenigstens noch einige britische Truppen zur Verfügung stünden. Man kreidet Mr. Kambona noch einiges an; zum Beispiel, daß er den Vorsitz auf dem kommunistisch inspirierten Afroasiatischen Solidaritätskongreß in Moshi innehatte. Das kann viel bedeuten – oder auch nichts. Manche sehen in Kambona den starken Mann, der jetzt benötigt wird. Er ist wenigstens da, und er ist aktiv. Von Nyerere dagegen hört und sieht man nichts.

Am Spätnachmittag verstaut Frau Trappe ihre Gäste im Landrover. Sie will uns – zum Abschied – nochmals den Momellapark und seine Seen zeigen. Nach fünf Minuten Fahrt erreichen wir den Wald. Die Hornbillvögel protestieren gegen unser Eindringen. Sie veranstalten einen solchen Spektakel, daß mit Sicherheit jedes Tier in fünfhundert Meter Umkreis gewarnt ist. Die schwarz-weißen Kolobusäffchen lassen sich nicht einschüchtern. Sie turnen neugierig von Baum zu Baum und strecken ihre maskenhaften Gesichtchen immer wieder durch das Laub, um uns in Augenschein zu nehmen. Es sind hübsche Kerlchen. Ihre buschigen schwarz-weißen Schwänze benutzen sie beim Springen als Steuer und, man könnte meinen, auch als Segel.

Frau Trappe fährt dieses Mal sehr vorsichtig. Sie weiß, diese großen, stupiden, unbeholfenen prähistorischen Dickhäuter sind um den Weg. In Momella soll es mehr Nashörner auf den Quadratkilometer geben als sonstwo in Afrika. Sie geben dem Land am Fuße des Meru seinen Charakter, der Szenerie etwas Abenteuerliches.

Die Unberechenbarkeit des Nashorns ist es, die seinen Liebreiz ausmacht. Es mag zehnmal geglückt sein, ungeschoren an einem Rhino vorbeizukommen, beim elften Mal kommt es bestimmt angestürmt: zwanzig Zentner Temperament und ohne Notbremse. Im Kino sieht sich das faszinierend an, im offenen Landrover nimmt sich die Sache ein wenig anders aus. Kommt man gar als Fußgänger in die Verlegenheit, mit einem der Biester konfrontiert zu werden, empfiehlt es sich, schleunigst die Morgengymnastik nachzuholen. Außer den Kolobusaffen schaut dann noch etwas Helles, Rosafarbenes aus den Zweigen. »Albino-Baboon«, schnaubt das Nashorn; mit einem bösen Blick und einigen Kraftausdrücken in *filthy Rhino language* wird es sich von dannen trollen.

Auf einem Aussichtshügel am Kahnsee halten wir an. Wir klettern die Böschung zum Ufer des Sees hinunter und richten unsere Gläser auf das gegenüberliegende Ufer. Ein paar Giraffen und Wasserböcke ergehen sich dort, auch einige Nashörner.

Zwei der Böcke plagt der Übermut. Sie knallen die Schädel zusammen und inszenieren eine feierabendliche Kraftprobe. Schnaubend stemmen sich die Tiere in den weichen Grund des Ufers. Es geht nicht um Tod und Leben – die Brunftzeit hat noch nicht begonnen –, es ist die Freude an der eigenen Kraft, die die Tiere kämpfen läßt.

Die Rhinos lassen sich durch ihre Nachbarn nicht aus der Ruhe bringen. Sie trotten mal dahin, mal dorthin. Sie sind sich offensichtlich noch nicht schlüssig, was sie anstellen sollen. Schließlich traben sie, entzückt vom Ergebnis ihres Nachdenkens, zu ihrem Lieblingsbusch, dem Sericocompsis.

Hinter dem nächsten Hügel begegnen wir einigen Elefanten. Sie sind auf dem Weg zum See, zum abendlichen Trunk. Sie stehen hundert bis hundertfünfzig Meter abseits des Weges und nehmen nicht viel Notiz von uns. Im Gänsemarsch verschwinden sie im Dickicht. Von einer Aussichtskuppe, der höchsten des Parks, bietet sich eine gute Fernsicht. Weit geht der Blick hinaus: über die malerischen Momellaseen bis zu den kleinen, dornbuschbestandenen Hügeln der Steppe.

Im Osten schält sich der Kilimandscharo aus den Wolken, im Süden erstreckt sich dunkler Urwald; nur wenig ragt der Ngurdotokrater aus dem grünen Meer der Baumwipfel. Im Westen steht schwarz und dämonisch der Meru. Mächtig türmen sich seine Felswände in den Himmel. 4567 Meter ist der Berg hoch, fast so hoch wie der Mt. Blanc, aber wer nimmt davon schon Notiz. Man ist an Superlative gewöhnt. Groß, gigantisch, urweltlich – das ist nichts Besonderes, that's Africa.

Dienstag, 21. 1. 1964. In Daressalam ist die Situation noch immer undurchsichtig. Die Meuterei der Truppen hat auf andere Teile des Landes übergegriffen. Das Zweite Bataillon der Tanganyika-Rifles, das in Tabora stationiert ist, hat ebenfalls seine Offiziere abgesetzt. Nach unbestätigten Berichten sollen auch in Nachingwea Unruhen sein. Zwei Läden in Tabora wurden geplündert, ein Araber getötet. Die Truppen des Ersten Bataillons in Daressalam sind nicht mehr in der Colitokaserne. Sie sind wieder in die Stadt eingerückt und haben das Rathaus besetzt. Niemand weiß, was sich noch tun wird.

Aber die Truppen, die heißersehnten britischen Truppen, sind im Anmarsch. Vielerorts wird hörbar aufgeatmet. Zweitausend Mann sollen im Anrücken sein, der Flugzeugträger Centaur ist mit fünfhundert Marinesoldaten heute nacht aus Aden ausgelaufen. Zielhafen: Daressalam. Eine größere Abteilung der Gordon Highlanders ging in Mombasa an Bord der HMS Owen. Fünfhundert Mann der Scots Guards wurden von Aden nach Nairobi geflogen.

Von Präsident Nyerere liegt noch keine Nachricht vor. Ist er wirklich in Arusha? Niemand weiß es.

Aus Sansibar, das inzwischen Volksrepublik geworden ist, wird gemeldet, daß Field-Marshal Okello noch recht aktiv ist. Wer seine Befehle nicht befolgt, soll »gehängt oder in Benzin eingeweicht und dann wie ein Hühnchen geröstet werden«. Einige seiner Feinde will er »in Stücke schneiden« und dann »in den Straßen ausstreuen«. Man kann auch »an Bäume gebunden und durch ungeübte Schützen erschossen« werden. Das alles ist »not Arab colonialism or domination by other foolish imperialists. This is domination by the people!«

Wir packen die Koffer in die Fahrzeuge und verabschieden uns. Eine der Damen aus München reist ebenfalls heute ab. Sie will morgen von Nairobi nach Addis Abeba fliegen. Der Flug ist schon gebucht. Die übrigen Zoologen wollen ausharren. Die Kisten und Gläser sind noch nicht voll. Da gibt es nichts zu überlegen – die Wissenschaft geht vor.

Noch ein letzter Blick in die Runde: Auf dem Kibo und dem Mawenzi glitzert frisch gefallener Schnee. Auch der von Wolkenfetzen umflatterte Gipfel des Meru (es ist ein phantastischer Berg; man kann sich nicht satt sehen an ihm) trägt Neuschnee. Das ist ungewöhnlich zu dieser Jahreszeit, aber es steht dem Berg gut. Adieu, Momella, wir kommen bestimmt wieder.

Auf holprigem Weg fahren wir talwärts. Hornbillvögel und Kolobusaffen zetern über uns in den Zweigen. Die Elefanten machen uns ein besonderes Abschiedsgeschenk. Sie stehen nur hundert Meter entfernt seitlich des Weges, fast schon bei der Straße Moshi–Arusha. Das ist nicht mehr ihr Gebiet. Vermutlich haben sie sich heute nacht an den Maisplantagen der Eingeborenen vergriffen. Jetzt sind sie beim Nachtisch. Sie kehren uns den Rücken zu und holen sich mit pendelnden Rüsseln die besten Sprossen aus dem Gebüsch.
Arusha macht einen recht friedlichen Eindruck. Kein Militär ist zu sehen. Aber es sind offensichtlich mehr Leute in der Stadt als sonst. Farmer verproviantieren sich, Ersatzteile werden besorgt, Nachrichten ausgetauscht.
Es bleibt nicht viel Zeit zum Beobachten. Der Bus nach Nairobi – er verkehrt glücklicherweise noch – kommt schon um die Ecke. Eine halbe Stunde später sind wir jenseits aller Zivilisation. Die Steppe umgibt uns. Masai stehen am Wege, Zebras galoppieren neben uns her.

33. *Das Weiße Hochland*

Vor langer, langer Zeit, so heißt es in einer Kikuyulegende, gab es im Kikuyuland einen großen Medizinmann und Seher. Mogo wa Kebiro war sein Name, und seine Pflicht war es, dem Volk die Zukunft vorauszusagen und Ratschläge zu erteilen.
Eines Morgens wachte der Prophet zitternd und schweißgebadet auf. Sein Körper war mit Pusteln bedeckt, sein Atem ging stoßweise. Etwas Bedeutsames mußte ihm widerfahren sein. Sicher hatte er mit den Göttern Kontakt gehabt. Die »Ceremonial-elders« untersuchten ihn und entschieden, daß sofort ein Geißbock geschlachtet werden müsse. Man holte ein Tier herbei, schnitt ihm die Kehle durch und zog es ab. Mogo wa Kebiro wurde auf das noch dampfende, warme Fell gesetzt. Das Blut des Tieres wurde mit einem Zeremonienöl gemischt und dem Seher über den Kopf gegossen. Nun war er gesalbt, seine Erzählung konnte beginnen.
»Brüder vom Volk der Kikuyu«, so begann der alte Mann, »ich habe euch Wichtiges zu sagen: Fremde werden kommen; sie werden aus dem großen Wasser steigen, und sie werden anders sein als wir. Ihre Körper sind nicht dunkel, sie sind hell und durchsichtig – wie Froschbäuche. Ihre Kleider sind bunt wie die Flügel der Schmetterlinge. Die Fremden werden magische Stöcke tragen, die Feuer in sich haben. Dieses Feuer ist tödlicher als unsere Giftpfeile. Die Fremden werden auch eine eiserne Schlange bringen, eine Schlange,

die so viele Füße hat wie unser Monyongoro (Tausendfüßler); sie wird Feuer spucken und sich vom großen Wasser im Osten bis zu einem großen Wasser im Westen erstrecken. Eine große Hungersnot wird uns anzeigen, wann die Fremden, die Gewalt über das Feuer und die Schlange haben, kommen werden. Wenn diese Zeit angebrochen ist, Freunde, dann greift nicht zu euren Waffen – ihr habt keine Chance gegen die Fremden. Speere und Pfeile können der eisernen Schlange nichts anhaben. Seid freundlich zu den Fremden, seid freundlich ...«

Mogo wa Kebiro erlebte die Zeit, von der er sprach, nicht mehr, aber man entsann sich seiner Worte, als das Volk der Kikuyu zum Ende des neunzehnten Jahrhunderts von schrecklichen Krankheiten und einer großen Hungersnot heimgesucht wurde. Die Rinderpest hatte den größten Teil der Herden hinweggerafft; auch die Tiere der benachbarten Masai und Wakamba starben zu Tausenden. Die Not saß in jeder Hütte.

Zu dieser Zeit war es, daß die Fremden, von denen Mogo wa Kebiro gesprochen hatte, in das Land kamen. Erst waren es nur einzelne, die von der Küste in das Landesinnere zogen, dann wurden es mehr, immer mehr. Die Kikuyus konnten viel Nützliches bei ihnen eintauschen. Sie schlossen Freundschaft mit den Fremden, sie gaben ihnen Baurechte, so wie sie auch ihren Freunden und Verwandten Baurechte gaben. Sie hatten nicht den geringsten Zweifel daran, daß die Fremden eines Tages wieder gehen würden. Die weißen Wandersleute mußten ja irgendwo ein Heim haben, eine Heimat, nach der sie sich sehnten, wo sie begraben sein wollten. Niemand kann auf die Dauer in fremdem Land leben.

Die Schlange, von der Mogo wa Kebiro gesprochen hatte, ließ – als die Weißen erst im Lande waren – nicht lange auf sich warten. Ein feuerspeiendes Ungetüm rollte auf Eisenschienen von der Küste bis nach Uganda.

Die Fremden kamen nun in Scharen, und sie begannen, Ansprüche zu stellen. Sie beanspruchten das Recht, das Land zu regieren, sie beanspruchten Eigentum an Grund und Boden. Kikuyuland hieß jetzt Crown Lands, und die Kikuyus wurden *Tenants at will of the Crown.* Man hatte sie durch heimtückische Verträge enteignet.

So sehen die Kikuyu den Beginn der Kolonisation Ostafrikas (34), und von diesem Standpunkt aus meldeten sie ihre Ansprüche an.

»The land is ours«, donnerte Jomo Kenyatta 1951 auf einer Versammlung in Thika. »When the Europeans came, they kept us back and took our land!«

Nun, ganz so war es nicht. Zumindest sind die Herren, mit denen ich im Norfolk in Nairobi zusammensitze, nicht alle dieser Meinung. Wir haben uns vor einer Stunde beim »Sundowner« auf der Terrasse kennengelernt.

Meine Tischnachbarn ließen sich von mir über die Ereignisse in Tanganjika berichten. »Was war los in Arusha? War die Grenze noch offen?« – und dann haben sie sich meiner angenommen.
Wo ich hin will, wollen sie wissen. Sie möchten mir gute Tips geben. Ich berichte ihnen, daß ich auf dem Weg nach Naivasha und Nakuru bin, daß ich das Weiße Hochland kennenlernen möchte.
»Ach, du meine Güte, da kommen Sie zu spät. The White Highlands – das war einmal. Die Liquidation, das ist alles, was sie noch mitkriegen können.«
Ich lasse mir einige Adressen und einige Ratschläge geben, und dann bohre ich ein bißchen. »Wie kommt es, daß die Weißen jetzt das Feld räumen müssen? Haben die Kikuyus wirklich berechtigte Ansprüche auf die White Highlands?«
Einer der Herren – kahl, sonnenverbrannt, mit weißem Spitzbart – knallt die Faust auf den Tisch. »My dear fellow, das Land, das wir urbar gemacht haben, war Wildnis. Es hat, von einigen Ecken abgesehen, weder zum Stammesgebiet der Kikuyu gehört, noch war es von ihnen besiedelt. Sie brauchen nur auf eine Landkarte zu schauen, dann sehen Sie, daß nicht ein einziger Ort westlich der Aberdares einen Kikuyunamen trägt. Alle Bezeichnungen – es sind nicht viele – stammen von den Masai. Da die Sprachen der beiden Stämme sehr unterschiedlich sind, ist jeder Zweifel ausgeschlossen.
Im übrigen hätte es vor fünfzig oder sechzig Jahren kein Kikuyu gewagt, am Naivashasee seine ›Manyatta‹ aufzuschlagen. Die Masai hätten ihm seine Kühe als Pachtzins weggetrieben. Die Masai, deren Herden sehr unter der Rinderpest zu leiden hatten, waren ohnehin dabei, ihren Nachbarn zu zeigen, wer der Herr im Lande ist. Die Kikuyus können von Glück sagen, daß wir eingriffen und für Ruhe und Ordnung sorgten.«
Der alte Herr leert sein Bierglas mit einem Zug, hält es in die Höhe und ruft wie in alten Zeiten: »Boy, Bier!«
»Weiß der Teufel«, so fährt er dann fort, »wo die WOGs ihre Ansprüche herleiten. Wo wären sie, wenn wir Siedler das Land nicht urbar gemacht hätten, wenn unsere Industrie keine Fabriken erstellt, keine Bodenschätze erschlossen hätte? Afrika wäre noch heute ein Kontinent, der mehr der Tertiärzeit als dem zwanzigsten Jahrhundert zuzurechnen wäre.
Schauen Sie sich doch die armseligen Hütten an, in denen diese Leute hausen, ihre dreck- und farbbeschmierten Körper, ihre aufgeschlitzten Ohren ... Sie konnten weder lesen noch schreiben (sie hatten nicht einmal eine Schrift), sie hatten keine Straßen, keine Schulen, keine staatliche Organisation. Sie starben wie die Fliegen, sie waren so primitiv, daß ihnen selbst das Rad noch unbekannt war. Sie waren Wilde, nichts als nackte Wilde.
Und dann kamen die Weißen. Wann kamen sie? Hier in Ostafrika vor sech-

zig oder siebzig Jahren. Sie kamen einzeln oder in Gruppen; sie kamen auf ihr eigenes Risiko. Sie kamen als Missionare und brachten den Wilden Lesen und Schreiben bei, sie kamen als Pflanzer und Kaufleute. Sie rodeten und säten, sie bauten Fabriken und Staudämme, sie verlegten Stromleitungen und Bahnlinien. Sie starben an Malaria und Gelbfieber, sie riskierten ihr Vermögen, und sie verloren es bei der ersten Dürre, aber sie ließen nicht lokker.

Sie kämpften gegen tausend Widrigkeiten, sie kämpften gegen Hitze und Kälte (35), gegen Elefanten und Fliegen, gegen Whitehall und die Dummheit der Eingeborenen; sie kämpften, bis ihre Höfe standen und die Schornsteine endlich rauchten. Sie errichteten Schulen und Krankenhäuser, bauten eine tüchtige Verwaltung auf und schufen Ordnung im Lande; sie machten aus dem verlausten Kontinent eine neue Welt ... Jetzt übernehmen die WOGs die Regie. Im Vergleich zu dem, was wir antrafen, legen sie sich in ein gemachtes Bett. Wissen Sie, was die Brüder damit anfangen werden?«

Der erboste Farmer hält seine Hand abschätzend über den Tisch, erst in zehn, dann in zwanzig Zentimeter Höhe und beschließt schließlich seine Demonstration mit einer form-, dampf- und geruchsimitierenden Bewegung. Seinen Abscheu schwenkt er mit einem Whisky herunter. Dann fährt er fort:

»Dazu ein Beispiel: Die Farmer auf dem Kinangop – einem Hochplateau westlich der Aberdares – haben sich zusammengetan und ein Drainagesystem und einen Wasserkonservierungsplan ausgearbeitet. Mit Hilfe von Luftaufnahmen wurden Gräben und Leitungen so optimal wie möglich verlegt. Pumpsysteme wurden ausgetüftelt und Reservebehälter erstellt. Man hat in Jahrzehnten gedacht und keine Mühe gescheut, dem Boden das Beste abzuringen. Vieles war schon installiert, manches erst geplant – dann kam der große Ausverkauf der letzten zwei Jahre. Die Schwarzen zogen auf unser Land.

Wissen Sie, was die armen Irren mit den Wasserleitungen anstellten? Sie schnitten sie durch. Sie ließen das Wasser sprudeln. Die Wasseruhren paßten ihnen nicht. Sie begriffen nicht, daß jede Farm nur auf eine bestimmte Menge Wasser Anrecht und logischerweise auch einen Obolus zu entrichten hat. Jetzt sitzen sie auf trockenem Land und machen lange Gesichter.«

Der alte Farmer ist mehr als ärgerlich – er kocht. Ich unterbreche ihn.

»Was bedeutet eigentlich das Wort WOG? Ich habe es schon oft gehört, immer dann, wenn von Eingeborenen die Rede war; aber auch die Inder werden mitunter als WOGs bezeichnet.«

»Oh, das Wort ist nicht neu, es ist auch keine Beschimpfung, es ist hochamtlich – Government issued! Es datiert zurück bis zum Jahr 1914. Damals – kurz nach Beginn des Ersten Weltkrieges – kam es zu Reibereien zwischen

einigen in Ägypten stationierten Einheiten des Royal Flying Corps und den Einheimischen, den Ägyptern. Keiner ließ einen guten Faden am anderen. Als das kein Ende nahm, kam es zu einem Erlaß der obersten Heeresleitung an H. M. Forces in Egypt:
›Es geht nicht an‹, so hieß es darin, ›daß unsere tapferen Verbündeten mit herabwürdigenden Ausdrücken angesprochen oder sonstwie beleidigt werden. Sie sind weder schmutzig noch Diebe; sie werden ab sofort als *Worthy Oriental Gentlemen* behandelt.‹«
»Diese ehrenwerten orientalischen Herren«, so fährt der Farmer fort, »die jetzt überall ans Ruder kommen, werden von aller Welt hofiert. Wir dagegen, so liest man, sind selbst schuld daran, wenn wir aus dem Lande 'rausfliegen. Die Schwarzen wollten mehr als nur eine materielle Besserstellung. Die Überheblichkeit der Weißen gefiel ihnen nicht. Wir hatten – wie man uns in schmalztriefenden Stories mitunter vorwirft – nicht den richtigen Ausdruck im Blick, wenn wir mit den WOGs sprachen. So ein Unsinn. Meine Squatters kamen mit allen ihren Sorgen zu mir. Ihr Kummer war mein Kummer, und da war nicht einer, der sich beklagen konnte. Nein, das Verhältnis der Farmer zu ihren Leuten war in Ordnung. Der Ärger der letzten Jahre, Mau-Mau und all die anderen politischen Händel – sie wurden künstlich gezüchtet: von Agitatoren, von Gewerkschaftlern, von Leuten, deren Mundwerk zwar groß genug war, Parolen hinauszuposaunen, die aber jetzt nicht fähig sein werden, das Boot über Wasser zu halten ...«
Der schwarze Kellner, der frischgefüllte Gläser bringt, muß einiges von der Unterhaltung mitgekriegt haben. Er verzieht keine Miene. Er ist gewohnt, daß die Bwanas hin und wieder mit der Faust auf den Tisch hauen. Er hat Verständnis dafür. Auch er hat Sorgen. Er weiß, wenn die weißen Herren nicht mehr da sind, wird er keine Arbeit mehr haben.
Ich möchte beim Thema bleiben und gieße deshalb wieder ein wenig Öl ins Feuer: »Man wirft den Weißen vor, sie haben nicht genügend für die Schwarzen getan?«
Der alte Herr will wieder hochfahren. Mein Nachbar zur Rechten legt ihm besänftigend die Hand auf den Arm. »Lassen Sie mich dazu mal was sagen. In meinem Government-Job habe ich manchen Einblick gewonnen. Ich weiß, wie das Land verwaltet wurde, wie seine Aktiven und Passiven waren.«
»Sehen Sie« – und nun wendet er sich mir zu –, »mit den Kolonien war das so eine Sache. Hier in Ostafrika mußten wir in den achtziger Jahren zugreifen, weil die Deutschen ein wenig zu aktiv wurden. Wenn ich mich recht entsinne, wollte die englische Regierung das Land zunächst gar nicht haben. Mackinnon, einer unserer Kolonialpioniere, hatte seine liebe Not, bis London schließlich den Segen zu seinen Unternehmungen gab.

England beherrschte ein Viertel der Erde; aber was waren das für Gebiete. Hunger, Seuchen und unsagbare Not regierten überall. Den anderen Kolonialmächten ging es nicht besser. Wo anfangen? Womit anfangen?
Europa war selbst noch Notstandsgebiet. Englische, deutsche und französische Arbeiter vegetierten in elenden Wohnungen, sie hatten erbärmliche Verdienste und mußten zehn bis sechzehn Stunden am Tag arbeiten. Die Ergiebigkeit der Wirtschaft reichte noch bei weitem nicht aus, um jedermann einen ordentlichen Lebensstandard zu garantieren. Das Steueraufkommen war – im Vergleich zu den heutigen Ziffern – minimal. Es war unmöglich, die Kolonien finanziell zu unterstützen. Sie mußten sich selbst tragen. Nur die Uganda Railway und einige Bahnlinien auf deutschem Kolonialgebiet wurden aus den Staatskassen finanziert. Mehr war den Kolonialmächten nicht möglich.
Es blieb der Privatinitiative einzelner überlassen, ob sie auf dem afrikanischen Kontinent ihr Glück versuchen wollten oder nicht. Nur im Bergbau waren die Investitionen erfolgversprechend, auf allen anderen Gebieten waren große Risiken einzugehen. Oft genug stand ein Farmer vor der schwierigen Entscheidung, ob er sein Maisfeld unterpflügen und ein zweites Mal bestellen sollte oder ob er die vertrockneten Kaffeebohnen nicht besser vorzeitig abmachte und wegwarf, um wenigstens die Bäumchen zu retten. Manch einer hat sein Kapital, ja sein Leben eingebüßt.
Heute wirft man den ehemaligen Kolonialmächten vor, sie hätten nicht genügend für die Schwarzen getan. Das ist nicht fair. Für staatliche Investitionen war kein Geld vorhanden, und die privaten Investitionen waren wirklich aller Ehren wert. Daß die privaten Unternehmer, die Farmer und Kaufleute, auf einen Gewinn aus waren und nicht jeden Pfennig, den sie nach harten Jahren schließlich verdienten, in Form von Löhnen wieder unters Volk brachten, kann man ihnen nicht verübeln. Es ist töricht, wenn man die Herrenhäuser der Weißen – die in Wirklichkeit viel mit europäischen Einfamilienhäuschen gemein haben – mit den Hütten der Eingeborenen vergleicht und dann zu der Schlußfolgerung kommt: Die Schwarzen wurden ausgebeutet.
Man sollte nicht vergessen, daß viele der weißen Siedler nicht als arme Leute ins Land kamen. In Kenia mußte man vor dem Kriege ein Eigenkapital von 6 000 Pfund Sterling (zweiundsiebzigtausend Mark) nachweisen, wenn man sich niederlassen wollte. Die Regierung wußte, warum sie das verlangte. Das Land war so arm und die Anbaurisiken so groß, daß ein Start ohne Eigenkapital fast aussichtslos war.«
»Aber die Löhne der schwarzen Arbeiter, waren die nicht äußerst minimal?«

»Ja und nein. Im Vergleich zu europäischen Arbeitern ist den Eingeborenen sehr wenig gezahlt worden; andererseits – und darauf hat auch schon Doktor Schweitzer hingewiesen (36) – ist die Arbeit der Afrikaner sehr teuer bezahlt worden. Beides hatte seine Gründe:
Erstens: Die Eingeborenen wurden auf spezielle Arbeitsgänge gedrillt, abgerichtet könnte man beinahe sagen. Jeder hatte sein bestimmtes Ressort: Küche, Stall, Feld und so weiter. Was darüber hinaus ging, kapierte er nicht. Mehr als das, er hielt es für ein schreiendes Unrecht, wenn ein Mann eine Arbeit verrichten sollte, die nicht seinem Training entsprach. Das bedeutete, daß ein Schwarm von Leuten beschäftigt werden mußte. Jeder Haushalt hatte seinen Koch, seinen Küchenjungen, seinen Hausboy, seinen Gärtner und so weiter. Den Küchenspezialisten fiel es nicht ein, ein Bett zu machen, und der Hausboy tat in der Küche keinen Handgriff. Der Tätigkeitsbereich eines jeden war so klein, daß auch ein perfekter Bummelant seiner Aufgabe gerecht werden konnte.
Zweitens: Die wirtschaftlichen Risiken (Dürrezeiten, Preisschwankungen am Markt und so weiter) waren so groß, daß die Unternehmer auf die Bildung von Kapitalreserven Wert legen mußten. Ein verlustreiches Jahr fraß unter Umständen den Ertrag von einem Jahrzehnt auf. Man mußte seine Mittel zusammenhalten, wollte man in Notzeiten nicht untergehen.
Drittens: Das Überangebot an unqualifizierten Arbeitskräften drückte die Löhne. Das ist ein Grundgesetz der kapitalistischen Wirtschaftsordnung. Die Unternehmer hatten sich in dieser Wirtschaftsordnung zu behaupten. Keiner konnte, wollte er rentabel bleiben, von sich aus mehr bezahlen als seine Konkurrenten.
Natürlich waren die Löhne nicht an der Grenze des Möglichen. Es gab keine Gewerkschaften, die ständig am Drücker blieben. Durch langsames Anheben der Löhne, dem die Preise der Rohstoffe gefolgt wären, hätte man ohne Zweifel bessere Resultate für die Afrikaner erzielt. Die Industrieländer hätten für die Rohstoffe mehr bezahlen müssen, sie hätten dadurch an der Hebung des Lebensniveaus der Afrikaner mitgewirkt. Statt dessen hat man – und das war ein Teil der Kolonialpolitik – mit zu billigen Rohstoffen den eigenen Lebensstandard erhöht. Heute erfolgt der Ausgleich: Man zahlt Entwicklungshilfe und damit seine moralischen Schulden ab.«
»Man spricht vom Landhunger der Afrikaner und von einer ungerechten Verteilung des Landes. Wie steht es damit?«
»Nun, es kam natürlich vor, daß Eingeborene von ihrem angestammten Grund und Boden verdrängt wurden beziehungsweise daß man ihnen hier und da ein Stück Land preiswert abgehandelt hat. Im allgemeinen wurde jedoch nur solches Land unter den Pflug genommen, das brachlag und das zum

Zeitpunkt der Übernahme nicht viel wert war. Es mußte erst urbar gemacht, kultiviert und bewässert und verkehrsmäßig erschlossen werden. Vielfach mußte in jahrelanger, mühseliger Arbeit erforscht werden, für welche Pflanzen und Anbaumethoden sich das Land eignete.

Die Wahlkampfparole: Die Weißen nahmen uns unser Land, und jetzt praktizieren sie extreme Rassentrennung, indem sie uns verbieten, im Weißen Hochland wieder ansässig zu werden, ist nichts als Bluff, zumindest eine bewußte Fehlinterpretation. In Wirklichkeit liegen die Dinge so, daß jeder Stamm in Kenia sein genau begrenztes Gebiet hat und daß im Gebiet eines fremden Stammes der Erwerb von Grundbesitz nicht möglich ist. Die Weißen, die in Ostafrika in gleicher Weise wie die Bantu eingewandert sind und nur solches Land in Besitz genommen haben, das von den Schwarzen verschmäht wurde, nahmen für sich nur das in Anspruch, was auch jedem anderen Stamm in Kenia zusteht: Schutz ihres Gebietes.

Wenn der Raum in manchen Eingeborenengebieten jetzt allmählich zu eng wird, so liegt das am Kinderreichtum der Afrikaner. Die meisten haben mehrere Frauen – ledige Frauen sind unbekannt –, und sie leben nicht gerade abstinent. Sie vermehren sich nicht in arithmetischer, sie vermehren sich in geometrischer Progression.

In früheren Zeiten wurde ihre Fruchtbarkeit durch Stammeskriege, Hungersnöte und Seuchen eingedämmt. Heute – nachdem die Weißen dem Land Frieden und ihre Medizin beschert haben – fällt dieser Ausgleich weg. Die Eingeborenen sterben nicht mehr wie die Fliegen (kommentarlos und zu Tausenden über Nacht) und die Masai müssen ihre überschüssige Kraft anderweitig loswerden.

Hinzu kommt, daß die Frauen nicht mehr tabu sind, solange sie Milch in der Brust haben. Die einjährige Karenzzeit – manchmal war sie noch länger – wird nicht mehr eingehalten; man lebt modern. Aber so modern, daß man ihnen *moral restraint* à la Malthus oder so etwas wie Geburtenkontrolle predigen könnte, sind die Leutchen nun auch wieder nicht. Man hat es schon versucht – in Schulen und Versammlungen. Die Afrikanerinnen haben sich halb tot gelacht. ›Hat man so etwas schon gehört? Die Zahl der Kinder begrenzen, wo doch jedes Mädchen bares Geld und jeder Junge besseren Kontakt zu den Ahnen bringt.‹ Sie hielten das Ganze für einen Witz, gingen nach Hause und inszenierten einen Fruchtbarkeitstanz, daß der Bwana Shauri, der Distriktoffizier, das Dorf zum Sperrgebiet erklären mußte, der sittsamen englischen Touristinnen wegen!

Ist es da ein Wunder, wenn die alten Wohngebiete allmählich zu eng werden. Die Überzähligen, die auf dem Grund und Boden ihres Klans nicht mehr ernährt werden können, wandern in die Städte ab, sie bilden, wenn sie dort

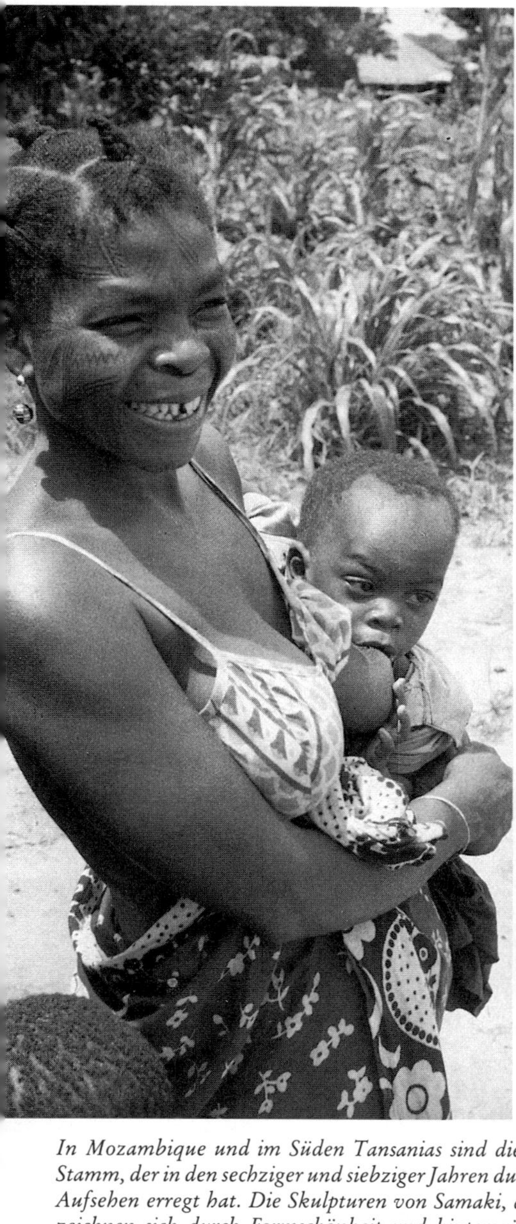

In Mozambique und im Süden Tansanias sind die Makonde zu Hause, ein Bantu-Stamm, der in den sechziger und siebziger Jahren durch sein Kunstschaffen in aller Welt Aufsehen erregt hat. Die Skulpturen von Samaki, dem berühmtesten aller Schnitzer, zeichnen sich durch Formschönheit und hintergründige Symbolik aus; sie sind bei Museen und Sammlern gleichermaßen begehrt.

Nach ersten Kontakten (S. 177) hat sich der Verfasser mit dem Stamm und der Kunst der Wamakonde eingehend beschäftigt und im Laufe von 20 Jahren eine Sammlung aufgebaut, die wohl einmalig ist. – Details s. M. Mohl: Meisterwerke der Makonde

keine Arbeit finden können, das Proletariat, das dem Land noch schwer zu schaffen machen wird.
Mit den vielzitierten Brachflächen auf den weißen Farmen läßt sich das Problem nicht lösen. Warum liegen manche Gebiete brach? Weil sie unwirtschaftlich sind, weil das Kapital zu ihrer Erschließung fehlt. Land, mit dem die weißen Farmer nichts anzufangen wissen, ist in der Regel auch für die Afrikaner wertlos.
Mr. Kenyatta, der Premier, ist sich wohl bewußt, daß die weißen Farmer das Rückgrat des Landes sind. Das, was seine Landsleute Ackerbau und Viehzucht nennen, kann das Land nicht über Wasser halten, geschweige denn voranbringen. Das Steueraufkommen Kenias stammte zu neun Zehntel von den Weißen und nur zu ein Zehntel von den Afrikanern.
Er hat deshalb – kaum war die Unabhängigkeit gesichert – von allen Wahlkampfparolen Abstand genommen. Unter dem Motto: Let bygones be bygones, beziehungsweise auf Suaheli: Mavi ya kale hayanuki (37), hat er den weißen Farmern versprochen, daß sie als Bürger Kenias auf den Schutz der Regierung rechnen können und daß er alles in seiner Macht Stehende tun werde, um ihre Zukunft zu sichern. Vor ein paar Wochen nahm er an einer Farmerversammlung teil – es hätte nicht viel gefehlt, und das Lied ›He is a jolly good fellow‹ wäre angestimmt worden. Er und die Regierung wissen, was dem Lande nottut, die Agitatoren, sehr oft Gewerkschaftler, die ein Utopia kostenloser Landverteilung und ähnliches vorspiegeln, wissen es nicht.«
Ich hatte die Zeitungen der letzten Wochen eingehend studiert und kenne die Schlagzeilen:
»Union War on Rift Farmers Deplored – Beklagenswerter Krieg der Gewerkschaften gegen die Farmer des Rifttales.«
»No Abuse – or Strikes may be banned. – Kein Mißbrauch – oder Streiks werden, falls nötig, gebannt.«
»Go-slow bringing farming to halt in Rift Valley – Bummelstreik bringt Landwirtschaft im Rifttal zum Stillstand.«
Die Gewerkschaften erklärten den Farmern den Krieg und kündigten an, daß sie alles tun werden, um die Weißen ihrer »schimpflichen und egoistischen Haltung« wegen aus dem Lande zu verdrängen. Es wurden so hohe Lohnforderungen gestellt, daß ein Zusammenkommen der Tarifpartner von vornherein ausgeschlossen war. Die Farmer mußten alle entbehrlichen Leute entlassen, um sich noch ein oder zwei Saisons über Wasser halten zu können; die Veräußerung eines Anwesens ist nicht von heute auf morgen möglich. Oft halfen sie sich auch mit einer Umstellung des Anbauprogramms. Statt Mais wurde Weizen angebaut, das bedeutete, daß man fünfzig Prozent der

Arbeitskräfte einsparen konnte. Bis jetzt haben die Gewerkschaften mit ihrer Politik nur die Arbeitslosigkeit vergrößert. Viele, die seither ein kleines Einkommen hatten, haben jetzt gar keines mehr.
Mr. Mwendwa, Kenias Arbeits- und Sozialminister, spricht den Gewerkschaften das Streikrecht nicht ab, aber er legt ihnen immer wieder dar, daß alles seine Grenzen hat. Wenn die Gewerkschaften ihr Recht mißbrauchen, dann, so droht er, wird man es ihnen entziehen müssen, wie es in Uganda und Tanganjika schon geschehen ist.
In verschiedenen Teilen der Rift Valley Region wurden die Arbeiter dazu aufgehetzt, in einen Bummelstreik zu treten. In Anbetracht der landesüblichen Sitten bedeutet das, daß man nun, statt zu bummeln, gar nichts mehr tut. Die schwarzen Arbeiter schleichen zwar mit schlechtem Gewissen um das Haus; sie wissen, daß sie dem Bwana Unrecht tun, aber sie stehen zu sehr unter Druck. Die Rabauken, die mit den Parolen, geben den Ton an.
Auf vielen Farmen siedeln sich über Nacht Untermieter an. Sie kommen mit einigen Stangen, stecken sie in den Boden, flechten ein paar Zweige dazwischen und feiern Richtfest. »The land is ours« sagen sie dem Farmer, wenn er morgens ankommt. Andere – meist sind es völlig Fremde – treiben ihre Schaf- und Ziegenherden in die besten Weidegründe. Fröhlich feixen sie den Besitzer an: »Nimm deine Kühe weg, Mister, das Land gehört uns!«
»Hat man diese Entwicklung nicht kommen sehen? Es wäre vielleicht besser gewesen, sich rechtzeitig abzusetzen?«
»Heute, da die Farmen verschleudert werden, bedauert natürlich jeder, daß er sich nicht früher zu dem Entschluß durchgerungen hat, aufzugeben. Vieles wäre uns erspart geblieben. Aber das ist alles leichter gesagt als getan. Wer sollte das Land kaufen? Die Afrikaner hatten kein Geld dazu. Außerdem ist Kenia unsere Heimat. Viele Familien sind schon in der dritten Generation hier. Hier haben wir unser Leben verbracht, hier sind wir zu Hause. Wir lieben das Land, und – was wissen die Neunmalklugen im Ausland schon – wir lieben seine Leute. Unsere Squatters gehörten mit zur Familie.
Noch einige andere Dinge waren zu bedenken. Jeder, der das Land verließ, schwächte die Position der Zurückgebliebenen. Wenn überhaupt, dann konnten die White Highlands nur von einer geschlossenen Gemeinschaft von Farmern gehalten werden. Es wurden auch entsprechende Organisationen ins Leben gerufen. Wer seine eigenen Wege ging, galt als Verräter. Unter dem Druck der Ultras hat es sich mancher nochmals anders überlegt.
Heute sind alle Chancen dahin. Wir können uns nicht halten. Das Land war für die Unabhängigkeit noch nicht reif. In einem Jahr, wenn die britische Armee Kenia verläßt, muß man mit allem rechnen – auch mit Anarchie und Chaos.«

34. Ein Mann und zwanzigtausend Schafe

Am nächsten Morgen geht es auf guter Tarmacstraße zum Rift Valley. Wild ist keines zu sehen; rechts und links der Straße lugen die Strohdächer der Eingeborenensiedlungen über die Mais- und Zuckerrohrplantagen.
Der Blick vom *Escarpment,* vom Steilabfall des Rift Valley, ist heute noch faszinierender als vor drei Wochen, als ich diese Strecke schon einmal fuhr. Die Luft ist so klar und frisch wie in Graubünden. In der Ferne schimmert der Naivashasee. Zehn Minuten später – wir haben den Longorot passiert – tut sich eine weite Ebene vor uns auf. Und da sind sie auch wieder – die Gazellen, die Gnus, die Zebras und die Giraffen. Selbst einige Kongonis traben gelassen die Straße entlang.
Naivasha ist eine sehr kleine Ortschaft. Einige Dukas säumen die Hauptstraße. Vor der Bell Inn stehen ein paar Autos. Gegenüber – unter einem weitausladenden Baum – sitzt ein Dutzend Eingeborener. Holzschnitzer. Sie schaben und kratzen und schmirgeln. Einer wickelt eine Dose schwarze Schuhwichse aus einigen alten Zeitungen.
»Was will er damit? Die Leute sind doch alle barfuß?«
»Schauen Sie genau hin«, lacht der Farmer, der mich hergefahren hat, »mit Hilfe dieser schwarzen Magie macht man aus Akazienholz Ebony (schwarzes Ebenholz). Die Fremden zahlen dann mehr für die Schnitzereien.«
Mr. K., mit dem ich heute auf Exkursion gehen will, kommt mit einem Landrover angefahren. Wir haben uns schon in Mombasa kennengelernt, als er seine Frau vom Schiff abholte. Georg ist sein Vorname.
Er ist Engländer und wie viele seiner Landsleute überall zu Hause, nur nicht in England. Er hat die meiste Zeit seines Lebens in Singapur, in Palästina und in Kenia verbracht. Im Augenblick hat er einen Governments-Job, eine Tätigkeit im Auftrag der Regierung. Er muß als Veterinär dafür sorgen, daß die von der Regierung aufgekauften Farmen auf dem Nord- und Süd-Kinangop von den afrikanischen Arbeitern ordentlich bewirtschaftet werden und daß die Schafe – zwanzigtausend Stück an der Zahl – nicht Not leiden, das heißt gepflegt, geschoren und weitergezüchtet werden.
Ein Hilfsveterinär – dunkelhäutig und stets zum Lachen aufgelegt – ist mit von der Partie. Er soll eingearbeitet werden. In zwei oder drei Jahren müssen die Einheimischen in der Lage sein, wenigstens die elementarsten Verwaltungsaufgaben wahrzunehmen.
Georg setzt sich ans Steuer, ich nehme in der Mitte Platz, den Schalthebel zwischen den Knien, und Billy placiert sich neben mir. Wir chauffieren zu-

nächst zur Genossenschaft. Einige Einkäufe sind zu erledigen. Die Leute auf den Farmen können wegen einiger Kleinigkeiten – Kuhketten, Nägel und so weiter – nicht ins Städtchen fahren. Die Beamten des Department of Settlement, des Siedlungsamtes, kaufen für sie ein.

Während Georg die Sonderwünsche (er hat sie alle in seinem Notizbuch vermerkt) erledigt, läßt Billy einige Säcke »Posho« aufladen. Posho, das ist Maismehl, die Hauptnahrung der Eingeborenen. Die Säcke, die wir laden, sind für zwölf Schafscherer bestimmt, die auf einer der Farmen arbeiten und die vom Government verpflegt werden.

Vollgepackt rumpeln wir los.

Die Kinangops sind ein Hochplateau nördlich von Naivasha. Der Höhe und Kälte wegen konnte hier bis vor kurzem nur die Schaf- und Rinderzucht mit Gewinn betrieben werden. Nach dem Krieg ist es durch neue Düngemethoden und besseres Saatgut geglückt, auch Weizen anzupflanzen. Tropische Kulturen, wie man sie unter dem Äquator eigentlich erwartet, scheiden aus.

Auf holprigem Feldweg, es ist die Hauptverkehrsstraße, klettern wir fünfhundert bis sechshundert Meter höher. Nach dreißig bis vierzig Kilometern Fahrt erreichen wir die erste der Farmen, die wir heute aufsuchen wollen. Wir passieren einen kleinen Tannenwald, dann die Strohhütten der schwarzen Arbeiter, und schließlich halten wir vor dem Farmhaus. Es steht direkt am Rande des Escarpments, des Steilabfalls. Weit geht der Blick hinaus ins Rift Valley, über Dörfer und Seen und Vulkane. Am Horizont schimmern blaue Hügel. Was muß der Farmer empfunden haben, als er zum letztenmal hier oben stand, als er Abschied nahm von seiner Farm, von Afrika...

Einige Vorarbeiter kommen an und berichten Georg, wie sie mit der Arbeit vorangekommen sind. Tausend Schafe sollten geschoren werden, dreihundert haben sie geschafft. Georg zieht die Luft hörbar durch die Nase, aber er sagt nichts. Noch nicht. Er will den Zorn erst ein wenig verfliegen lassen.

Mit vereinten Kräften wird das »Posho« abgeladen.

»Sukari yetu iko wapi, bwana? – Wo ist unser Zucker, Bwana?«

»Heute gibt es keinen. Ihr wißt, was euch zusteht.«

Die Schwarzen fangen zu jammern und dann zu verhandeln an. Sie bräuchten für ihren Tee unbedingt ein Pfund Zucker pro Kopf und Tag.

»Ihr seid nicht recht bei Verstand. Das Government hat eure Rationen so großzügig festgelegt, daß ihr euch wirklich nicht beschweren könnt. Ihr kriegt reichlich Posho und Milch und alle zwei Tage ein Schaf, und mit eurem Zucker könnt ihr bald einen Großhandel anfangen!«

Wir gehen zu den Schuppen, wo die Schafe geschoren werden. Stimmen schallen uns entgegen. Man ist gerade wieder einmal beim Debattieren.

»Hör dir das Palaver an. Das ist eine Seuche, gegen die wir machtlos sind. Sie wird das Land noch an den Rand des Ruins bringen.«
Die Vorarbeiter fahren mit einigen aufmunternden Worten dazwischen. Die Leute greifen zu ihren Scheren, nehmen die wirklich lammfrommen Schafe zwischen die Beine und schneiden drauflos.
Ich verstehe nichts von Schafzucht und nichts von der Schafschur, ich weiß nicht, ob beim Scheren Blut fließen darf und ob die Zitzen dranbleiben müssen, aber ich könnte mir vorstellen, daß die Wolle körpernah abgeschnitten werden sollte. Wenn man mit der Schere an der gleichen Stelle zweimal in das Vlies fährt, einmal in zwei bis drei Zentimeter Abstand von der Haut und dann – zur Korrektur – nochmals etwas näher, dann ist das sicherlich der Qualität, der Stapellänge etwas abträglich.
»Who cares? – Wen kümmert es?«
Die Beamten der Regierung haben einen schweren Stand. Sie wissen, was nötig wäre, um zufriedenstellende Erträge zu erzielen, haben aber nicht die Möglichkeit, entsprechend durchzugreifen. Sie scheuen sich zwar nicht, hin und wieder ein kräftiges Donnerwetter vom Stapel zu lassen, im großen und ganzen müssen sie aber doch etwas diplomatisch sein. Die Afrikaner sind jetzt die Herren im Lande. Eine neue Arbeitsethik gilt.
Die englische Regel: »If at first you don't succeed – try, try, try again« wurde etwas akklimatisiert. Sie lautet jetzt: »If at first you don't succeed – to hell with it!« (38)
Die Farmen auf den Kinangops sind 10 000 bis 60 000 Acre groß (ein Acre = 40,467 Ar). Sie wurden von der Regierung für acht bis zehn Pfund pro Acre aufgekauft. Es ist vorgesehen, das Gelände in vierzig Acre-Parzellen aufzuteilen und auf jeder Parzelle eine afrikanische Familie anzusiedeln. Das hört sich vernünftig an, ist es aber nicht. Vierzig Acre – damit kann man zur Not eine Familie satt kriegen, aber keine Landwirtschaft betreiben. Und auch das nur, wenn der Himmel ein Einsehen hat. Es fehlt an Wasserstellen und Brunnen. Wie will man die Leute versorgen, die in einigen Kilometern Umkreis wohnen? Wie die Miniaturfarmen sich auf die Handelsbilanz des Landes auswirken werden, läßt sich an den Fingern abzählen.
Wir fahren weiter. Zur nächsten Farm. Fünf, zehn Kilometer entfernt. Es ist inzwischen um fünfzehn Grad wärmer geworden. Wir können unsere Pullover ausziehen. Die Sonne brennt auf das Blechdach des Wagens, die Luft über dem ausgedorrten Weideland flimmert. Einige halbnackte Mädchen gehen seitlich des Weges und schleppen sich mit allerlei Lasten ab. Am Wegrand, vor ihren »Manyattas«, sitzen einige orientalische Gentlemen. Man sieht ihnen an, was sie denken. Sie beten alle das gleiche: »Gott erhalte mir die Gesundheit und die Arbeitskraft meiner Frauen!«

Zur Linken, in dreißig bis fünfzig Kilometer Entfernung, ragen die dunklen, bambusbestandenen Aberdareberge in die Höhe. Noch heute stecken Mau-Mau-Krieger in ihren Dschungeln. Einige haben so viele Verbrechen auf dem Kerbholz, daß sie es lieber nicht darauf ankommen lassen möchten, ob es die Regierung mit ihrer Absolution ehrlich meint. Die Amnestiefrist, die bis zum 15. 1. 64 verlängert wurde, ist inzwischen abgelaufen. Jetzt sind die Männer wieder Freiwild. Eine Strafe wegen unerlaubten Waffenbesitzes ist aber sicher das Äußerste, was man ihnen ankreiden würde.
Mit einer kilometerlangen Staubfahne holpern wir über die Hochebene. Georg ist bester Laune. Er liebt seinen Beruf, er liebt Kenia. Voriges Jahr, als die Entwicklung hier noch völlig undurchsichtig war, hat er versucht, in England wieder Fuß zu fassen. Es fiel ihm nicht schwer, und er hat gut verdient, aber es war kein Leben für ihn. Wochenlang war der Himmel verhangen, Wintermantel und Schirm konnten nie zu Hause gelassen werden, auf den Straßen staute sich der Verkehr, die Leute machten miese Gesichter, und abends verkrochen sie sich hinter Fernsehapparate.
Nein, das war kein Leben für ihn. Hier in Kenia ist er in seinem Element. Er läßt sich den Fahrtwind durch das Haar streichen und erzählt mir aus seinem Leben. Er hat es nie leicht gehabt und hat sich wacker abrackern müssen, aber – und was kann man von einem Mann Besseres sagen – er ging auch nie den Weg des geringsten Widerstandes. Er lacht über seine Schulkameraden, die heute wie vor zwanzig Jahren morgens ihre Aktentasche unter den Arm klemmen und in ihr Office marschieren, mittags in aller Eile einen Lunch verzehren und abends nach achtstündiger farbloser Routine ihr Heim und die abendliche Monotonie ansteuern. »Poor fellows!«
Er blinzelt vergnügt in die Sonne und schwingt sich aus dem Wagen. Wir sind auf der nächsten Farm.
Zunächst werfen wir einen Blick auf die Desinfektionsstation. Die Kühe werden hier gegen »Ticks«, gegen Zecken, abgesprüht. Viele Krankheiten werden durch Zecken übertragen (39), weshalb man mit äußerster Sorgfalt zu Werke gehen muß. Alle fünf bis sechs Tage müssen die Tiere die Desinfektionsprozedur über sich ergehen lassen. Die Gefahr, daß Krankheiten verschleppt werden, ist nun, da die Herden durcheinandergewürfelt, verkauft und neu zusammengestellt werden, viel größer als früher. Tiere, die aus anderen Klimabereichen kommen – oft genügen schon einige hundert Meter Höhenunterschied – bringen neue Krankheitserreger mit sich.
Bei den Schuppen in der Nähe des Farmhauses wird Wolle verladen. Die Vliese wurden grob sortiert, zu vierhundert Pfund schweren Ballen gepreßt und dann in Rupfentuch verpackt. Die Ware geht mit LKWs zur Bahnstation in Naivasha. Später wird sie in Mombasa nach England verschifft.

Wir laden wieder Nahrungsmittel ab, und Georg gibt einige Anweisungen. Ich sehe mir inzwischen das Farmhaus an. Es steht in einem Meer von Blumen; genauer gesagt, es steht in einer Blumenwildnis. Die Pflanzen wuchern oder vertrocknen, sie schlingen sich über die Wege und ranken sich – mit Unkraut vermengt – am Haus hoch.
Niemand kümmert sich um die Pflege des Anwesens. Die Räume stehen leer, einige Fenster sind eingeworfen. Der Verwalter haust, wie er es gewohnt ist, mit seiner Familie in einem Raum. Die Birken, die den Garten zierten, hat er durch den Kamin gejagt. Das ist bequemer, als das Feuerholz aus dem Zedernwald zu holen, der sich vom Rand der Hochebene bis hinunter ins Rift Valley erstreckt. Und was dem einen recht ist, ist dem anderen billig. Keiner der Arbeiter macht sich noch die Mühe, wegen Brennmaterial ein paar Schritte zu laufen.
Es wird abgeholzt, was vor der Tür steht. Es ist ein jämmerlicher Anblick. Was der weiße Farmer in den letzten fünfzig Jahren mühevoll angepflanzt hat, ragt nur noch in Stummeln anklagend zum Himmel. Selbst zum Bücken waren die Arbeiter zu faul. Sie fällten die Stämme einen Meter über dem Boden.
Georg ruft die Leute zu sich, zeigt auf die frischen Stummel und läßt – zum wievielten Male schon? – ein Donnerwetter vom Stapel. Er erzählt den Farmarbeitern, warum der Farmer die Bäume gepflanzt hat: Sie sollen den Wind abhalten, sie sollen die Bodenerosion verhindern, sie sollen »das Wasser im Brunnen halten.« Er erläutert und erklärt und versucht ein wenig Licht in diese schwarzen Schädel zu bringen. Er macht den Leuten klar, daß es *ihr* Land ist, das sie hier zugrunde richten.
Er weiß tausend Argumente, nur eines erwähnt er nicht: Er sagt ihnen nicht, wieviel Schönheit, was für ein Paradies sie zugrunde richten. Die Leute würden ihn nicht verstehen. »Stell einen Ochsen an den Rand des Escarpments und zeige ihm das herrliche Land zu seinen Füßen – er wird sich bücken und das nächste Grasbüschel abrupfen!«
Den Nachmittag verbringen wir auf einer anderen Farm. Georg muß die Aufzeichnungen des Verwalters nachprüfen. Ich leiste solange einem alten Masai Gesellschaft, der unter einem Baum hockt und die Gedärme eines frisch geschlachteten Schafes mit seinem »Simi« aufschneidet und dann mit der Hand (trocken) säubert. Die ganze Arbeit führt er hockend aus. Seine Ohrringe liegen auf den Knien auf, seine Decke hat er um den Hals geschlagen. Ansonsten ist er nackend.
Als Georg kommt, grüßt er ihn mit breitem Grinsen. Beide sind alte Freunde. Sie haben im Maragebiet schon zusammengearbeitet. Georg kaufte Kühe für das Government, und der Masai war einer der Treiber. Zur Zeit ist er als

Hirte engagiert. Die Masai sind hier zwar nicht zu Hause, es ist nicht mehr ihr Gebiet, aber das Government weiß um ihre Qualitäten: Einer von Masai bewachten Herde ist schlecht beizukommen.
Daß die Männer sich von ihren Waffen nicht trennen, ärgert die Siedler (Kikuyus usw.) ein wenig. Es kommt deswegen zu Reibereien. Dem alten Masai macht das anscheinend ein wenig Kummer.
»Bwana«, so fängt er an, »du Lizenz besorgen.«
»Wofür?« will Georg wissen.
Der Masai hält sein blut- und kotverschmiertes Schwert hoch: »Für Simi. Leute sagen, Simi verboten in Zentralregion.«
Es entspinnt sich eine längere Diskussion in Suaheli. Kunstpausen unterstreichen die Bedeutsamkeit des Gesagten. Georg hört sich die Klagen des Masai an und verspricht, der Sache auf den Grund zu gehen und sich die neuesten Bestimmungen mal anzusehen.
Als wir abfahren wollen, kommt uns einer der Leute nachgerannt. »Bwana, mir ist mein Hut gestohlen worden.«
Georg schickt nach dem Vorarbeiter.
»Sag den Leuten, daß jeder entlassen wird, der etwas stiehlt. Dem Hutdieb wird die Strafe noch einmal erlassen, wenn der Hut bis heute abend wieder da ist. Kwa herini! Good-bye!«
Wir fahren. Wie üblich ist es wieder einmal später geworden, als vorgesehen war. Nach einer Stunde sind wir zu Hause – im Heim von Georg. Es steht an einem Südhang, hundert oder hundertfünfzig Meter über Naivasha. Weit geht der Blick hinaus über den See. Zur Linken reckt sich der Longorot in die Höhe, ein erloschener, kegelförmiger Vulkan, in dessen Krater aber noch immer warme Quellen sprudeln; zur Rechten glüht der Horizont im Licht der untergehenden Sonne. Schirmakazien stehen dunkel gegen den roten Himmel.
»Africa at it's best«, schmunzelt Georg und schwenkt seinen Sundowner im Glas.
»Cheerio, Mäx!«
»Cheerio, Schorsch!«
Die angenehmste Stunde des Tages ist angebrochen. Alles entspannt sich, die Natur und die Menschen. Die große Hitze des Tages ist vorüber. »Action is suspended.«
Die grellen Farben verblassen, ein ruhiges, beruhigendes Blau breitet sich aus. Für eine Stunde ist die Welt ohne Aktivität, ohne Hetze, ohne Grimassen. Frans Hals, Jan Steen, van Ostade haben den Pinsel aus der Hand gelegt, Vermeer, Giorgione, Piero della Francesca sind am Werk. Aristokratische Ruhe adelt das Alltägliche. Die Schirmakazien, der Vulkankegel, die

Wolken am Himmel und die Menschen unter ihnen, sie sind so wichtig und so unwichtig, so gleichrangig und so gleichgestimmt wie die Krüge und Kleider und die kunstvollen Perspektiven in den Bildern der alten Meister. Für einen kurzen Augenblick wird das Leben zum Stilleben. Eine Welt voll Ruhe und Harmonie umgibt uns.
Wir sitzen nicht lange im Freien. Die Temperatur fällt rapide. Vor zwei Stunden hatten wir noch dreißig Grad, jetzt sind es vielleicht noch zehn oder zwölf Grad. Wir ziehen uns in die Sessel vor dem Kamin zurück. Georg legt einige große Zedernholzscheite auf und stopft sich seine Pfeife. Mollige Wärme breitet sich aus. Es brennt kein Licht, nur das flackernde Rot des Feuers beleuchtet den Raum. Wir sitzen und erzählen und träumen – von Afrika, dem märchenhaften Kontinent.

35. Gewerkschaften – Entwicklungshilfe

Am anderen Morgen bringt das Radio wieder allerlei Neuigkeiten. Auch in Uganda haben die »Rifles« gemeutert. Etwa dreihundertfünfzig Soldaten sollen beteiligt gewesen sein. Mr. Obote, der Premierminister, hat – als Vorsichtsmaßnahme – britische Truppen angefordert und die Bevölkerung aufgerufen, »not to panic«. Die Soldaten in der Jinjakaserne haben sich des Innenministers bemächtigt und ihm handfest dargelegt, daß sie unverzüglich Solderhöhung wünschen; für weniger als fünfzehn Pfund würden sie nicht mehr dienen.
Ich mache einen kleinen Frühspaziergang ins Städtchen, um die neuesten Zeitungen zu kaufen. Auf der Straße nach Nakuru ist viel Betrieb. Britische Soldaten auf Lastwagen rollen vorbei; auch viele Farmer sind unterwegs.
In der Schenke geht es schon recht lebhaft zu. Nachrichten und Informationen werden ausgetauscht. Das Bell Inn ist die Neuigkeitsbörse der Farmer. Tendenz: pessimistisch und fallend. Man schimpft. Man schimpft auf die Kommunisten, auf die Politiker, vor allem aber auf die Gewerkschaften (40). Das Maß dessen, was erträglich ist, ist längst erreicht. Die Schlagzeilen der Zeitungen sagen schon alles:
»African Trade-unions may need State Guidance – Afrikanische Gewerkschaften bedürfen unter Umständen staatlicher Anleitung«,
»Kenya unions warned – Die Gewerkschaften Kenias gewarnt«,
»Union urged to use moderation in wage claims – Gewerkschaften dringend gebeten, bei Lohnforderungen Mäßigung zu üben«,

»Intimidating actions by union representatives – Einschüchterungsmaßnahmen durch Gewerkschaftsvertreter.«

Ich werfe einen Blick auf die Artikel. Aus jedem Satz spricht die Not des Landes:

»So wie sich das Einparteiensystem in Afrika möglicherweise als demokratischer erweisen wird als das Mehrparteiensystem, so mag eine Zusammenarbeit zwischen Gewerkschaften und Regierung den Interessen der Arbeiter am besten dienen«, sagt Mr. Mboya, Kenias Justizminister.

»Die Gewerkschaften müssen sich immer bewußt bleiben, daß sie Teil einer größeren Familie, Teil der Nation sind.«

»Die Arbeitslosen können unsere Wirtschaft und die Wirtschaft anderer afrikanischer Länder ruinieren, wenn sie aufrührerisch und skrupellos werden ...« (Mr. Mwenda, Arbeitsminister).

»Die Regierung hat sich entschlossen, alle Versammlungen – auch Zusammenkünfte zu rituellen Tänzen – in den Distrikten Ukambani, Machakos, Kitui und Kiambu bis auf weiteres zu verbieten ...

Auch öffentliche Versammlungen und Umzüge in Nairobi wurden von der Regierung bis auf weiteres untersagt.«

Die Chronique scandaleuse, die die Farmer parat haben, geht noch mehr in die Details. Man ist sich einig: Hier sind Dinge im Gange, die sehr weittragend sein können. Wenn die Regierung die Kontrolle verliert ... Es ist besser, man denkt die Sache nicht zu Ende.

Aber es bleibt doch die Frage: Was sind es für Agenten, die hier am Werk sind. Wo kommen sie her, worauf zielen sie ab? Es sind nicht die Arbeiter selbst, die das Land in diese Unruhe stürzen: »Most of them are decent, law-abiding, anxious only to do a day's work for a day's pay. – Die meisten von ihnen sind anständig, ihren Bürgerpflichten ergeben und darauf bedacht, für ihren Tageslohn ein ordentliches Tagewerk zu leisten.«

Es liegt den Farmern fern, die Schuld kurzerhand den Kommunisten in die Schuhe zu schieben. Sie wissen, auch viele westeuropäische und amerikanische Berufsgewerkschaftler haben Funken ins Unterholz geworfen. Sie kamen mit jovialen Mienen, buchten ihre Ferienreisen auf Spesenkonto und hielten weise Reden. Von Land und Leuten verstanden sie nichts.

»Soll mir noch einer kommen«, wettert einer der Herren an der Theke, »ich werde ...« Nun, was er tun will, verrät er nicht, aber er erzählt von einem Gewerkschaftsbesuch aus Europa:

»Sie kamen nicht unangemeldet, und ich war mit ihrem Besuch einverstanden. Wir hatten einen Drink, und ich führte die Herren, die von einigen ihrer hiesigen Kollegen begleitet wurden, durch den Betrieb. Sie bestaunten die Maschinen, die Toiletten, die Wasch- und Aufenthaltsräume; sie sprachen mit den Leuten und erkundigten sich nach den Löhnen. Alles war bestens. Ich wußte, daß meine sozialen Leistungen vorbildlich und meine Leute zufrieden waren. Ich wartete auf einige anerkennende Worte. Sie kamen, aber nur höflichkeitshalber.

Dann machten mir die Herren klar, was die Arbeiter in England und Deutschland verdienen, daß sie dort ein Mitspracherecht hätten, daß die Arbeitszeit kürzer und das Mittagessen gratis sei, daß die Leute besser gekleidet wären, daß sie mit dem Auto in die Fabrik kämen und so weiter. Die einheimischen Gewerkschaftler saßen dabei und sperrten Maul und Ohren auf. In ihren Augen war ich jetzt ein Kapitalist, ein Ausbeuter. Sie hatten bald darauf nichts Besseres zu tun, als meinen Leuten Flöhe ins Ohr zu setzen.«

Über die Gewerkschaften des Ostens, die seit Kriegsende sehr aktiv sind, haben die Farmer und Fabrikanten Ostafrikas schon vor Jahren den Stab gebrochen. Sie wissen, daß die Emissäre des »Einheitsgewerkschaftsbundes der Deutschen Demokratischen Republik«, der »Sowjetischen Gesellschaft für Freundschaft mit den Völkern Afrikas« oder der »Universität im Dienste der Freundschaft unter den Völkern« recht planvoll zu Werke gehen. Sie schaffen Kontakte und beschaffen Propagandamaterial, sie engagieren Vertrauens- und Verbindungsleute, sie rühren die Trommel und lehren die »Internationale«, ihre marxistisch-kommunistischen Schlagworte nehmen hierzulande allmählich die Stelle der alten Zaubersprüche ein.

Auch bei der politischen Führungsschicht finden die Zaubersprüche des Ostens offene Ohren. Wenn man trotzdem darauf achtet, daß man es mit dem Westen nicht verdirbt, so deshalb, weil im Westen mehr zu holen ist. »Msitukane wakunga na uzazi ungalipo – Beschimpfe die Hebamme nicht, solange die Geburt noch in vollem Gange ist.«

Für den Aufbau braucht man Geld, Fabriken, Sachverständige – der Westen hat sie, und er wirft sie in die Waagschale. Er weiß, es geht nicht nur um Afrika, es geht um die Eindämmung des roten Herrschaftsbereiches. Wenn der Westen Afrika verliert, hat er mehr als nur eine Schlacht verloren. Entwicklungshilfe ist nicht nur ein Akt der Nächstenliebe; sie ist eine Waffe des kalten Krieges.

Im übrigen wird diese Taktik nicht zum ersten Male praktiziert: Nach dem Zweiten Weltkrieg, als man die Widerstandskraft Europas mit Hilfe des Marshallplanes gestärkt hat, wurden ähnliche Ziele verfolgt. Europa sollte nicht kampflos preisgegeben werden. Mit seiner Rede vor den Studenten der Harvarduniversität (5.6.47) hat General Marshall Geschichte gemacht; er hat gezeigt, wie man eine Schlacht, ein Gebiet auch ohne Kanonen gewinnen kann. Seine Gedanken machten Schule.

Als Harry S. Truman am 20. 1. 49 seine zweite Amtsperiode begann, sprach er in seiner Antrittserklärung davon, daß ein kühnes Programm zu entwerfen sei, daß man die wissenschaftlichen Erkenntnisse des Westens und seinen Reichtum für die Verbesserung der Lebensbedingungen in den unterentwickelten Staaten in die Waagschale werfen müsse. Der amerikanische Kongreß war keineswegs begeistert. Es dauerte annähernd anderthalb Jahre, bis er die ersten fünfunddreißig Millionen freigab.

Der Osten konterte. Er schickte Experten und Propagandamaterial auf die Reise (41). Auf beiden Seiten waren die Bemühungen nicht immer von Erfolg gekrönt. Unter Präsident Eisenhower ist zeitweise der militärischen Hilfe zuviel Gewicht beigemessen worden, oft ging man auch psychologisch falsch vor. Das Buch »The ugly American« (Der häßliche Amerikaner) hielt der Regierung den Spiegel vor. Man überprüfte seine Politik. Das Massachusetts Institute of Technology, Harvard und Yale, nahmen sich der Rechenaufgabe an, Präsident Kennedy präsentierte die Ziffern: achteinhalb Milliarden Dollar pro Jahr. Fünfundvierzig Prozent dieses Betrages wollten die USA aufbringen, fünfundfünfzig Prozent sollten die übrigen Länder des Westens beisteuern.

Die bisherigen Methoden der Auslandshilfe lehnte Kennedy zum Teil als veraltet ab. Mit langfristigen Anleihen und Zuschüssen sollte jenen Ländern geholfen werden, die durch Land- und Erziehungsreformen ihren Bevölkerungsmassen bessere Startbedingungen gaben. Die Entwicklungshilfe wurde zu einem Politikum ersten Ranges.

Die Kraftprobe der Großen brachte die Entwicklungsländer mitunter in recht gefährliche Gewässer; wie Scylla und Charybdis versuchten die beiden Machtblöcke die noch keineswegs seetüchtigen Staatsschiffe der jungen Nationen in ihren Bereich, in ihre Macht- und Ordnungssysteme zu ziehen. Noch stehen alle Zeichen auf Sturm. Nichts ist entschieden, aber es ist offensichtlich, daß die Führer der jungen Nationen zu navigieren gelernt haben. Sie lavieren – »Prophete rechts, Prophete links, das Weltkind in der Mitten« – geschickt zwischen dem Sog von der einen und dem Sog von der anderen Seite hindurch (42). Das ist – wie sich herausgestellt hat – am einträglichsten.

Die Neutralität der Entwicklungsländer beruht nicht auf einem Gleichgewicht, auf einer Parität der Einflüsse von außen. Die materielle Hilfe des Westens ist zehnmal so groß wie die des Ostens, aber der ideologische Einfluß des Ostens gleicht das aus; er ist zehnmal so groß wie der des Westens.

Der Osten hat es entschieden leichter:

Bei ihm wird keine Rassendiskriminierung praktiziert,

er hat schon immer gegen den Kolonialismus gekämpft,

er läßt keine Atombomben in der Sahara hochgehen,
er hat in Guinea keine Demontage betrieben,
er spricht eine verständliche Sprache; er verspricht genau das, wovon die armen Teufel in Afrika und Asien seit Jahrzehnten träumen.

Und schließlich, hatten die UdSSR und China und die Mongolei und andere asiatische oder osteuropäische Länder anfänglich nicht die gleichen Schwierigkeiten wie die Entwicklungsländer Afrikas? Lagen sie nicht um Jahrzehnte, um Jahrhunderte zurück? Und wie stehen sie heute da? In Rußland wurden aus leibeigenen Häuslern Ingenieure, aus tausend Volksstämmen ein Ganzes, aus dem rückständigsten Land die zweitgrößte Industriemacht der Erde. Was haben die Leute für ein Rezept?

Der Osten weiß um seine Chancen, und er nimmt sie wahr. Seine Infiltrationstätigkeit ist flexibel. Die Methoden ändern sich von Land zu Land. Man beherrscht die Klaviatur virtuos: Sie reicht vom Nationalismus bis zum Neutralismus, von der Friedenstaube bis zum bärtigen Revoluzzer, von Koranrezitationen bis zu den Thesen des Atheismus. Schon Lenin hat auf die Bedeutung der Kolonialgebiete aufmerksam gemacht: »Der Weg nach Paris führt über Peking und Kalkutta.«

Während Marx und Engels noch der Ansicht waren, daß die für die Weltrevolution erforderliche Sprengkraft nur in den Industrieländern Europas vorhanden sei, hat Lenin immer wieder auf Afrika, Asien und Lateinamerika aufmerksam gemacht. Im Sinne des dialektischen Materialismus hat er den Klassenkampf auf eine höhere Ebene übertragen. Es kämpfen nicht nur die Proletarier gegen die Besitzenden, es kämpfen auch die ausgebeuteten Völker gegen die imperialistischen, das heißt die reichen Industrienationen des Westens (43).

Noch ist nichts entschieden. Die Sieger im Kampf für die Unabhängigkeit ihrer Länder – Nasser in Ägypten, Nkruhma in Ghana, Touré in Guinea, Bourgiba in Tunesien, Nehru in Indien, Sukarno in Indonesien, Kenyatta in Kenia, Nyerere in Tanganjika – sind zu kraftvolle Persönlichkeiten, um auf Parolen oder einige Dukaten hereinzufallen. Sie wissen: Wo der Vogelleim ist, da liegt die Schlinge (Suaheli-Sprichwort). Sie suchen ihren eigenen Weg. Die Frage ist nur: Können sie durchhalten, kommen sie nicht zwangsläufig in ein bestimmtes Fahrwasser, haben sie – wenn ihre Völker soweit sind, daß sie Flugblätter und Parolen lesen können – die Macht, das Zepter in der Hand zu behalten?

Afrika ist ein aufmerksamer Beobachter. Man kennt die Paradestücke der Russen (Assuandamm usw.) und die Anstrengungen der Amerikaner, der Deutschen, der Engländer und der Franzosen. Auch die Pannen, die hin und wieder unterlaufen, werden registriert: die beleidigenden Bedingungen,

die nicht eingehaltenen Lieferfristen und ähnliches. Man lacht über die Schneepflüge, die die Russen geschickt haben, und über die Toilettenbecken, die in wasserloser Wüste installiert werden sollten, über die Dental- und Operationsausrüstungen, für die es keine elektrischen Steckdosen gibt, und über die Fischfangdemonstrationen, die zu keinem besseren Ergebnis führten, als daß man die Fische wieder ins Meer werfen mußte, weil es an Kühlanlagen und an Fischverarbeitungsfabriken fehlte.
Wo der Westen nicht auf der Hut ist oder sich so töricht verhält wie in Guinea, schlägt der Osten sofort Kapital aus der Situation. Als die Franzosen nach der Volksabstimmung vom 28.9.58 Guinea aus der französischen Communauté entließen und das Land durch Abmontieren der Telefone, durch das Vernichten der Verwaltungsunterlagen und ähnliches dem Chaos preisgeben wollten, war Rußland der Retter in der Not. Heute fahren russische und tschechische Taxis durch Conakry, an den Tankstellen gibt es russisches Benzin, und auf dem von russischen Technikern gebauten Flugplatz landen – mit russischen Maschinen – Berater und Organisatoren aus allen Ostblockländern.
Mit am wirkungsvollsten sind die Freundschaftsbesuche, die Solidaritätskonferenzen und Auslandsstipendien des Ostens. Komplimente kosten nichts, aber sie machen sich bezahlt. Die FDJ und die Frauenverbände der DDR werden dem Westen zwar das Wasser nicht abgraben, aber auch sie höhlen den Stein.
Von durchschlagender Wirkung ist die Tätigkeit der kommunistischen Gewerkschaften. Sie kommen nicht nur mit Parolen, sie kommen mit Millionenbeträgen an. Man schöpft aus Solidaritätsfonds, die die Arbeiter Mittel- oder Osteuropas durch den Kauf von Solidaritätsmarken immer wieder auffüllen.
Der Internationale Bund freier Gewerkschaften, dem auch der DGB angehört, versucht gleichzuziehen. Monetär ist das kein Problem, die Gefahr liegt in der Potenzierung der Wunschvorstellungen: »Was der Osten sät, das wird von den Gewerkschaften des Westens begossen.«
Man tut Afrika nicht immer einen Dienst, wenn man die gleichen Freiheiten propagiert, wie sie in den hochentwickelten Ländern üblich sind. In den Industrieländern ist das erforderliche Produktivkapital in den letzten fünfzig bis hundert Jahren geschaffen worden. Wodurch? Dadurch, daß man auf der einen Seite den Gürtel enger geschnallt, auf der anderen Seite Kapital akkumuliert hat. In den kapitalistischen Ländern waren es die Unternehmer, die das Kapital zusammenhielten, in den sozialistischen Ländern war es der Staat.
In beiden Systemen mußte für viele Jahre ein einschneidender Konsum-

verzicht erfolgen, bis die heutige Rentabilität der Wirtschaft erreicht war und man darangehen konnte, das Sozialprodukt besser unters Volk zu bringen. Wenn man in Afrika jetzt davon träumt, zu konsumieren, bevor man einen Pfennig gespart, ja bevor man zu arbeiten angefangen hat, dann zäumt man den Gaul am Schwanz auf. Man wird zu keinen befriedigenden Resultaten kommen, die Zuschüsse werden verpuffen. Statt vorwärts, wird man rückwärts gehen oder stagnieren. Wie man arbeitet, wie man Akkord arbeitet, das wäre das Thema, über das die Gewerkschaftler bis auf weiteres referieren sollten.

36. Kettenreaktionen am Nakuru-See

Ich sitze im Bus nach Nakuru. Wir verließen Naivasha um halb neun Uhr und müßten eigentlich schon bald am Ziel sein. Aber anscheinend hat es heute niemand eilig. Im Augenblick stehen wir auf freier Strecke. Der Fahrer und der Kondukteur unterhalten sich mit dem Begleitpersonal eines Busses, der uns entgegenkam. Die Passagiere beider Wagen vertreiben sich die Zeit mit neckischen Zurufen. Auf dem Dach kräht und gackert das Federvieh.

Der nächste Linienbus, der eine halbe Stunde später fährt, donnert an uns vorbei. Das kann unser Fahrer nicht zulassen. Er springt in den Wagen, gibt Gas und saust hinterher. Nach einigen Meilen hat er den Kollegen eingeholt.

Laut hupend setzt er zum Überholen an. Der andere weicht nicht. Mit heulendem Motor zwängen wir uns an seine Seite. Die äußeren Räder des Wagens sind bereits auf dem grasbewachsenen Randstreifen. Wenn jetzt eine Bodenwelle kommt oder eine Wasserabflußrinne, müssen wir aus der Bahn fliegen. Der Fahrer hupt ununterbrochen, er wird nervös, aber er will nicht nachgeben.

Ein paar hundert Meter vor uns verengt sich die Straße noch etwas, eine kleine Brücke muß passiert werden. Die Brüstung der Brücke – weiß bemalt – fliegt uns nur so entgegen. Ich klammere mich am Sitz fest und überlege, durch welches Fenster ich wohl am besten aussteige, wenn der Wagen in die Brüche geht. Nochmals heult der Motor auf, ächzend, schrill, dann haben wir es geschafft. Wir sind einen halben Meter vor dem anderen Bus, die Steuerung kann etwas eingeschlagen werden. Dem Fahrer ist sein Grinsen vergangen. Er ist nicht gerade bleich geworden (dazu ist er viel zu schwarz), aber der Schweiß steht ihm auf der Stirn.

»You are a bloody fool.« Er nimmt es hin, versucht nicht einmal, die Schuld auf den anderen Fahrer zu schieben, der natürlich nicht weniger töricht gehandelt hat.

Mit dem Verantwortungsbewußtsein der Afrikaner liegt noch manches im argen. Es sind zum Teil recht gute Fahrer, aber sie kümmern sich denkbar wenig um Fahrzeug oder Passagiere. Die Reisenden sind nichts anderes gewohnt, sie nehmen es gelassen hin, aber die Fahrzeuge werden zugrunde gerichtet.

Rein äußerlich schon machen sie einen recht verwahrlosten Eindruck. Vieles hängt lose und scheppert, die Scheiben sind verschmiert, das Armaturenbrett so verstaubt, daß man die Ziffern kaum lesen kann. Wenn Fahrer und Kondukteur morgens den Wagen besteigen, könnten sie – wenn keine Wartungsmannschaft vorhanden ist (warum eigentlich?) – wenigstens den gröbsten Schmutz entfernen, aber sie denken nicht daran. Man hat Uhuru, die Zeit bis zur Abfahrt des Wagens wird palavert.

Man muß froh sein, daß die Busdriver es nicht so weit treiben wie der Koch von Missis K., der nie verstehen konnte, warum sie ihren Wagen links fuhr, statt die ganze Breite der Straße auszunutzen. »Wenn wir Uhuru haben, Memsab, dann fahren wir auf beiden Seiten der Straße.«

Nakuru ist die Hauptstadt des Weißen Hochlandes. Es ist – wie Nairobi – eine junge Stadt. Der erste Laden wurde im Jahre 1900 eröffnet und für einige Jahre beschränkte sich die Kundschaft auf die Arbeiter der Bahnlinie; bis 1905 bestand Nakuru nur aus der Bahnstation, einigen Häusern für das Bahnpersonal und zwei Läden.

Als 1904 Lord Delamere, der legendenumwobene Kolonialpionier, bei Njoro seine Farm absteckte, kamen mehr und mehr Siedler in das Rift Valley. Das Nakuruhotel (jetzt das Midlandhotel) wurde 1906 gebaut, und die National Bank of India ließ sich als erstes Unternehmen ihrer Branche nieder. Dukas folgten.

Zwischen den Kriegen entwickelte sich Nakuru zum Haupthandelsplatz des Hochlandes. Nach dem zweiten Weltkrieg schlug die Kenya Farmers' Association, die größte Genossenschaft Ostafrikas, ihr Hauptquartier in Nakuru auf; eine große Molkerei wurde erstellt, Zucker-, Seifen- und Deckenfabriken folgten. Die Freizeit vertrieb man sich mit Golf, Kricket, Tennis, Hockey, Polo, Pferde- und Autorennen.

Wer in die Stadt kommt, wird zunächst von einem Blumenhain empfangen. Diese hübsche Anlage – 1958 anläßlich des Besuchs der Königinmutter erstellt – verspricht jedoch mehr, als das Städtchen bei näherem Zuschauen hält. Die Hauptstraße ist nicht sehr dekorativ. Die Dukas sind in einstöckigen und oft recht wackligen Gebäuden untergebracht. Repräsentativ sind

nur der Bahnhof (1 850 Meter) und das Verwaltungsgebäude der East African Railways and Harbours.
Die Dekoration der Bahnhofshalle ist recht ansprechend; ein Zug kommt das Rift Valley herauf. Er wird von einem Afrikaner, der Kühe verladen möchte, und von einem weißen Siedlerpaar (Memsab zu Pferde, der Bwana hält die Zügel) erwartet. Partnerschaft und Ebenbürtigkeit der schwarzen und der weißen Rasse werden in dem Bild recht augenfällig dargestellt.
Vor dem Bahnhof erstreckt sich das flache, einstöckige Marktgebäude für die Eingeborenen: weiß und gelb getüncht und von Blumen- und Kakteenrabatten umgeben. Auch in der Halle selbst ist alles in schönster Ordnung. Die Früchte werden auf übersichtlichen Ständen und sauber sortiert angeboten. Im Vergleich zu anderen Städten und Dörfern hat Nakuru schon heute den Markt der Zukunft. Begrüßenswert? Ohne Zweifel, aber für den Touristen nicht halb so interessant wie der Markt von Arusha.
Der Busbahnhof hat noch afrikanisches Kolorit. Hier drängen sich die Bauern und Viehhirten aus dem Hinterland. Die meisten tragen ihren traditionellen Hals- und Ohrenschmuck. Sie drängen sich um provisorische Würfelbuden (Kartons, auf denen sechs Figuren – Herz, Anker, Krone und einige undefinierbare Zeichen – aufgemalt sind) und geben sich mit viel Radau dem Glücksspiel hin.
Die Eingeborenenfrauen balancieren große Pakete, Säcke und kleine Fässer auf ihren Rücken – nur von einem Stirnband gehalten.
Die Privatbusse (gemanagt von Indern, gefahren von Afrikanern und repariert von niemandem) sind von allen Fahrzeugen die malerischsten. Sie sind »Allround Vehicles«, sie transportieren alles. Solange die Tür nicht aus den Angeln platzt und der Fahrer noch Draht und Schnur hat, wird nichts zurückgewiesen.
Säcke und Gerümpel kommen aufs Dach; Geflügel nur, wenn es in Kisten und Käfigen ist. Einzelexemplare werden mit in den Bus genommen; auch Zicklein und Lämmer werden so transportiert. Gerüche und Kot stören niemanden. Zu Hause hat man das Viehzeug ja auch in der guten Stube. Und was macht schon so ein Hühnerkleckerchen aus? Man wischt es mit der Hand von der Kleidung und schlenkert es aus dem Fenster. Dann winkt man den nächsten Erdnußverkäufer heran, läßt sich ein Viertelpfund geröstete Nüsse in die Hand schütten, reibt sie zwischen den Handflächen, pustet die Spreu auf den Boden und stopft den Rest in den Mund. Den Strick, an dem das Huhn hängt, klemmt man solange zwischen die Knie.
Ich gehe die Hauptstraße entlang, Richtung Stag's Head Hotel. Es ist recht heiß, und mein Durst ist groß. Das Hotel liegt am Ende der Hauptstraße. Es ist ein großer, repräsentativer Bau, umgeben vom Postoffice, einigen euro-

päisch gehaltenen Läden und den Palästen der Barlay's Bank und der Standard Bank. Ein Dutzend Wagen ist vor dem Hotel aufgereiht. Wer in die Stadt kommt, nimmt im Stag's seinen Drink. Hier werden die Nachrichten ausgetauscht und die Politik besprochen.

Bei einer Tasse Kaffee studiere ich die neuesten Zeitungen. Alle Schlagzeilen beziehen sich auf die Unruhen in Ostafrika:

»Silence a mistake, Dr. Nyerere – Ihr Schweigen war ein Fehler, Doktor Nyerere.«

»Tanganyika yesterday recognised the new Zanzibar Government – Tanganjika hat gestern die neue Regierung von Sansibar anerkannt.«

»Uganda Army Mutinies: Pay Rise Given – Solderhöhung für die Meuterer in Uganda.«

»British Troops sent – Britische Truppen entsandt.«

Die Nervosität im Lande, in ganz Ostafrika, hat erheblich zugenommen. Wo immer Weiße zusammentreffen, geht es um die Frage: Was wird die Zukunft bringen?

Man ist davon überzeugt, daß die von den Truppen gewünschten Solderhöhungen nicht der wahre Grund der Meutereien sind. Den Leuten wurde eingeredet, daß sie zu kurz kommen und daß sie sich selbst führen könnten. Man wollte sich der weißen Offiziere entledigen. Man weiß, daß groß angelegte, umstürzlerische Aktionen mit Hilfe der Armee nicht möglich sind, solange britische Offiziere die Truppe führen.

Die Pflanzer, die Regierungsbeamten, die Angestellten, die auf der Terrasse des Hotels sitzen, machen sorgenvolle Gesichter. Das Für und Wider wird diskutiert. Soll man bleiben? Hat es Sinn, einen neuen Kontrakt zu unterschreiben? Soll man verkaufen?

Mit »Pork-pie« (Schweinefleisch-Kuchen) und einem »Pot of coffee« gestärkt, mache ich mich auf den Weg zum Bird's sanctuary, zum Vogelschutzgebiet. Ich gehe die Straße hinab, die am Markt vorbeiführt.

Eine kleine Moschee mit hübschen Minaretten liegt zur Rechten. Ein Moslem mit rotem Fez steht vor dem Gotteshaus. Er hält sich beide Ohren zu und ruft irgendwelche Gebete. Zwanzig bis dreißig Gläubige sitzen auf einer Brüstung und folgen dem Singsang. Wie sie mich entdecken, ist es mit ihrer Konzentration vorbei. Sie verrenken sich abwechselnd die Hälse und mustern mich und meinen Fotoapparat recht mißtrauisch. Ich klappe die Kameratasche demonstrativ zu, was sichtlich zu ihrer Beruhigung beiträgt. Es ist Ramadan. Vermutlich sitzen die Burschen mit knurrendem Magen in der glühenden Sonne – Grund genug, böse dreinzuschauen.

Hundert Meter weiter sperrt eine große, vier Meter hohe Mauer die Sicht. Verrosteter Stacheldraht und Glasscherben zieren Wall und Wachtturm. Ich

stehe vor dem »Prison«, dem Gefängnis, von Nakuru. Die Häftlinge sind in strohgedeckten Hütten innerhalb der Umfriedung untergebracht.
Ein Stück weiter beginnt ein slumähnliches Stadtviertel. Wackliges Gemäuer mit Well- und Büchsenblech abgedeckt, zentimetertiefer Staub auf den Pfaden und Querstraßen und, wie immer, zahllose kleine Rangen, die sich vergnügt balgen.
Am südlichen Ende der Stadt versucht man der Wohnungsnot durch eine neue Siedlung Herr zu werden. Die Häuschen sind etwa fünf mal sieben Meter groß; sie haben vier Türen und vier Fenster und einen Schornstein in der Mitte. Sie bieten offensichtlich jeweils vier Familien Unterkunft. Aus Platzmangel halten sich die Bewohner im Freien auf. Die Frauen waschen in alten Schüsseln und Blechkanistern, sie sitzen auf Treppenstufen oder im Gras, schälen Kartoffeln oder putzen Gemüse, zwischendurch ermahnen sie die Kinder, die im Übereifer des Spiels nicht immer die nötige Rücksicht auf die ausgelegte oder zwischen den Häusern hängende Wäsche nehmen.
Drei Frauen studieren eine kleine Broschüre. Sie buchstabieren, kichern und sind sich über die Bedeutung der Worte offensichtlich nicht immer ganz einig. Ich trete zu ihnen:
»May I help you?«
Sie schauen hoch, grüßen und verbergen ihre kichernden Gesichter hinter vorgehaltenen Händen. Eine streckt mir das Büchlein entgegen. Sauberkeit im Heim ist sein Titel. Ich kann der Versuchung, ein wenig Schulmeister zu spielen, nicht widerstehen, und so setze ich mich mit verschränkten Beinen zu den Frauen ins Gras und halte meine erste afrikanische Vorlesung:
»Nach jeder Mahlzeit mußt du alle Utensilien waschen, die beim Kochen benutzt wurden. Laß sie nie auf dem Boden liegen, wo die Geißen und Hunde daran lecken können.«
»Bwana, was sind Utensilien?«
»Bewahre Nahrungsmittel, die du nicht brauchst, auf einem Regal auf. Schütze sie vor Fliegen und halte sie den Geißen, Hühnern und Hunden fern.
Nach dem Essen mußt du alles, was auf den Tisch verschüttet wurde, abwischen, und dann mußt du den Tisch waschen.«
»Bwana, was ist ein Tisch?«
»Es ist sinnlos, das Trinkwasser an einem Tag zu kochen und es am anderen Tag zu vergessen.
Gib acht! Reisende, die durch das Dorf kommen, lassen mitunter Wanzen zurück.«
Drei abschätzende Augenpaare sehen mich etwas vorwurfsvoll an. Ich gehe eiligst zum nächsten Kapitel über:

»Wie man Zeit spart:
Steh früh auf und tratsche nicht mit anderen Frauen, bevor die Arbeit getan ist.
Wirf beim Gemüseputzen den Abfall nicht auf den Boden – stelle einen Eimer unter. Auf diese Weise sparst du viel Zeit, weil du die Schnitzel und Schalen nicht einsammeln mußt.
Lerne zwei Arbeiten zur gleichen Zeit zu tun: Stell dich nicht neben den Topf und warte, bis das Wasser kocht, tu in der Zwischenzeit noch etwas anderes, bereite das Essen zu, mahle Mais oder tu sonst etwas!
»Well, Ladies, zwei Dinge auf einmal zu tun, das ist das Ei des Kolumbus; während ich euch das jetzt verdauen lasse, schaue ich mir ein wenig eure Siedlung an.«
Sie stehen alle drei auf, strecken mir die Hände entgegen und verabschieden mich mit Worten, die sicher nett und höflich, aber – wiederholtes »thank you« ausgenommen – mir völlig unverständlich sind.
Mein Rundgang führt mich an fünfzig oder sechzig der Siedlungshäuschen vorbei. Sie sind alle ohne Installation. Das Wasser muß in Kanistern zu den Kochstätten geschleppt werden. Die Zapfstellen befinden sich an den Außenwänden der Toilettengebäude. Die Toiletten haben zehn bis zwanzig Kabinen und stehen mit größerem Abstand zwischen den Wohnhäusern. Große elektrische Lampen sorgen bei Nacht für die nötige Illumination. Die Wohnungen selbst sind ohne Strom.
Auf staubiger Straße – ein Taxi hat mich aufgenommen – geht es dem See entgegen. Links und rechts erstrecken sich ehemalige Maisplantagen. Sie sind total verwildert. Der weiße Farmer hat das Land verlassen.
Den Schuttplatz der Stadt bevölkern ein paar hundert Marabustörche. Phlegmatisch und bewegungslos starren sie vor sich hin. Rot und häßlich hängen ihre Kröpfe herab. Kommt ein Wagen mit neuem Schutt angerollt, weichen sie nur mürrisch zur Seite. Sie fressen nicht, sie stehen nur desinteressiert herum. Werden sie hochgescheucht, nehmen sie einen kleinen Anlauf, zwei, drei steife Schritte, dann wirbeln die mächtigen Flügel den Staub hoch, und eine Sekunde später fällt alles Plumpe von den Vögeln ab. Graziös schwingen sie sich über die Gipfel der Bäume.
Wir fahren weiter, zum See, zum weltberühmten Lake Nakuru. Der See ist etwa dreizehn Kilometer lang, sechs Kilometer breit und sehr seicht. Selbst in der Mitte ist er kaum tiefer als zwei Meter. Die Fläche des Sees ändert sich von Jahr zu Jahr. Regenzeit und Dürreperioden spiegeln sich in seiner Pegelhöhe wider.
Die Flamingos, die die Natronseen im Rift Valley mit einem rosa Saum versehen (man schätzt, daß es drei bis fünf Millionen sind), bevorzugen in

der Regel den Nakurusee, aber es gibt Zeiten, in denen sie sich auf Lake Hannington oder Lake Elmenteita konzentrieren. Im Augenblick scheint es so zu sein. Trotzdem ist der Anblick überwältigend.
Es ist unmöglich, die Zahl der Vögel zu schätzen. Sie sitzen und stehen, stolzieren und fliegen zu Hunderttausenden umher. Das Ufer des Sees leuchtet in Weiß und Rosa, und wenn ein größerer Schwarm ausfliegt, ist es, als hebe sich eine Wolke aus dem Wasser. Die Flucht von einigen genügt, um eine ganze Kettenreaktion auszulösen.
Die Flamingos sind ohne Zweifel am dekorativsten. Langsam, mit untergetauchten Schnäbeln, schreiten sie durch das seichte Wasser. Sie wühlen im Schlick nach Gewürm und kleinen Wasserpflanzen. Sie filtrieren den See: Die kleinen Brocken gehören ihnen, die großen – einschließlich aller Vogelleichen – den Marabus.
Insgesamt sind dreihundertachtzig Vogelarten hier vertreten. Herons und Plovers und Greenshanks, Stelzen, Enten und Gänse, alles, was in Afrika Flügel hat, gibt sich ein Stelldichein. Lake Nakuru ist das Dorado der Ornithologen.
Auf der Heimfahrt begegnen uns englische Armeefahrzeuge. Polizei kontrolliert den Verkehr in beiden Richtungen. Die Vorgänge in Tanganjika und Uganda lassen Vorsichtsmaßnahmen angebracht erscheinen. Eine Stunde später – ich bin kaum in Naivasha angelangt – passiert es auch schon: Das Erste Bataillon der Kenya Rifles in Lanet bei Nakuru meutert. Die Askari haben das Depot ihrer Kaserne aufgebrochen und sich Waffen und scharfe Munition herausgeholt. Schüsse hallen durch die Nacht.
Die Engländer reagieren blitzartig: Die Meuterer werden umstellt und von der Außenwelt abgeriegelt. Alle Straßen werden blockiert. Niemand darf nach Nakuru hinein oder aus Nakuru heraus. Die Frauen und Kinder der in Lanet stationierten Offiziere werden evakuiert. Man bringt sie im Rift Valley Sports Club beziehungsweise in Stag's Head Hotel unter.
In Nairobi, der Hauptstadt des Landes, dröhnen Armeefahrzeuge durch die Straßen. Englische Soldaten und Einheiten der Kenya Police besetzen alle Schlüsselstellungen der Metropole. Als eines der ersten Gebäude wird die Kenya Broadcasting Corporation, der Rundfunk Kenias, abgesichert. Eine Kompanie der Scots Guards rast zum Embakasi-, eine andere zum Wilsonflughafen. Starke Patrouillen kontrollieren alle Zufahrtsstraßen.
Langata, wo das Dritte Bataillon der Kenya Rifles stationiert ist, wird vorsichtshalber abgeriegelt. Soldaten in Kampfanzügen und Stahlhelmen, Panzerwagen und Maschinengewehre bestimmen das Stadtbild Nairobis. Die Inder verbarrikadieren ihre Dukas. Es ist eine unruhige Nacht.
Was wird der Morgen bringen?

37. Pax Britannica

Der Morgen des 25. Januar 1964 gehört der britischen Armee. In Daressalam beginnt er mit Geschützdonner. Der Flugzeugträger Centaur sorgt für demoralisierende Akustik, während Einheiten der Royal Marines per Hubschrauber zur Colitokaserne geflogen werden. Nach langem Zögern hat die Regierung von Tanganjika die Briten jetzt darum gebeten, Recht und Ordnung im Lande wiederherzustellen.

Brigadier P. Sholto Douglas, der zu Anfang der Woche von den meuternden Truppen seines Amtes enthoben wurde, führt den fünfhundert Mann starken Landungstrupp an. Er fordert die Askaris in der Colitokaserne auf englisch und suaheli auf, die Waffen zu strecken und ins Freie zu treten. Nichts rührt sich. Um den Ernst der Lage zu demonstrieren, wird eine kleine Rakete in den Wachraum der Kaserne gefeuert. Drei Askaris verlieren das Leben und die übrigen die Lust am Kriegführen. Einige versuchen zwar, zu flüchten oder aus dem Hinterhalt zu schießen, doch die britischen Soldaten werden ihrer rasch habhaft.

Für die jungen Engländer, Schotten und Iren ist das kein Gefecht, mehr ein morgendliches Großreinemachen. Um sechs Uhr zwanzig sprangen sie aus den Hubschraubern, um sieben Uhr haben sie die Kaserne bereits eingenommen.

Auch in Tabora, wo ein anderes Bataillon der Tanganyika Rifles entwaffnet wird, geht alles reibungslos.

In Uganda sorgen die Männer des Staffordshire Regiments und die Scots Guards für Ordnung. In aller Stille haben sie die Schlüsselpositionen in Kampala und Entebbe abgesichert. Die Uganda Rifles in Jinja, die ihres niedrigen Soldes wegen gemeutert hatten, sitzen entwaffnet im Hof ihrer Kaserne.

In Lanet (Kenia) werden die Waffendiebe von zwei Batterien der Royal Artillery und einer Schwadron der Royal Engineers in Haft genommen. Die schon während der Nacht umstellte Kaserne wird nach kurzem Feuerwechsel – ein Askari wird dabei getötet, ein anderer verwundet – ohne viel Federlesens gestürmt. Die Schwarzen strecken die Waffen.

Gegen Nachmittag wird deutlich, daß die Briten die Zügel fest in der Hand haben. Der Bürgerkrieg ist noch einmal vermieden worden. Zwar lungern in den Städten und Dörfern des Landes verdächtig viele Gestalten in der Nähe der indischen Dukas herum – keiner will zu spät kommen, falls es ans Plündern geht –, aber der Respekt vor den Engländern sitzt noch zu sehr in den Knochen. Es kommt zu keinen Ausschreitungen wie in Sansibar. Ein

paar hundert Soldaten in jedem der drei ostafrikanischen Länder genügen, die Ordnung aufrechtzuerhalten.
Ministerpräsident Kenyatta hält seinen Landsleuten eine Philippika. Den Meuterern kündigt er an, daß sie mit strengster Bestrafung zu rechnen haben.
Auf den ersten Blick hat es den Anschein, als gehe das Leben wieder seinen gewohnten Gang, als sei dem Land – außer ein paar unruhigen Stunden – nichts Bedeutsames widerfahren. Das trügt. Zahllose Touristen haben ihre Reisen abgebrochen, Safaris wurden storniert. Politisch wurde noch mehr Porzellan zerschlagen.
Es wurde deutlich, auf wie schwachen Beinen die ostafrikanischen Regierungen stehen, wie wenig sie Herr im Lande sind. Die Kreditwürdigkeit ist dahin, und – was vielleicht am verheerendsten sein wird – auch die Optimisten unter den weißen Farmern haben eingesehen, daß die Zukunft zu risikoreich ist. Wer weiß, was sich alles ereignet, wenn der letzte britische Soldat Ostafrika verlassen hat. In einem Jahr soll es in Kenia soweit sein.
Der Verkehr am Sonntagmorgen ist gleich Null. Wer nichts Dringendes zu erledigen hat, bleibt zu Hause. Die Freunde, die mich in die Stadt fahren wollen, lassen sich überreden. Es ist besser, ich fahre mit einem Armeefahrzeug oder – falls einer verkehrt – mit einem Omnibus.
Ich habe Glück. Gegen neun Uhr kommt ein klappriger Countrybus (unterste Kategorie) die Straße entlang. Ich steige ein und nehme auf der ersten Bankreihe Platz. Unmittelbar hinter mir sitzen zwei junge Masai und eine schwarze Oma. Die Burschen haben einen penetranten Geruch an sich, süßlich und scharf; die alte Frau schnupft unentwegt. Mit einem kurzen, tonlosen Niesen schneuzt sie sich alle paar Minuten. Nicht immer hält sie die Hand vor. Schräg gegenüber hat einer sein Hemd ausgezogen. Fachmännisch geht er mit seinen Daumennägeln die Nähte entlang.
Nach einigen Kilometern holt uns ein zweiter, ziemlich überfüllter Bus ein. Er ist so vollgepfercht, daß ein halbes Dutzend Leute noch auf den Trittbrettern steht. Lauter junge Burschen. Was wollen die heute in der Stadt? Vermutlich nur dabeisein, falls es irgendwo etwas zu sehen oder zu erleben gibt.
Sowie sie uns überholen und ihr Wagen sich langsam an uns vorbeischiebt, klatschen sie mit den flachen Händen auf unsere Scheiben. Ein martialisches Geschrei ist die Begleitmusik dazu. Unser Fahrer hat es nicht gerne, wenn er überholt wird. An der nächsten Haltestelle stoppt er so dicht vor dem anderen Wagen, daß der nicht wegfahren kann. Als der andere Chauffeur ein paar Meter zurückfährt, machen wir das gleiche Manöver.
Schließlich lassen wir einige Leute zurück, die mitfahren wollten, und so

glückt es uns, als erste zu starten. Der zweite Wagen folgt uns. Bei der nächsten Haltestelle rächt sich sein Fahrer. Er versperrt unsere Tür, indem er mit nur wenigen Zentimetern Abstand seitlich von uns anhält. Gejohle auf beiden Seiten. Wir ziehen den kürzeren, der andere startet früher.
Was soll man zu solchen Kindereien sagen? Sind sie überhaupt erwähnenswert? Oder sind sie gar symptomatisch, so kennzeichnend wie die letzte Episode, die sich kurz vor Nairobi abspielt, als es unserem Fahrer in den Sinn kommt, zu tanken. Er zieht den Bus so kurz vor einem entgegenkommenden Pkw über die Straße, daß der Personenwagen scharf bremsen muß und etwas ins Schleudern gerät. Der Weiße hinter dem Steuer schüttelt nur den Kopf. Unser schwarzer Fahrer grinst.
Nairobi ist friedlich. Streifenwagen patrouillieren durch die Straßen, ansonsten ist wenig von der Aufregung der letzten Tage zu verspüren. Ich fahre zum Bahnhof, um mein Billett zu lösen. Die Plätze in den Coupés müssen der Rassentrennung wegen im voraus gebucht werden. Als Weißer bekommt man keinen Afrikaner und keinen Inder ins Abteil.
Um achtzehn Uhr dreißig geht mein Zug, der Nachtschnellzug nach Mombasa. Die Wagen sind sehr modern. Jedes Coupé faßt zwei Personen. Man bekommt weiß überzogene Decken, blitzsaubere Kopfkissen und ein freundliches Lächeln des Schaffners – das ganze für fünf Schillinge.
Ich teile das Coupé mit einem englischen Leutnant. Er fährt zur Küste, um dort seinen Urlaub zu verbringen. Wir bestellen uns eisgekühltes Bier, plaudern ein wenig und freuen uns über den prachtvollen Sonnenuntergang, mit dem sich das Hochland von uns verabschiedet. Der ganze Horizont erglüht in Orange; grüne und gelbe Strahlenbündel schieben sich dazwischen. Dunkel stehen die Schirmakazien vor dieser Farbensymphonie.
Die Fahrt in die Nacht ist angenehm und erholsam, aber gegen drei Uhr wird es merklich wärmer, um vier Uhr werden uns die Decken lästig, um fünf Uhr sind wir in Schweiß gebadet, und um sechs Uhr rettet uns nur der ans Bett servierte Frühstückstee vor dem Einschnurren. Als der Zug in Mombasa einläuft (gegen acht Uhr), schmort die Stadt bereits. Die Luft ist wie in einem Gewächshaus: heiß und feucht. Nach einem eiskalten Bad im Hotel ist das Klima erträglicher.
Während des Frühstücks studiere ich die Zeitungen. Sie berichten, daß in Daressalam alle Gewerkschaftsbosse, einschließlich ihres Präsidenten Mr. Victor Mkello und ihres Vizepräsidenten, Mr. N. Kazimoto, arrestiert wurden. Die Gewerkschaften der Dockarbeiter, der Post, der Bahn, der Lehrer und so weiter sind vorübergehend führerlos. Man hat in Tanganjika wahrgemacht, was in Kenia den Unruhestiftern schon einige Male angedroht wurde.
Mit der Entwicklung in Sansibar ist man allseits recht zufrieden. *Kanu-*

backbenchers brachten zum Ausdruck, daß die Revolution von Sansibar »für keinen folgerichtig denkenden Nationalisten eine Überraschung war und daß die gegenwärtige Revolution ein Ausdruck des Volkswillens und des Wunsches ist, vollkommen klarzustellen, daß sich die Afrikaner auf der ganzen Welt der Freiheit verschrieben haben«.
»Es ist doch selbstverständlich«, so liest man, »daß die Afrikaner, die fünfundachtzig Prozent der Bevölkerung von Sansibar und Pemba ausmachen, auf die Dauer eine Unterdrückung durch nur fünfzehn Prozent Araber nicht tolerieren konnten.«
In Mombasa brachte Mr. Denis Akumu von der Kenya Federation of Labour, dem Gewerkschaftsbund Kenias, zum Ausdruck, daß die Arbeiter die Revolution von Sansibar voll unterstützen und gutheißen. Sie sind davon überzeugt, daß die frühere Regierung die Absicht hatte, die Ausbeutung der Armen fortzusetzen.
Sansibar meldet, daß sich die Revolutionsregierung entschlossen hat, von den öffentlichen Hinrichtungen (den angekündigten Erhängungen, Verbrennungen und Erschießungen) Abstand zu nehmen. Die Afro-Shirazi-Partei soll die einzige Partei des Landes werden. Alle anderen Parteien werden verboten.
In Anlehnung an die New York Times berichten einige der ostafrikanischen Zeitungen, daß die Vorbereitungen für die Revolution in Sansibar schon 1961 in Cuba begannen. Zur Zeit sind noch einige hundert Freischärler aus anderen afrikanischen Ländern, insbesondere aus Südafrika, aus Tanganjika und Kenia, in Ausbildung.
Madagaskar fürchtet ebenfalls kommunistische Unruhen. Präsident Philibert Tsiranana hat Präsident de Gaulle um Hilfe gebeten: »Schicken Sie uns Soldaten, Herr Präsident, oder Sie geben uns den Russen und den Chinesen preis.«
In Somaliland sind russische Wirtschafts- und Militärkommissionen angekommen, die das Land bereisen und Vorschläge ausarbeiten. Der Grenzkrieg zwischen der Somalirepublik und Kenia dauert an. Räuberische Banden fallen in Kenia ein, treiben das Vieh weg und massakrieren Männer, Frauen und Kinder.
In Uganda wurde den Rifles eine Erhöhung des Solds von 105 Schillingen auf 265 Schillinge pro Monat zugestanden.
In Daressalam patrouillieren noch immer die Panzerwagen der Marines durch die Straßen. Eine Handvoll Soldaten, die bei den Aktionen gegen die Colitokaserne entkommen ist, hat man im Busch aufgelesen. Ein Sergeant Hingy hatte sich inzwischen schon zum Oberst befördert.
Nach dieser morgendlichen Erbauung mache ich mich auf, nach meinem

Schiff Ausschau zu halten. Es liegt schon im Hafen. Ich melde mich an und hole dann mein Gepäck mit dem Taxi. Als alles in der Kabine verstaut ist, ist ein kleiner Umtrunk fällig. Einige der Passagiere habe ich schon in Nairobi, im New Stanley und im Norfolk kennengelernt.

Vom Oberdeck aus schauen wir hinüber zur HMS Victorious, einem großen britischen Flugzeugträger, der in der Mitte des Hafenbeckens vor Anker liegt. Zwei Zerstörer haben an den Kais festgemacht. Ich habe schon manches Kriegsschiff gesehen, aber so andächtig wie heute stand ich noch nie vor den grauen Kolossen. Wieviel Ruhe und Geborgenheit Schiffsgeschütze doch ausstrahlen können.

Am Nachmittag ergreift eine spürbare Unrast das Schiff. Um vier Uhr, wenn die Flut am höchsten ist, wollen wir auslaufen. Die Mannschaft beschäftigt sich hingebungsvoll mit Tauen und Ladeluken, die Hebewerkzeuge werden verstaut, das letzte Gepäck kommt über die Gangway. Die neu zugestiegenen Passagiere nehmen von Freunden und Verwandten Abschied.

Die Weißen in Kenia sind im Aufbruch. Man sucht Sicherheit für sein Vermögen, für seine Familie. Man möchte nachts wieder ruhig schlafen, man möchte wieder planen und Neues schaffen. Man fährt nach Südafrika, nach Australien, nach Tasmanien und Neuseeland. Hab und Gut nehmen die Auswanderer mit, nur ihr Herz – das lassen sie in Kenia.

Um vier Uhr dreißig ziehen die Bugsierboote das Schiff vom Kai weg. Zehn, fünfzehn Schiffe, die vorher zum Teil verdeckt waren, liegen jetzt im prallen Licht der Abendsonne vor uns. Die Kameras klicken. Langsam gleiten wir ostwärts.

An Backbordseite liegen die britischen Zerstörer. Als wir auf gleicher Höhe sind, dippen sie die Flagge. Dreimal tutet unsere Sirene. Es geht irgendwie ans Mark, wenn die großen Schiffe salutieren. Mancher der an der Reling stehenden Engländer blinzelt verdächtig.

38. Uhuru – Traum und Wirklichkeit

Es gibt zwei Übersetzungen für Uhuru:

Laut Wörterbuch bedeutet es Freiheit, Unabhängigkeit, laut afrikanischer Auslegung ist es das Synonym für die Erfüllung aller Wünsche.

Jeder Schwarze hatte seine eigene Vorstellung von *freedom* und *égalité:* Wer Kartoffelstauden kultivierte, sah sich bereits als Herr über endlose Ländereien, die Viehzüchter erhofften sich Wasser und Weideland, und die

Wilderer feierten den Abzug der Game Wardens. Die Dorobo träumten von Fleisch und Honig, die Kikuyus von schwimmenden Wazungu (»Ins Meer mit den Europäern«) und die Samburu von weißen »Manamoukis«.
»Wenn wir Uhuru haben«, so glaubte man, »wird alles, was den Weißen gehört, uns Afrikanern zufallen. Wir werden alle reich sein.« Vielfach wurde es auch so versprochen.
Nun, nachdem die Uhurufeierlichkeiten vorüber sind, setzt langsam die Ernüchterung ein. Mit Enttäuschung stellt das Volk fest, daß sich eigentlich nichts geändert hat, daß vieles sogar schlechter geworden ist, seit die Kolonialherren nicht mehr im Lande sind. Uhuru hat seinen magischen Klang verloren. Der Traum ist aus, der Alltag ist so grau wie eh und je.
Nicht nur das Volk ist enttäuscht. Auch die Politiker müssen manche bittere Pille schlucken. Die Putschversuche, die es notwendig machten, die britische Armee wieder ins Land zu rufen, die randalierenden Gewerkschaften, die zunehmende Arbeitslosigkeit und nicht zuletzt die überall anzutreffende Unzuverlässigkeit und Unvernunft machen das Regieren nicht gerade einfach. Ohne gesunde Wirtschaft ist keine politische Stabilität zu erreichen, aber ohne politische Stabilität fehlt der Wirtschaft der Boden, auf dem sie sich entwickeln könnte.
Die Revolution von Sansibar hat dunkle Schatten auf ganz Ostafrika geworfen. Die Enteignung des Grundbesitzes und die Verstaatlichung der Produktionsstätten auf der Gewürzinsel werden die Farmer und Unternehmer Ostafrikas weder beflügeln noch zu Investitionen anregen; auch nicht die sowjetischen Geschütze, die in diesen Tagen in Sansibar ausgeladen werden und deren Rohre nach Westen zeigen.
Neben den wirtschaftlichen Problemen bereiten die Stammesdifferenzen große Schwierigkeiten. Als Afrika unter die Kolonialmächte aufgeteilt wurde, hat man wenig Rücksicht auf die ethnologische Gliederung des Landes genommen. Stämme, die sich seit Urzeiten befehdeten, wurden von den Kolonialherren gezwungen, friedlich zusammen zu leben. Dieser Zwang ist nun weggefallen. Die Folgen sind unverkennbar. Man schlägt sich – wie in Ruanda-Urundi – in großem Stil tot, oder man inszeniert kleine Raubkriege wie im Norden Kenias oder an den Reservatsgrenzen der einzelnen Stämme.
Die Abneigung von Stamm zu Stamm ist vielfach so groß, daß man sich nicht einmal zusammensetzt. »Masai snub peace talk – Masai verhindern Friedensverhandlungen«, lautete eine der Schlagzeilen am 19.1.64:
»Um Frieden und bessere Beziehungen zwischen den Kikuyu und den südlich von ihnen lebenden Masai in die Wege zu leiten, wurde gestern eine Versammlung abgehalten, aber die Stammesangehörigen der Masai einschließlich ihrer Führer blieben dem Treffen fern.«

Tausendfünfhundert »Tribesmen«, politische Führer und Minister der Regierung, gaben ihrer Enttäuschung über das Fernbleiben der Masai Ausdruck und faßten dann eine Resolution des Inhalts, daß die Masai ihre »Cattle raids« (Viehräubereien) und das Aufspießen ihrer Nachbarn einstellen und daß ihre Waffen von der Regierung konfisziert werden sollten.

Nicht nur in Ostafrika gibt es Spannungen. Im französischsprechenden Teil Afrikas wurden innerhalb von zwölf Monaten drei Regime gestürzt, an der Elfenbeinküste gab es zwei Putschversuche, in Kamerun, Tschad, Senegal, Tunesien und Marokko wurden Verschwörungen aufgedeckt. Zwischen Algerien und Marokko kam es zum offenen, an den Grenzen von Äthiopien, Somaliland und dem südlichen Sudan zum versteckten Krieg. Einunddreißig von sechsunddreißig der jungen afrikanischen Staaten haben es aufgegeben, parlamentarische Demokratie zu praktizieren. In vielen Gegenden brennt die Volksseele geradezu darauf, dem Nachbarn wieder einmal den Spieß in den Leib zu rennen. Solange die Afrikaner unter sich kämpfen, wächst über solche Fehden wieder Gras, und der Kontinent gerät deswegen nicht aus den Fugen, aber die Fälle mehren sich, in denen chinesische Freiheitsbrigaden ihre Hilfe anbieten. Und es wird mit Sicherheit der Tag kommen, da dem einen oder anderen afrikanischen Politiker die Macht entwunden wird.

Um die Bürgerkriegsgefahren zu bannen, ist man in ganz Afrika – trotz des allseits proklamierten Selbstbestimmungsrechtes – bestrebt, die Grenzen für tabu zu erklären. Der Status quo ist ein Gebot der Vernunft. Wenn die Grenzen erst einmal ins Rutschen kommen, kann eine Lawine daraus werden, die ganz Afrika verheert. Die Politiker wissen um diese Gefahr. Sie bemühen sich, ihre Gebiete zu einem Ganzen zu formen. »Harambee – gemeinsam voran!« Das ist die Parole, die Jomo Kenyatta seinen Landsleuten immer wieder einhämmert.

Afrika ist auf der Suche nach Partnern, auf der Suche nach Leitbildern. Seine Politik, seine Wirtschaft, seine Kultur, seine Religion haben bis jetzt weder Gestalt noch Namen. Es herrscht ein Zustand der Instabilität. Wo soll man sich anlehnen, wo Wurzeln schlagen?

Der Westen, der großen Einfluß auf die Entwicklung Afrikas und die Ausbildung seiner Führer hatte, nimmt natürlich an, daß seine Prinzipien und seine Religion Afrika am meisten zusagen. Was berechtigt uns zu dieser Illusion?

Unsere Wirtschaftsordnung ist ohne Zweifel außerordentlich leistungsfähig und seit einigen Jahrzehnten – dank des gewerkschaftlichen Druckes und einiger anderer Kräfte – auch sozial. Aber das war nicht immer so. Und in vielen Teilen der Welt ist das kapitalistische System noch heute recht brutal.

Niemand wird dergleichen für Afrika empfehlen. Aber an der Smithschen Behauptung, daß nur die Arbeit eines Volkes seinen Wohlstand begründet, wird man auch hier nicht vorbeikommen. Und diese Arbeit wird zwangsläufig mit Konsumverzicht verbunden sein.

Die Entwicklungshilfe der reichen, wirtschaftlich voll entwickelten Nationen kann nur Starthilfe sein. Das meiste Kapital wird man selbst akkumulieren müssen.

Zwei Methoden stehen zur Wahl: die kapitalistische und die sozialistische. Erstere ist etwas gehandikapt; in unserer aufgeklärten, gut informierten Welt sieht es kein Arbeiter gern, wenn das erarbeitete, durch Verbrauchsverzicht ersparte Produktivkapital in die Hände von Kapitalisten fließt. Bei der zweiten Variante ist es der Staat, der den Honig zurückbehält, den die Arbeitsbienen gesammelt haben. Im Endeffekt ist das zwar keineswegs vorteilhafter, aber nach landläufiger Ansicht ist es weniger anrüchig.

Wie das Tauziehen zwischen dem Westen und dem Osten, zwischen den kapitalistischen und den sozialistischen Wirtschaftssystemen in Afrika ausgehen wird, ist heute noch völlig offen. Es ist nicht ausgeschlossen, daß die beiden Systeme, die sich ja nicht mehr diametral entgegenstehen, in Afrika zu einer neuen Symbiose verschmelzen (44).

Etwas schwieriger ist es schon, unter Aufrechterhaltung demokratischer Regierungsformen eine Mobilmachung aller zur Verfügung stehenden Arbeitskräfte zu erreichen. Wenn man die Freiheit hochhalten will, dann muß man den Leuten auch die Freiheit zugestehen, nach Belieben in der Sonne zu sitzen. Das kann dem Sozialprodukt und damit der wirtschaftlichen Gesundung äußerst abträglich sein. Kommt man aber nicht voran, werden bestimmt Agitatoren auftauchen, die die Vorzüge und Erfolge radikalerer Systeme preisen. Sie werden darauf verweisen, daß man in diesem oder jenem Land trotz gleicher Startbedingungen schon viel weiter sei und daß das eben an der Methode liege, mit der man den Problemen zu Leibe geht. China und Indien werden in Afrika sehr oft verglichen – Indien zieht dabei meist den kürzeren.

Neben den politischen und wirtschaftlichen Leitbildern des Westens, die man in Afrika nur mit Vorbehalt und mit allerlei Einschränkungen akzeptiert, werden auch seine Zivilisation, seine Kultur, sein Schulwesen, seine Religion und einiges mehr einer Prüfung standhalten müssen. Nicht alles, was bei uns in guter Tradition die Jahrhunderte überstanden hat, ist für Afrika empfehlenswert.

1. Die Führungsposition des Westens in zivilisatorischer Hinsicht (verfeinerter Lebensgenuß in bezug auf Nahrung, Kleidung und Wohnung) ist unbestritten. Davon soviel wie möglich zu kopieren, ist den meisten Afri-

kanern ein Bedürfnis. Leute wie die Masai und Samburu, die selbst bei relativem Wohlstand Hemd und Hose verweigern, sind Ausnahmen.

2. Mit der Kultur des Westens ist es schon schwieriger. Es kommt nichts Vernünftiges dabei heraus, wenn man sie einfach kopiert. Kultur ist Wesensentfaltung; sie basiert auf Kräften, die dem Menschen, einer Menschengruppe, immanent sein müssen. »Gib dich, wie du bist«, lautet die Maxime.

In Afrika ist dieser Rat nicht immer empfehlenswert. Bis vor kurzem, bis zur Besitznahme des Kontinents durch die Weißen, hatte man ja die Möglichkeiten, sich arteigen zu entfalten. Was kam dabei heraus? Strohhütten, Urwaldrhythmen und blutige Rituale. Entgegen den schwärmerischen Auslassungen einiger Poeten tut man dem Schwarzen Kontinent südlich der Sahara keineswegs Unrecht, wenn man seine kulturellen Leistungen mit einem Fragezeichen versieht. Einsichtige Afrikaner nehmen das nicht einmal übel. Sie legen auch heute noch keinen Wert darauf. Man will von den Europäern keine Musik, keine Dichtung, keine Kunst – man will Wissen.

Das alles schließt nicht aus, daß die Afrikaner, wenn sie sich erst einmal gefangen, in ihrer neuen Umgebung zurechtgefunden haben, mit imponierenden kulturellen Leistungen aufwarten werden. (Als die Akropolis gebaut wurde, lag man nördlich der Alpen auch noch auf Bärenfellen.) Die Neigung der Afrikaner, in allen Dingen einen tieferen Sinn, eine heilige Bedeutung, zu entdecken, wird ihnen den Weißen gegenüber vielleicht sogar einen gewissen Vorsprung geben. Was nützt dem Europäer seine materielle und wirtschaftliche Selbstgefälligkeit, wenn er gleichzeitig ein Gefühl der Unsicherheit und Sinnlosigkeit verspürt, ein Gefühl des Verlorenseins in einer Welt, die so ganz das eigene Werk ist?

3. Die Erziehung der afrikanischen Jugend ist ein Problem für sich. Bisher oblag diese Aufgabe dem Elternhaus und den Missionsschulen. Zur ersten Instanz hat sich Bernhard Shaw einmal wie folgt geäußert:

»There may be some doubt as to who are the best people to have charge of children, but there can be no doubt that parents are the worst – Es mag zweifelhaft sein, welche Leute die besten Erzieher sind, aber eines steht fest: die Eltern sind die schlechtesten.«

Er hat dabei nicht an Afrika gedacht. Aber auch bei den Zivilisierten haben die meisten Kinder nicht den Vorzug, mit Eltern gesegnet zu sein, die bildungs- und erziehungsmäßig ein Optimum bei ihren Sprößlingen anstreben. Es fehlt an der nötigen Einsicht, an der Bereitwilligkeit, finanzielle Opfer zu bringen, und an vielem anderen mehr. In den schlimmsten Fällen ist die Abscheu, die die Söhne für die Lebenspraktiken ihrer Väter empfinden, die einzige Starthilfe für das Leben, die sie von ihren Erzeugern mitbekommen.

In Afrika ist es um das Elternhaus noch um einiges schlechter bestellt. Die

Stammestraditionen bestimmen das Denken und Handeln der Alten. Magie und Aberglaube, Beschneidungsriten, Vielweiberei und Ahnenkult sind das Alpha und das Omega.

»Baba«, der Pädagoge und Erzieher, lehrt seine Sprößlinge, daß es ungehörig ist, älteren Leuten in die Augen zu schauen, wenn man mit ihnen spricht. Die Schule lehrt das Gegenteil. Baba ist der Ansicht, daß Krankheiten durch Zauberei und »Witchcraft«, durch rituelles Unreinsein oder durch den Zorn der Ahnen hervorgerufen werden, die Schule behauptet, daß Krankheiten auf Bakterien und Bazillen zurückzuführen sind und daß die Kinder nach Möglichkeit einen eigenen Kamm, ein eigenes Eßgeschirr und so weiter benutzen sollen.

Für ein afrikanisches Kind ist die Welt voller Widersprüche. Das Vertrauen in seine Eltern wird von der Schule untergraben und das Vertrauen zum Lehrer vom afrikanischen Alltag, von der Umwelt. Statt von den Eltern zum Kind geht die Erziehung oft in umgekehrter Richtung: vom Kind zum Elternhaus. Die Schule lehrt, wie man Wäsche pflegt, wie man kocht, wie man Gemüse pflanzt und so weiter, und fordert die Kinder auf, die Neuerungen zu Hause einzuführen.

Die Fortschritte, die auf diese Weise erzielt werden, sind nicht immer überzeugend. Die Zerrüttung, die Auflösung der Familie ist oft das einzige, was erreicht wird. »Wie soll«, so fragte ein afrikanischer Student, »bei solchen Verhältnissen die Jugend für den Leistungswettkampf des zwanzigsten Jahrhunderts fit gemacht werden?«

Die erzieherische Leistung der Missionskirchen ist unbestritten. Ohne die Missionare wäre Afrika noch immer ein Kontinent ohne Schrift, ohne Bildung. Die Afrikaner schulden den Männern und Frauen in den schwarzen Soutanen – was die schulische Bildung anbetrifft – viel Dank. Im Lehrfach Religion haben sich die Missionen vielfach selbst das Wasser abgegraben.

Karin Blixen, die lange Jahre in Kenia eine Kaffeeplantage besaß, gibt ein treffendes Beispiel dafür. Ein protestantischer Missionsschüler weigerte sich, in die katholische Kirche des Nachbardorfes mitzukommen:

»Nein, Herrin«, flüsterte er, »ich komme nicht mit dir. Dort, in der großen Kirche – ich weiß es genau – , da ist eine hohe Frau, die *mbaia sana,* die schrecklich böse ist.«

Durch die Unterrichtung in verschiedenen Glaubensbekenntnissen haben die Missionare die alten, eingefleischten Stammesdifferenzen noch um einige vermehrt. Die ersten Religionskriege haben bereits begonnen.

»Man hat«, so kommentierte ein alter Farmer in Nairobi, »in blindem Glaubenseifer, in gegenseitiger Rivalität, ein Chaos geschaffen. Stellen Sie sich daneben einmal das homogene Schulwesen in Rußland und China vor.

Ich will weder dem Kommunismus noch dem Atheismus das Wort reden, aber eines ist sicher: daß man weiterkam und weiterkommen wird als mit dem in Afrika praktizierten Schulwesen westlichen Stils.«

4. Die Gretchenfrage nach der Religion des afrikanischen Kontinents läßt nur für zwei Gebiete eine eindeutige Antwort zu: Der Norden Afrikas und weite Teile der Ostküste sind muselmanisch, der Süden ist christlich. Was dazwischen liegt, ist zum Teil missioniert, zum Teil heidnisch. Des öfteren bedarf es eines Fragezeichens (45).

Im Grunde seines Wesens ist der Afrikaner religiös veranlagt. Er hat das sichere Gefühl, daß alle Dinge sinnlos wären, wenn sie – neben ihrer Funktion in der Erscheinungswelt – nicht noch eine tiefer liegende Bedeutung hätten, »wenn ihr innerstes Wesen nicht hinüberreichte in eine andere Welt«. Die Afrikaner sind sich des Mysteriums, das sie umgibt, bewußt. Ihre Magie, ihre Zauberformeln haben keinen anderen Zweck, als die Kontakte mit den geheimnisvollen Mächten wachzuhalten und zu fördern. Sie pflegten diese Kontakte, wie es ihrer primitiven Art entsprach. Die Umerziehungs- und Beeinflussungsversuche der Weißen waren nicht immer von Erfolg gekrönt (46). Oft haben sie nur ein Gefühl der Unsicherheit geschaffen, ein Vakuum, das für vielerlei empfänglich und zugänglich ist – auch für den Atheismus.

Es ist offensichtlich: Der Westen gibt sich einem Trugschluß hin, wenn er annimmt, daß seine Religion, seine Prinzipien allen Völkern der Erde heute und morgen und für alle Zeit zusagen müssen, daß man sie überall als die besten akzeptiert.

Was berechtigt uns eigentlich zu solchen Träumen?

Unsere zahlenmäßige oder wirtschaftliche Überlegenheit, unsere tausendjährigen Traditionen?

Rein zahlenmäßig ist schon heute sicher, daß die farbige Welt mit ihrem gewaltigen Bevölkerungszuwachs die weiße Rasse hoffnungslos an die Wand drückt. Zur Zeit ist das Verhältnis etwa drei zu eins. Es wird noch krasser werden. Neben territorialen Ansprüchen wird dann – was Professor Dixon schon vor dreißig Jahren aussprach (47) – auch die Frage akut werden, ob die fruchtbaren Völker nicht ein moralisches Recht darauf haben, unsere Nachfolge anzutreten und die Welt nach ihren Gesetzen zu regieren.

Die wirtschaftliche Vorherrschaft des Westens ist zwar noch gegeben, aber wie lange noch? Wenn zwei Milliarden Farbige eines Tages auf die Idee kommen, die Ärmel hochzukrempeln (und man ist schon im Begriff dazu), dann werden sich einige Relationen sehr rasch ändern.

Und was unsere Religion anbetrifft, da kann man nur konstatieren, daß zwar zweitausend Jahre seit Christi Geburt verstrichen sind, das Christentum aber immer noch im Verhältnis eins zu zwei den anderen Religionen

Im Norden Tansanias, wo der Kibo ins lichte Blau des Himmels ragt, hat man schon lange Kontakt mit Europäern, mit Missionaren und Pflanzern; im Süden, in den Dörfern am Rovuma, ist noch das alte, das urwüchsige Afrika anzutreffen. Kennzeichen der Makonde-Frauen ist die »ndonya«, der Lippenpflock.

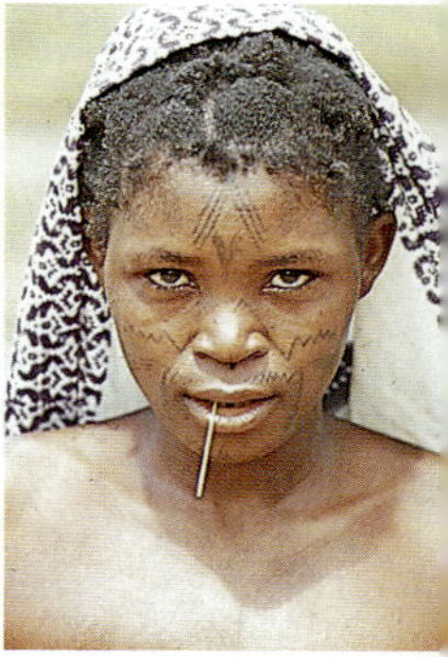

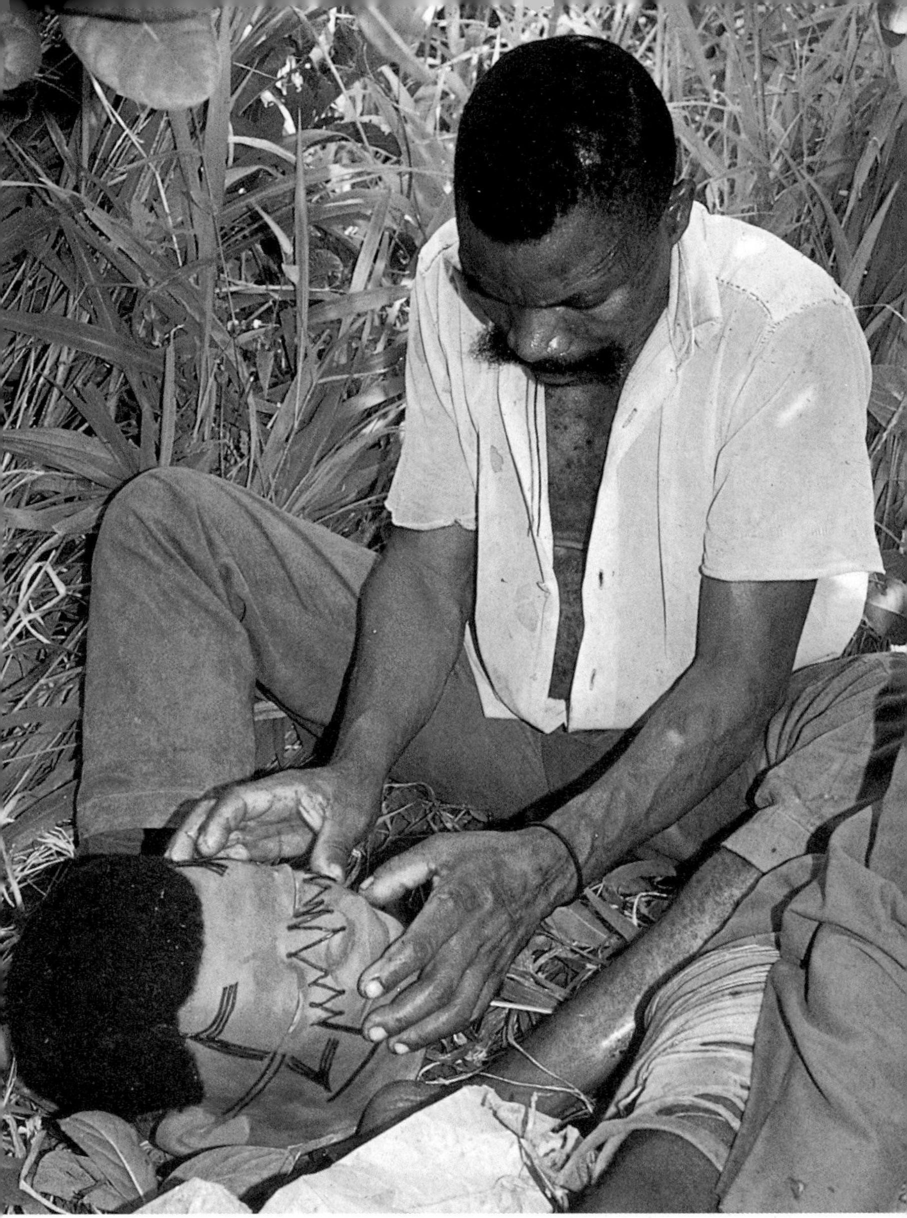

Lipiku-Stülpmasken werden bei der Initiation der Buben und Mädchen getragen; sie werden in einem geheimen Versteck, dem »mpolo«, hergestellt. Als Ritualgegenstände unterliegen sie strengster Geheimhaltung; für Frauen sind sie tabu. Ein weibliches Wesen, so geht die Rede, das eine solche Stülpmaske außerhalb des Rituals sieht, wird sofort erblinden oder sterben. *Aufn. Dr. Mohl: Mahurunga/Rovuma*

unterlegen ist (48). Und diese Relation wird sich verschlechtern (49), ganz abgesehen davon, daß das Christentum von vielen seiner Gläubigen nur noch als Humanitätslehre akzeptiert wird.
Der Westen wird sich damit abfinden müssen, daß seine Werte nicht überall willkommen sind und die Welt der Zukunft nicht nur von seinen Prinzipien beseelt wird. Und wenn Afrika nun nach Leitbildern sucht, dann empfiehlt es sich, ihm nicht einfach Wesensfremdes aufzuoktroyieren.
Es gibt Leitsterne, die allen Menschen leuchten, die Ansteckungs- und Suggestionskraft haben, die zu Stolz berechtigen und Würde verleihen, die Gemeinsames fördern und für Individuelles Spielraum lassen – der Mensch als Kreatur Gottes, als vernunftbegabtes Wesen, der Mensch mit seinen Fähigkeiten und seinem Fleiß, seiner Erfindungsgabe und seiner Intelligenz ist der Kristallisationspunkt, von dem alle Formbildung ausgeht, alles Materielle und alles Ideelle erschlossen wird. Geben wir den Afrikanern ihren Glauben an sich selbst zurück, an ihre Gleichberechtigung, an ihre Leistungsfähigkeit. Sie werden lernen und zupacken und alles, was sie schaffen, was ihnen Stolz und Würde gibt, wird sie mit uns verbinden.
Die Afrikaner, die Farbigen schlechthin, sie warten nicht auf unsere Thesen und Theorien, sie warten darauf, daß sie eine Chance bekommen – sie warten darauf, daß wir ihnen die Hand geben.

39. »Wir lagen vor Madagaskar ...«

Die Reise südwärts beginnt in festlicher Stimmung. Der Kapitän – im Krieg war er U-Boot-Kommandant – hat von seiner Frau ein Telegramm folgenden Inhalts bekommen:
»Ahoi skipper, new craft successfully launched at seven bells. Tonnage: eight pounds. No periscope. All shipshape. That is all we hope. Love. Eve.«
Das muß gefeiert werden. Die Stewards flitzen mit goldgeprägten Einladungskarten von Passagier zu Passagier: »The Captain would be obliged ...«
Mr. Boort, der Diamantenhändler aus Johannesburg, nimmt seine Karte nur mißmutig entgegen. »Nun schau dir das an«, brummt er, »zweihundert englische Pfund habe ich auf diesem Kahn schon in Trinkgeldern investiert, und jetzt soll ich auch noch mit der Mannschaft essen. How do you like that!«
Der Käptn empfängt seine Gäste mit rauhbeiniger Herzlichkeit. Er ist ein Seemann alten Schlages. Das Garn, das er spinnt, ist faustdick. Des öfteren

– wenn Miss Vandensteen die Pointe nicht mitkriegt – muß er seine Satzbrocken noch ein zweites Mal unter die Zähne nehmen. Normalerweise geschieht das nur knurrend, aber heute kann ihn nichts, kein noch so spätes Mädchen aus der Stimmung bringen. Die Miss verzieht keine Miene. Sie nickt nur gedankenvoll zu seinen Scherzen und versucht, die Unterhaltung in vertrautere Gewässer zu steuern: »Käptn, haben wir auch bestimmt keine Seuchen an Bord?«

Der Commodore denkt nach: »Nein, Seuchen nicht, aber einen schlimmen Fall. Ein Gentleman rannte heute früh zum *surgeon* und bat inständig: ›Doctor, you have got to help me. Here I am, ninety years old and still chasing girls.‹ – ›Was ist daran schlecht?‹ fragte der Doktor lachend. Der alte Schwerenöter kämpfte mit den Tränen: ›Ich bin hinter ihnen her‹, gestand er, ›aber ich kann mich nicht entsinnen, warum.‹«

Miss Vandensteen schaut den Commodore abschätzend an: »Captain, dear, das nimmt Ihnen doch keiner ab.«

Am nächsten Morgen ist das Leben wieder in geregelten Bahnen: Missis Black widmet sich erneut ihrer Diät, Dr. Henriksen rennt in gewohnter Weise ums Deck (Exercise! Exercise!), Mr. Blomfontan schwärmt von alten Zeiten (»Life had been more leisurely, the girls had been prettier, and money had gone farther«), Mr. Randolph legt seine Suahelianekdoten zu den Akten und holt seine Zuluwitze hervor:

»Eine Kannibalenmutter und ihr Sprößling schauen einem Flugzeug nach, das über ihnen dahinbrummt. ›Was ist das?‹ fragt das Kind. ›Och‹, sagt die Negermama, ›das ist so was wie ein Hummer: Man kann nur das essen, was innen ist.‹«

Das Leben an Bord ist so unterhaltsam und abwechslungsreich wie immer. Zu Kontemplationen bleibt keine Zeit. Man schmiedet neue Pläne, freut sich auf neue Erlebnisse. Südafrika ist ein faszinierendes Land, aber – und das wird jetzt schon deutlich – es wird sich uns anders präsentieren, als ursprünglich gedacht. Die Akzente haben sich verlagert. Mancher Reiz Südafrikas wird im Schatten des Kilimandscharo verblassen, der Krügerpark, in allen Reiseprospekten als Hauptattraktion herausgestellt, nimmt sich neben der Serengeti und dem unwegsamen Marsabit wie ein botanischer Garten mit wohlgepflegtem Zoo aus, und die Sotho, Zulu und Xhosa können den Masai nicht das Wasser reichen. Was bleibt? Was soll man ansehen?

Nun, Südafrika ist ein Land mit vorbildlicher Landwirtschaft und imponierender Großindustrie. Aber das interessiert nicht. Der Tourist sucht anderes, Neues, Einmaliges. Er sucht das, wodurch sich das Land auszeichnet, von allen anderen unterscheidet. Die Apartheid, die Rassentrennung zwischen Schwarz und Weiß, ist das, was die Gemüter am meisten beschäftigt. Auch

die Position der Kirche und die Zivilisationserscheinungen bei den Bantu sind eine Studie wert. Hier ein wenig auf den Busch zu klopfen ist sehr verlockend. Ich werde kaum widerstehen können.
Zunächst schwimmen wir aber noch in der Dünung des Monsuns. Die Fahrt unter blauem Himmel wird zur Tortur; wir werden geröstet, gedämpft und geschmort. Kein Lüftchen regt sich. Nicht einmal der Fahrtwind ist zu spüren. Der Monsun – er kommt von Norden – hat etwa die gleiche Geschwindigkeit wie das Schiff. Seine heiße Luft liegt wie eine Hitzeglocke über uns. Das ins Schwimmbecken hochgepumpte Wasser hat 32 Grad. Es ist widerlich warm. Alles klebt. Wir sind im Kanal zwischen Mozambique und der Insel Madagaskar.
Ein Zoologe erklärt mir die Besonderheiten der Insel. Sie muß schon sehr lange vom afrikanischen Kontinent getrennt sein, da die Tierwelt zum Teil eine recht eigenständige Entwicklung aufweist. Von den Säugern fehlen die typisch afrikanischen Formen, auch die Affen, dagegen sind zahlreiche andere Gattungen vorhanden: Mangusten und Zibetkatzen, merkwürdige Mäusearten und zahlreiche Halbaffen.
Das Klima des Landes können wir am eigenen Leib studieren. Es ist mörderisch. Die Sonne – es ist Sommer in der südlichen Hemisphäre – steht zur Zeit im Zenit. »Sie fährt«, um ein Wort von T. E. Lawrence zu zitieren, »auf uns nieder wie ein Schwert aus der Scheide.« Sie tötet jegliche Energie, preßt den Schweiß literweise aus der Haut, lähmt den Verstand, verursacht Kopfschmerzen. Das Schiff ist voller Asthmatiker – jeder schnappt nach Luft.
»Wem Gott will rechte Gunst erweisen«, neckt eine Lehrerin aus Durban, »den schickt er in die weite Welt!« Mir fällt ein anderes Lied ein, eines, das wir als Fünfzehnjährige auf Wanderungen gerne sangen. Es war schaurig schön:

»Wir lagen vor Madagaskar
und hatten die Pest an Bord,
in den Kesseln verfaulte das Wasser,
und täglich ging einer über Bord ...«

Heute kann ich etwas besser ermessen, was es mit der christlichen Seefahrt des sechzehnten und siebzehnten Jahrhunderts auf sich hatte. Die Männer, die damals die Welt umsegelten, sind nicht auf Luxusdampfern gefahren, sie wußten nichts von Klimaanlagen, von Duschräumen und eisgekühlten Drinks, sie wußten nicht einmal, wann und ob sie aus dieser Hölle entlassen würden. Sie lagen wochenlang mit schlappen Segeln auf öder Wasserwüste, jede Planke wurde von der Sonne geröstet, Teer floß aus Ritzen und Fugen,

Schmutz und Ungeziefer ergriffen vom Schiff Besitz, das Wasser war rationiert, es stank vor Fäule, in unrasierten Gesichtern wucherte die Krätze; Salzfleisch und getrocknetes Brot, aus dem die Würmer geklopft werden mußten, waren das tägliche Menü, Skorbut, Ruhr und Cholera die treuesten Gefährten...

Nach drei Tagen und vier Nächten laufen wir in Beira ein. Beira ist die zweitgrößte Stadt von Portugiesisch-Ostafrika, und es ist das Tor zu Rhodesien. Alle Passagiere, die nach Salisbury, nach Broken Hill, nach Bulawayo, nach Livingstone oder zum Karibadamm wollen, verlassen hier das Schiff.

Beira ist Hauptumschlaghafen für alle Güter, die in das Minengebiet gehen oder von dort kommen. Stadt und Hafen wuchsen mit den Industriezentren im Innern des Landes. Große, moderne Bauten sind in den letzten Jahren erstellt worden: Kontore, Lagerhäuser, Schiffahrtsagenturen. Neues Leben durchpulst Portugal ultramar, das überseeische Portugal. (Portugal hat keine Kolonien, nur überseeische Provinzen). Der fünfhundertjährige Dornröschenschlaf ist zu Ende.

Das politische Erwachen des Schwarzen Kontinents zwingt zu Neuerungen. Einer der rückständigsten Teile Afrikas soll mobilisiert werden. Es fehlt an allem: an Schulen, an Wohnraum, an Krankenhäusern, an Industrien. Graphit, Bauxit, Gold, Zinn und Kohle warten schon seit langem darauf, abgebaut zu werden. Jetzt eilt es. Die Rebellen sammeln sich vor den Toren.

In Daressalam ist die MANU, die Mozambique African National Union gegründet worden, die sich (zusammen mit anderen Verschwörergruppen) auf eine bewaffnete Invasion vorbereitet. Viele der jungen afrikanischen Staaten geben Hilfestellung. Es riecht nach Krieg. Portugiesische Soldaten patrouillieren im Hafen, Streifenwagen fahren durch die Städte, und den Touristen wird dringend empfohlen, das Fotografieren zu unterlassen.

Die Portugiesen werden in den nächsten Jahren einen schweren Stand haben. In ihren afrikanischen Provinzen stehen dreihunderttausend Weiße, Mischlinge und Asiaten zwölf Millionen Bantu gegenüber. Die Eingeborenen, die von aller Welt abgeschnitten sind, haben keine Gewerkschaften und keine Organisationen, sie haben, so unglaublich das auch klingen mag, bis dato noch ein gutes Verhältnis zu ihren Herren. Es gibt keine Rassenvorurteile, aber alle gehobenen Berufe sind stillschweigend den Weißen vorbehalten. Im Hafen ist nicht ein einziger Kran mit einem Neger bemannt, und die schwarzen Schauerleute werden nicht mit Samthandschuhen angefaßt.

Aber in mancher Hinsicht haben es die Bantu hier besser als ihre Brüder in Südafrika: es gibt keine Schilderapartheid, keine Bänke und Lokale mit der Aufschrift »Nur für Europäer« und so weiter. Trotzdem sind die *Indigenas,* die Eingeborenen, eine Bevölkerungsschicht für sich.

Ihnen stehen die *Civilisados*, die Zivilisierten, gegenüber. Das sind die Europäer, die Inder, ein Teil der Mischlinge und einige gebildete Schwarze. Die Civilisados sind vollwertige Bürger (Cidadoes) mit allen politischen Rechten. Die Eingeborenen, die große Masse, haben kein Stimmrecht. Aber jeder hat die mitunter etwas theoretische Chance, sich hochzuarbeiten, Cidadao zu werden. Voraussetzung ist, daß er sich als Portugiese fühlt, die Sprache in Wort und Schrift beherrscht, europäisch lebt und ein geregeltes Einkommen hat. Katholik sollte er auch sein.
Nach dem Rebelleneinfall in Angola hat man die Vorschriften für den Erwerb der Bürgerrechte wesentlich gelockert. Man hat eingesehen, daß man die Zeichen der Zeit nicht so ignorieren kann, wie man das gerne möchte. »Die Kolonien Portugals«, so äußerte sich Nehru vor dem indischen Parlament, »können nicht im Kühlschrank leben, wenn ganz Afrika auflodert.«
Jetzt kann Bürger werden, wer lesen und schreiben kann. Aber da man als Bürger Portugals nur noch eine Ehefrau haben darf, Steuern bezahlen und auf gewisse Stammesriten, die nach dem Recht der Weißen strafbar sind, verzichten muß, ist der Andrang zu den Registrierbüros nicht sehr groß.
Die Portugiesen fühlen sich – wie die Südafrikaner – für ihre Schwarzen verantwortlich. Der weiße Mann ist der Patriarch. Er sorgt für eine fortschreitende Zivilisation, aber er läßt sich Zeit dazu. Er weiß: Ein Schwarzer, der nie zur Schule ging, stiehlt unter Umständen von einem Güterwagen, schickt man ihn aber zur Universität, stiehlt er die ganze Eisenbahn.
Die Ziele, die sich Portugal und Südafrika gesteckt haben, mögen nicht von heute auf morgen realisierbar sein, aber sie sind für die einheimische Bevölkerung mit weniger Risiken verbunden als die Experimente, die man in den jungen Staaten Afrikas unternimmt. »Wer langsam fährt, kommt auch ans Ziel.«
Im übrigen ist man zur Zeit dabei, tief in die Tasche zu greifen, um den Lebensstandard der afrikanischen Bevölkerung zu heben. Das ist, davon sind die Portugiesen zutiefst überzeugt, entschieden honoriger, als die Schwarzen im Stich zu lassen, wie es in einigen Kolonialgebieten der Fall war.
Südafrika und Portugal wollen nicht passen. Sie wollen ihren Bantu zu Zivilisation und Wohlstand verhelfen. Beide experimentieren. Es bleibt ihnen eigentlich nichts anderes übrig. Die einen sind in Afrika zu Hause, sie haben sonst nirgendwo eine Heimat, die anderen sind durch ihre fünfhundertjährige Anwesenheit in Afrika so sehr mit dem Kontinent verwachsen, daß eine Trennung fast undenkbar erscheint. Was wäre Portugal ohne Mozambique? Was wäre Mozambique ohne Portugal?

40. Im Lande der Zulu

Kaum sind wir aus dem Kanal von Mozambique heraus, wird das Wetter etwas erträglicher. Statt vierzig Grad zeigt das Thermometer nur noch fünfunddreißig. Wir kommen gut voran. Der Monsun bläst von achtern. Mächtig wühlt er die See auf. Das Schiff rollt und schlingert. Immer wieder reckt sich der Bug hoch in den Himmel, um gleich darauf zehn oder fünfzehn Meter tiefer zu fallen. Im Liegestuhl nimmt es sich aus, als ob nicht das Schiff, sondern der Himmel tanze.

Die Nächte sind wundervoll. Das Kreuz des Südens, die schönste Sternkonstellation der südlichen Hemisphäre, strahlt uns aus pechschwarzem Himmel entgegen. Alpha, Beta Centauri und Acrux, der südlichste Stern des Kreuzes (das mehr wie ein Y aussieht), flimmern wie großkarätige Brillanten.

Wir liegen an Deck, blinzeln zu den Sternen hoch, lauschen auf den Wind und das Klatschen der Brecher an der Bordwand und erzählen uns ein wenig.

Martin und Wilfred, zwei junge Globetrotter, spinnen ein dickes Garn. Sie kommen aus Deutschland, haben sich mehrere Jahre in Australien und der Südsee umgesehen und schließlich – man verdient gut in Australien – Paris und die Riviera unsicher gemacht. Vor einem Vierteljahr haben sie den Rucksack wieder gepackt, um erneut nach Süden zu ziehen. Sie sind den Nil entlang getrampt, haben in den Zelten von Beduinen und Militärpatrouillen geschlafen oder die Gastfreundschaft der Sikhs in Anspruch genommen.

Ausgehungert und etwas erschöpft – den Tag zuvor hatten sie den Kilimandscharo erstiegen – kamen sie in Daressalam an Bord. Es sind einfache Kerle, Handwerker von Beruf, und sie verstehen nicht alles, was sie unterwegs gesehen und erlebt haben (von den Sikhs wissen sie nur, daß ihre Tempel recht preiswerte Garni-Hotels sind), aber sie strahlen so viel gesunde Vitalität aus, daß es eine Lust ist, mit ihnen zusammen zu sein.

Man kann sie überall treffen, diese wanderlustigen Burschen. In Cambridge habe ich ein gutes Dutzend von ihnen kennengelernt. Einfache Farmarbeiter und junge Akademiker. Sie kamen mit Landrovern über den Khyberpaß und durch Kleinasien, sie kamen als Kohlentrimmer auf uralten Frachtern, sie kamen per Anhalter und als Bänkelsänger, sie kamen aus Japan, aus Amerika, aus Südafrika, aus Australien und Neuseeland. Sie tragen Bärte und Rollkragenpullover, sie trinken mit Hafenarbeitern und Professoren, sie debattieren über den dialektischen Materialismus und die Geschlechtlichkeit des Weibes, sie können die endliche Unendlichkeit des gekrümmten

Raumes berechnen, Bücher schreiben und Schiffsmotoren mit einem Taschenmesser reparieren. Sie sind Kerle, die einem Respekt abnötigen, auch dann – oder gerade dann – wenn sie, wie meine beiden Freunde hier, mit wenig Rüstzeug auf die Wanderschaft gehen.

Sie wissen, daß man die Dinge in der richtigen Reihenfolge tun muß, sie fragen während ihrer Lehrjahre nicht nach der Alterspension, sie halten nichts von frühzeitiger Heirat (»Marriage is the only adventure open to the cowardly«), und von der Welt haben sie die erfrischende Vorstellung, daß sie ihnen gehört, daß sie von ihnen erkundet und erwandert werden möchte. Sie können es sich nicht leisten, ihre Zeit mit Geldverdienen zu vergeuden.

Nach zweitägiger Fahrt erreichen wir Durban. Das Lotsenboot erwartet uns vor der Hafeneinfahrt. Es hat seine liebe Not, längsseits zu kommen. Die aufgewühlte See läßt das Boot wie eine Nußschale tanzen. Der Kapitän dreht das Schiff mit der Breitseite gegen den Wind, damit der Lotse leewärts ohne allzu große Gefahr durch eine Luke im Schiffsrumpf an Bord klettern kann.

Die Hafeneinfahrt zwischen den Landzungen Point und Bluff ist eng, aber sie bietet den Schiffen im Hafen besten Schutz gegen die Brandung. Wir gleiten an Docks und zahlreichen Frachtschiffen vorbei. Am Whaling Slipway wird soeben ein Wal, ein silberglänzender Fleisch- und Fettberg, hochgezogen. Drei weitere Tiere sind noch am Walfänger, einem relativ kleinen Boot, vertäut. Sie schwimmen seitlich von ihm, mit aufgeblasenen Bäuchen. Die Wal-Saison hat vor wenigen Tagen begonnen, erläutert uns einer der Schiffsoffiziere; sie dauert bis August.

Wir werden an den Kai bugsiert. Eine teleskopartige Gangway (aus- und ineinanderschiebbar) tastet sich zu unserem Schiffsrumpf vor. Sie verbindet uns mit dem modernsten Zollabfertigungsgebäude der südlichen Hemisphäre. Glas, Beton und automatische Gepäckbeförderungsanlagen versetzen den Ankömmling in Staunen. Hier wurde in großem Stil gebaut und mit Geld, mit sehr viel Geld. Die Republik Südafrika ist ein blühendes Staatswesen. Der Lebensstandard ist mit dem der USA vergleichbar.

Die Zollabfertigung geht rasch und höflich vor sich. Transitreisende sind uninteressant. Waffen werden unter Verschluß genommen. Auch mein Masaispeer ist, obwohl in seine Bestandteile zerlegt, *a dangerous weapon,* ein gefährliches Mordinstrument. Er verschwindet im Safe.

Ich verschwinde in einem Taxi, einem Cadillac. Auf großzügig angelegten Über- und Unterführungen rollt der Wagen zur Stadt und zum Promenadestrand. Ein gutes Hotel zu finden ist nicht schwer. Das Fairhaven, das Edward, das Beachhotel und zahllose andere Wohnsilos bieten modernsten Komfort. Durban ist das Recreation Center, das Erholungszentrum für Nord- und Südrhodesien, für Basuto- und Betschuanaland und natürlich auch für große Teile der Südafrikanischen Union. Wer sich das Jahr über im glühenden Copperbelt, im geschäftigen Johannesburg oder auf den Zucker- und Sisalplantagen, abgerackert hat, kommt in seinen Ferien nach Durban, um sich in dieser weltoffenen Stadt am Indischen Ozean dem Luxus und allerlei Vergnügungen hinzugeben.

Sowohl im Sommer (Dezember bis März) als auch im Winter (Mai bis August) herrscht Hochbetrieb auf den Golf-, Renn- und Tennisplätzen. Auch der Strand ist immer belebt: Diesseits des Netzes tummeln sich die Badegäste, jenseits die Haie und die Rochen.

Am nächsten Morgen mache ich mich auf, die Stadt zu erkunden. Es sind nur wenige hundert Meter bis zum Zentrum, dem Viertel um City-Hall und Post-Office. Ich weiß nicht, was ich erwartet hatte, aber irgendwie bin ich ein wenig enttäuscht: Die Gebäude, die Geschäfte, das Bedienungspersonal – alles ist europäisch. Man vergiß fast, daß man in einer afrikanischen Metropole ist.

Ich spaziere weiter. Nach einer Viertelstunde ändert sich die Szenerie. Farbe, Lärm und tausend Düfte umbrodeln mich; das Inderviertel ist der bevölkerungsreichste Teil der Stadt. Die Straßen werden zu Basaren. Jeder fuggert mit jedem. Wer sein Geschäft noch nicht etabliert hat, wer noch keinen Torbogen sein eigen nennt, zieht als *Hawker* mit umgeschnalltem Bauchladen von Ecke zu Ecke. Die meisten dieser Händler sind recht dunkelhäutig; es sind Nachkommen der vor hundert Jahren von den englischen Zuckerplantagen importierten Landarbeiter. Ihre Sprache ist das in der Gegend von Madras beheimatete Tamili.

Der Kinderreichtum der indischen Familien und die illegale Einwanderung ließen Durban zur größten Indersiedlung auf dem afrikanischen Kontinent werden. 250 000 Inder leben heute hier, ganze Stadtteile wurden in indischer Bauweise erstellt und die Wirtschaft des Gebietes ist in braunen Händen. Europäer und Afrikaner gebrauchen nicht erst seit gestern das Schlagwort vom indischen Imperialismus.

Das Ziel meiner morgendlichen Wanderung ist der Native und Indian Market. Er ist im Vergleich zu den Märkten Ostafrikas eine höchst zivilisierte Angelegenheit: saubere Hallen, Neonlicht und Stände, die sich in jeder europäischen Markthalle sehen lassen könnten. Glimmende Weihrauchstäbchen und der Duft zahlloser Gewürze geben dem Ganzen trotzdem noch einen exotischen Anstrich. Es duftet nach Paprika und Zwiebeln, nach süßem Mais, nach Oliven, Mangos, Kürbissen und Bananen. Betelnußblätter werden, in wassergefüllten Pfannen säuberlich geschichtet, angeboten. Curry gibt

es in allen Variationen: »Madras extra hot«, »Kiss of fire«, »Calcutta medium mix«, »Singapore hellfire«.
Auf dem Zulumarkt wird nur billigster Ramsch offeriert. Die Schwarzen sind keine Händler wie die Inder, sie haben keine Marktkenntnis und auch kein Kapital. Sie würden gut daran tun, gegen die clevere Konkurrenz gar nicht erst anzutreten. Es liegt ihnen mehr, eine Rikscha zu ziehen oder als Boy in einem Hotel zu arbeiten.
Allerdings, und diese Vermutung drängt sich einem sehr schnell auf, ist das nicht nur in der Mentalität der Bantu-Rasse begründet. Man hat diese Leute zum Teil bewußt etwas unten gehalten. Sie sind hier die Heinzelmännchen, die alle schwere und alle niedrige Arbeit tun. Kein Weißer kehrt eine Straße, schleppt sich auf Neubauten mit Sand oder Steinen ab oder wischt die Böden der Hotels. Dafür hat man die Schwarzen. Man hat sie abgerichtet und ihnen ihren Platz in der Gesellschaft unverrückbar zugewiesen. Die Chance, voranzukommen, ist gering. Schon einfache Jobs, wie die eines Kran- oder Baggerführers, sind weißen Arbeitern vorbehalten.
Ihre Inferiorität wird den Zulus täglich aufs neue demonstriert. Man leitet sie an, ihre alten Clownerien, ihre Kriegstänze und ähnliches beizubehalten. Für die Touristen ist es ein Sonntagsvergnügen, sich das »Ngomo-Dancing« der schwarzen Hotelboys und Sugar-Mill-Arbeiter anzusehen.
Auf einem Sportplatz (zwischen dem letzten Hochhaus und dem ersten Öltank) findet alle acht Tage ein Wettbewerb zwischen verschiedenen Stämmen statt. Die schwarzen Gesellen kommen in malerischen Kostümen an und versuchen, ihre überschüssige Kraft durch Grimassenschneiden und rhythmisches Stampfen mit den Beinen loszuwerden. Es ist ein Kriegstanz der Liftboys und Rikschafahrer. Wenn es regnet, flüchten sie unter Schirme und Cellophanumhänge.
Auch an jedem Postkartenstand ist zu ersehen, wie gern man die Primitivität der Eingeborenen herausstellt. Nirgends in Afrika werden die Schwarzen so unbekümmert in puris naturalibus angeboten. Sie hocken nackt um den Kochtopf, posieren vor armseligen Strohhütten und tanzen mit kindischen Waffen Ringelreihen. »Was seid ihr doch für primitive Gesellen«, das ist der unsichtbare Begleittext zu jeder Postkarte, zu jedem Dia. A Zulu will always be a Zulu, ein Zulu wird immer ein Zulu sein, das ist das Axiom. Dabei fällt es keinem Zulu heutzutage mehr ein, nur mit einem Federbüschel bekleidet als Jungfernschreck aufzutreten.
Hinter dem Eingeborenenmarkt, mitten unter den indischen Dukas, stellen einige Kräuterdoktoren ihre Arzneimittel aus. »Inyanga stalls« nennen sich diese Stammesapotheken. Interessante Dinge sind in den Schaufenstern und auf den Ladentischen aufgestapelt:

Knochen und Schlangenhäute,
Hühnerfüße,
pulverisierte Autoreifen,
getrocknete Geißennieren,
Rattenschwänze,
Fledermausköpfe,
Seesterne, Tang, farbige Mixturen,
Felle, Hufe, bemalte Glühbirnen,
getrocknete Mägen und Unterleibsorgane,
Muscheln und Kräuter,
Fischmumien und Schwämme,
getrocknete Därme und uralte Baumrinden.

Die Rezepte sind vielversprechend:

In Tee gekochte Fledermausköpfe sind gut gegen Keuchhusten,
ein Pflaster, mit Kuhdung und Schlangenblut getränkt, beseitigt Warzen,
ein in Öl gekochter Krokodilsfuß heilt Geschwüre,
ein Sud aus Beeren, Rhinozerosborsten und Milch macht müde Männer munter und der pulverisierte Kopf einer Mamba schützt die Kinder vor dem bösen Blick der Nachbarin (sie werden witchcraftproof).

Die meisten Kunden sind Frauen; ihr häufigster Wunsch, ein Mittelchen, das den Mann beim Haus und gut im Schuß hält.
»Medicines for making love and for building up a love affair« (Liebesmedizinen) sind das tägliche Brot des Apothekers.
Ist ein Mädchen unzugänglich, gibt der Inyangadoktor dem abgewiesenen Verehrer den Rat, eine Handvoll Staub aus den Fußstapfen der Angebeteten zu beschaffen. In vorbildlicher Teamarbeit (der Liebhaber steuert die Feuchtigkeit bei, der Doktor die Mixturen) wird dann ein Brei gefertigt, der magische Kräfte verleiht, er gibt dem verhinderten Casanova nach mehrmaligem Einreiben der Hände die Fähigkeit, unwiderstehliche Briefe zu schreiben. Seine Angebetete wird ihm verfallen sein, noch bevor sie die zweite Zeile liest.
Ein Liebespulver, das unter dem Namen Samlandela offeriert wird, ist ein ausgesprochener Verkaufsschlager. Der Doktor strahlt vor Stolz, während er Wirkung und Ingredienzen erklärt: »Ein Mädchen, das den Geruch des Pulvers einatmet, ist ... well, she cannot fail to fall!«
Aus Ohren-, Nasen- und Fingernagelschmutz und sonstigen Ausscheidungen »aus allen warmen Ecken des Körpers« werden Salben bereitet, die es in sich haben. Einige Xhosarezepte (Isiphosa, Dukanezwe) werden ihrer alles umwerfenden Wirkungen wegen wie Atombomben gehütet.
An Stimulans verkauft der Inyangaapotheker Bangalalapuder, Vuka-Vuka ndoda, Umzalisi und Spanische Fliege. Er gibt dazu ins Detail gehende Auskünfte und warnt jedermann vor dem *powerful effect,* der gewaltigen Wirkung.
Für Abtreibung empfiehlt er Imbizablätter. Die Blätter müssen mit dem Fett eines schlüpfrigen Tieres gekocht und der Sud muß getrunken beziehungsweise eingerieben werden. Dem gleichen Zwecke dienen Glyzerin, Weizenbrandpilze, Buchublätter, pulverisierte Streichholzköpfe und Waschblau.

Besonders gewitzte Apotheker gehen mit der Zeit und verkaufen ihre Pillen per Katalog. Sie machen Postwurfsendungen an alle, die lesen können. Das bei allen Afrikanern sehr ausgeprägte Verlangen nach Abführmitteln befriedigen sie mit *Extra Strong Native Pills.* Epsomsalz und Rizinusöl werden kiloweise verschickt – und von der Kundschaft pfundweise verschluckt. Das fördert die Verdauung und *clears the bowel both ways.* Besonders gefragt sind auch *complexion lightening creams* (Cremes zum Bleichen der Haut), *hair straighteners* (Glättemittel für die Haare), Pillen für die *facilitation of clear thinking* (Pillen, die das Denken erleichtern) und *fertilizers for the beard* (Bartwuchsmittel).

Da Krankheiten und Gebrechen nicht nur physischer und psychischer Natur, sondern auch weitgehend von den *ancestral spirits,* den Geistern der Ahnen, abhängig sind, ist es Usus, daß ein Inyangadoktor den Patienten vor Verabreichung der Medizin interviewt (50). Das hilft ihm aus mancher Verlegenheit. Er kann, falls seine Medizin versagt, der Zulumama dann versichern, daß ihr Baby an Sotho-witchcraft, das heißt an einer Behexung durch Nachbarn vom Stamme der Sotho, gestorben ist, und wenn es an geeigneten Nachbarn fehlt, können immer noch die *Idlozi,* die Geister der toten Ahnen, für das Malheur verantwortlich gemacht werden.

Erfahrene Medizinmänner sind jedoch schlau genug, ihre Patienten rechtzeitig zum weißen Arzt zu schicken. Aber bevor man sich der Therapie der Weißen anvertraut, müssen die Krankheitsursachen erst mit magischen Mitteln hinweggeräumt werden. Das ist für jeden Bantu eine selbstverständliche Sache. Sie ist so selbstverständlich, daß nicht nur einfache Leute dieserhalb den Inyangadoktor aufsuchen, sondern auch respektable Bürger, Anwälte, Lehrer und Ingenieure. Kein echter Bantu kann sich der Stammesmagie entziehen. Wenn Gefahr für Leib und Leben droht, fällt die zivilisatorische Tünche ab, dann ruft er nach dem Medizinmann. Hat sich der Patient allzusehr auf *witchcraft* und Magie verlassen und stirbt er deshalb, dann war das eben *shauri ya mungu* – Gottes Wille.

Mit der »Witchcraft Suppression Act« von 1957 geht die Regierung gegen Auswüchse an. Sie schreitet ein, wenn gar zuviel oder nur Hokuspokus getrieben wird. Nur den Kräuterdoktoren, den Herbalisten, läßt man weitgehend freie Hand. Es ist nachgewiesen worden, daß manche der uralten Stammesmedizinen durchaus brauchbar sind, daß sie Infektionen heilen, Schmerzen lindern und so weiter.

Auch den spiritistischen Neigungen der Schwarzen, den hypnotischen und sonstigen psychologischen Praktiken, steht man heute nicht mehr so ablehnend und skeptisch gegenüber wie noch vor einigen Jahren. Die Parallele zur modernen Psychotherapie ist zu offenkundig.

»Uwongo wa mganga ni nafuu ya mwele ni mwele kupona – Selbst die Lügen eines Zauberdoktors sind eine Erleichterung für den Kranken.« Psychotherapeut und Zauberdoktor, beide machen sich die Heilkraft der Suggestion zunutze – und was dem einen seine Couch, ist dem anderen sein Kräuterdampf! (51)

Um die Ausbildung des Nachwuchses sicherzustellen und das berufliche Ansehen zu fördern, haben die Medizinmänner Südafrikas vor einigen Jahren eine Berufsvereinigung gegründet. Der letzte Kongreß der Hippokratesjünger fand in Bulawayo statt. Es wurde Unterricht in der Kunst des Knochenwerfens (Dollos-Gooi) erteilt und beschlossen, eine Hochschule für den beruflichen Nachwuchs zu eröffnen, wo Studenten (Mindestanforderung ist, daß sie lesen und schreiben können) in der Kräuterkunde unterrichtet werden.

Kampf dem Kurpfuscher, lautete die Parole. Äußeres Zeichen der Wissenschaftlichkeit: weiße Mäntel und Rote-Kreuz-Abzeichen am Revers. Daß die Herbalisten eifrige Verfechter der Apartheidpolitik sind, versteht sich von selbst. Sie wollen ihr Gewerbe nicht von der vordringenden westlichen Medizin verdrängt sehen.

Noch ein Wort zu den Liretlopraktiken der Eingeborenen: Wo die normale Medizin versagt, greift der Witchdoktor zu Ritualtötungen. Er braucht die aus den Körpern gewonnenen Tinkturen, die abgeschnittenen Gliedmaßen, die ausgetrennten Augen für Beschneidungsfeste, für Beschwörungen, zur Aufhebung von Verhexungen und so weiter. Das Opfer muß noch leben, wenn es in seine Bestandteile zerlegt wird, sonst nützt die Medizin nichts.

Im Auftrag der englischen Protektoratsverwaltung hat Prof. G. I. Jones von der Universität Cambridge eingehende Untersuchungen über die Ritualtötungen angestellt (Basutoland Medicine Murder: A report on the recent outbreak of Liretlo Murders in Basutoland, H. M. Stationery Office, 1951). Über neunzig Fälle wurden von ihm studiert. Noch nie war ein Europäer bei den grausamen Metzeleien zugegen, aber was in den Gerichtssälen zutage kommt, gibt ein hinreichend genaues Bild über die Methoden der Liretlogewinnung, die Hausmacherrezepte der Bantu für die Herstellung von Medizin aus menschlichen Körperteilen. Man weiß um ihre Häufigkeit und ihre Regelmäßigkeit. Die Gerichte gehen mit Strick und Galgen gegen die Schlächtereien an, aber gegen den kannibalischen Bodensatz in der Bantumentalität ist anscheinend kein Kraut gewachsen.

41. »... *wie das Gesetz es befahl!*«

Es ist Sonntag. Während der vor- und nachmittäglichen Spazierfahrten durch die Stadt und die angrenzenden Villenviertel sieht alles noch recht anregend aus: Die Einwohner Durbans, jung und alt, sind nach der Kirche ins Grüne ausgeflogen; sie bevölkern die Sportplätze und Freiluftkegelbahnen, sie spielen Kricket und Tennis. Ein umtriebsames Völkchen, denke ich und erfreue mich des Anblicks der sportlichen Damen und der umhertollenden Kinder. Aber dann fängt es zu regnen an. Die Einheimischen fahren zu ihren Häuschen und Villen, ziehen die Tür hinter sich zu und widmen sich – so vermute ich – Kaffee und Kuchen.
Was macht der Tourist in einem solchen Fall? Er fährt in die Stadt, ins Kino! Ich dirigiere also mein Taxi zur City-Hall, bezahle und steige aus. Es sind nur wenige Schritt bis zur Smith Street, wo die meisten Kinos sind, aber ich hätte sie mir sparen können. Alle Lichtspielhäuser sind geschlossen. Na, dann eben ins Theater, ins Konzert oder in ein Café. Ich mache mich auf die Suche und frage einige Passanten.
»Geben Sie sich keine Mühe«, erklärt mir eine ältere Dame, »Sie werden kein Lokal, kein Theater finden, das heute offen hat. Der Sonntag ist bei uns ein Ruhetag.«
»Ja, ja, aber wie lange«, frage ich verdutzt und eingedenk der englischen Sitten, »ich meine, um wieviel Uhr wird denn geöffnet?«
»Überhaupt nicht. Ich sagte Ihnen doch schon: *Wir haben heute Sonntag!*« Zwei sittenstrenge Augen fixieren mich.
»Oh, jaja«, versichere ich, »selbstverständlich, aber ...« Ein letzter Blick der ehrbaren Madame, und ich sinke in mich zusammen.
»Du Wüstling«, sagen ihre Augen, »willst wohl den Tag des Herrn entweihen?«
Well, der Fall ist klar. Da stehe ich nun, Sonntag nachmittags um drei Uhr, unter einer Schaufensterarkade und überlege mir, wie ich die restlichen Stunden des Tages verbringen könnte. Spazierengehen fällt aus, es regnet in Strömen. Zum Lesen habe ich mir nichts besorgt, und alle Lokale sind geschlossen. Da kommt mir die rettende Idee. Auf zum Strand, zu den großen Hotels, dort wird es nicht so puritanisch zugehen.
Da weit und breit kein Taxi zu sehen ist, mache ich mich – über Pfützen hüpfend und unter jedem Dachvorsprung vor dem Regen Schutz suchend – zu Fuß auf den Weg. Es sind nur ein paar hundert Meter bis zu den Grandhotels, den Stätten des Lasters und der Sünde. Es wäre doch gelacht, wenn ich dem Tag nicht noch etwas abzugewinnen verstünde.

Erleichtert schreite ich durch die erste Empfangshalle. Das wäre geschafft!
»Which way to the bar? – Wo geht's zur Theke?«
»Sorry, Sir, Sie wohnen nicht im Hause, nicht wahr?«
»Nein, aber ...«
»Wir dürfen Ihnen nichts servieren, es ist Sonntag heute!«
Und dabei bleibt's.
In meiner eigenen Residenz, unglücklicherweise einer der letzten dieser Prachtbauten an der Promenade, ist man ganz zu Diensten: »Tee oder Kaffee, Sir?«
»Zum Teufel, ein Bier möchte ich haben.«
»Sorry, die Bar ist geschlossen. Sie müssen warten bis halb acht Uhr.«
Ich kapituliere, setze mich hinter eine Tasse brauner Brühe – das Mischen von Milch und Kaffee ist hierzulande Sache der Küche – und starre durch die von der Gischt der Brandung salzverkrusteten Fenster. Es ist zum ... well, es ist ein besinnlicher Sonntag, ein Sonntag, wie das Gesetz ihn befahl.
Und das Gesetz wird, was die Freizeitgestaltung der Südafrikaner anbetrifft, weitgehend von der »Kerk« bestimmt, von der Nederduits Gereformeerde Kerk, die rund fünfundvierzig Prozent der weißen Bevölkerung zu ihren Gläubigen zählt. Die Anglikaner, Methodisten und die Nederduits Hervormde Kerk mit sechzehn, acht und sieben Prozent ziehen am gleichen Strang, und der Rest – die Katholiken, Apostel und Baptisten – sind sonntags nicht weniger bußfertig. Südafrika ist ein christliches Land. Jedermann geht in die Kirche, und der Einfluß des Klerus auf das öffentliche Leben ist stärker, als man auf den ersten Blick wahrnimmt.
Den sittenstrengen Calvinisten ist jeder Alkoholgenuß ein Dorn im Auge. Nur unter zahlreichen Auflagen ist eine Schankkonzession zu bekommen, und schon der kleinste Verstoß gegen das Gesetz genügt, um sie wieder loszuwerden. Die Sturheit der Gastwirte ist blanke Notwehr. Daß es bei solchen Verhältnissen den wenigen lizenzierten Spirituosenhandlungen nicht schlecht geht, ist verständlich. Bottle stores sind Goldminen. Offensichtlich ist man in den eigenen vier Wänden weniger calvinistisch.
Auch in den *Drankwinkels*, den südafrikanischen Kneipen, geht es recht ungezwungen zu. Frauen ist der Zutritt in der Regel verboten. (Es gilt als unsittlich, wenn sich ein weibliches Wesen in der Nähe einer Theke sehen läßt.) Eine Kommission zur Untersuchung des Alkoholausschanks hat neuerdings sogar dem Parlament empfohlen, alle Bars, worunter hierzulande ganz gewöhnliche Schankwirtschaften zu verstehen sind, amtlich zu schließen. Bis jetzt haben die Eiferer nur erreicht, daß jede Bar ihre Türen so konstruieren und anbringen muß, daß den Vorübergehenden der schandbare Anblick trinkender Männer erspart bleibt.

Öffentliches Trinken – auf der Straße, an Autobahnen – ist schon lange verboten. Der Alkoholismus ist eines der größten Probleme Südafrikas. Das Land leidet an Angstneurosen, und eine zunehmende Zahl seiner Bürger ist darauf aus, *to escape through the bottom of a glass,* statt den Dingen ins Auge, tiefer ins Glas zu sehen.

Was den Weißen im Lande recht ist, muß den Bantu billig sein. Bis 1962 wurde ihnen – mit wenigen Ausnahmen – Schnaps, Bier und Wein vorenthalten. Sie mußten sich mit Kaffernbier begnügen. Dieses Gebräu wird aus Hirse hergestellt und hat einen ganz minimalen Alkoholgehalt. Es wurde preiswert, aber in beschränkten Mengen abgegeben. Die Neger tranken ihr Quantum, und im übrigen stillten sie ihren Durst auf illegale Weise.

So unzivilisiert sind die Bantu nun auch wieder nicht, daß sie nicht wüßten, wie man Alkohol zuwege bringt. Sie setzen Rohrzucker mit Kleienbrot und etwas Methylalkohol an und brauen sich Schimiyane – »the Genuine Old Highland King Victoria IX Scotch. Made in Durban. Not a drop sold until it's 24 hours old!«

Als vor zwei Jahren der Alkoholausschank auch für die »Natives« freigegeben wurde, kam es keineswegs zu den befürchteten Exzessen. Die Preise der regulären Alkoholika waren den schwarzen Arbeitern zu hoch, sie blieben beim Schimiyane. Vermutlich ist dieser männermordende Fusel durch das Konkurrenzangebot auch noch etwas billiger geworden.

Die Trunksucht der Bantu hat schon zu mancherlei Reibereien und Rassenkrawallen geführt. In Durban kam es des Schnapses wegen schon zu Mord und Totschlag. Als bei städtischen Aufräumungsarbeiten in einem Eingeborenenvorort einige hundert Fässer Schimiyane entdeckt wurden und die Polizei eine Großfahndung einleitete, griffen die Schwarzbrenner zur Selbsthilfe: Sie zündeten Schulen, Kirchen und andere öffentliche Gebäude an und erpreßten auf diese Weise die Stadtverwaltung. Hinter kriminellen Aufständen dieser Art stecken oft geschickte Agitatoren. Man versucht, den *Riots,* den Unruhen, sofort einen politischen Anstrich zu geben, und nichts ist mehr erwünscht als ein paar Tote, die für Publizität in der Weltpresse sorgen.

Der Polizeioffizier, mit dem ich mich über die Delikte der Schwarzen unterhalte, ist ein biederer, etwas schwerfälliger Mann. Gelassen gibt er Auskunft. Auch als ich mich nach den Schießereien erkundige, die den Blick der Weltöffentlichkeit nach Südafrika lenkten, wird er nicht nervös oder abweisend:

»Sie meinen sicher die Vorgänge von Sharpeville. Ich will es Ihnen erklären. Es gab hier eine radikale Partei unter dem Namen Pan-Africanist National Congress (PANC). Sie wurde von Mangaliso Sobukwe, einem Lehrbeauftragten an der Witwatersrand-Universität, angeführt. Seine Leitgedanken hat Mr. Sobukwe unter dem Titel ›My Idea of Africa‹ publiziert. Er verficht die Doktrin von Accra, wonach ganz Afrika innerhalb der nächsten zehn Jahre von Kairo bis zum Kap, von Marokko bis nach Madagaskar befreit sein und zentralistisch verwaltet werden muß. In diesen ›Vereinigten Staaten von Afrika‹ ist kein Platz für Minoritäten europäischen, indischen oder malayischen Ursprungs, beziehungsweise – wie es Ministerpräsident Azikiwe von Nigeria ausgedrückt hat – ›im Jahre 2000 wird der weiße Mann Sklave des schwarzen Mannes sein‹.

Im März 1960 rief Sobukwe zum Boykott der Paßgesetze auf. Die staatliche Arbeits- und Niederlassungskontrolle sollte durch den Widerstand von Hunderttausenden beseitigt werden. Er leitete – wohlgemerkt im sogenannten Polizeistaat Südafrika – in Johannesburg die erste Aktion persönlich. Die schwarzen Arbeiter wurden von ihm aufgefordert, ihre Arbeitspässe zu Hause zu lassen, um dadurch den Arrest zu erzwingen. Ganze sechzig Mann brachte er in der Millionenstadt auf die Beine; in Durban waren es zwölf, in Pretoria fünf und in Port Elizabeth nicht ein einziger.
Einen Monat später gelang es ihm aber, in Sharpeville, einer Mustersiedlung, wo bisher jedermann glücklich und zufrieden war, zwanzigtausend Natives zur Polizeistation zu lotsen. Viele der Demonstranten kamen nicht freiwillig; sie wurden von den Agitatoren der PANC-Partei erpreßt, unter Drohungen der Arbeit ferngehalten. Auf diese Weise schwoll die Demonstration auf fünf-, auf zehn-, auf zwanzigtausend Personen an. Erst war es eine Gaudi, dann artete es aus: Telefonleitungen wurden durchgeschnitten, Haustüren wurden eingeschlagen und die sechzig Beamten des Polizeipostens mit einem Steinhagel empfangen. Eine weitere Hundertschaft der Polizei rückte mit Tränengas an. Ohne Erfolg. Die Situation wurde kritisch. Die meisten der Demonstranten waren zwar brave Bürger, die nur kamen, um dabeizusein, aber wer garantierte für die anderen, die Radikalen, und mochten es nur hundert oder tausend sein?
Die Polizisten wußten: Vor kurzem erst waren neun ihrer Kollegen in einem Vorort Durbans gelyncht worden, weil das Suchen nach Schimiyane die Wut des Pöbels entfachte. Stand ihnen ein gleiches Schicksal bevor? Was sollten sie machen: eine Handvoll Polizisten gegen zwanzigtausend Schwarze? Aus Angst, überrannt zu werden, griffen die Männer zu den Waffen. Der Offizier – er war sicher kein Held und auch kein Musterexemplar an Kaltblütigkeit – gab den Feuerbefehl: Zweiundsechzig Menschen blieben tot auf dem Pflaster zurück. Das Unglück war geschehen. Alle Welt war entrüstet. Protestnoten auch befreundeter Regierungen gingen in Pretoria ein, das Ansehen

Südafrikas war aufs stärkste angeschlagen. In Johannesburg fielen die Börsenkurse um vierzig Prozent.
Nun war guter Rat teuer. Was tun? Man mußte Vorsorge treffen, daß sich dergleichen nicht noch einmal ereignete. Die Regierung griff durch. Sie verhaftete die Unruhestifter und verbot die A.N.C. und die PANC-Partei. Man war nicht gewillt, die Zügel aus der Hand zu geben. Der alte Burenstolz kam zum Durchbruch. Mögen andere den Agitatoren die Tür öffnen und nachträglich, wenn es zu spät ist, klug werden. Hier, in Südafrika, wird man auf der Hut sein.
Schauen Sie nach Sansibar, nach Madagaskar, nach Angola, nach Tanganjika, nach Kenia und Somalia, und Sie werden unsere Vorsichtsmaßnahmen verstehen. Wir kämpfen nicht gegen unsere Bantu, wir kämpfen gegen die Aufwiegler, die in Kairo, in Accra, in Havanna, in Algier und Leopoldville geschult werden und die Fackel des Bürgerkrieges ins Land tragen möchten. Wissen Sie, was in Ostafrika passiert wäre, wenn die britische Armee nicht eingegriffen hätte? Dort war es staatsmännische Weisheit, daß man zu Waffengewalt griff. Bei uns sind die gleichen Aktionen Exzesse eines verabscheuungswürdigen Polizeistaates.

42. Buren, Bantu und Projekte

Will man die Rassenpolitik Südafrikas verstehen, kann man nicht umhin, die Geschichte des Landes ein wenig zu studieren. Die Rechte, um die heute gestritten wird, haben auch einen historischen Aspekt.
Das weiße Süafrika hat eine Geschichte von mehr als dreihundert Jahren. Am 6. April 1652 warf die Dromedar in Kapstadt Anker. Mit ihr kamen die ersten europäischen Siedler unter Führung des Holländers Jan van Riebeeck. Sie waren keineswegs die ersten Weißen. Die East India Company hatte die Tafelbucht schon vor Jahrzehnten zur Frischwasser- und Landestation für die Schiffahrt ausgebaut. Die Company beherrschte das Kap, sie übte die Gerichtsbarkeit aus, setzte die Preise für die Produkte fest, und alle politische Macht lag in der Hand ihres Gouverneurs. Es ging am Kap nicht ganz so frei zu, wie es sich mancher Holländer und viele der nachgekommenen Deutschen, Schweden, Dänen und französischen Hugenotten erhofft hatten.
Als Holland unter die Kontrolle Napoleons kam, war es um die Ostindische Kompanie geschehen. Die Engländer besetzten das Kap. Offiziere und

Kolonialbeamte übernahmen die Verwaltung, die holländischen Gesetze wurden durch englische ersetzt. Es kam zu Reibereien zwischen den Buren und den Engländern, da den alteingesessenen Siedlern manches Recht, manches Amt streitig gemacht wurde. Die Engländer waren kurz angebunden. Wer sich nicht fügte, die englischen Gesetze nicht respektierte, wurde hart bestraft, mitunter kurzerhand aufgehängt.
Für die Buren wurde die Fremdherrschaft bald so unerträglich, daß sie unter Zurücklassung von Haus und Hof mit ihren Ochsenwagen nach Norden zogen. Sie suchten eine neue Heimat. Ihr Weg führte sie über ausgedörrte Hochebenen, durch die Schluchten der Drachenberge bis hinauf zum Limpopofluß. Drei Jahre dauerte der große Treck. Zwischendurch kam es zu feindseligen Begegnungen mit den Zulus. Der Zuluhäuptling Dingaan lockte sechshundert Buren – Männer, Frauen und Kinder – in eine Falle und ermordete sie. Die Buren rächten sich in der Schlacht am Blutfluß und gründeten die Republik Natalia.
Den Engländern war das neue Staatswesen ein Dorn im Auge. Sie landeten zwei Jahre später in Port Natal, dem späteren Durban, und drängten die Buren ins Landesinnere, nach Transvaal. 1852 wurde die Unabhängigkeit Transvaals von England anerkannt. Wenig später kam es zur Gründung des Oranjefreistaates, der zweiten Burenrepublik. Für einige Jahre konnten sich die Buren ihrer Unabhängigkeit erfreuen. Sie führten ein lekker lewe.
1877 jedoch gefiel es der englischen Krone, Transvaal unter ihre Obhut zu nehmen. Der Vizepräsident des Burenstaates, Paulus Johannes Krüger, organisierte den Widerstand. Er reiste zweimal nach London, um die Annektierung und die Steuerforderungen der Engländer rückgängig zu machen. Vergebens. Es kam zum Krieg, zum *Eersten Vryheidsoorlog* des kleinen Burenvolkes gegen die Weltmacht England. Mit siebentausend Mann schlugen die Afrikaner am Majubahügel die im Aufmarsch befindlichen Briten. In zähen Friedensverhandlungen hat Präsident Krüger schließlich wieder die völlige Unabhängigkeit für sein Land erreicht (1884).
Der Frieden währte nicht lange: 1886 begann der *Run* zum Witwatersrand, wo die größten Goldlager der Erde entdeckt worden waren. Abenteurer, Glücksritter, Spekulanten und Banditen überschwemmten das Land. Das bäuerliche Transvaal wurde von *Uitlanders*, von Ausländern, fast erdrückt. Es war den kleinen Burengemeinden nicht möglich, die Neuankömmlinge zu assimilieren. Binnen kurzem waren die Fremden in der Überzahl. Die Regierung in Pretoria setzte sich zur Wehr. Man verweigerte den *Uitlanders* die Bürgerrechte. Erst nach zehnjähriger Ortsansässigkeit sollte ein Fremder die Staatsbürgerschaft Transvaals erwerben können.
Die Eindringlinge – zumeist englische Staatsangehörige – waren damit nicht

einverstanden. Sie beschwerten sich. Es kam zu Verhandlungen zwischen London und Pretoria, aber sie schlugen fehl. Als schließlich der britische Administrator von Rhodesien, Dr. Jameson, auf eigene Faust mit rund fünfhundert Mann in Transvaal einmarschierte und von den Buren bei Krügersdorp geschlagen wurde, war das Verhältnis zwischen Buren und Briten wieder einmal auf dem Gefrierpunkt. Man rüstete zum Kriege.

England – durch vorangegangene Erfahrungen gewitzigt – bereitete sich diesmal gründlicher vor. Krüger nahm die einzige Chance wahr, die ihm blieb: Er wartete nicht, bis die in England eingeschifften Bataillone an seinen Landesgrenzen standen, er griff an, bevor der gegnerische Aufmarsch vollendet war. Die Anfangserfolge der Buren bestätigten die Richtigkeit ihrer Strategie, aber als Lord Kitchener schließlich mit dreihunderttausend Mann ankam, war der Feldzug schnell entschieden. Die Farmen der Buren wurden niedergebrannt, sechsundzwanzigtausend Frauen und Kinder ließen in britischen Konzentrationslagern ihr Leben. Es war ein Krieg ohne Gnade, ein Sieg des Kolonialismus über ein weißes, in Afrika lebendes Volk.

»Heute«, so sagen die Weißen in Südafrika, »haben wir unseren dritten Freiheitskampf durchzustehen; gemeinsam (52) diesmal und nicht mit Waffen, aber nicht weniger gefährlich.« Es gilt, die Okkupationsansprüche der Schwarzen abzuwehren.

Die Bantu sind nicht die Eigentümer des Landes, wie sie gerne behaupten, und sie sind es nie gewesen. Sie sind Einwanderer wie die Europäer. Die ersten weißen Siedler trafen nur einige Hottentotten an, die über ein weites Gebiet verstreut lebten. Diese Ureinwohner sind – seit der Pockenepidemie des Jahres 1713 – praktisch ausgestorben. Die heute im Lande lebenden Schwarzen, die Bantu, befanden sich, als die ersten Weißen sich ansiedelten, noch nördlich des Sambesi. Sie kamen erst auf ihrer großen Wanderung – zu Beginn des 19. Jahrhunderts – mit den Buren in Kontakt.

Die Weißen wanderten nordwärts, die Bantu südwärts. Das Land, das sie in Besitz nahmen und besiedelten, verblieb beiden Rassen im großen und ganzen bis heute. Trotz der *Kaffir Wars*, der Kaffernkriege (53), die keine wesentlichen territorialen Veränderungen mit sich brachten, können die Weißen Südafrikas von sich sagen, daß sie niemanden durch Waffen- oder sonstige Gewaltanwendung seiner Heimat beraubt haben.

Im Anfang war das Verhältnis zwischen Schwarz und Weiß relativ unproblematisch. Die Bantu waren bei weitem nicht so zahlreich wie heute; sie lebten zurückgezogen in ihren Gebieten und kamen mit den Weißen nur dann in Kontakt, wenn sie Arbeit und Verdienst suchten. Man war sich einig, daß die Bantu nur als Arbeitnehmer in das Gebiet der Weißen kamen, daß sie keinen Anspruch auf Bürgerrechte hatten.

Dieses Arrangement ging lange Zeit gut. Es funktionierte über Jahrzehnte und Jahrhunderte. Aber dann kam der Zweite Weltkrieg. Und er wurde verloren. Er wurde verloren von allen, die weißer Hautfarbe sind. Die Europäer hatten sich den Farbigen gegenüber diskreditiert. Neue Maßstäbe galten. Ansprüche wurden geltend gemacht. Man pochte auf demokratische Geburtsrechte und trumpfte mit Kopfziffern auf.
Die Weißen Südafrikas schreckten auf. Sie begannen, die bisher etwas laxe Handhabung ihrer Fremdarbeiterpolitik durch neue Gesetze zu korrigieren. Man achtete auf bessere Trennung der Rassen und auf Klarstellung der Grenzen und Herrschaftsbereiche.
Der Begriff »Apartheid« ist erst nach dem Zweiten Weltkrieg aufgekommen. Die Nationalpartei, die 1948 in Süafrika an die Macht kam, ließ es sich angelegen sein, die Theorie der Rassentrennung auszubauen. Die seither etwas planlose Rassenpolitik, die – neben dem Gebietsschutz für die schwarze Bevölkerung – vielfach nur dazu diente, die Vorherrschaft der Weißen im Lande abzusichern, wurde nun programmatischer.
Im allgemeinen unterschied man zwei Formen von Apartheid. Die erste, gemäßigte Form, war idealistischer Natur. Sie zielte auf eine getrennte Entwicklung der ethnologischen Gruppen ab. Ihre Fürsprecher waren die Dutch Reformed Church und einige Organisationen, wie das Südafrikanische Büro für Rassenfragen (South African Bureau of Racial Affairs, SABRA). Die Befürworter dieser Form von Apartheid waren gegen *racial superiority* und *racial domination*, gegen rassische Überheblichkeit und rassische Vorherrschaft. Sie vertraten die Ansicht, daß die farbigen Völker ihrer inneren Natur nach keineswegs minderwertig sind und daß die Aufrechterhaltung einer Politik der rassischen Vorherrschaft auf die Dauer nicht durchführbar und außerdem unmoralisch ist. Man war sich außerdem darüber im klaren, daß die weiße Bevölkerung niemals freiwillig bereit sein würde, den Afrikanern in einer integrierten Gesellschaft gleiche politische Rechte einzuräumen. Bei der großen Diskrepanz zwischen den Bevölkerungsziffern würde das einer Selbstaufgabe der Weißen gleichkommen. Es wurde immer deutlicher, daß ein wirtschaftliches und territoriales Zusammenwachsen beider Rassen ungeheure Spannungen mit sich bringen und eine friedliche Koexistenz der beiden ethnologischen Gruppen praktisch unmöglich machen würde. Man kam zu der Überzeugung, daß es nur einen Weg zur Entspannung gab: die Teilung Südafrikas in mehrere Staaten mit dem Ziel, den schwarzen Staaten so bald als möglich die Selbständigkeit zu gewähren.
Die andere, die extreme Form der Apartheidpolitik hat heute an Boden verloren. Sie zielte darauf ab, die Schwarzen für alle Zeit unter der Vorherrschaft der Weißen zu halten (baasskap) und durch rigorose Diskriminie-

rungen dafür zu sorgen, daß die Interessen der Weißen nicht gefährdet werden. Viele Gesetze, die heute noch gelten, und auch die sogenannte Schilderapartheid, die Trennung der Schwarzen und Weißen in Restaurants, Kinos, Beförderungsmitteln und so weiter, müssen dieser extremen Form der Apartheidspolitik zugerechnet werden.

Unter dem Druck von außen konzentriert sich die südafrikanische Regierung jetzt darauf, extreme Maßnahmen abzubauen beziehungsweise durch großzügige Hilfsaktionen zu kompensieren. Schon vor Jahren wurde ein vorbildliches Wohnungsbauprogramm gestartet. Alle Slums sollen in kurzem der Vergangenheit angehören. Eine für Afrika einmalige Leistung! Vor den Toren Durbans entsteht Kwa Mashu, eine neue Eingeborenenstadt mit Einfamilienhäuschen und Apartmenthäusern für Junggesellen. Hundertzwanzigtausend Einwohnern wird die Stadt eine neue Heimat sein. Über dreißig Schulen und fünfzig Kirchen werden den schwarzen Bürgern der Stadt zur Verfügung stehen. Jede Familie bekommt drei bis vier Räume, eine Küche und eine eigene Toilette mit Dusche. Kleine Gärten umgeben die Häuser. Die Straßen sind kanalisiert und nachts beleuchtet.

Dieses Bauprojekt ist nur eines von vielen. Im ganzen Lande wird gehämmert und gezimmert; man ist mit Elan dabei, eine neue Ordnung zu schaffen. Gleichermaßen intensiv sind die Bemühungen um die berufliche Fortbildung der Bantu. Sie werden zu Handwerksberufen angeleitet, man hilft ihnen, Tankstellen und Lebensmittelgeschäfte einzurichten. Die für die Bantus erstellten Hotels und Krankenhäuser suchen ihresgleichen in Afrika. Man geht so großzügig zu Werke, daß der Besucher sich manchesmal fragt, ob die Arbeiter in Italien, Spanien, Frankreich und auf dem Balkan nicht sehr rückständig leben. Südafrika nimmt seinen Reichtum und stampft gigantische Projekte aus dem Boden. Man ist unnachgiebig in der Trennung der Rassen, aber man wird dafür sorgen, daß die Bantu ein Lebensniveau erreichen, das sie haushoch über alle anderen afrikanischen Völker stellt.

Jedes Paradies hat seine kleinen Fehler. Nicht jedem Bohemien paßt es, daß er seinen Blechverschlag gegen ein kleines Haus eintauschen soll. Ersterer war mietfrei, letzteres kostete ihn etwa dreißig Mark im Monat. Beanstandet wird auch, daß die im Siedlungsbereich der Weißen erstellten Wohnungen von den Bantu nur gemietet, nicht aber als Eigentum erworben werden können. Auf diese Weise wird es kaum gelingen, den besitzlosen Proletariern gutbürgerliche Ambitionen einzupflanzen. Von Nachteil ist auch, daß die neuen Heimstätten der Schwarzen durchweg nicht so nah bei der Stadt liegen wie die alten Slums. Die Transportkosten (Bus, Bahn) fallen mitunter ins Gewicht, und mancher Schilling, den man sich seither durch Nebenverdienste (Autowaschen, Gartenarbeit usw.) zusätzlich verdienen konnte, wird feh-

len. Die räumliche Distanz ist den *part-time-jobs*, den Feierabendbeschäftigungen, abträglich.
Diesen Problemen versucht die Regierung mit einer angemessenen Steigerung des Einkommens zu begegnen. Schon in den vergangenen Jahren hatte man sich – nach Ansicht der Südafrikaner – in dieser Hinsicht nichts vorzuwerfen. Harry Goldberg, der Präsident der Gesellschaft zur Verbesserung der Löhne und der Produktivität der Bantuarbeiter, konnte dem Internationalen Arbeitsamt in Genf 1961 mit Genugtuung beweisen, daß die Bantu – bei gleichzeitig niedrigsten Nahrungsmittelkosten – die höchsten Löhne gezahlt bekommen, die es in Afrika gibt. Das Realeinkommen der südafrikanischen Bantu ist doppelt so hoch wie das der Arbeiter in Kenia oder Tanganjika.
Trotzdem kann man mit dem Erreichten nicht zufrieden sein. Die Diskrepanz zwischen den Löhnen für die Weißen und Farbigen und den Löhnen für die Schwarzen ist noch zu groß. Ein Inder oder Malaie verdient in Südafrika in der Regel doppelt soviel wie ein Bantu, ein Europäer rund das Fünffache. Der Mindestlohn für einen ungelernten Bantu liegt heute etwa bei hundertachtzig Mark.
Zum Ausgleich der gedrückten Löhne erhalten die Bantu zwar allerlei Vergünstigungen (nur zwanzig Mark Steuer pro Kopf und Jahr, niedrige Mieten, kostenlose ärztliche Betreuung), aber auf die Dauer ist das kein Äquivalent. Man weiß das, und man richtet sich danach. Viele Mißstände sind schon behoben, andere werden jetzt angepackt. Mit der Beseitigung der Slums und der Heranbildung einer Bantumittelschicht (Handwerker, Lehrer, Händler) nehmen die sozialen Spannungen fühlbar ab. Alle Zeichen deuten darauf hin, daß eine harmonische Entwicklung nicht mehr utopisch ist. In einigen Jahren werden die sozialen Reformen ihre Früchte tragen. Die Frage ist nur: Hat Südafrika noch einige Jahre Zeit?

43. Vom Arrondieren, Schikanieren, Katechisieren

Neben den Förderungsmaßnahmen für die Saisonarbeiter im weißen Land wurden umfassende Aktionen für die Schaffung selbständiger Bantustaaten in die Wege geleitet. Die zweihundertvierundsechzig Eingeborenenreservate, die über die Südafrikanische Republik verteilt sind, sollen zu »Bantustan« zusammengefaßt werden. Das größte Gebiet unter den Reservaten ist die Transkei, ein Hügelland von der Größe der Schweiz; es liegt südlich Durbans, an der Küste des Indischen Ozeans.

Die übrigen Bantugebiete liegen um die weißen Zentren in Transvaal und im Oranjefreistaat sowie entlang der Ostküste.

Alle Eingeborenenterritorien haben ein sehr günstiges Klima – nur acht Prozent ihrer Fläche rechnen zum Dürregebiet. Das Farmland der Weißen ist in vielen Gebieten nicht so fruchtbar wie das der afrikanischen Bevölkerung, aber die großen Farmen der Weißen – weite, langgestreckte Flächen – eignen sich besser für die mechanische, maschinelle Bearbeitung; die Reservate sind recht hügelig. Was die Qualität ihres Bodens anbetrifft, können sich die Bantu nicht beklagen; was in erster Linie moniert wird, ist das räumliche Eingeengtsein. In den Reservaten leben auf zwölfeinhalb Prozent des gesamten Staatsgebietes rund fünf Millionen Bantu, während drei Millionen Weiße und zwei Millionen Farbige (Inder, Malayen usw.) siebenundachtzigeinhalb Prozent bewirtschaften können.

Diese für die Schwarzen recht ungünstige Relation (54) nimmt den Reservatsbewohnern aber keineswegs die Luft zum Atmen oder die Voraussetzungen für eine gesicherte Existenz. Jede Bantufamilie besitzt in den Reservaten im Durchschnitt fünfzehn Hektar Land. Bei ordentlicher Bewirtschaftung ließen sich nicht nur fünf Millionen, sondern mühelos zehn Millionen Menschen damit ernähren. Es wird aber noch Jahre dauern, bis die Bantu begriffen haben, was man unter Fruchtwechselwirtschaft versteht, warum man auf wertvolles, hochgezüchtetes Saatgut Wert legen muß und wie man tierische und pflanzliche Krankheiten und Schädlinge bekämpft.

Oftmals geht den Eingeborenenfarmern auch die Fähigkeit ab, zu planen, ein wenig in die Zukunft zu denken. »They still prefer to live in the present and to let the future take care of itself – Sie ziehen es immer noch vor, ganz in der Gegenwart zu leben und die Zukunft sich selbst zu überlassen.« Die ganze Ernte wird verkauft und verlebt, und wenn die Zeit der Aussaat kommt, stellt man verdutzt fest, daß man vergessen hat, Saatgut bereitzustellen oder die Mittel für eine neue Maschine zurückzuhalten (55).

In einem umfassenden, 1955 fertiggestellten Entwurf zur Entwicklung der Bantugebiete sieht man die Zusammenfassung der 264 Splitterreservate in fünf bis sieben ethnologisch zusammengehörige Territorien vor (56). Man hat sich noch nicht festgelegt, aber man ist schon dabei, die Reservate in selbständige Verwaltungsbezirke umzuwandeln. Das größte der Gebiete, die Transkei, regiert sich bereits selbst. Sie hat seit 1962 ein eigenes Parlament, einen Ministerrat und eigene Gerichtsbarkeit.

Das Parlament der Transkei besteht aus vier Oberhäuptlingen, sechzig Häuptlingen und fünfundvierzig Vetretern des Volkes, die alle fünf Jahre neu zu wählen sind. Alle Xhosa (dieser Stamm besiedelt die Transkei) haben Wahlrecht, auch diejenigen, die außerhalb des Gebiets wohnen. Alle Weißen, die in der Transkei leben, haben kein Wahlrecht. Der weißen Regierung in Pretoria (beziehungsweise in Kapstadt) bleibt jedoch die Verteidigung und die Außenpolitik vorbehalten. Vorläufig noch. Die eigene Flagge und Nationalhymne, die sich die Transkei zugelegt hat, machen deutlich, in welche Richtung die Entwicklung geht (57).

Damit die Bantugebiete ihren Einwohnern, insbesondere auch dem vom Lande losgelösten Proletariat, ein gesichertes Einkommen bieten können, plant die Regierung, entlang den Reservatsgrenzen neue Industrien zu entwickeln. Man versucht, den Bantu die Rücksiedelung damit schmackhaft zu machen. Sie würden in ihrem Gebiet wohnen und die Möglichkeit haben, in unmittelbarer Nachbarschaft, aber im weißen Gebiet, zu arbeiten. Seit 1960 fördert ein Wirtschaftsrat für die Grenzindustrien, in dem Unternehmer, Gewerkschaftler und Verwaltungsbeamte vertreten sind, Firmenneugründungen in der Grenzzone. Man gewährt den Unternehmern Steuernachlässe und Entschädigungen für höhere Transportkosten. 12 Milliarden Mark sind für die Förderungsaktion vorgesehen.

So anerkennenswert diese Anstrengungen alle sind, so gibt es doch einiges, was sich nur schlecht in das Bild einfügt, das man von der Zukunft entwirft. Insbesondere die Schilder-Apartheid fordert zu Kritik heraus. Manche Schilder sind nichts anderes als öffentliche Beleidigungen ganzer Bevölkerungsschichten. »A negro's life is tough because white people want to love him – at a distance – das Leben eines Negers ist hart, weil ihn die Weißen lieben möchten – auf Distanz.«

Auf dem Zoll, an Bahn- und Post- und Bankschaltern, in den Zügen und Bussen, in Hotels und Schwimmbädern, überall heißt es: *Europeans only* beziehungsweise *Slegs Blankes.* Die Bänke am Strand sind nur für Weiße, Telefonzellen gibt es solche und solche, in den Hochhäusern gibt es Aufzüge für *black, white* und *coloured people,* und alle Toiletten sind grundsätzlich *separated.*

Die These: »Wir sehen unsere Bantu nicht als minderwertig an, sondern nur als andersartig«, klingt ein wenig hohl, solange diese Art der Diskriminierung bestehen bleibt. Warum sollen ein Schwarzer und ein Weißer nicht im gleichen Aufzug hochfahren? Was nützt der ganze Aufwand für eine gehobene Wohnkultur und Erziehung der Bantu, wenn man sie auf der anderen Seite ständig klein hält und vor den Kopf stößt? Es gibt vieles, was man für die getrennte Entwicklung und die »zwei Vaterländer« vorbringen kann, aber die verletzende Trennung in Verkehrsmitteln, Banken und so weiter läßt sich kaum rechtfertigen.

Wie stellen sich die Kirchen zur Apartheidspolitik?

Diese Frage ist schon illustriert beantwortet worden. In einer Kapstädter

Zeitung. Die Karikatur zeigte einen besenbewehrten Schwarzen, der unterm Kirchenportal von einem Polizisten aufgehalten wird.
»He, Freund, was hast du vor?« erkundigte sich der Uniformierte. Der Schwarze zeigte auf seinen Besen.
»Auskehren willst du? All right! Ich dachte schon, du willst beten.«
Die »Nederduits Gereformeerde Kerk«, die rund die Hälfte aller Gläubigen auf sich vereint, hat sich eindeutig hinter die Regierung gestellt. Getrennte Entwicklung, so sagt man sich, mag vielleicht nicht ganz dem Geist unserer Religion entsprechen, aber was ist auf dieser Erde schon vollkommen? Der Politiker muß das tun, was unter den gegebenen Umständen nötig und zweckmäßig ist, und in Südafrika ist die Situation nun einmal so, daß Gerechtigkeit für die Nichtweißen *auch* in einer integrierten Gesellschaft nicht zu erreichen wäre. Die Weißen, ihr Lebensstandard, ihr Wissen, ihr Charakter sind viel zu dominierend, als daß der schwarze Mann eine wirkliche Chance hätte. Nur durch Gewalt, durch Expropriation, durch physische Verdrängung der Weißen könnten sich die Bantu einen Platz an der Sonne beziehungsweise einen Platz mit Klimaanlage erobern. Plätze an der Sonne sind in Afrika für die Armen reserviert. Ist es da nicht die bessere Lösung, sich vorläufig mit etwas Unrecht abzufinden, als alles in die Brüche gehen zu lassen?
Die katholische Kirche opponiert:
»Wenn die Moral zu einer wohlkalkulierten Angelegenheit wird, dann können wir sicher sein, daß sie dem Verlöschen nahe ist; ihr normativer Wert geht dann verloren, sie wird zu einer Zweckdienlichkeitsregel.«
»Vierundneunzig Prozent der weißen Südafrikaner«, so donnert der Erzbischof von Durban, »nehmen für sich in Anspruch, Christen zu sein (vier Prozent sind Juden; Anm. d. Verf.). Man sollte deshalb erwarten können, daß der christliche Geist sich in allem widerspiegelt, was die Weißen in Südafrika tun, sei es in der Politik, in der Wirtschaft oder auf allgemein kulturellem Gebiet. ›Liebet einander‹, ist das erste Gebot, und nach diesem Gebot sollte eine Gesellschaft nur solche Gesetze erlassen, die allen gleichermaßen gerecht werden. Aber was finden wir, wenn wir die südafrikanische Gesetzgebung daraufhin überprüfen? Wir finden, daß diese Gesetzgebung nur für das Wohlergehen eines Teils der Bevölkerung, des weißen Teils, geschaffen wurde. Ein Fünftel der Bevölkerung wird bevorzugt, generell und nachdrücklich und mit nur einer Ausnahme: der Rechtsprechung, die objektiv ist und nicht nach der Hautfarbe urteilt.
Ich brauche nicht in die Details zu gehen«, so sagt der Bischof, »wir alle wissen um die Bevorzugung der Weißen in der Verwaltung des Landes, hinsichtlich der Vermögensbildung, in der Erziehung und Berufsausbildung, hinsicht-

lich des Rechts auf Arbeit und gesellschaftliche Vergnügungen. Die schwarzen Bürger unseres Landes, die neunundsechzig Prozent der Bevölkerung ausmachen, haben keine Stimme in der Regierung und praktisch keine Rechte in bezug auf Beschäftigung oder Wohnung in siebenundachtzig Prozent des Landes. Es ist durchaus richtig, daß den Nichtweißen eine Erziehung nicht versagt wird, aber auch hier sind die Weißen entschieden im Vorteil. Der südafrikanische Staat gibt für die Erziehung eines schwarzen Kindes nur ein Vierzehntel dessen aus, was ihn die Erziehung eines weißen Kindes kostet: Das Gesetz achtet immer zuerst auf das Wohlergehen der Weißen und erst dann, wenn das gesichert ist, kümmert man sich um die anderen. Ist das christliche Nächstenliebe?« (58)

Der »Kreuzzug für die Interessen der Bantu« fordert die Weißen Südafrikas mitunter zu Gegenfragen heraus:

»Was würde ein Familienvater in Europa sagen, wenn man ihm zumuten würde, sechs bis acht Kinder zu adoptieren? Könnte er ihnen die gleiche Unterkunft, die gleiche Ausbildung wie seinen eigenen Kindern gewähren?

Was würden die englischen Frauenvereine, die die Politik Südafrikas mit so viel Pathos verurteilen, davon halten, wenn – nach dem Gebot christlicher Nächstenliebe (wir sind alle Brüder, und wer zwei Mäntel hat, der sollte... usw.) – ihr Lebensstandard zugunsten der notleidenden Menschen in Afrika oder Indien auch nur um die Hälfte reduziert würde?

Ist es nicht so, daß wir alle – auch die Frömmsten unter uns – ›Apartheid‹ praktizieren? Jeder möchte das, was ihm gehört, für sich behalten.

Die Menschen verhalten sich so – und die Staaten.

Unzählige Paragraphen des Privatrechts und ein Wust von Zöllen, Kontingenten und Restriktionen sorgen für die Einhaltung dieser Gepflogenheit. Einwanderungs- und Arbeitsverbote blockieren den Zugang zu den fetten Pfründen. Alle Solidarität ist dahin, wenn der Inhalt der Lohntüte gefährdet ist.«

Die Südafrikaner haben viele Argumente in petto. Ihre gewichtigste Frage lautet jedoch: »Und wie steht es um unsere Zukunft und die Zukunft unserer Kinder? Was sagt die christliche Nächstenliebe dazu? Wenn wir schwach werden in unserer Kontrolle über die Majorität der Afrikaner, werden wir dann nicht überwältigt und unterdrückt, und wird – am Tage der Abrechnung – christliche Nächstenliebe in den Herzen der Schwarzen für uns zu finden sein?«

»Ich denke«, so spricht der Bischof, »die Antwort hängt vom weißen Südafrika ab. Der Tag der Abrechnung wird kommen. Es liegt bei Südafrika, ob es eine Abrechnung der Rache oder der brüderlichen Anerkennung sein wird.«

»Gut«, sagen die Südafrikaner, »nehmen wir das Beste an, nehmen wir an, daß unsere Bantu edelmütig genug und bereit sind, Gutes mit Gutem zu vergelten. Glauben Sie, daß die Sanftmütigen zum Zuge kämen? In dem Augenblick, da die Schwarzen die politische Macht haben, werden es nicht die Korrekten und nicht die Weisen im Lande sein, die das Zepter übernehmen, sondern Revolutionäre, Leute vom Schlage eines Okello, Leute, die von auswärts kommen oder auswärts geschult wurden und die nur ein Ziel kennen würden: uns Weiße zu enteignen, zu verjagen und neue Banner zu hissen. Der Herr Erzbischof hätte dann, so fürchten wir, einen recht schweren Stand.«

44. ... ach, wir Armen!

Wer in Durban an Land geht, wird es sich nur selten verkneifen können, per Flugzeug oder mit einem der supermodernen Fernschnellzüge ins Landesinnere vorzudringen. Johannesburg, die Millionenstadt am Witwatersrand, hat die Anziehungskraft eines Sternes erster Ordnung. Es ist die Stadt der Superlative, die Stadt des Goldes. Jo'burg ist das Herz des Landes, der Muskel, der alles mit Leben durchpulst. Hier sind die Verwaltungszentren der Minengesellschaften, die Börse, die Handelsagenturen, die Theater, die Kunstgalerien, die Nachtklubs. Ngoli, die goldene Stadt, schlägt die Menschen in ihren Bann. Sie kommen in Luxuswagen und mit First-Class-Tikkets, sie kommen auf uralten Vehikeln aus Matabele- und Barotseland, sie kommen voll Hoffnung und Ehrgeiz und Gier, und sie kommen mit Liedern, mit Lobgesängen auf die eigene Kraft und die Abenteuer, die man in der großen Stadt erleben wird. Und alle, alle kommen sie des Goldes wegen.
Die Goldgräberei des zwanzigsten Jahrhunderts ist bar jeder Romantik. Sie ist ein moderner Industriezweig, in dem nichts mehr dem Zufall, dem Glück überlassen wird. Das Erz, das Quarzit, wird systematisch abgebaut und verarbeitet. Modernste Maschinen brechen das Gestein und bringen es zutage, wo es gemahlen, gewaschen und anschließend chemisch zersetzt wird. Um siebenhundertsiebzig Tonnen Feingold zu gewinnen (Jahresproduktion 1960), müssen siebzig Millionen Tonnen Fels zu Brei zerstampft werden.
Die Arbeit in den Minen wird gut bezahlt. Die Techniker, Werkmeister, Buchhalter und Direktoren leben außerhalb der Minenbezirke in modernen Einfamilienhäusern, in Villen, die mit allem Komfort ausgestattet sind.

Die schwarzen Arbeiter leben unter der Obhut der Minenverwaltung. Sie sind in riesigen »Compounds« untergebracht. Es gibt deren sechzig am Witwatersrand. Jeder beherbergt tausend bis fünftausend Afrikaner. Der Wohnkomfort ist nicht groß, aber im Vergleich zu den Unterkünften in den Krals läßt er nichts zu wünschen übrig. Die medizinische Betreuung ist vorbildlich. Heftpflaster wird am meisten benötigt. Da die Leute vor Kraft fast aus den Nähten platzen, werden *faction fights*, Kämpfe zwischen den Klans und Stämmen, aus purem Übermut vom Zaun gebrochen. »Zulu-Zukkerfresser«, necken die Arbeiter aus dem Basutoland, »Sotho-Kürbisköpfe«, rufen die Zulu zurück, und dann fliegen Latten und Steine.

Was die Sensationspresse in aller Welt hin und wieder über die sozialen Spannungen in den Minen berichtet, ist – so behaupten die Südafrikaner – oft freie Erfindung beziehungsweise unkorrekte Berichterstattung. Es ist ein Unterschied zu machen zwischen den in den Minen Beschäftigten und dem aus dem Busch nachdrängenden Bevölkerungsüberschuß der Bantu. Wer keine Arbeit bekommen kann, randaliert gerne, zumal der »Skokiaan«, ein selbstgebrannter Maisfusel, oft tagelang ganze Stadtviertel umnebelt.

In Johannesburg ist das Viertel, das an die Bantusportplätze und an die E.N.T. (Eastern Native Township) angrenzt, als »Magaba Ngejubane« bekannt. Auf deutsch heißt das: Hab Vertrauen in deine Beine. Die Fixigkeit, mit der man sich absetzen kann, wenn die Blaulichtwagen der Polizei in Sicht kommen, ist von existenzieller Bedeutung. Man muß nicht nur sich selbst, sondern auch seinen *doctored liquor* in Sicherheit bringen. Die Polizei beschlagnahmt monatlich zwanzigtausend bis dreißigtausend Liter des schwarzgebrannten, mit allerlei Mixturen »veredelten« Fusels.

»The adulterated stuff«, so kommentieren die Männer in den Streifenwagen, »not only makes a drinker drunk, it stupefies him.«

Innerhalb der Compounds herrscht weitgehend Arbeitsfrieden. Die Arbeiter werden alle neun oder achtzehn Monate ausgewechselt; sie haben gar keine Gelegenheit, wohlorganisierte, fordernde Proletarier zu werden. Sie haben auch keinen Grund dazu. Sie kamen als unterernährte, schaffellbekleidete Hirten und Häusler, doch wenn sie zurückkehren, sind sie gesunde, kraftstrotzende Männer; sie tragen städtische Anzüge, glänzende Schuhe und breitkrempige Hüte. Sie sind der Stolz des Dorfes und die Augenweide der Mädchen. (»Das viele Lobola-money, das Jimmy verdient hat, wer wird es wohl bekommen?«)

Nicht nur um des Arbeitsfriedens willen ist die Beschäftigung kurzfristig und ein ständiger Wechsel die Regel. Das Niveau der Eingeborenen soll möglichst gleichmäßig gehoben werden. Jeder soll eine Chance haben. Die jungen Männer, die aus den Minen und Städten in ihre Stammesgebiete zurückkehren, sind die Keimzellen der Zivilisation. Sie wissen jetzt, wie man Tee kocht und was ein zivilisierter Mann ißt, sie können Hemden waschen und Hosen bügeln, sie schwärmen von ihren »Abafazis«, ihren Stadtliebchen, und halten weise Reden (»ikhiwane elihle ligcwala izibungu – die schönsten Feigen sind voller Maden«), sie wissen, daß gegen Stinktiergerüche und »Isidina« (Abneigung) nicht nur der Medizinmann, sondern oft schon ein Stück Seife hilft, sie können außer in ihrer Geißen- auch noch in einigen anderen Währungen rechnen, sie haben Pläne und Wünsche und gute Vorsätze – sie sind die Hefe im Sauerteig, die treibende Kraft des neuen Afrika.

Für die Kalkulationsbüros der Minengesellschaften hat das Gold nicht nur Glanz und Glamour – es gibt oft große Rechenexempel auf. Man hat im Goldbergbau die gleichen Kostensteigerungen wie in anderen Industrien (allein die Löhne sind in den letzten Jahren um das Dreifache gestiegen), aber der Preis des Goldes ist im Gegensatz zu den Preisen anderer Produkte seit Jahrzehnten konstant geblieben. Die Verkoppelung dieses Edelmetalles mit den wichtigsten Währungen der Welt erzwingt einen stabilen Preis.

Von 1837 bis 1932 kostete eine Unze Gold rund zwanzigeinhalb Dollar. 1939, nach den verschiedenen Währungsabwertungen, wurde in Bretton Woods der Goldpreis auf fünfunddreißig Dollar per Unze fixiert, und dabei blieb es bis heute. Das ging natürlich nicht ohne Kopfzerbrechen in den Minenverwaltungen ab. Nur durch äußerste Rationalisierung, durch Automation und mit Hilfe des Kuppelproduktes Uran, das nach dem Krieg einer der gesuchtesten Rohstoffe wurde, konnte die Rentabilität aufrechterhalten werden. Heute ist ein Drittel des Gewinns dem Uran zuzurechnen.

Die Unkenrufe hinsichtlich der Erschöpfung der Minen, die vor einigen Jahren noch manchen südafrikanischen Politiker mit Sorge in die Zukunft blikken ließen, sind inzwischen erwartungsvollstem Optimismus gewichen. Was macht es, wenn die Minen um Johannesburg nicht mehr so ertragreich sind. Im Oranjefreistaat sind Goldlager entdeckt worden, die in ihrer Reichhaltigkeit weit über das hinausgehen, was man für möglich hielt. Nirgendwo in der Welt haben diese Lager ihresgleichen. Dreihundertfünfzig Millionen Unzen Gold liegen bereit, um Südafrika weiteren Wohlstand zu bringen.

Auch in anderen Industriezweigen kann Südafrika mit Erfolgsmeldungen aufwarten.

»Die Wachstumsrate der industriellen Produktion in Südafrika ist während der letzten fünfzig Jahre – Rußland vielleicht ausgenommen – nirgendwo übertroffen worden.« Mit diesen Worten machte Harry Oppenheimer, Herr über hundertzwanzig Minengesellschaften, auf einem Kongreß in London deutlich, wie es um die Zukunft Südafrikas bestellt ist.

Mit Gold und Diamanten wurde der Reichtum begründet, mit Kohle und

Erz sichert man seinen Bestand. Gewaltige Vorräte schlummern in den Tiefen des Landes.

»Wir sind reich, wir sind unermeßlich reich«, das ist der Grundton, der immer mitschwingt, wenn man sich mit einem der Techniker oder einem der Unternehmer unterhält. »Wenn manches Lager noch völlig unberührt blieb, so einfach deshalb, weil wir nicht nachkamen. Sie müssen bedenken, wir sind immer noch im Pionierstadium. Es genügt nicht, daß wir in die Tiefe graben, es müssen zuvor Bahnen und Straßen und Strom verlegt werden. Weite Gebiete unseres Landes bedürfen noch der Erschließung.«

Die politische und wirtschaftliche Isolierung, die man Südafrika immer wieder androht (59), verfängt nicht. Man weiß, daß viele Länder auf die Rohstoffe Südafrikas und auf sein Gold angewiesen sind.

»Wenn man uns keine Waffen mehr liefern will, gut, dann bauen wir unsere Panzer selber. Wir können das noch viel preiswerter und besser als die anderen. Schauen Sie sich nur einmal die Produktionskosten unserer Kohle an. Ganze sechs Mark haben wir in Transvaal für eine Tonne aufzuwenden, während die Produktionskosten in England bei dreißig Mark und in den USA bei fünfundzwanzig Mark liegen. Und fünfundsiebzig Milliarden Tonnen warten darauf, abgebaut zu werden.

Wir produzieren auch unser Benzin selber. Gehen Sie mal nach Sasolburg, dort arbeitet – nach dem Fischer-Tropsch-Verfahren – die größte Benzinsyntheseanlage der Welt. Die chemischen Abfallprodukte werden uns in wenigen Jahren in die erste Reihe der Chemieproduzenten bringen. Unsere Maschinenfabriken, unsere Gießereien, unsere Elektroindustrie haben schon heute Weltgeltung. Wir sind, im Vergleich zur Größe des Kontinents, nur ein kleines Land, aber die Hälfte aller afrikanischen Mineralien und Industriegüter werden bei uns gefördert beziehungsweise produziert. Wir haben aus diesem Zipfel Afrikas den Garten Eden und ein Tischleindeckdich gemacht. Wir denken nicht daran, das alles preiszugeben, nur weil ein paar blutarme Theoretiker in England, in Amerika und in der UNO das Motto ›ein Mann – eine Stimme‹ hochhalten möchten.

›Jedem das Seine‹, das ist unsere Losung. Unsere Bantu fahren nicht schlecht dabei; es geht ihnen besser als allen anderen Afrikanern, und wir werden dafür sorgen, daß Bantustan eine gesicherte Zukunft hat. Schauen Sie sich doch um auf dem afrikanischen Kontinent. Überall gärt es. In den selbständig gewordenen Ländern steuert man dem wirtschaftlichen Chaos entgegen. Diktaturen werden die Folge sein. Das sozialistische Lager wird in Afrika Fuß fassen – trotz ihrer Entwicklungshilfe. Es wird die Zeit kommen, da man in Südafrika nicht mehr das schwarze Schaf sieht, sondern einen Wirtschafts- und Handelspartner, auf den die westliche Welt nicht verzichten kann.«

45. Die Kehrseite der Medaille

Eine Nachtfahrt von Durban entfernt liegt East London, ein farbloses Nest, dessen schmucklose Hotels und *Supermarkets* sich an einigen Längsstraßen aufreihen. Oxford Street und Cambridge Straat – große Namen für eine Siedlung ohne Geschichte, für eine Stadt ohne Städter. East London hat weder Kolorit noch Kultur. Es ist eine Zwecksiedlung mit einigen wohlorganisierten Lustbarkeiten: mit einem Turf-Club, einer Kegelbahn, einem Aquarium, einer Rennstrecke und drei Golfplätzen. Der Strand ist gratis, und das Nachtleben nicht viel teurer. Man firmiert als Familienbad und rechnet mit der Provinz, mit den Leuten, die noch mehr abseits wohnen.

Man darf dem Ort seine Farblosigkeit nicht übelnehmen. Es ist kaum hundert Jahre her, daß die Mündung des Buffalo Rivers von der Kapprovinz annektiert wurde. Mit der zunehmenden Bedeutung des Hafens – Wolle und Zitrusfrüchte, Rind- und Hammelfleisch werden hier verschifft – wuchs auch das Städtchen. Die Barclay's Bank kam und Woolworth, man baute Department Stores und stapelte Waren: Baumwollkleidchen und Nippfiguren, irdenes Geschirr und Schnürstiefel. Man hat, was man braucht, und man braucht nur, was man hat. Man führt ein glückliches, zufriedenes Leben hier. Besucher langweilen sich.

Kapitän, laß uns fahren!

In Port Elizabeth herrscht etwas mehr Betriebsamkeit. Die Stadt ist eine kleine Metropole. Bis nach Südwestafrika und zum Kongo reicht das Einzugs- und Zufuhrgebiet des Hafens.

In einem Café der eleganten Main Street komme ich mit einem der Bürger ins Gespräch. Nach fünf Minuten sind wir beim Thema eins, Apartheid!

»Unsere Politik«, so versichert er mir, »ist die natürlichste Sache der Welt. In jedem Land – auch in Ihrem – gibt es Apartheid. Wo immer Menschen leben, werden sich bestimmte Gruppen bilden, die sich absondern oder von anderen distanzieren. Jeder Mensch hat seinen bestimmten Platz im sozialen Gefüge. Grad und Wertmesser sind Bildung und Vermögen. Man fühlt sich nur unter seinesgleichen wohl. Wer eine Hochschule besucht hat, kann nicht mit Kanalräumern verkehren, und wer sein Schäfchen im trockenen hat, kann nicht mit Bettlern zusammenleben. Klubs und Vereine werden gegründet, in denen man unter sich ist. In Amerika ist es heute gang und gäbe, ganze Landstriche aufzukaufen, zum *private property* zu erklären und das nach Parzellen aufgegliederte Baugelände nur an Leute von gleichem Status zu veräußern.

Warum das alles? Nicht, weil einige Herren dünkelhaft geworden sind, sondern weil die Hilfsarbeiter nicht mehr wissen, was sich gehört. Kaum können sie sich Hut und Anzug leisten, fangen sie an, Gleichberechtigung zu demonstrieren. Keine Gleichberechtigung in puncto Leistung – das ist viel zu anstrengend –, aber eine Gleichheit im Effekt, im Äußerlichen. Sie praktizieren demokratische Narrenfreiheit. Es gibt kein Lokal mehr, das sie meiden, und kein Wohnviertel, das vor ihnen sicher ist. Sie suchen sich in einem Glanz zu sonnen, den sie nicht verdient haben. Sie werten sich auf, indem sie die Währung der anderen abwerten.

Wem ist damit gedient? Im Grunde genommen niemandem. Die nach äußerer Gleichberechtigung drängenden Schichten fühlen sich im fremden Milieu nicht wohl, und die anderen ziehen sich hinter privatrechtlichen Schranken, in Klubs und so weiter zurück. In unserem Land, hier in Südafrika, hat man keine anderen Probleme als anderswo, sie treten nur drastischer in Erscheinung (60). Zum Glück haben wir die Möglichkeit, unsere schwarzen Schafe zu identifizieren und ihre Hybris von Staats wegen (das heißt durch Gesetze) etwas einzudämmen. Natürlich ist es nicht gerecht, die Hautfarbe zum Statussymbol zu machen. Einige unserer Bantu haben diese Behandlung nicht verdient, aber neunzig Prozent der Schwarzen sind nun einmal auf einer Entwicklungstufe, die eine Fraternisierung noch nicht zuläßt.«

Mein Nachbar hat sich in Rage geredet. Er weiß, daß die Apartheidspolitik Südafrikas in Europa und Amerika sehr kritisiert wird und daß man in der UN Südafrika das Leben schwermacht. Er hält nicht viel von der UN.

»Die Hälfte der Mitgliedsstaaten sind Entwicklungsländer, die nur ihre Parolen kennen und aus Prinzip gegen uns sind. Und die übrigen? Sie buhlen blindlings um die Gunst der Farbigen.«

Den ehemaligen Kolonialmächten (Belgien, Frankreich, England) wirft er vor, daß sie ihre Kolonien aufgaben, als diese Länder anfingen, kostspielig zu werden, als Investitionen erwartet wurden.

»Wir Südafrikaner haben uns nicht gedrückt. Wir haben ein reiches Land geschaffen, und die Eingeborenen haben ihren Teil abbekommen: Nirgendwo in Afrika haben die Schwarzen einen so hohen Lebensstandard wie bei uns, nirgends wohnen sie so gut, nirgends verdienen sie so viel, nirgends gibt es so viele Schulen und Krankenhäuser ...«

Er zählt noch vieles auf, mein erboster Nachbar, und er hat nicht ganz Unrecht. Aber etwas übergeht er stillschweigend – die Kehrseite der Medaille. Und die sieht so aus:

Seit 1856 (beziehungsweise 1904) sorgen die Masters-and-Servants-Gesetze dafür, daß jeder Bruch eines Arbeitsvertrages als Verbrechen gewertet und entsprechend abgeurteilt wird.

Henry Moore sagt man nach, ihm seien die Gesetze des Materials wichtiger als jede Kunstlehre, er passe sich dem Material an und hole seine Formen aus der Natur, er arbeite auf Grund von Vorlieben und Abneigungen und stelle alle intellektuelle Logik hintan… So manches, was man an ihm rühmt, gilt auch für die großen Meister der Makonde.

Arbeitersiedlungen auf den Letaba Citrus Estates in traditioneller Bauweise.

Ich war immer der Meinung, Kapstadt liegt am südlichsten Zipfel Afrikas, vor sich – im Süden – das Meer und hinter sich – im Norden – den Tafelberg. Das stimmt nicht ganz: der Tafelberg liegt im Süden der Stadt und der Hafen im Norden.

Die Civilized-Labour-Politik zielt darauf ab, soviel als möglich Weiße zu beschäftigen und den Weißen – auch dann, wenn sie ungelernte Arbeit verrichten – höhere Löhne als den schwarzen Arbeitern zu sichern (61).

Die schwarzen Arbeitnehmer können sich gewerkschaftlich nur schlecht zur Wehr setzen. Das »Native-Labour«-Gesetz von 1953 verbot zwar die Gewerkschaften der Afrikaner nicht, aber es verweigerte ihnen die offizielle Anerkennung und Registrierung, was bei Verhandlungen mit den Arbeitgebern mit großen Nachteilen verbunden ist.

Die Bantu dürfen in den von den Weißen beherrschen Teilen des Landes nur einfache und schlecht bezahlte Berufe ausüben.

Wer gegen ein Gesetz protestiert, kann nach dem Criminal Law Amendment Act *von 1953 mit sechshundert Rand oder drei Jahren Gefängnis oder mit zehn Hieben bestraft werden. Auch eine Kombination dieser Strafen ist möglich.*

Kein Afrikaner darf eine Feuerwaffe, einen Speer, eine Axt, eine Keule, einen mit Nägeln versehenen Stock oder ein Messer mit einer längeren Klinge als neun Zentimeter bei sich tragen.

»Walking sticks used by old or infirm persons are excluded, and axes used for bona fide domestic purposes – Spazierstöcke, die von alten oder gebrechlichen Personen benutzt werden, sind ausgenommen, desgleichen Beile für nachweislich häuslichen Gebrauch.«

Die Immoralitätsgesetze machen jeden geschlechtlichen Kontakt zwischen Schwarz und Weiß zu einem Verbrechen.

Nach dem »Group-Areas«-Gesetz, das dafür sorgen soll, daß Schwarze, Weiße und Farbige getrennt wohnen, sind jetzt, da sich in den letzten Jahrzehnten die Bevölkerungsgruppen stark vermischt haben, viele Um- und Aussiedlungen notwendig. Meist sind es die Nichtweißen, die dabei den kürzeren ziehen. In Durban zum Beispiel muß nur ein Vierzigstel der weißen Bevölkerung umziehen, von den Schwarzen und Farbigen muß jeder zweite sein Hab und Gut zusammenpacken und eine neue Unterkunft suchen. In Johannesburg müssen sechzigtausend »Non-Europeans« ihre Heimstätten – wo sie zum Teil schon seit über fünfzig Jahren ansässig waren – aufgeben.

In den *locations*, den städtischen Gettos für die Eingeborenen (nicht zu verwechseln mit den Reservaten auf dem Lande), gilt folgendes Recht:

Ein Afrikaner kann nur dann außerhalb der location *leben, wenn er im Hause eines Europäers arbeitet und dort sein Unterkommen findet.*

Jede Arbeit außerhalb der location *setzt voraus, daß ein Weißer der Arbeitgeber ist.*

Keinem Europäer (keinem Weißen) ist es erlaubt, ohne Sondergenehmigung die location *zu betreten.*

Alle Afrikaner, die in der location *leben möchten, brauchen eine Genehmigung. In der Regel ist die nur zu bekommen, wenn ein fester Arbeitsplatz nachgewiesen werden kann. Verliert ein Bewohner der* location *seinen Job, wird er für gewöhnlich aus der* location *ausgewiesen, daß heißt, er kann nicht mehr in der Stadt bleiben, er muß in das Eingeborenenreservat zurück. Hat er dort keinen Grundbesitz, wird es ihm schwerfallen, seinen Unterhalt zu verdienen (62).*

46. Ums Kap

Von Port Elizabeth ist es nicht mehr weit bis zur Südspitze Afrikas. Aber noch einmal machen wir halt in der Mosselbay, einem kleinen Hafen, der außer seinen landschaftlichen Schönheiten nur wenig aufzuweisen hat: ein paar hundert Häuser, eine Eingeborenensiedlung und einige Verladerampen.

Die Geschichte der Mosselbay begann 1488. Bartholomäus Diaz hatte auf seiner Suche nach Indien das Kap umrundet und die Bucht entdeckt. Er nannte sie Angra dos Vacquieros, die Bucht der Hirten. Mit den Hirten, einigen Hottentotten, kam er nicht in Kontakt. Sie rannten davon.

Zehn Jahre später ging Vasco da Gama in der Bucht vor Anker. Die Hottentotten hatten sich inzwischen beruhigt. Ihre Neugierde war jetzt größer als die Scheu vor den Schiffen. Sie wagten sich auf Rufweite heran. Einer war besonders kühn. Die rote Kappe Vasco da Gamas hatte es ihm angetan. Er kam näher, zeigte mit der einen Hand auf die Kopfbedeckung des Kapitäns, mit der anderen auf eine seiner Geißen. Das war verständlich! Der Schwarze wollte einen Handel machen. Vasco da Gama überlegte nicht lange, er zog seine Mütze – die erste Runde der Race Relations, des Tauziehens zwischen Schwarz und Weiß, ging an die Afrikaner.

Ihren heutigen Namen verdankt die Mosselbay einem Holländer namens Paulus van Caerden. Dieser junge Verwaltungsbeamte der Holländischen Ostindischen Compagnie war ein Gourmet. Er fand heraus, daß es köstliche *mussels* (Muscheln) in der Bucht gab, und hielt seine Entdeckung für so gravierend, daß er die Hirten, die ohnehin ins Landesinnere verschwunden waren, von der Landkarte tilgte und die Muscheln dafür einsetzte.

Auch uns gefällt es nicht schlecht in der Mosselbay. Wir bleiben so lange wie möglich; erst gegen sechs Uhr abends werden die Anker gelichtet.

Nach dem Nachtessen verabschiedet sich der Kapitän von den Passagieren, die in Kapstadt das Schiff verlassen. Er bedauert, daß wir Cap Agulhas, den südlichsten Punkt Afrikas, mitten in der Nacht umrunden werden, und kündigt an, daß früh aufstehen muß, wer das Kap der Guten Hoffnung sehen möchte. Nun, wer möchte das nicht? Das halbe Schiff ist munter, als der Morgen dämmert. Aber es gibt enttäuschte Gesichter. Alles Ausschauen ist vergebens – es gießt in Strömen, und die Sicht ist gleich Null.

»Gehen Sie nochmals in die Koje«, rät der I. O., »wir sind ohnehin schon am Kap vorbei.« Die meisten folgen seinem Rat – vor Kälte bibbernd.

Das Kap hat seine Tücken. Diaz, der es auf seiner Rückreise von Algoa entdeckte, hat wenig Schmeichelhaftes über die wild zerklüftete, bergige Halbinsel in seinem Logbuch vermerkt. Er machte sich Notizen über die verschiedenen Wassertemperaturen und nannte die wetterwendische Gegend Kap der Stürme. Sein König, Johann II., war weniger von den Stürmen als von den Möglichkeiten beeindruckt, die das Kap eröffnete. Er nannte es Kap der Guten Hoffnung.

Gegen acht Uhr werden wir von zwei kleinen Booten in den Hafen bugsiert. Zu sehen ist nichts, absolut nichts. Weder ein Berg noch die Stadt noch sonst was. Regen, Gischt und Nebel hüllen das Schiff ein. Die Passagiere aus Kapstadt müssen sich einige handfeste Reklamationen anhören. »Habt ihr uns nicht erzählt, daß der Februar der heißeste Monat des Jahres ist, daß ihr Riviera- und überhaupt das attraktivste Klima habt, das man sich denken kann?«

Kleinlaut schleichen sie von Bord.

Die übrigen Passagiere lassen sich durch den Regen nicht abhalten. Capetown ist eine Großstadt und eine elegante und gastfreundliche dazu. Sie kann ihren Gästen auch bei Sturm und Regen imponieren. Die Heerengracht, die die Adderley Street in Richtung Meer verlängert, empfängt den Besucher mit eindrucksvollen Hochhäusern. Wo jetzt Luxuswagen auf breiten Avenues dahingleiten, tummelten sich vor ein paar Jahren noch die Fische. Der an das Meer angrenzende Stadtteil liegt auf Polderland, auf Boden, der dem Atlantik abgetrotzt worden ist.

Die Bewohner Kapstadts sind ein faszinierendes Völkchen. Bei manchem hübschen Mädchen verweilt das Auge länger, als es eigentlich schicklich ist. Das läßt sich hier entschuldigen. Wo sonst gibt es noch so exotische Gesichter? Gesichter, in denen verschiedene Welten vereinigt sind. Bei jeder Fruchtverkäuferin, jedem Bürofräulein und all den plappernd einherschreitenden Straßenpassantinnen, die – des schelmischen Windes wegen – einen ständigen Kampf mit ihren Röcken führen, fragt man sich, wieviel von dieser Lieblichkeit stammt wohl aus Indien, wieviel aus Afrika, wieviel aus China und wieviel aus Europa? Niemand wird es mehr ergründen können. Die Mädchen und Frauen hier gehören keiner speziellen Rasse mehr an, nur noch Kapstadt. Sie sind – wenn die Götter beim Mischen Pate standen – von ätherischer Schönheit, zierlich und fragil, und wenn die Kombination nicht ganz so optimal ausfiel, doch noch interessant, aufregend und lebensstrotzend. Wie Blumenbukette beleben sie die Straßen, die Büros, die Cafés. Sie sind so zahlreich und so erfrischend wie die Früchte des Landes, wie die Trauben von Paarl und die Pfirsiche von Stellenbosch.

Kapstadt hat 730 000 Einwohner. 370 000 sind Mischlinge, 290 000 Weiße, 70 000 Schwarze. Jede Rasse hat ihre Visitenkarte am Kap abgegeben: Seefahrer aus Portugal und Holland, Sklaven aus Malaya, Händler aus China. Die Europäer (Buren, Engländer usw.) werden in afrikaans *Blankes* genannt, aber nicht jeder ist so *blank,* wie er gern sein möchte. Um unnötigen Komplikationen aus dem Weg zu gehen, drückt man mitunter ein Auge zu, manchmal auch zwei. Zivilisierte Farbige, wie beispielsweise die Japaner, werden in Südafrika stillschweigend als Europäer eingestuft.

Die Mischlinge oder Farbigen sind auf afrikaans *Kleurlinge* und auf englisch *Coloured People.* Zu dieser Gruppe zählen auch – und mögen sie noch so reinrassig sein – die Inder und Malayen. Da sie den Europäern geistig und charakterlich näherstehen, werden sie entschieden höher eingestuft als die *Natives,* die Bantu. Die *Kleurlinge* haben bessere Berufschancen und – so hoffen viele – Aussicht auf weitgehende Gleichstellung mit den Weißen, sowie die Bantustanpolitik die Majoritätsprobleme gelöst hat (63).

Nach dem »Population Registration Act« ist vorgesehen, daß die Rassenzugehörigkeit eines jeden Bürgers genau festgelegt wird. Das ist oft nicht einfach. Wer kann, und wer es nötig hat, mogelt dabei ein bißchen. Da die Weißen die meisten Rechte genießen, ist eine weiße Haut schon eine kleine Anstrengung wert. Manche Großmutter, die allzu mandelförmige Augen hatte, wird unterschlagen und manches Familienbild aus alten Tagen ein wenig retuschiert. Auch Lebensweise, Beruf und Bildung spielen bei der Einstufung eine Rolle. Hat man Pech – kommt es zu einer amtlichen Degradierung –, kann das grausame Folgen haben.

Am Nachmittag reißen die Wolken auf. Innerhalb einer Viertelstunde verwandelt sich die Stadt in ein subtropisches Ferienparadies. Im Stadtgarten spielen exotische Vögel um Palmen und Springbrunnen, die Seerosen der Teiche leuchten in allen Farben, Blütenbäume und Sonnenschirme überbieten sich gegenseitig an Buntheit, in den Pavillons flattern Wellensittiche, und die überall gegenwärtigen Blumen erfüllen die Luft mit betörendem Duft. Keukenhof und Nizza müssen Pate gestanden haben, als die Gärtner zu Werke gingen. Es gurrt und zwitschert. Eichhörnchen springen über den Weg. Inmitten des Parks steht das Denkmal von Cecil Rhodes. Er zeigt nach Nor-

den, der Pionier Südafrikas, und seine Worte sind in Stein gemeißelt: »Your hinterland is there!«
Vor dem Eingang des Mount Nelson Hotels, das mit seinen Säulen und seiner Palmenallee ein wenig zu bombastisch ausgefallen ist, wartet ein Taxi auf mich. Ich lasse mich zu einigen Sehenswürdigkeiten und dann zum Kap fahren. Die Straßen der Stadt, des ganzen Gebietes, sind erstklassig. Vier-, sechs- und achtspurig durchziehen sie das Land. Der berühmte Marine Drive beginnt am Signal Hill. Hinter Sea Point kommt die ganze Küste ins Blickfeld. Zur Linken türmen sich die zwölf Apostel in die Höhe, von unten leuchtet der weiße Sand von Clifton's Beach, und das Rund des Horizonts ist erfüllt vom alles überstrahlenden Blau des Atlantiks. Karo Proteen, Südafrikas markanteste Blumen, blühen an den Steilhängen.
Die Straße steigt beständig an, bis sie – nach Llandudno Beach – in schwungvollen Kurven der Hout Bay zustrebt. Hier ändert sich das Panorama. Ein weites Tal mit malerischen Farmhäusern kommt in Sicht, dann ein kleines Dorf und ein verträumter Fischereihafen. Durch Kiefernwälder und an alten Befestigungen vorbei geht es nach Kommetjie, einem kleinen Badeort, dessen Leuchtturm der Schiffahrt den Weg zur Tafelbucht weist. Über Hochmoore und kahle Felsen führt die Straße schließlich zum Cape Point, zum Kap der Guten Hoffnung.
Die Natur ist gewaltig hier, noch ungebändigt. Die heiße Luft Afrikas kämpft mit den Winden aus der Antarktis. Der Atlantik bietet den warmen Strömungen des Indischen Ozeans ein abruptes Halt. Schaum spritzt auf, wo sich die Meere die Stirne bieten. Die Trennungslinie zwischen kaltem und warmem Wasser läßt sich kilometerweit, fast bis zum Horizont, verfolgen.
Das Kap der Guten Hoffnung – »it's a most stately thing and the fairest Cape we saw in the whole circumference of the earth« (Francis Drake, 1580).

47. Eine Lanze für Südafrika

Ein Meer von Licht und Sonne umflutet uns; wir sind auf dem Plateau des Tafelberges, in 1092 Meter Höhe. Von der sommerlichen Hitze, die die Stadt schon seit Stunden schmoren läßt, ist nichts mehr zu spüren. Eine frische Brise weht hier oben; sie kommt vom Meer, vom Atlantik und der Antarktis.

Die Aussicht ist atemberaubend. Man weiß wirklich nicht, wo man zuerst hinsehen, in welche Richtung man fotografieren soll. Ich versuche mich zu orientieren. Das ist gar nicht so einfach. Ich war immer der Meinung, Kapstadt liege am südlichsten Zipfel Afrikas: vor sich – im Süden – das Meer und hinter sich – im Norden – den Tafelberg. Das stimmt nicht ganz: der Tafelberg liegt im Süden der Stadt und der Hafen im Norden. Und wenn man sich nach der Sonne orientieren möchte, darf man nicht vergessen, daß sie hierzulande um die Mittagszeit im Norden und nicht im Süden steht (sie bewegt sich vom Osten über den Norden nach Westen). Was für ein Glück, daß man nicht auch noch die Erdkrümmung in Betracht ziehen muß. Mit dem Kopf nach unten hängend, würde man die Orientierung vollends verlieren.

Der Lion's Head (Löwenkopf) fällt besonders ins Auge. Er erinnert an den Zuckerhut von Rio. Seine Spitze ist felsig und nur nach mühsamer Kletterei zu erreichen. Ein langgestreckter Sattel führt hinüber zum Signal Hill: Orientierungspunkt der Seefahrer seit dreihundert Jahren.

Links und rechts vom Lion's Head leuchtet der Strand von Sea Point und Camps Bay herauf. Hier tummeln sich die Kapbewohner in der Brandung des Atlantiks. Hochhäuser und Bungalows säumen den Strand; dahinter – bis zum Horizont, wo Meer und Himmel ineinander verschmelzen – das tiefe Blau des Ozeans.

Die Bucht, in der der Hafen liegt, erstreckt sich weit ins Land herein. Die Schiffe wirken winzig; man sieht ihnen nicht an, daß sie zwei- oder dreihundert Meter lang sind. Das Hafenbecken trägt zu dieser Täuschung noch bei; es ist von gewaltiger Ausdehnung; die Kaimauern sind fast fünf Meilen lang.

»Während des Krieges«, so erklärt mir ein Kapstädter voll Stolz, »hat Capetown sechzehntausend Schiffe mit insgesamt dreiundachtzig Millionen Bruttoregistertonnen abfertigen müssen. Nachschub für alle Kriegschauplätze wurde hier ein- und ausgeladen. Einmal waren es nicht weniger als hundertdrei Schiffe, die gleichzeitig in der Bucht vor Anker lagen.«

Die Stadt, die sich an den Hafen anschließt und bis zum Fuß des Tafelberges ausdehnt, sieht recht blankgefegt aus. Kein Dunst oder Rauch liegt über ihr. Der South-Easter schickt sich eben an, die Gassen zu kehren. Die Nebelfahnen über dem Devil's Peak, dem Ausläufer des Tafelberges, sind ein sicheres Zeichen dafür. »Der Doktor bläst«, sagen die Kapstädter, wenn sie die Wolkenfahnen auftauchen sehen. Sie haben es gern, wenn der Wind heulend durch die Gassen fährt, den Mädchen die Röcke um die Beine wirbelt und mit seinem antarktischen Ozon die Stadt im Handumdrehen zum Luftkurort befördert. Auch im Hitzemonat Februar spürt man dann nicht mehr, daß die Stadt nur vierunddreißig Grad südlich des Äquators liegt (die Ri-

viera, zum Vergleich, liegt auf dem dreiundvierzigsten Grad nördlicher Breite).
Die Nebelfahne wandert westwärts. »Beeilen Sie sich mit den Aufnahmen«, ruft uns der Wärter der Gipfelstation nach, »und achten Sie auf das Nebelhorn. Wenn es tutet, müssen Sie sofort zur Station zurück.«
Geh, mach's nicht so spannend, denken wir, aber dann halten wir uns doch 'ran, um noch das meiste mitzubekommen.
Mit dem Blick nach Westen (zum Sea Point) und nach Norden (zum Hafen) hat der Berg erst einen Teil seiner Sehenswürdigkeiten preisgegeben. Von seinem Südrand aus ist der Blick noch bezaubernder. Halblinks, hinter zackigen Felsschründen, leuchten die blaugrünen Wasser der False Bay herauf. Ob sie noch zum Indischen Ozean gehören oder schon zum Atlantik, darüber streiten sich die Gelehrten noch. Die Entscheidung hängt davon ab, ob man Agulhas (und dem zwanzigsten Längengrad) oder dem Kap der Guten Hoffnung das Vorrecht einräumt, Grenzstein zu sein. Die meisten entschieden sich für das Kap. Das ist für jedermann ein Begriff, und außerdem macht es viel mehr Spaß, wenn man auf der einen Seite der Kap-Halbinsel im Atlantik und auf der anderen Seite, im berühmten Muizenberg, im Indischen Ozean baden kann.
Der Blick nach Südwesten geht über die Gipfel der Zwölf Apostel, die die Skyline des Strandes von Camps Bay bis nach Llandudno bilden. Wolkenfetzen stieben über die zerklüfteten Felsen. Sie lösen sich auf, sowie sie die nackten Hänge, die Böschung zum Meer erreicht haben. Es ist faszinierend, dieses Spiel der Wolken zu beobachten. Felsschründe, die eben noch verhüllt waren, werden Sekunden später vom vollen Licht der Sonne ausgeleuchtet. Die Szenerie ist eine Mischung von Gornergrat, Grand Canyon und Côte d'Azur.
Ein Heulton schreckt mich auf – Nebelalarm! Undurchdringlich, dick wie Watte, schiebt sich das Tafeltuch über den Berg. Nun ist Eile geboten. Der Rückweg hat seine Tücken. Das Plateau ist alles andere als eine Tafel – es ist ein richtiges Klippengelände. Die Witterung hat metertiefe Schrannen aus dem Gestein gewaschen; die Felsmulden und Pfannen sind mit brackigem Wasser gefüllt und von glitschigen Moorpflanzen umwachsen; Gestrüpp und Grasbüschel tarnen Gesteinsspalten und Schründe. Es ist schwierig, darüber hinwegzuklettern – im Nebel kann es geradezu halsbrecherisch sein.
Die Berggaststätte empfängt die flüchtenden Touristen mit verlockenden Essensdüften. Man läßt sich gern verführen; das Restaurant ist sehr gemütlich: ganz aus Natursteinen, mit großem, offenem Kamin und einigen hübschen Erkern; mögen draußen die Wolken um den Berg brodeln, hier läßt's sich gut sein.

Ein Urlauber aus Pietermaritzburg setzt sich zu mir an den Tisch. Er studiert hingebungsvoll die Weinkarte und läßt dann ein Fläschchen auffahren, um mir das *lekker lewe* in *Onze land* recht augen- und gaumenfällig zu demonstrieren.

Er meint – nachdem er mich eingeladen hat, tüchtig mitzuhalten –, daß die Fremden Südafrika viel zu einseitig sehen. Woran denkt ein Europäer, wenn die Rede auf Südafrika kommt. Er denkt an Rassenkrawalle und an Rassenvorurteile, und wenn es hoch kommt, auch noch an Gold und Diamanten und an Springböcke, die sich in der Sonne tummeln. An Wein und Gesang denkt keiner. Aber Südafrika ist ein lebensfrohes Land, und seine Weine, insbesondere sein Sherry, sind ganz vorzüglich. Mein Zechgenosse gibt einige *reminiscences of a drinking man* von sich. Er philosophiert über dies und das, und zwischendurch kramt er immer wieder mal ein Anekdötchen hervor. Die Pointe geht immer auf Kosten der *Darkies*, der Schwarzen.

»Ein Freund von mir«, so beginnt eine dieser kleinen Geschichten, »der hatte mal hohen Besuch und deshalb seinem schwarzen Koch aufgetragen, sein Bestes zu tun, um ein exzellentes Dinner auf den Tisch zu bringen. Bob, der Koch, machte sich ans Werk. Das Essen wurde ganz vorzüglich. Als man beim Dessert angelangt war, wurde Bob gerufen, um das Lob der Gäste entgegenzunehmen. Eine der anwesenden Damen war von der Consommé besonders beeindruckt: ›Wie hast du es denn gemacht, daß die Suppe so klar war?‹ fragte sie.

›Das war nicht schwer, Memsahib, ich habe die Brühe durch einen Socken vom Bwana geseiht‹, war die Antwort.

Der Herr des Hauses fixiert den Kochkünstler durchdringenden Auges, was Bob zum Einlenken veranlaßt:

›It's alright, Bwana, das geht schon in Ordnung, ich habe natürlich keinen von deinen frischen Socken genommen.‹

Die Schwarzen und das Verhältnis der Weißen zu ihnen ist ein immer interessierendes Thema in Südafrika, und so ist es kein Wunder, daß wir unversehens wieder beim Rassenproblem sind.

»What is the colour-bar? – Was ist die Schranke, die Schwarz und Weiß trennt?«

Mein Nachbar zerlegt das Problem in drei Elemente: Rassenvorurteil, Rassendiskriminierung und Rassentrennung.

Rassenvorurteile sind den meisten Menschen immanent. Ganz einfach deshalb, weil jedermann die Merkmale der eigenen Rasse höher einschätzt als die einer anderen Rasse. In England nennen die Psychologen dieses Phänomen *ethnocentrism.* Jeder ist einem »auserwählten Volk« zugehörig. Selbst die Zulus glauben von sich, daß sie des Herrgotts Favoriten sind.

Rassenvorurteile sind zu einem guten Teil anerzogen. Auch Redewendungen (polnische Wirtschaft), unterschiedliche Sitten und Gebräuche, ja selbst gedankenlose Verniedlichungen (Schokoladen-Mohren) tragen ihr Teil dazu bei, eine Kluft aufzureißen. Auch viel Psychologisches, Unterschwelliges wirkt am Entstehen der Rassenvorurteile mit. Angst und Unsicherheit (gelbe Gefahr) sind ein Nährboden, auf dem die Vorurteile wie Pilze in die Höhe schießen. Mit bloßen Instruktionen lassen sich solche Seelenkrämpfe nicht lösen. Nur ein enges Zusammenleben, gegenseitiges Anpassen – sofern dafür eine Basis gegeben ist – mindert die Spannungen.

Die rassische *Diskriminierung* ist eine direkte Folge von Rassenvorurteilen. Aus dem »State of mind«, aus der Geistesverfassung, haben sich praktische Maßnahmen ergeben, die darauf abzielen, die Mitglieder der anderen ethnischen Gruppe zu unterdrücken. Während die Rassenvorurteile psychologischer Natur sind, ist die Rassendiskriminierung im wesentlichen soziologischer Natur. Statussymbole werden geschaffen, und es wird eifersüchtig darüber gewacht, daß die anderen kurzgehalten werden.

Daraus ergibt sich fast zwangsläufig das dritte Element des Rassenproblems: die *Rassentrennung.* Je weniger Kontakt zwischen einzelnen Individuen oder Gruppen besteht, desto weniger gibt es Streit und desto besser läßt sich eine soziale und kulturelle Autonomie verwirklichen oder aufrechterhalten.

»Und in diesem Sinne, das heißt durch Rassentrennung, will die Regierung Verwoerd die Probleme aus der Welt schaffen.«

Mein Freund aus Pietermaritzburg hat seiner vaterländischen Pflicht Genüge getan. Zufrieden packt er seine botanischen Raritäten, die er heute früh gepflückt hat, zusammen und gibt mir dann noch einige Anschriften und Tips, die mir am nächsten Tag die Suche nach weiterem Informationsmaterial sehr erleichtern.

Schon in Durban und Port Elizabeth habe ich die Buchhandlungen nach Apartheidliteratur durchforscht. Die Ausbeute war nicht groß. Öfter als einmal ist mir, wenn ich nach einschlägigen Büchern oder Broschüren fragte und der Buchhändler vergebens seine Bücherstapel durchsah, die Antwort gegeben worden: »I'm afraid they took them off. – Ich fürchte, man hat die Bücher wieder mal eingezogen.«

Die Unübersichtlichkeit des Problems und einiges, was noch nicht im richtigen Lot ist, lassen es anscheinend nicht zu, das Material allzu freizügig zur Verfügung zu stellen. Auch in Kapstadt ist die Ausbeute in den Buchhandlungen enttäuschend. Es bleibt mir nichts anderes übrig, als zum »Government«, zu einer Regierungsbehörde, zu gehen, um hier, »an der Quelle allen Übels«, auf den Busch zu klopfen. Man ist außerordentlich freundlich und keineswegs zurückhaltend. Mit Literatur werde ich überhäuft.

Als Quintessenz, als Zusammenfassung der Probleme, Ansichten und Theorien, die Südafrika zur Zeit beschäftigen und mit denen es fertig werden muß, sei die Rede Dr. Verwoerds, die er vor dem Südafrika-Klub in London hielt, auszugsweise wiedergegeben:

»Südafrika hat mehr getan und tut mehr für die Wohlfahrt seiner farbigen Bevölkerung als irgendein anderer Staat in Afrika...

Die asiatischen Länder und einige Länder in Europa und Südamerika bleiben, was die Wohlfahrt *aller* Bevölkerungsteile anbetrifft, hinter Südafrika zurück, mitunter weit zurück...

Was nützt es, wenn Bürger anderer afrikanischer Staaten, die in Lumpen gehen und in Bretterverschlägen hausen müssen, die Hungerlöhne und nur wenig zu Essen haben, die arbeitslos sind, zur Kompensation für all das, was ihnen abgeht, das Wahlrecht haben...?

Kann das Wahlrecht befriedigen und dem Volk von Nutzen sein, wenn seine große Masse dieses Recht nicht mit Besonnenheit ausüben kann, weil sie nichts von Politik versteht oder schwarze Diktatoren beziehungsweise Cliquen politischer Halbstarker blinde Treue verlangen?...

Unsere Probleme sind einmalig. Nirgendwo in der Welt und noch nie in der Geschichte hat sich eine Situation ergeben, die der unsrigen ähnlich wäre. Die Lösung muß deshalb ebenso einmalig sein...

Es gab keinen Kolonialismus bei uns. Jede Rasse lebte in ihren eigenen Gebieten und hatte – für mehr als dreihundert Jahre – die Chance, ihr Land zu entwickeln. Der weiße Mann hat das getan, der schwarze nicht. Die Weißen haben nicht ihre Macht gebraucht, um das Gebiet des schwarzen Mannes zu überrennen und zu erwerben. Tatsache ist, daß allein in Südafrika die Rechte der Schwarzen von vornherein respektiert wurden und daß man sich bemühte – meist vergebens –, den Schwarzen die besten Kultivierungsmethoden beizubringen. Schließlich kam der schwarze Mann zu den Weißen, um Beschäftigung, Nahrung und einige andere gute Dinge zu erhalten. Er kam nicht mit der Absicht, politische Rechte zu fordern; er kam, um Arbeit, Erziehung und Sicherheit zu bekommen...

Es stand von vornherein außer Frage, daß die Weißen nicht dadurch um ihr Land gebracht werden können, daß sie der schwarzen Bevölkerung in Massen Zutritt gewährten...

Theoretiker, die weit vom Schuß sind und durch ihre Reden nicht zu Schaden kommen können, philosophieren unbeschwert darüber, wie man den Besitz anderer Leute anderweitig unterbringen könnte. Sie erwarten von den Südafrikanern, daß sie ihr Eigentum, ihre Nation und ihre Existenz preisgeben...

Wir suchen und kämpfen nicht für eine Lösung, die nur *unser* Überleben sichert; wir suchen eine Lösung, die beiden Teilen gerecht wird, die beiden Teilen politisch und ökonomisch alle Entwicklungsmöglichkeiten offenläßt, und wir sind außerdem bereit, einen hohen Preis zu bezahlen, einen Preis aus unserem Einkommen für die Zukunft der anderen.

Es gibt drei Möglichkeiten:

Die *erste* ist, daß die Weißen Südafrikas sich selbst opfern, ihren Besitz und ihre Zukunft. Sie können das tun, indem sie sich der schwarzen Herrschaft unterwerfen, die für sie zur Diktatur würde. Sie können das Land ihrer Väter und Vorväter verlassen oder ein verlorenes Häuflein innerhalb einer schwarzen Nation werden. Würden Sie sich dafür entscheiden, wenn England das Land wäre, von dem wir sprechen? (64)

Die *zweite* Möglichkeit wäre, daß man nur Teilzugeständnisse macht und sich der Illusion hingibt, den Tag der Entscheidung dadurch wesentlich hinausschieben zu können. Mögen die Kinder oder Enkel sehen, wie sie zurechtkommen. Wir wollen unsere Ruhe haben. Das könnte bewerkstelligt werden, indem man einige der Schwarzen in das Parlament und in sonstige öffentlichen Institutionen aufnimmt und sich dann der Hoffnung hingibt, daß der Ehrgeiz dieser Leute dadurch befriedigt ist und sie nicht auf die Idee kommen werden, den Ehrgeiz der Massen zu entwickeln und anzuleiten.

Was aber, wenn sich diese Hoffnung nicht erfüllt? Wenn die Teilhaberschaft schnell – sehr schnell – in die Forderung nach schwarzer Alleinherrschaft einmündet? Sollen dann die Weißen kämpfen oder sich unterwerfen? Und zu welchem Zeitpunkt der Entwicklung sollen sie sich eingestehen, daß der Versuch, an der Macht zu bleiben, fehlgeschlagen ist?

Es ist offensichtlich: Diese zweite Möglichkeit zur Lösung des Problems löst überhaupt nichts. Sie würde nur bedeuten, daß sich der Kampf um die Regierungsgewalt hinzieht, bis man schließlich doch klein beigibt oder den Kampf in aussichtsloser Position, sozusagen im letzten Graben aufnimmt.

Die *dritte* Möglichkeit entspricht dem Beispiel selbständiger Nationen: leben und leben lassen – aber getrennt.

Wer würde es als ideal ansehen, wenn man aus dem britischen Commonwealth einen einzigen Staat machen würde, einen Staat mit zentraler und demokratischer Regierung, das heißt einer Regierung, für deren Zielsetzungen die Wünsche der Wählermassen maßgeblich wären, nicht aber die Verdienste Englands, das der Zahl nach klein, aber reich an Erfahrungen und Wissen ist?

In einem solchen, über die Rassengrenzen hinausgreifenden Staat würde die Provinz Großbritannien notwendigerweise von Indien aus regiert werden, weil dort einige hundert Millionen wohnen, die außerdem noch von ihren Rassengenossen in aller Welt unterstützt würden.

Das alles tun Sie natürlich als Unsinn ab, aber warum – so frage ich Sie – soll denn Südafrika eine solche politische Situation (wenn auch in kleineren Abmessungen) für sich akzeptieren?
Wir ziehen vor, daß jede unserer Bevölkerungsgruppen sich selbst regiert, selbständig wie eine Nation. Darüber hinaus können die Einzelstaaten dann – wie in einem Commonwealth oder in einer wirtschaftlichen Vereinigung – zusammenarbeiten. Was ist daran von Übel? Oder an dem Umstand, daß während der Übergangszeit der Patriarch das Mündel an der Hand nimmt, es unterrichtet und leitet. Was ist schlecht an dieser von uns vorgesehenen getrennten Entwicklung?«

48. Good-bye, fairest Cape of the World!

Der Blaue Peter, der Wimpel, der jedermann kundtut, daß wir noch heute auslaufen werden, flattert am Mast. Die Passagiere sind allesamt ausgeflogen – zum Abschiedsbummel in die Stadt. Bei Stuttafords, dem eleganten Kaufhaus, herrscht Hochbetrieb. Die Kundschaft kommt aus aller Welt.
Kapstadt liegt an der Strecke *around the world*, und ständig liegen zwei oder drei Luxusdampfer im Hafen. Gestern erst ist die Caronia eingelaufen, ein Traumboot, beladen mit amerikanischen Millionären. Die High Society, die in Kapstadt vor Anker geht, beeinflußt natürlich die Mode und den Chic der Kapstädterinnen. Man trägt gewagte Hüte. Ansonsten sind dem Wagnis Grenzen gesetzt: Die Justiz schreibt vor, daß keine Frau schulterfrei oder gar in Shorts auf der Straße erscheinen darf (»We don't want the natives to see our women halfnaked«).
In den frühen Nachmittagsstunden kommen die Passagiere beladen zum Schiff zurück. In den Kabinen stapeln sich Traubenkisten, Äpfel, Birnen, Pfirsiche. Man kann diesen prachtvollen Früchten nicht widerstehen. Sie sind nicht gerade billig, aber sie werden in bester Aufmachung offeriert und sehen sehr appetitlich aus.
Auf den Decks und im Innern des Schiffes, in den Korridoren, herrscht der übliche Abschiedstrubel. Die Gänge sind mit Koffern blockiert, Neuankömmlinge irren durch die zahllosen Räumlichkeiten (es ist schwer, sich auf Anhieb zurechtzufinden), und die Stewards haben alle Hände voll zu tun. Jeder Passagier bringt noch einige Verwandte und Freunde mit, ein Lehrer seine ganze Schulklasse. Vermutlich sind zwei- bis dreitausend Menschen zuviel an Bord.

Am Kai haben die Verladearbeiten jetzt mehr Tempo angenommen. Es ist noch ein ganzer Güterzug voll Baumwolle angekommen. Im Laufschritt werden die mannshohen Ballen unter den Kran gekarrt. Die schwarzen Arbeiter glänzen vor Schweiß, aber sie sind willig. Wenn sie im Übereifer mit ihren Nachbarn oder Hintermännern kollidieren, gibt es kein Geschimpfe. Sie lachen und gestikulieren und rennen mit ihren Sackkarren weiter.
Noch zwei Stunden bis zur Abfahrt. Das schwere Gepäck der Passagiere wird an Bord gehievt. Kisten und Truhen. Die Umsiedler (es gibt deren viele zwischen Südafrika und England) nehmen ihren ganzen Hausrat mit an Bord. Ein Strom von Neuankömmlingen schiebt sich über die Gangways: Minenarbeiter und Ingenieure aus dem Copperbelt, Pflanzer, die auf Urlaub fahren, Lehrer und Studenten, die in England zu Hause sind oder sich dort weiterbilden möchten, abenteuerlustiges Jungvolk, das den Sommer über durch Europa bummeln möchte, und zahllose Frauen, Frauen aller Stände; sie kommen in ihren Sonntagskleidchen oder in großer Reiserobe, mit Pappköfferchen oder mit Chauffeur und zwei hauseigenen Boys. Eine Kompanie deutscher Missionsschwestern marschiert festen Schrittes durch die Menge. Eine von ihnen ist in die Heimat zurückberufen worden – der ganze Orden gibt ihr das Geleit.
Auch einige Schwarze kommen an Bord. Sie wissen zunächst nicht so recht, wie sie sich verhalten sollen. Dürfen sie sich setzen, oder sind die Bänke nur für Weiße? Gibt es ein extra Restaurant für Coloured People?
»Don't worry, zerbrecht euch mal deswegen nicht mehr den Kopf – jetzt seid ihr auf einem englischen Schiff und gleichberechtigt.«
Dreiviertelstunde vor der Abfahrt. Grell läutet die Glocke.
»Passengers not sailing with the boat are kindly requested to go ashore.«
Die Unerfahrenen machen sich auf den Weg. Die Routinierten wissen, daß die Aufforderung noch zwei-, noch dreimal wiederholt wird und daß man ruhig noch ein halbes Stündchen zugeben kann. Manchen fällt der Abschied sehr schwer. Junge Ehepaare, Verliebte, die sich jetzt auf Monate, vielleicht auf Jahre trennen müssen, vergessen alles um sich her.
»This ship is about to sail«, verkündet der Lautsprecher, »alle Gäste werden dringend gebeten, unverzüglich an Land zu gehen.« Nun ist Eile geboten. Die letzten Besucher verlassen das Schiff, die Passagiere versammeln sich an der Reling. Man winkt sich vom Kai und von Bord aus zu. Taschentüchlein tasten versteckt nach Tränchen, und manch einer schneuzt sich verdächtig oft. Papierschlangen lösen die Spannung ein wenig. Man wirft sich die bunten Streifen zu und hält sie fest – ein letztes Band zwischen den Scheidenden. Scherzworte fliegen hinüber und herüber. »Sag Vetter Franz, daß ich heute abend nicht zum Nachtessen kommen kann!«

Die Bugsierboote kommen längsseits, die Kräne heben die Gangways hinweg, Leinen und Trossen werden gelöst – das Schiff ist seiner Fesseln ledig, der große Augenblick ist gekommen. Marschmusik setzt ein, die Schlepper ziehen an. Langsam bewegt sich der Koloß vom Kai weg. Einige Seehunde schwimmen fröhlich prustend die Bordwand auf und ab. In weitem Bogen flattern die bunten Bänder, dann reißen sie, einzeln erst, dann büschelweise. Manches Gesicht, eben noch fröhlich, kämpft gegen ein Schluchzen an.
Auch wer keine Freunde oder Verwandten zurückläßt, wer nur als Tourist kam, bleibt von diesem Abschiednehmen nicht unberührt. Kapstadt liegt weit. Ob man noch einmal nach hier kommen wird? Wer weiß es! Man spürt, daß man nicht nur von Kapstadt Abschied nimmt, daß man praktisch schon dabei ist, von einem Teil dieser Erde für immer Abschied zu nehmen. Tausende stehen am Kai. Sie standen vor acht Tagen dort, sie werden sich nächste Woche einfinden, und sie werden in zehn und in hundert Jahren dort stehen und winken, aber jedesmal werden es andere, jüngere Menschen sein.
Die Maschinen laufen an. Wir steuern mit eigener Kraft aus dem Hafen, vorbei am Pier, wo sich alle Zurückbleibenden eingefunden haben. Dreimal tutet unsere Sirene – dumpf und langgezogen. Hell und etwas schrill antwortet das Bugsierboot. Noch einmal tutet das Schiff: »Danke«, sagte es; »bitte«, piepst das Begleitboot zurück. Die schwimmende Stadt hat sich von ihrer Schwester an Land und von Südafrika verabschiedet. Wer jetzt nicht einige Male schlucken mußte, der hat kein Herz im Leib.
Die Passagiere drängen zum Heck. Capetown, die schöne, die einmalige, die faszinierende Stadt zeigt sich noch einmal in ihrer ganzen Pracht. Der Devil's Peak liegt noch im vollen Licht der Sonne, über die Nordwand des Tafelberges huschen die ersten Schatten, Signal Hill und Lion's Head zeigen sich in neuem Profil, und die Zwölf Apostel haben ihre Häupter in Wolken gehüllt. Es ist ein unvergeßliches Bild – nur langsam sinkt es in den Horizont zurück. Good-bye, fairest Cape of the World!
In weitem Bogen gehen wir auf Nordkurs. Eine Stunde später steht das Kreuz des Südens über dem phosphoreszierenden Band des Kielwassers.

Erläuterungen

(1) Trimester von Oktober bis Dezember.
(2) Fahrpläne und ins Detail gehende Auskünfte: East African Railways and Harbours, P. O. Box 30 006, Nairobi/Kenya.
(3) ABC-Shipping Guide, Verlag Thomas Skinner & Company Ltd., St. Alphage House, Fore Street, London E. C. 2.
Dieses preiswerte Handbuch erscheint alle zwei Monate; es gibt Auskunft über alle Schiffahrtslinien, ihre Fahrpläne, Preise usw.
Auch die Handbücher der Union-Castle-Line leisten gute Dienste.
(siehe Literaturverzeichnis)
(4) Der Medinawurm kommt in Afrika und Indien vor. Das Weibchen wird bis zu achtzig, neunzig oder auch hundert Zentimeter lang; es ist dünn wie ein Wollfaden. Sowie es ausgewachsen ist – nach zehn oder zwölf Monaten –, durchbricht es die Haut des Wirts. Es bildet sich ein kleines Geschwür, durch das der Kopf des Wurmes zutage tritt. Kommt das Geschwür mit Wasser in Berührung, werden Larven ausgeschieden.
Die Eingeborenen befreien sich von dem Wurm, indem sie ihn sehr langsam, millimeterweise, herausziehen und an einem Hölzchen aufwickeln. Eine solche »Kur« dauert oft Wochen.
(5) Die meisten Eingeborenen in tropischen Ländern leiden an Hakenwürmern. Die Larven des Wurmes (sie entwickeln sich aus Eiern, die mit dem Kot abgehen) sind nur einen halben Millimeter groß, aber sehr beweglich, so daß sie mühelos und unbemerkt in die Haut eindringen können. Meist erfolgt die Infektion durch das Barfußlaufen. Die Larven durchwandern den Körper und setzen sich schließlich im Darm fest, wo sie sich zu ihrer normalen Größe von ein bis eineinhalb Zentimetern auswachsen. Ihr Saugvermögen ist enorm. Sie verursachen kleine Blutungen, Verstopfungen, Völlegefühl und auf die Dauer Blutarmut, so daß die Kräfte des Wurmkranken merkbar abnehmen. Bei mangelhafter Ernährung wird der Körper für andere Krankheiten anfällig.
(6) Die Elefantiasis wird durch Filarien verursacht. Die Infektion erfolgt durch Stechmükken. Nach einigen Jahren Reifezeit machen sich die Filarien, die in der Regel drei bis sieben Zentimeter lang sind, bemerkbar: sie sondern Mikrofilarien ab, mikroskopisch kleine Larven, die im Blut durch den Körper wandern. Sie lösen verschiedene Krankheitssymptome aus: Schwellungen an den Gliedmaßen, den Lymphknoten usw.
(7) Kenia, Tanganjika, Uganda und Sansibar haben eine einheitliche Währung. Die Standardeinheit ist der Schilling, der in hundert Cents unterteilt ist. Zwanzig Schilling entsprechen einem Pfund Sterling.
(8) »Es ist unvertretbar, reich zu sein.« Diskussionsthema der Cambridger Union vom 22. Oktober 1963.
(9) Das Horn des Rhinozerosses ist kein Horn im üblichen Sinne. Es besteht aus zusammengewachsenen, zusammengeschmolzenen Haaren; es wächst aus der Haut, nicht aus dem Knochen des Schädels. Zusammengenommen können beide Hörner eines Tieres bis zu zehn Pfund wiegen.
(10) *Uhuru* ist ein semitisches Wort. Es wurde aus dem Hebräischen beziehungsweise Arabischen in das Suaheli übernommen. Es ist das Synonym zur *indépendance* des Kongo beziehungsweise zum westafrikanischen *freedom* (Freiheit).
(11) »The Man-Eaters of Tsavo«, von J. H. Patterson.
(12) Manamouki = Sammelname für alles, was weiblichen Geschlechts ist.
Bibi = junge Dame, Frau (Suaheli).

(13) Verkaufsslogan eines Fahrradhändlers. Zu deutsch: Die Welt, die langweilige Alltagswelt, sie strahlt vor Glanz!
(14) netzartig.
(15) Zebras lagern ihr Fett direkt unter der Haut ab. Das ist nur bei Tieren, die in kälteren Regionen leben, üblich; in den Tropen ist es höchst ungewöhnlich, da es bei dieser Methode am nötigen Regulator für die Körperwärme fehlt. Wie die Zebras mit diesem *handicap* fertig werden, ist den Zoologen noch ein Rätsel, zumal die Tiere so gut wie nie den Schatten aufsuchen. Sie weiden unbekümmert auch in größter Mittagshitze.
Die meisten der in den Tropen lebenden Tiere lagern ihr Fett (ihre Wasser- und Nahrungsreserve für die Trockenzeit) rund um das Herz ab.
(16) Zwischen den Parks und den Reservaten besteht ein Unerschied.
Ein Nationalpark ist ein Gebiet, das unter öffentliche Kontrolle gestellt wurde. Grenz- oder sonstige Veränderungen bedürfen einer behördlichen Genehmigung. Der Hauptzweck eines Nationalparks ist, die Tiere der Wildnis zu schützen. Auch die Vegetation und Objekte von ästhetischem, geologischem, prähistorischem, geschichtlichem, archäologischem oder anderem wissenschaftlichen Wert sollen zum Nutzen, zum Vorteil und zur Freude und Erbauung der Öffentlichkeit geschützt werden. Das Jagen, Töten und Fangen von Tieren ist verboten.
Mit anderen Worten: In einem Nationalpark stehen Wild- und Naturschutz an erster Stelle; alles andere muß sich dem unterordnen.
In den Reservaten sind die Tiere ebenfalls geschützt, aber nur insoweit, als das den Interessen der in diesen Gebieten lebenden Menschen nicht entgegensteht.
(17) Die Anthropologen bezeichnen das Ausruhen auf einem Bein als Nilotenstellung.
(18) Vergleiche das reizende, vom Inhaber des Hotels verfaßte Buch (Eric Sh. Walker: Treetops Hotel, London 1962).
(19) Game Department Headquarters, P.O. Box 241, Nairobi/Kenia.
(20) Der Nußknackermensch, der in der Olduwaischlucht (einem Miniatur-Grand-Canyon) gefunden wurde, ist 1 750 000 Jahre alt. Die Gelehrten haben sich lange Zeit darüber gestritten, ob er – zusammen mit einigen Funden in Rhodesien – das für den Beweis der Darwinschen Theorie lange gesuchte *missing link*, das Bindeglied zwischen Affe und Mensch, ist. Diese Meinungsverschiedenheiten konnten ad acta gelegt werden, als der bekannte Anthropologe Dr. Louis S. B. Leakey Anfang 1964 den *Homo habilis*, der vor rund zwei Millionen Jahren gelebt hat, in Olduwai ausgrub. Leakey vermutet, daß der Homo sapiens in direkter Linie auf den »befähigten Menschen« zurückgeht und die Homoniden der fernöstlichen Pithecanthropusgruppe jetzt als Ahnen des heutigen Menschen ausscheiden.
Bis auf weiteres steht die Wiege des Menschengeschlechts im östlichen Zentralafrika.
(21) Jomo Kenyatta gehört der Iruagruppe mit dem Namen Kahyo an. Kahyo, das ist »das große Messer» (panga), das damals eingeführt wurde und für die Kikuyus neu war.
Als der Stamm einige Neuerungen von den Weißen übernahm, hieß die Altersgruppe *Mamba leo* – das Jahr, in dem die neuen Praktiken begannen (1930).
(22) Die Iruazeremonien werden von den Eingeborenen in der unterschiedlichsten Weise geschildert und auch in der Literatur keineswegs einheitlich dargestellt. Vergleiche Kenyatta, J.: Facing Mt. Kenya, London 1938; Middleton, J.: The Kikuyu and Kamba of Kenya, London 1953; Leakey, L. S. B.: The Kikuyu problem of the initiation of girls (Roy. Anthropol. Inst., LXI, 1931, Seite 277–285) u. a.
(23) Die Verquickung des vorehelichen Liebeslebens mit allerlei Vorsichtsmaßnahmen und Regulativen ist fast allen afrikanischen Stämmen eigen. »Ungazeneki izinkomo zikababa«, sagen die Zulus. »Öffne dich nicht, tu deines Vaters Vieh nicht feilhalten.«
Die Strafen für die Nichteinhaltung von Tabus sind oft recht unterschiedlich. Während bei den Nandi ein *cesorpucot* (ein Mädchen, das vorzeitig Mutter wurde) für dauernd »unrein« bleibt, kann bei den benachbarten Kipsikis die Angelegenheit aus der Welt geschafft werden, wenn es der Hebamme gelingt, »das Kind zu ersticken, sowie sein Kopf erscheint beziehungsweise bevor es seinen ersten Schrei tut«.
Details s. bei Huntingford, J. Kenyatta u. a.

(24) Details siehe F. D. Corfield: The Origins and Growth of Mau-Mau; an Historical Survey (amtl. Bericht des brit. Kolonial-Ministeriums), 1960.
(25) Die Masai nennen sich Il-Maasai (sing. Ol-Maasani). Der Stamm hat mehrere Untergruppen. Nach Huntingford (The Southern Nilo-Hamites, London 1953):
a) die Masai des Nordens, die heute weitgehend mit den Samburu (I-Sampur, sing. O-Sampurri) identisch sind,
b) die Rift-Valley-Masai (Il-Kinopop, sing. Ol-Kinopopi), die dem Kinangop (siehe Kapitel 34) seinen Namen gegeben haben,
c) die Masai des Südens, die in Tanganjika zu Hause sind.
(26) Die Bilharzia-haematobia-Schmarotzer leben in den Blutadern der Unterleibsorgane. Sie verursachen chronische Blasenentzündungen, und ihre Eier, die das Gewebe des menschlichen Körpers durchwandern, können schwerwiegende Schäden in der Leber hervorrufen. Die Krankheit kann tödlich verlaufen. Bei Kindern führt sie oft dazu, daß sie im Wachstum zurück- und oft auch geistig unterentwickelt bleiben.
(27) Die Tsetsefliege ist etwas größer als eine Stubenfliege. Sie ist von bräunlicher Farbe; ihr Stechrüssel ist nicht nach unten, sondern nach vorn gerichtet. Schnell und lautlos wie ein kleines Geschoß fliegt sie ihr Opfer an. Es ist schwierig, sich vor ihrem Stich zu schützen. Nur in der Wohnung ist man sicher, da die Fliege fast nur tagsüber und im Freien sticht. Mit der Hand kommt man ihr nur schlecht bei. Sie ist zu schnell und reagiert auf die kleinste Bewegung. Hellen Hintergrund vermeidet sie (der Tarnung wegen). Ein weißes Hemd bietet beachtlichen Schutz, während die braunen Rücken der Eingeborenen ständig attackiert werden.
Die Schlafkrankheit, die mit unregelmäßigen Fieberperioden beginnt, ist im Anfangsstadium durch einige Injektionen von Germanin leicht zu heilen. Versäumt man eine rechtzeitige Behandlung, dringen die Krankheitserreger nach einiger Zeit (oft erst nach Jahren) in das Nervensystem ein und verursachen – im Endstadium des Leidens – Apathie und Benommenheit, was der Krankheit ihren Namen gab.
(28) Die Arusha-Masai (die Stadt ist nach ihnen getauft worden) sind ein wenig entartet: sie treiben Ackerbau; nicht viel und nicht intensiv, aber doch genug, um von ihren Stammesbrüdern verachtet zu werden.
Vergl. P. H. Gulliver: Social Control in an African Society (A Study of the Arusha: Agricultural Masai of Northern Tanganyika), London 1963.
(29) Was die Afrikaner von Ost und West halten und wie ungeniert sie selbst mit so geheiligten Institutionen wie dem Abendmahl umspringen, ist auch aus dem Buch von Tom Mboya, Kenias Justizminister, ersichtlich (»Freedom and after«, London 1963, Seite 228 ff.): »Dunduzu Chisiza hat über die afrikanische Persönlichkeit (er nennt es ›afrikanischen Ausblick‹) in bewegenderer Weise als sonst jemand geschrieben.
Es ist unmöglich, in einem oder zwei Abschnitten die wesentlichsten Punkte zusammenzufassen, die er ein paar Wochen vor seinem tragischen Tod auf sieben Seiten seiner dem ›Nyasaland Wirtschafts-Symposium‹ vom August 1962 vorgelegten lebhaften Beschreibung gab (Journal of African Studies, University College, Daressalam, März 1963).
In dieser Beschreibung bringt er zum Ausdruck, daß die Afrikaner der Welt ein Beispiel für zwischenmenschliche Beziehungen geben werden, daß sie Spiritualismus dem Osten und Wissenschaft und Technologie auch weiterhin als Steckenpferd dem Westen überlassen werden. Er lädt ausländische Missionare ein, nach Afrika zu kommen, ›nicht so sehr, um den Leuten hier die Liebe zu lehren, sondern um lebende Beispiele der Nächstenliebe, wie sie sich in der afrikanischen Lebensart manifestieren, zu sehen‹. Er erklärt, wie es kommt, daß die Afrikaner stets uneigennützig reden und daß die afrikanische Gesellschaft so beschaffen ist, daß du, wenn du sieben Männer und eine Frau zusammen vorfindest, nicht herausfinden kannst (es sei denn, es wird dir gesagt), wessen Ehefrau die Dame ist‹. Er spricht aus, wie entsetzlich die Afrikaner Schwermut und Individualismus finden und welch großen Umfang die gemeinsamen Aktionen im Leben einnehmen. Fischen, Jagen, Rudern, Weiden, Tanzen, Biertrinken – alles wird in Gesellschaft getan und das Bier wird ›aus demselben

Pott und mit dem gleichen Strohhalm getrunken (das Heilige Abendmahl in vollkommenster Form!‹).«

(30) Die Teita bewahren die Schädelknochen ihrer Ahnen auf einem Regal in der »Küche« auf.

(31) Tödlich angeschossen oder schwer verletzt, schnappt das Tier nach seinen eigenen Gliedmaßen; wenn ihm die Gedärme hervorquellen, schluckt und würgt es so lange an seinen Innereien, bis ihm der Tod die Kraft aus den Kiefern nimmt.

(32) Bei den Cewa, einem Stamm an der Südwestecke des Nyassasees, haben die Mädchen mit »Hyänen« zu tun: »The Cewa girl was supposed to be deflowered by a man other than her husband at the end of her first period and this man was styled the fisi or jackal.«
Vergl. A. I. Richards: Chisungu – A girl's initiation ceremony among the Bemba of Northern Rhodesia, London 1956.

(33) Aus dem Gedächtnis und dem Sinn nach zitiert.

(34) Vergl. Jomo Kenyatta: Facing Mt. Kenya, London 1938.

(35) Die klimatischen Bedingungen im Hochland gaben manches Rätsel auf. Was konnte angebaut werden?
Da das Land unter dem Äquator liegt, ist die Sonneneinstrahlung außerordentlich intensiv. Aber das war kein Problem. Schwierigkeiten ergaben sich daraus, daß die heißesten Tage und die kältesten Nächte auf die gleiche Jahreszeit entfallen. Im Januar und Februar kann die Temperatur morgens bei minus fünf Grad und nachmittags bei dreißig Grad Celsius liegen. Das macht den Pflanzen zu schaffen: sie wachsen nachts nicht. Viele Kulturen haben eine längere Reifezeit als in Europa, und manches gedeiht überhaupt nicht.

(36) A. Schweitzer: Selbstzeugnisse, Neuaufl. München 1963, Seiten 157/58

(37) Let bygones be bygones = Laßt Vergangenes der Vergangenheit angehören.
Mavi ya kale hayanuki = Alter Mist stinkt nicht mehr.

(38) »Wenn du das erste Mal keinen Erfolg hast, dann versuch es aufs neue, immer und immer wieder.«
Neue Version: »Wenn du das erste Mal keinen Erfolg hast – dann schmeiß den Krempel hin!«

(39) Die Lederzecken übertragen das Rückfallfieber. Sie machen verschiedene Entwicklungsstufen (Häutungen) durch. Die jungen Zecken sind so klein, daß man sie mit bloßem Auge gerade noch zu erkennen vermag.
Die mit den Erregern des Rückfallfiebers behafteten Zecken bleiben ihr Leben lang infektiös; sie übertragen die Erreger auch auf ihre Nachkommen. Das gleiche gilt für die Schildzecken, die das Fleckfieber übertragen.

(40) Die Gewerkschaften Kenias hatten einen schweren Start. Sie wurden von der englischen Kolonialverwaltung unter dem Vorwand, sie würden Aufruhr und Kommunismus ins Land bringen, lange Zeit unterdrückt. Chege Kebacha gelang es schließlich, in Mombasa die erste aktionsfähige Organisation ins Leben zu rufen. Während des Mau-Mau-Aufstandes fiel den Gewerkschaften, die inzwischen stattliche Mitgliederziffern hatten, eine geradezu politische Rolle zu. Viele Politiker, unter anderen Tom Mboya, sind aus der Gewerkschaftsbewegung hervorgegangen.

(41) 1962 waren (Chinesen ausgenommen) schätzungsweise zwölftausend Fachleute aus dem Osten in Afrika tätig. Sie arbeiteten – gleichgültig, ob es Tschechen, Russen oder Mitteldeutsche waren – unter der Leitung Moskaus. Während die Experten aus den USA, Westdeutschland, England und Frankreich keinen gemeinsamen Plan hatten, oft miteinander in Konflikt kamen, ja sogar so weit gingen, sich gegenseitig das Wasser abzugraben, waren die Leute aus dem Ostblock ein Team. Um eine Beunruhigung der Afrikaner zu vermeiden, achtete man sehr darauf, daß nicht nur Russen als Berater kamen. Die Tschechen, Polen, Ungarn und Sachsen erfüllten den gleichen Zweck (Vergleiche Pieter Lessing: Africa's Red Harvest, London 1962, Seite 63 ff.).

(42) Tom Mboya, a. a. O., Seite 178: »Die neuen Staaten ... müssen Entwicklungskapital, Facharbeiter und Märkte von ›draußen‹ holen. Aber sie müssen sich unentwegt fragen, in-

wieweit bestimmte Wirtschafts- oder Handelsabkommen mit politischen Gängelbändern verquickt sind und in welchem Umfang sie die Unabhängigkeit des Landes beeinflussen.«

(43) Rußland ist mit einer friedlichen Entwicklung in Afrika allem Anschein nach einverstanden; man ist in Moskau davon überzeugt, daß es in den meisten afrikanischen Staaten möglich sein wird, auch ohne Krieg genügend Einfluß zu gewinnen.

Die Chinesen sind radikaler. »Der Krieg ist das beste Mittel, Klassengegensätze beizulegen«, schreibt Mao Tse-tung, und er sorgt dafür, daß seine Schriften und Flugblätter in Afrika Verbreitung finden.

Vier Organisationen haben sich dieser Aufgabe angenommen:

1. das Chinesische Institut für afrikanische Angelegenheiten (gegründet September 1960),
2. das nationale afro-asiatische Solidaritätskomitee (gegründet April 1960),
3. die Gesellschaft zur Förderung der Freundschaft zwischen den Völkern Chinas und Afrikas (gegründet April 1960),
4. das Sonderkomitee für Beziehungen zu den Völkern Afrikas.

(44) Vergl. Tom Mboya, a. a. O., Seite 167ff. und Julius Nyerere: UJAMAA – the basis of African Socialism, Daressalam, April 1962.

(45) Roland Oliver: The Missionary Factor in East Africa, London 1952, Seite 234: 1938 waren etwa acht Prozent der Bevölkerung Kenias christlich, in Tanganjika waren es zehn Prozent und in Uganda fünfundzwanzig Prozent.

John V. Taylor: The Primal Vision, London 1963: Etwa siebzig Prozent der 135 Millionen südlich der Sahara lebenden Afrikaner sind weder Moslems noch Christen.

Bei den christianisierten Afrikanern ist der neue Glaube oftmals nur *skin-deep,* das heißt kaum unter die Haut gedrungen. »Wie sonst ließe es sich erklären, daß christliche Väter ihre Töchter an einen Ahnenkult treibenden Heiden verheiraten, wenn dieser nur die höchste *Lobola,* das heißt den höchsten Brautpreis, bietet oder wenn – wie es draußen in der Steppe tagtäglich vorkommt – die Säulen der ›Christlichen Müttervereinigung‹ unversehens ihr christliches Gehabe abwerfen und Schultertuch und Habitus von Zauberinnen anlegen.« (Vergleiche Rhona Churchill: White Man's God, London 1962, Seite 38.)

(46) Da die Stellung von Mann und Frau in der christlichen Lehre von den afrikanischen Gepflogenheiten erheblich abweicht, sind mit der Annahme des neuen Glaubens mehr Änderungen verbunden, als das sonst bei einem Glaubenswechsel üblich ist.

Nach der traditionellen Ordnung ist der Mann der Priester für die ganze Familie. Er verhandelt mit den Geistern der Ahnen, er bringt Opfer dar, er ist für das Seelenheil aller zuständig. Der christliche Glaube dagegen macht jedes Familienmitglied für sich selbst verantwortlich. Die Kinder werden im Beten unterrichtet, die Frauen haben nicht nur eine Seele, sie sind auch für ihr Heil kompetent usw.

Auch das Arbeitsethos ist ein anderes. Die Männer werden angehalten, mitzuarbeiten, während es sonst üblich war,

> »to find the women standing in the field and breaking the soil with hoes while the men sit at home drinking beer – daß man die Frauen mit der Haue auf dem Feld sah, während die Männer zu Hause saßen und Bier tranken«.

Ist es ein Wunder, wenn es in erster Linie die Frauen sind, die den christlichen Verheißungen erliegen und mit dem neuen Glauben mancherlei soziale Spannungen in die Hütten und Dörfer einkehren?

Vergleiche Absolom Vilakazi: Zulu transformations, a study of the dynamics of social change, Pietermaritzburg 1962, Seiten 137 ff.

(47) Dixon, W. M.: The Human Situation (Gifford-Lectures 1935–1937), London.

(48) Das Christentum hat sich nur dort durchgesetzt, wo europäische Besiedlung und nicht nur eine Beherrschung oder Dominierung der einheimischen Bevölkerung durch die Europäer vorlag. Das war in erster Linie in den »leeren« Ländern, das heißt in Nord- und Südamerika, Australien, Neuseeland und Südafrika der Fall. In den Ländern, wo die Europäer nur herrschten und die einheimische Bevölkerung ihrer Dichte und großen Zahl wegen wenig Raum für eine Besiedlung ließ (Pakistan, Indien, Ceylon und dem größeren Teil Hinter-

indiens), hat man zwar die nationalistischen Ideen und die Technik der westlichen Welt aufgegriffen, nicht aber das Christentum. Nur Minderheiten (ein, zwei oder drei Prozent der Bevölkerung) ließen sich bekehren. In den Ländern, die nicht unter der Vorherrschaft Europas standen (China, Japan usw.), war der Erfolg der Missionsbemühungen gleich Null.
Von einem Sieg des Christentums kann außerhalb Europas nirgends, von einem Erfolg nur in Afrika gesprochen werden: Von den südlich der Sahara lebenden Bevölkerungsmassen konnten etwa zwanzig Prozent (insgesamt vierundzwanzig Millionen) »bekehrt« werden. Einundzwanzig Millionen dieser afrikanischen Christen sind Schwarze. Sie gehörten keiner der großen oder »höheren« Religionen an, sie mußten nicht konvertiert, nur erzogen werden. (Vergleiche Roland Oliver: How Christian is Africa, London 1956, Seiten 4 ff.).

(49) Die europäischen Missionare, die treibende Kraft in der Christianisierung von Heiden, werden etwas gehandikapt sein: »Ich denke«, so sagt Tom Mboya, Kenias Justizminister, »in der Zukunft werden wir eine wachsende Abneigung der Afrikaner gegen weitere weiße Missionare feststellen können« (a. a. O., Seite 22).

(50) Vergleiche L. Longmore: The dispossessed, London 1959.

(51) Vergleiche Jenny, H.: Afrika ist nicht nur schwarz, Düsseldorf 1963.

(52) Buren und Südafrikaner englischer Abstammung.

(53) Alle Schwarzen sind in der südafrikanischen Umgangssprache Kaffern (von arabisch *kafir* = ungläubig).

(54) Es ist zu berücksichtigen, daß
a) in den 87,5 Prozent auch die großen, ertraglosen Dürregebiete des Landes miteingeschlossen sind,
b) die jahrhundertealten Besitzverhältnisse rechtens sind (das Land wurde während der Immigrationsjahre besiedelt),
c) die Kinderfreudigkeit der Bantu dazu geführt hat, daß aus einigen Hunderttausend, die ursprünglich mit dem von ihnen gewählten und bewirtschafteten Land sehr zufrieden waren, Millionen wurden.

(55) Vergleiche A. Vilakazi: Zulu-Transformations, Pietermaritzburg 1962, Seite 111:
»In der traditionellen Zulugesellschaft gibt es keine Zuluökonomie im Sinne einer Volkswirtschaft, vergleichbar mit der Volkswirtschaft Südafrikas. Die Zulu praktizieren die Kralwirtschaft. Sie ist die Grundlage des gesamten Wirtschaftslebens des Volkes. Der ganze Besitz – sei es Land oder Vieh – ist *umuzi*-Eigentum, das heißt, er gehört einer Gemeinschaft von Einzelpersonen, die sich in die Verwendung und den Genuß der Erzeugnisse des korporativen Besitzes teilen ... Die Lebenden und die Toten des Stammes sind Eigentümer, weshalb die Verwendung eines Besitzes eine rituelle Nebenbedeutung hat ... Das Land, das Vieh und alle Erzeugnisse menschlicher Tätigkeit müssen immer unter drei Aspekten betrachtet werden: dem wirtschaftlichen, dem religiösen und dem sozialen, wobei den religiösen und sozialen Elementen eine größere Bedeutung zukommt als den wirtschaftlichen. Das erklärt, warum sich die Zulu für Buchhaltung, Kostenrechnung und Budgetplanung nicht begeistern können.«

(56) Während man in den jungen Staaten Afrikas gegen die Stammesgebundenheit und Stammestraditionen ankämpft, geht man in Südafrika den umgekehrten Weg: Der Stamm ist die Grundlage des daraus erwachsenden Staates.

(57) A. H. Richmond: The Colour-Problem, London 1961: »Es ist bemerkenswert, daß in Südafrika viele Leute, die eine Gleichstellung der Afrikaner mit den Europäern aufrichtig wünschen, zugunsten der Schaffung eines selbständigen Bantustan argumentieren.«

(58) Vergleiche Denis E. Hurley: Apartheid: A Crisis of the Christian Conscience, The Hoernlé Memorial Lecture 1964; South Afr. Inst. of Race Relations (Der Originaltext wurde bei der Übersetzung etwas komprimiert).

(59) Im November 1962 hat die UNO mit der Mehrheit der afro-asiatischen und der Ostblockländer, aber gegen die Stimmen Westeuropas und der USA beschlossen, Südafrika unter Druck zu setzen, das heißt, wirtschaftliche Sanktionen zu ergreifen. Aber dabei blieb es. Selbst die kommunistischen Länder haben es noch nicht übers Herz gebracht, ihren Han-

del mit Südafrika einzuschränken. Man weiß: Flammende Reden in der UN gehen in die Welt und lösen in Afrika Applaus aus. Handelsstatistiken liest niemand.

(60) A. H. Richmond: The Colour Problem, Seiten 27 ff.:

»Die Statusmobilität, wie sie in den westlichen Ländern seit der industriellen Revolution zutage tritt, ist einer der Hauptgründe, warum sich die Marxschen Prophezeiungen in bezug auf die Unvermeidlichkeit von Klassenkämpfen nicht erfüllten... Soziale Beweglichkeit und Anpassung ist entschieden schwieriger, wenn das äußere und sichtbare Statuszeichen ein mehr oder weniger gleichbleibendes, rassisch bedingtes Charakteristikum wie die Hautfarbe ist... Wenn sich das Proletariat fast ausschließlich aus den Mitgliedern nur einer Rasse zusammensetzt und die Eigentümer und Manager der Produktionsmittel einer anderen Rasse angehören, dann ist die Möglichkeit von Konflikten zwischen beiden Gruppen viel größer.«

(61) »Mit welchem Recht«, so fragen die Südafrikaner, »verlangen die Bantu gleiches Einkommen wie die Weißen? Nur, weil sie hin und wieder die gleiche Tätigkeit ausüben? Die Art der Tätigkeit ist zwar eine Bemessungsgrundlage für den Lohn, aber nicht die einzige. Der ganze Rahmen, in dem sich die Arbeit abspielt, vom Handwerkszeug bis zur weltumspannenden Verkaufsorganisation, das alles ist an der Lohnhöhe beteiligt. Und es wurde von Generationen fleißiger Menschen und oft unter beachtlichem Konsumverzicht bereitgestellt. Der weiße Arbeiter kann in der Regel von sich sagen, daß er und seine Vorfahren an der Schaffung dieser für die Produktivität der Arbeit so wichtigen Präliminarien Anteil haben, der schwarze Arbeiter, der zum erstenmal seinen Kral verläßt, um eine Feile in die Hand zu nehmen, kann das nicht. Niemand weiß, wie hoch sein Lohn von Rechts wegen sein müßte, aber eines ist sicher: Gleicher Lohn kann in diesem Fall nicht gerechter Lohn sein.«

Man gibt sich in Südafrika keinen Illusionen hin. Man weiß: Manche Ansprüche werden sich abwenden lassen beziehungsweise von selbst regeln, und manche Forderungen werden sich in absehbarer Zeit durchsetzen. Mit der Schaffung eines selbständigen Bantustan wird der unterschiedliche Lebensstandard zwischen Schwarz und Weiß nicht mehr als ungerechter empfunden werden als – beispielsweise – das unterschiedliche Lebensniveau zwischen den USA und Mexiko. Und höhere Löhne sind schon deswegen angebracht, weil – auch bei Berücksichtigung des oben Gesagten – die schwarze Arbeitskraft sicherlich in vielen Fällen unterbezahlt wurde.

(62) Ein Wust von Vorschriften, Gesetzen und Verordnungen macht den Natives das Leben schwer. Eine ausführliche Darstellung würde Bände füllen. Manches ließe sich dafür, vieles ließe sich dagegen sagen. Auch Vergleiche ließen sich ziehen. Man denke zum Beispiel an das Kastensystem der Hindus oder an die Ordnung der Zünfte im Mittelalter (nicht jeder konnte Meister werden, nicht jeder durfte in die Stadt ziehen, und die Gasse, in der man wohnte, konnte nicht beliebig gewechselt werden).

(63) A. H. Richmond: The Colour Problem, Seiten 91 f.:

»Es gibt etwa 1 360 000 Menschen in Südafrika, die zu der Gruppe der Farbigen gehören und deren rassische Abstammung gemischt ist. Während der Afrikaner versucht, einen schnellen, allzu schnellen Übergang von seiner Stammeskultur in die Welt der Industriegesellschaft zu finden, in der er als Fremdling angesehen wird, ist ein *Cape Coloured*, ein Farbiger, seiner Kultur nach Europäer. Das Problem, dem sich ein farbiger Mann oder eine farbige Frau gegenübersehen, ist das der gesellschaftlichen Anerkennung in der einzigen Kultur, die ihnen bekannt ist.«

(64) Dr. Verwoerd sprach vor dem Südafrika-Club in London. Vergleiche H. F. Verwoerd: Live and let live (Fact Paper 91), Johannesburg 1961.

Register

Afrika-Museum Dr. Max Mohl
6901 Wiesenbach/Heidelberg

Meisterwerke der Makonde/Ostafrika
Masken und Skulpturen aus Westafrika

Terminvereinb. 06223-5243 + 46756

Pressekommentare
zu unseren Ausstellungen:

»Ein Bantustamm erklimmt den internationalen Kunstmarkt".
Wiesbadener Kurier

»Die Arbeiten der Makonde gehören zu den erregendsten Stücken moderner Kust«.
Neue Ruhr-Zeitung

»Es gibt sie noch, die geheimnisvollen Schnitzereien aus dem Schwarzen Kontinent, unverfälscht und von starker Ausdruckskraft«.
Stuttgarter Nachrichten

»Makonde-Ausstellungen in den Kunstzentren der Welt wurden zum Gesprächsstoff in Fachkreisen. Die Kunst der Makonde geriet zum begehrten Sammlerobjekt«:
Zweites Deutsches Fernsehen

»Wer die Schau auf sich wirken läßt, mag kaum überrascht sein, daß sich zahlreiche Museen um die Werke der Makonde bemühen«.
Hann. Allg. Zeitung

»Arbeiten von mitreißend expressiver Kraft«:
Wormser Zeitung

»Ein phänomenaler Beitrag zur afrikanischen wie zur Weltkunst überhaupt«:
Allg. Zeitung, Mainz

»Eine Kollektion, auf die auch ein international renommiertes Museum stolz sein könnte«.
Wiesbadener Tageblatt

»Afrikanische Kunst in Vollendung«.
Die Reihnpfalz

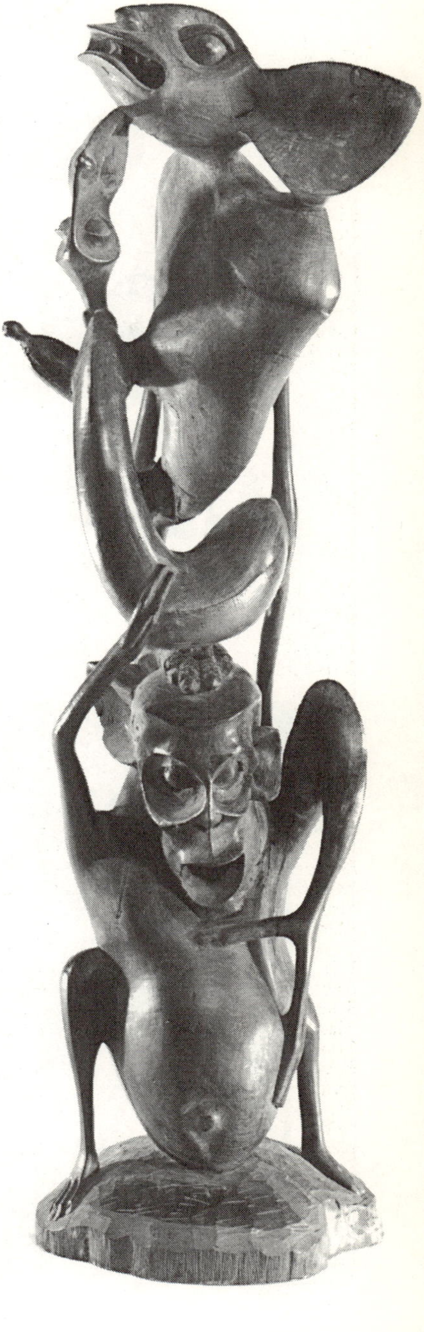

Max Mohl

einmal Indien und zurück bitte

»Ein farbschillerndes Buch, das einen ebenso umfassenden wie fundierten Bericht über den indischen Subkontinent gibt.«

(Reutlinger General-Anzeiger)

»Eine glänzend geschriebene Untersuchung über Indien. Der Name Max Mohl bürgt dafür, daß es an delikaten wie brillanten Aperçus nicht mangelt.« *(Lüdenscheider Nachrichten)*

»Dieses Buch, spannend wie ein Roman, vermittelt ein einprägsames Bild des riesigen Subkontinents.« *(Hannoversche Presse)*

»Es gelingt dem Autor, die ungemein schwierigen Komplexe Hinduismus, Yoga, Sanskrit, Kasten usw. in einer so allgemeinverständlichen Weise zu erklären, wie man es bisher noch aus keinem Buch erfahren hat.«

(Schwarzwälder Bote)

»Für diejenigen, die sich zunächst einen allgemeinen Überblick über Land und Leute, ihre Probleme und die dringlichsten Aufgaben in Gegenwart und Zukunft verschaffen wollen, ist Mohls Buch die geeignete Lektüre. Der Verfasser versteht zu schreiben. Sein Reisebericht liest sich gut, zuweilen sogar spannend.« *(Frankfurter Allgemeine)*

»Das Buch dürfte jeden weltaufgeschlossenen Menschen faszinieren.«

(Badisches Tageblatt)

»Mohl war es ernst mit dem Vorsatz, uns das Millionenreich mit all seinen heiklen Problemen, mit seinen Gegensätzen, mit seiner unbewältigten Gegenwart zwischen Ost und West zu zeigen. Das ist ihm sicherlich gelungen. Die Kapitel dieses mit Elan und Esprit, aber doch allgemein verständlicher Ernsthaftigkeit und fundiertem Wissen, vor allem auch mit weitem Horizont geschriebenen Indienbuches sind ein weiterer Beweis dafür, daß Max Mohl heute schon zu den versiertesten Reisereportern Deutschlands gehört.« *(Österreichischer Rundfunk)*

»Derselbe Mut, die Probleme unvoreingenommen und ohne Scheuklappen zu sehen und vor keinem Tabu haltzumachen. Ein hochinteressantes Buch!« *(Industriekurier, Düsseldorf)*

ISBN 3-925761-20-9 · KNO/KV: 2915083 · LIBRI: 5120187 · 304 S.: DM 20,–

Max Mohl

Im Banne Buddhas

Sri Lanka Trauminsel der Tropen

Mohl · Im Banne Buddhas

»CEYLON-Fahrer dürfen aufatmen. Endlich gibt es ein deutschsprachiges und umfangreiches und ausführliches Reisebuch über die ›Trauminsel der Tropen‹. An Wissenswertem erfährt der Leser die Fülle: wo man wohnt und was man ißt (Curry in allen Variationen, gebratene Wanderoo-Affen, Leguanschwanz und junge Mauerschwalben); wie man..., was man... Und immer wieder: das Dhamma, die Lehre Buddhas.« *(DIE ZEIT)*

»Ein hervorragend instruktives Buch, das zu lesen lohnt...«
(Westfälische Rundschau)

»Es ist erstaunlich, wie es Mohl schafft, in leichtem Plauderton, in die Erlebnisse einer Hochzeitsreise eingebettet, eine solche Fülle an Details an den Leser heranzubringen und dabei von Seite zu Seite interessanter zu werden... Wer das Buch aus der Hand legt, hat nicht nur ein paar vergnügliche Stunden hinter sich, sondern auch eine Menge gelernt... Ein rundherum gelungenes Werk.« *(Jugend und Buch, Detmold)*

»Überreich an Fakten, doch griffig in seinen grundsätzlichen Formulierungen, überzeugend in seinen Gedankengängen...« *(Westermanns Monatshefte)*

»Es gibt sie noch, die gute alte traditionelle Reisebeschreibung, deren Anfängen man bei Sven Hedin nachspüren kann. Von Max Mohl, dem beliebten Globetrotter-Schreiber, wird sie heute sprachlich modernisiert. Es geht um Ceylon... Und während die Singhalesen zusammen mit ihren Büffeln im nahen Dorftümpel ihr abendliches Bad nehmen und auf der Veranda der alte englische Oberst die Pfeife absetzt und aus der Kolonialzeit erzählt, erfährt man erstaunlich viel Informatives und Unbekanntes über die Insel Ceylon...«
(Freiheit, Israel)

»Die Idee, ein fremdes Land zu beschreiben, indem man es von einem Hochzeitspaar erleben läßt, ist äußerst reizvoll. Unterhaltungsromane, die mit Bildungsstoffen angereichert wurden, gab und gibt es zur Genüge. Hier wurde der umgekehrte Weg versucht. Aber ehe der Leser merkt, daß ihm nicht eine Liebesgeschichte erzählt wird, sondern alles Wissenswerte über Geschichte und Gegenwart eines unbekannten Landes, hat er das Buch schon verschlungen.« *(Oberösterreichische Nachrichten)*

ISBN 3-925761-30-6 · KNO/KV: 291 5094 · LIBRI: 5120 152 · 304 S.: DM 20,–

Max Mohl

Toi, toi, toi, Towarischtsch

Reisen und Reflexionen in der Sowjetunion

... eine brillante politische, wirtschaftliche, soziologische und kulturelle Analyse der heutigen Sowjetunion ... Ein farbiger, niemals ›akademischer‹ Bericht über das Leben der Towarischtschi in Sibirien, im Neuland von Kasachstan, auf den Gold- und Ölfeldern Mittelasiens, im gewaltigen Raum zwischen Ararat und Archangelsk, in Moskau und Leningrad. Das Rußland-Buch Max Mohls steht ebenbürtig neben seinen berühmten Werken über Afrika und Indien. *(Die Rheinpfalz)*

Der Verfasser macht es dem deutschen Sachbuch-Normalverbraucher nicht leicht. Zum einen, weil er mit zeitlich und räumlich erheblich weiteren Kategorien arbeitet, als man hierorts, beschäftigt mit bestenfalls europäischer Nabelschau, es gewöhnt ist. Zum anderen stimmen seine Überlegungen so wenig mit dem überein, was man gemeinhin zu lesen oder hören bekommt. Denn dieses Buch bringt mehr als den üblichen Reisebericht, es wird zu einer engagierten Konfrontation Ost contra West ... *(Politische Studien, Heft 182)*

Max Mohl läßt tausend Blumen blühen. Er zaubert auch aus den sprödesten Themen noch wärmende Funken! *(Die Welt)*

Seine Gedankenführung ist die eines engagierten Kenners, nie die eines notorischen Dozenten. In allem steckt Humor, Esprit und Lebensnähe, Aktualität und ihre Interpretation. Doktrinäre Vorurteile werden revidiert und zur geistigen Auseinandersetzung aufgerufen. Rußland und sein Kommunismus sind eine Realität, mit der man sich beschäftigen, der man näherkommen muß.
Mit Max Mohl lernt man Rußland kennen! *(Medical Tribune)*

»Perestroika« und »Glasnost« – Schlagworte einer neuen Politik. Wer sie verstehen will, wer die Widerstände, die Gorbatschow zu überwinden hat, auch nur überschlägig einschätzen möchte, tut gut daran, ein wenig zurückzublättern. Im »Towarischtsch«!»Viele«, so monierte Mohl schon vor Jahren, »folgen dem gleisnerischen Ganz des Dollars und lehnen es ab, auch nur darüber nachzudenken, ob nicht *Rußland* das Schicksalsland Europas sein könnte – zumindest in weit höherem Maße, als man es sich bislang einzugestehen bereit war.« (S. 374)
Inzwischen ist Osteuropa, ja die ganze Welt in Bewegung geraten. Es wird abgerüstet. Michail Gorbatschow gab den Anstroß. »Toi, toi, toi, Towarischtsch!«

MEISTERWERKE
DER
MAKONDE

MAX MOHL

Band I: eine leicht verständliche Einführung in die Kunst eines ostafrikanischen Bantustammes, 68 Seiten, brosch., 124 Fotos, ISBN 3-925761-50-0 DM 15,–

engl. Ausgabe: Masterpieces of the Makonde, an East-African documentation; 68 pages, brochure, 124 photos, ISBN 3-925761-55-1 DM 20,–

Band II: eine Bilddokumentation (Ergänzung zu Band I), 148 Seiten, 350 Fotos, ISBN 3-925761-51-9 DM 28,–

MOHL: »MADE IN JAPAN«, Econ-Verlag, deutsche u. englische Ausgabe z. Zt. vergriffen

MOHL: »MADE IN GERMANY«, C. Bertelsmann-Verlag, deutsche und englische Ausgabe z. Zt. vergriffen

---

MOHL-Bücher: Zu beziehen über jede Buchhandlung oder direkt vom Verlag:
Dr. Max Mohl, Postf. 103925, 69 Heidelberg